Hannah Arendt

Wir Juden

Hannah Arendt

Wir Juden

Schriften 1932 bis 1966

Zusammengestellt und herausgegeben von
Marie Luise Knott und Ursula Ludz

PIPER

Mehr über unsere Autoren und Bücher:
www.piper.de

Von Hannah Arendt liegen im Piper Verlag vor:

Wir Juden
Vor Antisemitismus ist man nur noch auf dem Monde sicher
Was heißt persönliche Verantwortung in einer Diktatur?
Schreib doch mal ›hard facts‹ über dich
Wie ich einmal ohne dich leben soll, mag ich mir nicht vorstellen
Denktagebuch
Ich selbst, auch ich tanze
Wahrheit gibt es nur zu zweien
Briefe 1936–1968 (mit Heinrich Blücher)
Wahrheit und Lüge in der Politik
In der Gegenwart
Zwischen Vergangenheit und Zukunft
Das Urteilen
Menschen in finsteren Zeiten
Eichmann in Jerusalem
Über die Revolution
Über das Böse
Denken ohne Geländer
Ich will verstehen
Was ist Politik
Vita activa oder Vom tätigen Leben
Vom Leben des Geistes
Elemente und Ursprünge totaler Herrschaft
Rahel Varnhagen
Macht und Gewalt

MIX
Papier aus verantwortungsvollen Quellen
FSC® C014496

ISBN 978-3-492-05561-1

Satz: Tobias Wantzen, Bremen
Gesetzt aus der Stempel Garamond
Litho: Lorenz & Zeller, Inning am Ammersee
Druck und Bindung: GGP Media GmbH, Pößneck
Printed in Germany

Inhaltsverzeichnis

II
Für ein neues politisches Selbstbewusstsein *165*

III
Zur Erforschung des Holocaust *299*

Epilog *385*

Anhang *401*

Hinweis

Der vorliegende Band versammelt alle jüdischen Schriften größeren Umfangs aus Hannah Arendts Werk, die zu ihren Lebzeiten als Beiträge in Zeitschriften oder Sammelwerken erschienen sind. Im Anhang wird die Zusammenstellung der Texte (»Zu dieser Ausgabe«) erläutert, ebenso wie die Verwendung von Fuß- und Endnoten (»Editorische Notiz«).

Piper Verlag

Prolog

1
Aufklärung und Judenfrage

Die moderne Judenfrage datiert aus der Aufklärung; die Aufklärung, d. h. die nichtjüdische Welt hat sie gestellt. Ihre Formulierungen und ihre Antworten haben das Verhalten der Juden, haben die Assimilation der Juden bestimmt. Seit Mendelssohns wirklicher Assimiliertheit und seit Dohms Werk *Über die bürgerliche Verbesserung der Juden* (1781) tauchen in der Diskussion über die Emanzipation immer wieder die gleichen Argumente auf, die in Lessing ihren Kronzeugen haben. Ihm verdankt sie die Propagierung von Menschlichkeit und Toleranz wie die Trennung von Vernunft- und Geschichtswahrheiten. Diese Trennung ist deshalb so überaus wichtig, weil sie die innerhalb der Geschichte zufällige Assimilation legitimieren kann; sie braucht dann nur als fortschreitende Einsicht in die Wahrheit, nicht als Angleichung und Rezeption einer bestimmten Kultur in einem bestimmten und damit zufälligen Geschichtsstadium zu erscheinen.

Für Lessing ist die allen gemeinsame Vernunft das Fundament der Menschlichkeit. Sie verbindet als Menschlichstes Saladin mit Nathan und dem Tempelherrn. Sie allein ist die echte Verbindung von Mensch zu Mensch. Aus der Betonung des Menschlichen, das auf dem Vernünftigen basiert, erwächst das Ideal und die Forderung der Toleranz. Dass in allen Menschen, nur unter der Verschiedenheit der dogmatischen Überzeugungen, der Sitten und des Gebarens versteckt, immer derselbe Mensch steckt, diese Ehrfurcht vor allem, was Menschenantlitz trägt, ist nie allein aus der allgemeinen Geltung der Vernunft als bloßer formaler Qualität herzuleiten; vielmehr steht der Toleranzgedanke in engster Verbindung mit dem Lessing'schen Wahrheitsbegriff, der seinerseits erst wieder aus seinen geschichtsphilosophischen und theologischen Gedankengängen verständlich wird.

Die Wahrheit geht in der Aufklärung verloren, mehr: man will sie nicht mehr. Wichtiger als die Wahrheit ist der Mensch, der sie sucht. »Nicht die Wahrheit, in deren Besitz irgendein Mensch ist [...], sondern die aufrichtige Mühe, die er angewandt hat, hinter die Wahrheit zu kommen, macht den Wert des Menschen.«[1] Der Mensch wird wichtiger als die Wahrheit, die relativiert wird zugunsten des »Werts des Menschen«. In der Toleranz ist dieses Menschliche entdeckt. Die Allherrschaft der Vernunft ist eine Allherrschaft des Menschlichen, des Humanen. Weil dieses Menschliche wichtiger ist als aller »Besitz der Wahrheit«, gibt der Vater in der Fabel von den drei Ringen jedem Sohn einen Ring, ohne zu sagen, welcher der echte sei, sodass damit der echte verloren ist. Die Wahrheit als religiöse Offenbarung ist von der deutschen Aufklärung, wie sie in Lessing repräsentiert ist, nicht einfach verloren, sondern der Verlust ist positiviert zur Entdeckung des rein Menschlichen. Im Streben nach dem Echten bekommt der Mensch und seine Geschichte, die eine Geschichte des Suchens ist, einen eigenständigen Sinn. Er ist nicht mehr nur Verwalter eines Gutes und seine Bedeutung von diesem Besitz abhängig; suchend kann er diesen Besitz, der kein objektives Heilsgut ist, bestätigen. Wird in der Nachforschung der Wahrheit, im »Sicherweitern der Kräfte« das allein Gehaltvolle gesehen, so sind schließlich alle Konfessionen für den Toleranten, und das heißt für den wahrhaft Menschlichen, nur verschiedene Benennungen desselben Menschen.

Die Geschichte hat keine beweisende Kraft für die Vernunft. Geschichtswahrheiten sind zufällig, Vernunftwahrheiten notwendig, und die Zufälligkeit trennt von der Notwendigkeit »ein garstiger breiter Graben«, über den zu springen eine »μετάβασις εἰς ἄλλο γένος« [eine unerlaubte Grenzüberschreitung] bedeutet: Geschichtswahrheiten sind eigentlich nicht wahr, und seien sie noch so gut bezeugt, weil sowohl ihre Faktizität wie ihre Bezeugung stets zufällig sind: Auch die Bezeugung ist noch geschichtlich.

---

[1] Theologische Streitschriften. Eine Duplik.

Nur sofern Geschichtswahrheiten die Vernunftwahrheit bestätigen, sind sie »wahr«, d. h. allgemein überzeugend und verbindlich. So ist es die Vernunft, die über die Notwendigkeit einer Offenbarung und damit über die Geschichte zu entscheiden hat.[2] Die Zufälligkeit der Geschichte kann nachträglich durch Vernunft geadelt werden; nachträglich entscheidet die Vernunft, dass die geoffenbarte Geschichte mit der Vernunft identisch ist. Die geoffenbarte Geschichte fungiert als Erzieherin des Menschengeschlechts. Am Ende dieser Erziehung, die wir als Geschichte erleben, steht die Zeit »eines neuen ewigen Evangeliums«, die jede Erziehung überflüssig macht. Am Ende der Geschichte steht ihre Auflösung; am Ende wird das immer noch relativ Zufällige in das absolut Notwendige verwandelt. »Erziehung gibt dem Menschen nichts, was er nicht auch aus sich selbst haben könnte«; sie führt ihn nur zu jener Vollkommenheit, die eigentlich schon in ihm liegt. Die Geschichte entwickelt die Vernunft zu ihrer Eigenständigkeit, weil die Offenbarung die Vernunft schon in sich schloss. Die Mündigkeit des Menschen ist das Ziel der göttlichen Offenbarung wie der menschlichen Geschichte.

Als Erzieherin hat die Geschichte eine Bedeutung, die selbst der Vernunft nicht restlos zugänglich ist. Die Vernunft kann nur ihr Dass bestätigen, muss aber dann gerade ihr Wie wieder freigeben als nicht in ihrer Kompetenz stehend. »Aber wenn eine [Offenbarung] sein kann und eine sein muß [...], so muß es der Vernunft eher noch ein Beweis mehr für die Wahrheit derselben als ein Einwurf dawider sein, wenn sie Dinge darin findet, die ihren Begriff übersteigen.« Aus diesen Worten geht keine neue Anerken-

[2] Vgl. Zur Geschichte und Literatur. Aus dem 4. Beitrage. Ein Mehreres aus den Papieren des Ungenannten, die Offenbarung betreffend. – [Zusatz Hrsg.: Gemeint ist Gotthold Ephraim Lessing, *Ein Mehreres aus den Papieren des Ungenannten, die Offenbarung betreffend* (= *Zur Geschichte und Literatur*, 4. Beitrag [1777]). Verfasser der »Papiere des Ungenannten«, auch als »Fragmente eines Ungenannten« bekannt, ist Hermann Samuel Reimarus. Lessing hat den seinerseits zur Veröffentlichung bearbeiteten Papieren des Reimarus »Gegensätze des Herausgebers« beigegeben. Auf Letztere bezieht sich H. A., und hierher stammen auch die nicht belegten folgenden Zitate.]

nung der göttlichen Autorität hervor. Sie sind zusammen zu sehen mit der theologischen Hauptthese Lessings, dass die Religion früher und unabhängig von der Schrift sei. Nicht Wahrheit als These, als Dogma oder objektives Heilsgut, sondern die Religiosität ist das Wesentliche.

Dies scheint auf den ersten Blick nichts als eine aufgeklärte Übernahme des Pietismus. Die »Fragmente eines Ungenannten« können nur den Theologen verwirren, nicht den Christen, denn der Christ ist innerhalb seines Glaubens unangreifbar, weil dieser Glaube sich auf die reine Innerlichkeit stützt. »Was gehen den Christen dieses Mannes Hypothesen, und Erklärungen, und Beweise an? Ihm ist es doch einmal da, das Christentum, welches er so wahr, in welchem er sich so selig fühlet.« Aber in der Betonung dieser unangreifbaren Innerlichkeit liegt schon das Misstrauen der Aufklärung gegen die Bibel; die reine Innerlichkeit wird betont, weil die Objektivität der Offenbarung in der Schrift nicht mehr feststeht. Die Trennung von Religion und Bibel ist die letzte vergebliche Rettung der Religion; vergeblich: denn diese Trennung zertrümmert die Autorität der Bibel und damit die sichtbare und wissbare Autorität Gottes auf Erden. »Die Religion ist nicht wahr, weil die Evangelisten und Apostel sie lehrten: sondern sie lehrten sie, weil sie wahr ist.« Ist die Wahrheit der Religion früher als die der Bibel, so ist sie nicht mehr objektiv sicher, sondern muss gesucht werden. Die aufgeklärte Übernahme der pietistischen Religiosität zerstört zugleich den Pietismus. Neu ist nicht die Betonung der Innerlichkeit, sondern dass sie ausgespielt wird gegen die Objektivität.

Die Geschichte taucht also bei Lessing in zwei heterogenen Zusammenhängen auf. Geschichte ist erstens das ewige Suchen nach der Wahrheit: Sie setzt erst ein mit der Mündigkeit des Menschen, hat dann aber einen unendlichen Horizont vor sich. Geschichte ist zweitens Erzieherin des Menschengeschlechts, macht sich selbst als solche überflüssig und findet mit der Mündigkeit des Menschen gerade ihr Ende. Die erste Geschichtsvorstellung erlaubt dem Menschen, wenn er zum Bewusstsein seiner Vernunft gekommen ist, ganz von vorne anzufangen und eine Geschichte zu gründen. Dies ist der Gedanke, der in der Mendelssohn'schen Rezeption allein maßgebend bleibt. Bei Lessing aber hatte diese neu zu gründende Geschichte durchaus eine Verankerung in der Vergangenheit. Die von der Autorität beherrschte Vergangenheit ist ja Erzieherin. Die Mündigkeit des Menschen ist erst geworden; geworden in einer Erziehung, die Gott dem Menschen zuteil werden ließ. Ist diese Mündigkeit erreicht, so beginnt des Menschen zweite Geschichte, die im Unterschied zur ersten zwar nicht auf jedes Ziel verzichtet, aber dieses in die Unendlichkeit des Zeitlichen überhaupt verschiebt: Die Wahrheit ist das in steigernder Vollkommenheit nur approximativ zu erreichende Ziel. Diese Geschichtstheorie weist eine grundsätzlich andere Struktur auf als die in der Schrift *Die Erziehung des Menschengeschlechts* vorgetragene. Sie ist keineswegs eine Säkularisierung des Christentums – schon deshalb nicht, weil die Wahrheit doch nur für Gott bestimmt ist[3] –, sondern zielt von vornherein nur auf den Menschen ab; sie rückt die Wahrheit so weit wie nur möglich in die Ferne, weil sie eigentlich das Irdische des Menschen nichts angeht. Ihr Besitz stört nur die Entfaltung aller Möglichkeiten des Menschen, verhindert die Duldung, die dafür notwendig ist, sie wendet nur den Blick ab vom Menschlichen: Die Wahrheit geht nur Gott etwas an, für den Menschen ist sie nicht wichtig. Diese ausschließliche und vorbehaltlose Bejahung des ewig Unabgeschlossenen und Fragmentarischen alles Menschlichen nur um des Menschlichen willen ist in der *Erziehung des Menschengeschlechts* wieder abgebogen.

Mendelssohns Rezeption der Aufklärung, seine »Bildung« vollzieht sich noch innerhalb einer absoluten Gebundenheit an die jüdische Religion. Diese Gebundenheit gilt es ihm – etwa den Angriffen Lavaters gegenüber – zu verteidigen. Die Mittel zu dieser Verteidigung liefert ihm Lessings Trennung von Vernunft- und Geschichtswahrheiten. Gleichzeitig aber mit der Apologie des Judentums muss er die Möglichkeiten seiner »Bildung« behaupten: Hierzu dient die in der Aufklärung behauptete absolute Autonomie der Vernunft. »Selbstdenkenden Köpfen«, sagt Lessing, »ist es

[3] Vgl. Theolog. Streitschriften. Eine Duplik. I.

nun einmal gegeben, daß sie das ganze Gefilde der Gelehrsamkeit übersehen, und jeden Pfad desselben zu finden wissen, sobald es der Mühe verlohnt, ihn zu betreten.«[4] Dieses Selbst-denken-Können liegt dem Ideal der Bildung bei Mendelssohn zugrunde; die wahre Bildung nährt sich nicht aus der Geschichte und ihren Fakten, sondern macht diese gerade überflüssig. Herrschend ist die Autorität der Vernunft, zu der jeder allein und von sich aus kommen kann. Der denkende Mensch lebt in einer absoluten Isolierung: Unabhängig von allen andern findet er die Wahrheit, die eigentlich allen gemeinsam sein müsste. »Jeder gehet das Leben hindurch seinen eigenen Weg [...] Aber daß auch das Ganze, die Menschheit hienieden, in der Folge der Zeiten immer vorwärts rücken und sich vervollkommnen soll, dieses scheinet mir der Zweck der Vorsehung nicht gewesen zu sein.« Die Vernunft wird bei Mendelssohn noch unabhängiger von der Geschichte, sie hat keinerlei Rückverankerung in ihr; ausdrücklich wendet er sich gegen Lessings Geschichtsphilosophie, die »Erziehung des Menschengeschlechts, die sich mein verewigter Freund Lessing von, ich weiß nicht, welchem Geschichtsforscher der Menschheit hat einbilden lassen«[5]. Kenntnis der Geschichte ist für Mendelssohns Bildung noch nicht nötig; sie ist nichts als Befreiung zum Denken. Er ist von Haus aus keinem Gegenstand der fremden Kulturwelt verpflichtet; und er braucht in der herrschenden geistigen Atmosphäre dieses Im-Nichts-Stehen nicht zu entdecken.

Wie Mendelssohn in der Übernahme der autonomen Vernunft diese allein auf das Selbst-denken-Können und auf die Unabhängigkeit von allen Fakten zuspitzte (während dieselbe Vernunft bei Lessing nur ein Weg war zur Entdeckung des Menschlichen), so erfährt auch die Theorie der Trennung von Vernunft- und Geschichtswahrheiten eine Umbiegung: Sie wird von Mendelssohn zur Apologie des Judentums benutzt und dogmatisiert. Die jüdische Religion und nur sie ist für Mendelssohn mit der vernünftigen

[4] Lessing, Theolog. Streitschriften. Anti-Goeze. IX.

[5] Jerusalem. – [Zusatz Hrsg.: Moses Mendelssohn, *Jerusalem oder über religiöse Macht und Judentum* (1783).]

identisch, und zwar um ihrer »ewigen Wahrheiten« willen, die allein auch religiös verpflichten. Denn die Geschichtswahrheiten des Judentums – so führt Mendelssohn aus – hatten nur so lange Geltung, als die mosaische Religion die Religion einer Nation war, was jetzt nach der Zerstörung des Tempels nicht mehr der Fall ist. Nur die »ewigen Wahrheiten« sind von aller Schrift unabhängig, jederzeit einsehbar; auf ihnen ruht die jüdische Religion, und sie sind es, die auch heute noch den Juden zur Religion seiner Väter verpflichten. Ständen sie nicht im Alten Testament, so wäre weder das Gesetz noch die geschichtliche Überlieferung bindend. Weil im Alten Testament nichts steht, was »mit der Vernunft streitet«[6], nichts Widervernünftiges, ist der Jude auch an die außervernünftigen Vorschriften gebunden, an die aber ausdrücklich kein Nichtjude gebunden sein soll; denn sie sind das Scheidende zwischen den Menschen. Die ewigen Wahrheiten bilden die Grundlage der Toleranz: »In welcher glückseligen Welt würden wir leben, wenn alle Menschen die Wahrheit annähmen und ausübten, die die besten Christen und die besten Juden gemein haben.«[7] Geschichts- und Vernunftwahrheiten sind für Mendelssohn nur der Art nach verschieden, sie werden nicht verschiedenen Entwicklungsstufen der Menschheit zugerechnet. Die allen gemeinsame Vernunft ist allen Menschen zu allen Zeiten gleich zugänglich gewesen. Der Weg ist ein verschiedener; der der Juden schließt nicht nur die Anerkennung der jüdischen Religion, sondern die genaue Befolgung des Gesetzes in sich.

Die Scheidung von Geschichte und Vernunft bezweckt bei Lessing die Eliminierung der Religion als Dogma; Mendelssohn ver-

---

6 Correspondenz mit dem Erbprinzen von Braunschweig-Wolfenbüttel, 1776. – [Zusatz Hrsg.: Moses Mendelssohn an den Erbprinzen von Braunschweig-Wolfenbüttel als Antwort auf dessen Schreiben vom 2. Januar 1770 (betr. den Lavater-Bonnet-Mendelssohn-Streit), siehe Moses Mendelssohn, *Gesammelte Schriften. Jubiläumsausgabe*, Bd. VII (1930), S. 300–305, S. 301.]

7 Mendelssohn an Bonnet. 1770. Vgl. Moses Mendelssohns Ges. Schriften, Bd. VII, p. LXXXII ff. – [Zusatz Hrsg.: Der Brief in Mendelssohn, *Gesammelte Schriften*, Bd. VII (1930), S. 316–326, Zitat S. 318. H. A. verweist außerdem auf die Einleitung des Bearbeiters Simon Rawidowicz zu diesem Band.]

sucht mit ihr gerade eine Rettung der jüdischen Religion, unabhängig von ihrem geschichtlichen Bezeugtsein, aufgrund ihres »ewigen Gehaltes«. Das theologische Interesse, das hier die Geschichte aus der Vernunft ausscheidet, scheidet zugleich den Wahrheit suchenden Menschen aus der Geschichte aus. Allem Wirklichen: Umwelt, Mitmenschen, Geschichte, fehlt die Legitimation der Vernunft. – Diese Eliminierung der Wirklichkeit hängt aufs Engste zusammen mit der faktischen Stellung des Juden in der Welt. Die Welt ging ihn in einem solchen Maße nichts an, dass sie zu dem Unveränderlichen schlechthin wurde. Die neue Freiheit der Bildung, die Freiheit des Selbstdenkens und der Vernunft ändert daran nichts. Die geschichtliche Welt bleibt für den »gebildeten« Juden in derselben Gleichgültigkeit wie für den unterdrückten des Ghettos.

Dieses Unverständnis der Juden für Geschichte, begründet in ihrem Schicksal der Geschichtslosigkeit, genährt von einer nur halberfassten und assimilierten Aufklärung, wird in einem Punkt von Dohms Emanzipationstheorie – deren Argumentation für die folgenden Jahrzehnte entscheidend bleibt – durchkreuzt. Die Juden sind zwar für Dohm (den ersten Schriftsteller, der sich in Deutschland systematisch der Juden annimmt) niemals das »Volk Gottes« oder auch nur das Volk des Alten Testaments. Sie sind Menschen wie alle anderen Menschen auch. Aber die Geschichte hat diese Menschen »verdorben«[8]. Diesen Begriff von Geschichte allein greifen die Juden jetzt auf. Er ist auch für sie der Erklärungsgrund für ihre kulturelle Minderwertigkeit, für ihre Ungebildetheit, für ihre soziale Schädlichkeit und Unproduktivität. Geschichte wird für sie prinzipiell zur Geschichte des Fremden; sie ist Geschichte

---

[8] Dohm, a. a. O. I, S. 45; II, S. 8: »Daß die Juden Menschen wie alle übrigen sind; daß sie also auch wie diese behandelt werden müssen; daß nur eine durch Barbarei und Religionsvorurteile veranlaßte Drückung sie herabgewürdigt und verderbt habe; daß allein ein entgegengesetztes, der gesunden Vernunft und der Menschlichkeit gemäßes Verfahren sie zu bessern Menschen und Bürgern machen könne [...]; dies sind so natürliche und einfache Wahrheiten, daß sie richtig verstehen und ihnen beistimmen beinahe eins ist.« – [Zusatz Hrsg.: Mit »Dohm, a. a. O.« ist gemeint: Christian Wilhelm Dohm, *Über die bürgerliche Verbesserung der Juden* (1781).]

der Vorurteile, in denen die Menschen vor dem Zeitalter der Aufklärung befangen waren: Geschichte ist Geschichte der schlechten Vergangenheit oder der noch an Vorurteilen haftenden Gegenwart. Die Gegenwart von der Last und den Folgen dieser Geschichte zu befreien, wird zum Werk der Einbürgerung und Befreiung der Juden.

So einfach und relativ problemlos ist die Situation der ersten Assimilationsgeneration. Mendelssohn war mit den Vorkämpfern der Einbürgerung, mit Dohm und Mirabeau, nicht nur gewissermaßen in allen theoretischen Fragen einer Meinung: Er ist und bleibt für sie wie für die Juden Garant dafür, dass die Juden einer Verbesserung fähig und würdig sind, dass es genügen wird, für sie eine andere bürgerliche Situation zu schaffen, um aus ihnen sozial und kulturell produktive Glieder der bürgerlichen Gesellschaft zu machen. Die zweite Assimilationsgeneration (repräsentiert durch David Friedländer, den Schüler Mendelssohns) klammert sich noch an die Verderbnistheorie der Aufklärung.[9] Religiös nicht mehr gebunden wie Mendelssohn, versucht sie mit allen Mitteln, auf diesem ihren Bestrebungen so günstigen Boden Eintritt in die Gesellschaft zu erlangen. Sie hat sich schon so sehr der Blindheit der Aufklärung, der die Juden nur als Unterdrückte gelten, assimiliert, dass sie sich selber jede eigene Geschichte abspricht, dass alles, was ihr eigen ist, nur als Hemmung für ihre Einbürgerung, ihre Menschwerdung, gilt.[10] Sie übernimmt die Mendelssohn-Lessing'sche

[9] Vgl. Friedländer, Sendschreiben einiger jüdischer Hausväter ..., S. 30 ff. – [Zusatz Hrsg.: Der genaue Titel lautet: *Sendschreiben an Seine Hochwürden, Herrn Oberconsistorialrath und Probst Teller zu Berlin, von einigen Hausvätern jüdischer Religion*.]

[10] Ebda. S. 39: »Der mächtigste Gewinn für die Juden ist auch wohl der, daß die Sehnsucht nach dem Messias und nach Jerusalem aus den Herzen sich immer mehr entfernt, so wie die Vernunft diese Erwartung als Chimäre immer mehr verwarf. Immer möglich, daß einzelne in Clausen verschlossene oder sonst von den Weltgeschäften sich entfernende Männer noch dergleichen Wünsche in ihrem Gemüt unterhalten; bei dem größten Teil der Juden, wenigstens in Deutschland, Holland und Frankreich, findet der Gedanke keine Nahrung mehr und wird endlich bis auf die letzte Spur vertilgt werden.« – [Zusatz Hrsg.: Auch das im Text folgende Zitat ist dem *Sendschreiben* entnommen.]

Trennung von Vernunft und Geschichte zugunsten der Vernunft; ja sie versteigt sich in einer verschärften Übernahme zu Blasphemien, zu denen Mendelssohn selbst nie gekommen wäre: »Will man den nachdenkenden redlichen Forscher etwa mit dem Einwurf in die Enge treiben: die menschliche Vernunft könne sich mit der göttlichen nicht messen [...]? Dieser Einwurf kann ihn keinen Augenblick beunruhigen; denn selbst die Erkenntnis der Göttlichkeit dieses Glaubens und dieser Pflicht des Gehorsams gehört vor den Richterstuhl der menschlichen Vernunft.« Friedländer dient die Trennung von Vernunft und Geschichte nicht mehr zur Rettung der jüdischen Religion, sie ist nur noch Mittel, sie so schnell wie möglich loszuwerden. Für Mendelssohn war die Freiheit noch die Freiheit der Bildung und die Möglichkeit, »Betrachtungen über sich selbst und seine Religion anzustellen«. Jetzt ist die Betrachtung der jüdischen Religion eingestandenermaßen nur noch Mittel, »die politische Verfassung« der Juden zu ändern. Und der Schüler Mendelssohns stellt sich in offenen Widerspruch zu seinem Lehrer, der geraten hatte: »Schicket euch in die Sitten und in die Verfassung des Landes, in welches ihr versetzt seid; aber haltet auch standhaft bei der Religion eurer Väter. Traget beider Lasten, so gut ihr könnt!« Friedländer steht in offenem Widerspruch zu diesen Worten, wenn er unter Berufung auf die Aufklärung, auf Vernunft und moralisches Gefühl – das ja bei allen Menschen das gleiche ist – die Taufe anbietet, um »sich öffentlich der Gesellschaft einzuverleiben«.

Aber dies Anerbieten kommt 1799 zu spät. Propst Teller, an den es gerichtet ist, antwortet kühl. Und Schleiermacher wehrt sich gegen diese unliebsamen Gäste energisch. Er rechnet charakteristischerweise das *Sendschreiben* der »ältern Schule unserer Litteratur«[11] zu und hebt gegen den Appell an Vernunft und moralisches Gefühl das Eigentümliche des Christentums hervor, das

[11] Schleiermacher, Briefe, bei Gelegenheit ... des Sendschreibens. 1799. Werke. Abt. I. Bd. 5. S. 6 ff. – [Zusatz Hrsg.: Friedrich Schleiermacher, *Briefe, bei Gelegenheit der politisch theologischen Aufgabe und des Sendschreibens jüdischer Hausväter* (1799).]

durch solche Proselyten nur verwässert werden könne. Die Vernunft hat nichts mit dem Christentum zu tun. Schleiermacher will das Individuelle der eigenen Religion gegen das notwendig andere der fremden schützen. Die Vernunft gibt nur noch Möglichkeit für partielle Einigung – sie gilt für das Staatsbürgertum, nicht für die Religion. Schleiermacher ist für schnellste Einbürgerung. Aber die Einbürgerung wird nicht mehr der Anfang der völligen Assimilation sein, obwohl die Juden gerade diese anbieten. »Die Aufklärungsmanier«, die alle Menschen als ursprünglich gleich ansetzt und sie wieder gleichmachen will, ist »verächtlich« geworden. Schleiermacher verlangt die Unterordnung des Zeremonialgesetzes unter das staatliche Gesetz und das Aufgeben der messianischen Hoffnung. Beides bietet Friedländer an. Er ist sich dabei nicht einmal bewusst, dass er damit überhaupt etwas aufgeben könnte; er will alles, was der Vernunft, die die gleiche für Christen und Juden ist, entgegensteht, aus dem Wege räumen – er verlangt ausdrücklich das Gleiche von den Christen. Das Friedländer'sche Anerbieten wäre zwanzig bis dreißig Jahre früher, als Lavater Mendelssohn aufforderte, alle Beweise für oder wider das Christentum zu prüfen und sich dann zu entscheiden, wie es »ein Sokrates getan hätte«, nicht solch ein Unding gewesen, wie es jetzt Schleiermacher und mit ihm dem gebildeten Deutschland erscheint.

Im Geschichtsbewusstsein Deutschlands ist eine Wandlung vorgegangen, die sich am charakteristischsten in Herder ausdrückt. Herder hatte mit einer Kritik seines Zeitalters, des Zeitalters der Aufklärung, begonnen. Die Schrift *Auch eine Philosophie der Geschichte zur Bildung der Menschheit* erscheint 1774, noch mitten in der Aufklärung, und bleibt ohne jede Wirkung auf die ältere Generation. Umso stärker und entschiedener ist ihr Einfluss auf die kommende Romantik. Sie wendet sich gegen die Allherrschaft der Vernunft und ihre platten Nützlichkeitslehren. Sie wendet sich ferner gegen die Allherrschaft des Menschen, der »nichts mehr als Wunderbares und Verborgenes hasset«. Sie wendet sich schließlich gegen eine Geschichtsschreibung, die in Nachfolge Voltaires und Humes die Wirklichkeit vergisst zugunsten der immer gleichen Anlagen und Möglichkeiten des Menschen.

Wir sahen, wie Mendelssohn in der Übernahme Lessing'scher Ideen vor allem die Isolierung des Einzelnen im Selbst-denken-Können betonte. Herder und nach ihm die Romantik (die deutsche Tradition also, die für die Judenfrage vor allem in Betracht kommt) scheidet dies gerade aus und führt die schon bei Lessing begonnene Entdeckung der Geschichte fort.

Herder wendet sich gegen den Lessing'schen Satz, dass der Mensch in der Erziehung nichts empfinge, als was immer schon in ihm gelegen habe: »Empfinge der Mensch alles aus sich selbst und entwickelte es abgetrennt von äußern Gegenständen, so wäre zwar eine Geschichte des Menschen, aber nicht der Menschen, nicht ihres ganzen Geschlechts möglich.« Der Mensch lebt vielmehr in einer »Kette von Individuen«, »Tradition tritt zu ihm und formt seinen Kopf und bildet seine Glieder.«[12] Die reine Vernunft, das reine Gute ist auf der Erde »ausgestreut«. Kein Einzelner vermag es mehr zu fassen. Es ist nie als es selbst da – wie es keinen echten Ring bei Lessing gibt; es ist verwandelt, verändert, »verteilt in tausend Gestalten [...] – ein ewiger Proteus«. Dieses immer Verwandelte hängt ab von Wirklichkeiten, die außerhalb der menschlichen Macht liegen, von »Zeit, Klima, Bedürfnis, Welt, Schicksal«. Entscheidend ist nicht mehr – wie für die Aufklärung – die pure Möglichkeit, sondern entscheidend ist die Wirklichkeit des jeweils menschlichen Seins. Die wirkliche Unterschiedenheit der Menschen ist wichtiger als die »eigentliche« Gleichheit. »Der feigste Bösewicht hat ohne Zweifel zum großmütigsten Helden noch immer entfernte Anlage und Möglichkeit; aber zwischen dieser und ›dem ganzen Gefühle des Seins, der Existenz in solchem Charakter‹ – Kluft!«[13]

Vernunft ist demnach nicht die Richterin der geschichtlichen Wirklichkeit im Menschen, sondern sie ist »das Resultat aller Er-

[12] Ideen zur Geschichte der Menschheit. I. Teil. IX. Buch. 1.2. – [Zusatz Hrsg.: Johann Gottfried Herder, *Ideen zur Philosophie der Geschichte der Menschheit*, I. Teil (1784).]

[13] Auch eine Philosophie ... – [Zusatz Hrsg.: Johann Gottfried Herder, *Auch eine Philosophie der Geschichte zur Bildung der Menschheit* (1774).]

fahrung des Menschengeschlechts«[14]. Dieses Resultat ist wesensmäßig nie abgeschlossen.[15] Herder übernimmt das »ewige Suchen« des Lessing'schen Wahrheitsbegriffes, aber in modifizierter Form; denn wenn Lessing die Wahrheit auch in eine unabsehbare Ferne der Zukunft verschiebt, so bleibt bei ihm die Vernunft als eingeborenes Vermögen doch von dieser Dynamisierung unangefochten. Ist die Vernunft als »Erfahrungsresultat« selbst historisiert, so ist der Platz des Menschen in der Entwicklung des Menschengeschlechts nicht mehr eindeutig bestimmt: »keine Geschichte in der Welt steht auf Abstraktionsgründen a priori«. Wie Lessing sich gegen eine Wahrheit auflehnt, die man als Besitz und endgültige Beruhigung haben kann, weil dieser Besitz dem Menschen unangemessen wäre, so lehnt sich Herder dagegen auf, auch nur die reine Vernunft als Möglichkeit der einen Wahrheit anzuerkennen. Gegen die eine Vernunft wie gegen die eine Wahrheit steht die Unendlichkeit der Geschichte. Und: »Warum soll ich ein reiner Vernunftgeist werden, da ich nur ein Mensch sein mag, und wie in meinem Dasein, so auch in meinem Wissen und Glauben als eine Welle im Meer der Geschichte schwebe?« Dementsprechend stellt sich für Herder das Verhältnis von Vernunft und Geschichte gerade umgekehrt dar: Die Vernunft ist der Geschichte unterworfen, »denn Abstraktion hat eigentlich über Geschichte keine Gesetze«.

Der Herrschaft der Vernunft, der Mündigkeit und Eigenständigkeit des Menschen ist ein Ende bereitet: die Geschichte, das, was mit dem Menschen geschieht, ist undurchsichtig geworden: »Kein Philosoph ist da, der Rechenschaft gebe, wozu sie [sc. die Völker] da sind, noch wozu sie dagewesen.« In ihrer Undurchsichtigkeit wird Geschichte zum Außermenschlichen, Unpersönlichen, aber nicht zu Gott. Die Transzendenz des Göttlichen ist endgültig verloren, »die Religion soll nichts als Zwecke durch Menschen und für Menschen bewirken«.

---

[14] Erläuterungen zum Neuen Testament. I. Buch. III. – [Zusatz Hrsg.: Johann Gottfried Herder, *Erläuterungen zum Neuen Testament* (1775).]

[15] Briefe das Studium der Theologie betreffend. III. Teil. 26. Brief. – [Zusatz Hrsg.: Johann Gottfried Herder, *Briefe das Studium der Theologie betreffend.* III. Teil (1781). Die folgenden Zitate sind dem zitierten Brief entnommen.]

Parallel zu der Einsicht in die Macht der Geschichte über die Vernunft steht die Polemik gegen die Gleichheit aller Menschen. Je tiefer das Leben von der Geschichte ergriffen ist, desto stärker differenziert es sich. Die Verschiedenheit entwickelt sich aus einer ursprünglichen Gleichheit. Je älter ein Volk ist, desto mehr unterscheidet es sich von jedem anderen.[16] Die Konsequenz des Geschehens treibt die Verschiedenheit von Menschen und Völkern erst hervor. Nicht in Anlage, Begabung, Charakter liegt die Differenz, sie ist vielmehr die Unwiderruflichkeit alles menschlichen Geschehens, dass es eine Vergangenheit hat, die nicht ungeschehen zu machen ist.

Durch diese Entdeckung der Unwiderruflichkeit alles Geschehens wird Herder einer der ersten großen Interpreten der Geschichte. So wird durch ihn, zum ersten Male in Deutschland, auch die Geschichte der Juden sichtbar als eine Geschichte, die wesentlich durch den Besitz des Alten Testaments bestimmt ist. Daraus erfolgt eine Änderung in der Stellungnahme zur Judenfrage sowohl vonseiten der Umwelt als vonseiten der Juden selbst. Mitbedingt wird diese Änderung außerdem durch die neue Bedeutung, die Herder den für diese Diskussion entscheidenden Begriffen: Bildung und Toleranz, gibt.

Herder versteht die Geschichte der Juden so, wie sie selbst diese Geschichte deuteten, als die Geschichte des auserwählten Volkes Gottes.[17] Ihre Zerstreuung ist ihm Beginn und Vorbedingung ihrer Wirkung auf das menschliche Geschlecht.[18] Er verfolgt ihre Geschichte den Ausblicken nach bis zur Gegenwart und wird aufmerksam auf das eigentümliche Lebensgefühl der Juden, das sich

---

16 Ideen ..., I. Teil. 7. Buch. Zusätze zu der ältesten Urkunde des Menschengeschlechts. 5.

17 Ideen ..., III. Teil. 12. Buch. III Ebräer: »Ich schäme mich also nicht, die Geschichte der Ebräer, wie sie solche selbst erzählen, zugrunde zu legen [...].« – [Zusatz Hrsg.: Herder, *Ideen zur Philosophie der Geschichte*, III. Teil (1787).]

18 Ebda. »Nun wurden sie in alle Länder der römischen Welt zerstreut und eben zur Zeit dieser Zerstreuung fing eine Wirkung der Juden aufs menschliche Geschlecht an, die man von ihrem engen Lande hinaus sich schwerlich hätte denken mögen [...].«

an das Vergangene hält und das Vergangene in der Gegenwart zu halten versucht. Ihre Klage über das vor unendlichen Zeiten zerstörte Jerusalem, ihre Hoffnung auf den Messias sind ihm Zeichen dafür, dass die Trümmer Jerusalems »gleichsam im Herzen der Zeit [...] gegründet« sind[19]. Ihre Religion ist: weder eine Quelle der Vorurteile noch die Mendelssohn'sche Vernunftreligion, sondern das »unveräußerliche Erbstück ihres Geschlechts«. Zugleich sieht Herder, dass ihre Geschichte, die aus dem Gesetz Mosis stammt, von diesem nicht zu trennen ist,[20] dass sie daher mit der Befolgung des Gesetzes steht und fällt. Diese Religion ist weiter eine Religion Palästinas, und an ihr festhalten heißt eigentlich, das Volk Palästinas und damit »in Europa ein unserem Erdteil fremdes asiatisches Volk« bleiben. Nicht ihre Gleichheit mit allen andern Völkern wird zugestanden – für die Aufklärung einziges Mittel, sie überhaupt zu Menschen zu machen –, sondern ihre Fremdheit betont. Dabei wird auf Assimilation keineswegs verzichtet, sie wird sogar radikaler gefordert, aber auf einem andern Boden. War die Judenfrage und ihre Diskussion noch bei Lessing und Dohm wesentlich geleitet von der Religionsfrage und ihrer Tolerierung, so wird für Herder die Assimilation zu einer Frage der Emanzipation und damit zu einer Staatsfrage. Gerade weil Herder die Treue zu der »Religion der Väter« ernst nimmt, sieht er in ihr das Zeichen der Nationalverbundenheit; die fremde Religion wird zu der Religion einer andern Nation. Aufgabe ist jetzt weder: eine andere Religion zu dulden, wie man ja viele Vorurteile zu dulden gezwungen ist, noch: eine sozial schädliche Situation zu ändern, sondern: Deutschland eine andere Nation einzuverleiben.[21] Herder sieht den augenblick-

---

19 Die Denkmale der Vorwelt. I. Stück. – [Zusatz Hrsg.: Johann Gottfried Herder, *Über Denkmale der Vorwelt* (1792).]

20 Briefe das Studium der Theologie betreffend. 4. Brief.

21 Adrastea: »Wiefern nun dies Gesetz und die aus ihm entspringende Denk- oder Lebensweise in unsre Staaten gehöre, ist kein Religionsdisputat mehr, wo über Meinungen und Glauben diskurriert würde, sondern eine einfache Staats-Frage.« – [Zusatz Hrsg.: Johann Gottfried Herder, *Adrastea*, IV. Bd., 7. Stück (»Unternehmungen des vergangnen Jahrhunderts zur Beförderung eines geistigen Reiches«, 1803).]

lichen Zustand also durchaus sub specie der Vergangenheit. Selbst die Tatsache, dass die Juden trotz aller Unterdrückungen in der fremden Welt nicht untergingen, sondern sich, wenn auch parasitär, anzupassen suchten, versteht er aus der Geschichte des Volkes.[22] Es gilt jetzt, das Parasitäre der jüdischen Nation produktiv zu machen. Wie weit eine solche Assimilation möglich ist unter Beibehaltung des jüdischen Gesetzes, ist eine Staatsfrage, wie weit sie überhaupt möglich ist, eine Frage der Erziehung und Bildung, d. h. für Herder der Humanisierung.

Humanität ist durch zwei Begriffe gekennzeichnet, durch Bildung und Toleranz. Herder polemisiert aufs Schärfste gegen den Bildungsbegriff der Aufklärung, das Selbstdenken, dem er vor allem Wirklichkeitslosigkeit vorwirft. Diese Bildung erwächst aus keiner Erfahrung, und sie wird zu keiner »Tat«, zu keiner »Anwendung des Lebens im bestimmten Kreise«. Sie kann keinen Menschen bilden; denn sie vergisst die Wirklichkeit, aus der er kommt und in der er steht. Der »Rücktritt der Bildung«, der wahren Bildung, die »erbildet, anbildet und fortbildet«, ist beherrscht von der Vergangenheit, einer »stillen, ewigen Macht des Vorbildes und einer Reihe Vorbilder«. Diese Vergangenheit kann die Aufklärung nicht bewahren.

Die Erziehung durch Bildung in diesem Herder'schen Sinn kann nicht wollen, dass die »Vorbilder« einfach nachgeahmt werden; hatte Herder doch gerade die unwiderrufliche Einmaligkeit der Geschichte, auch der größten und genialsten Geschichte gezeigt. Die Bildung sucht das Bildende im Verstehen der Vorbilder. In diesem Verstehen, das ein ganz neu erschlossener Zugang zur Wirklichkeit ist und aller Allegorese und Deutung der heiligen Schriften wie aller Polemik so fernsteht wie dem bloßen gläubigen Hinnehmen, liegt zugleich eine Beschwörung der Wirklichkeit: sie so zu nehmen, wie sie wirklich war, ohne alle Zwecke und Hintergedanken; und eine Distanz von der Vergangenheit: sich nie mit ihr zu verwechseln, den Zeitraum, der zwischen ihr und dem Verste-

[22] Vgl. Ideen ... III. Teil. XII. Buch. VI. Weitere Ideen zur Philosophie der Menschengeschichte.

henden liegt, ernst zu nehmen, in das Verstehen hineinzunehmen. Die Geschichte hat so dem Gehalt nach keine Verbindlichkeit für den, der sie versteht, er versteht sie als einmalige und vergängliche. Ihre bildende Funktion liegt im Verstehen als solchem. Auf diesem Vergangenen basiert eine neue Idee von Toleranz. Jeder Mensch wie jede geschichtliche Epoche hat ein Schicksal, dessen Einmaligkeit kein anderer mehr verurteilen darf; ist es doch die Geschichte selbst, die in der Unerbittlichkeit ihrer Kontinuität das Richteramt übernommen hat. Die Toleranz, der »Vorzug seltener, vom Himmel privilegierter Seelen« entdeckt nicht mehr das Menschliche als solches, sondern sie versteht es. Und sie versteht es gerade in all seinen Verkleidungen und Veränderungen; sie versteht seine Einmaligkeit, seine Vergänglichkeit. Die Toleranz entspricht der verstehenden Distanz des Gebildeten.

So gibt Herder den Juden ihre Geschichte in einer eigentümlichen Indirektheit zurück; die Geschichte ist zur verstandenen Geschichte geworden. Sie wird als Geschehen absolut ernst genommen, ohne dass doch an den ursprünglichen Leiter dieses Geschehens noch direkt geglaubt würde. Die Säkularisierung ist nicht mehr rückgängig zu machen. Die indirekte Rückgabe der eigentlichen Gehalte zerstört die Vergangenheit im Sinne der Juden restlos. Denn war für Herder diese wie jede Vergangenheit gebunden an eine einmalige, nie wiederkehrende Zeit, so war sie für die Juden gerade das immer wieder dem Vergehen zu Entreißende. Herder gibt zwar dem assimilierten Juden das Geschehen im Sinne seiner eigenen Interpretation zurück, aber doch ein Geschehen ohne Gott; so vernichtet er seine in der Rezeption der Aufklärung gewonnene Freiheit, die vis à vis de rien stand, und unterstellt ihn der Macht des Schicksals, aber er stellt ihn nicht mehr unter die Macht Gottes. Noch die Aufklärung hatte insofern wenigstens einen direkten Bezug zum Gehalt der Geschichte, als sie sich mit ihm auseinandersetzte, ihn verwarf, verteidigte oder bewusst umdeutete. Herders Geschichtsverständnis ist ein letztes Unverbindlichmachen jeglichen Gehaltes – zugunsten des Geschehens selbst. Für die Juden fällt mit dem Zerstören des Gehaltes der Geschichte jede geschichtliche Bindung; denn das Eigentümliche ihrer Geschichte besteht gerade darin, dass nach der Zerstörung des Tempels in gewissem Sinne die Geschichte selbst das »Continuum der Dinge«, das Herder vor dem »Abgrund« rettet, zerstört hat. Deshalb war Mendelssohns Verteidigung der jüdischen Religion und sein Versuch, den »ewigen Gehalt« zu retten – so naiv dies uns heute erscheinen mag – nicht schlechthin sinnlos. Er war auf dem Boden der Aufklärung auch noch möglich; den Juden blieb dort noch ein letztes Residuum an Bindung, das erst jetzt völlig schwindet. Herder selbst sieht diese Bindungslosigkeit als Positivum, wenn er sagt, »Lessing insonderheit hat dies unbefangnere Urteil gebildeter Juden, ihre schlichtere Art, die Dinge anzusehen, in Nathan dem Weisen dargestellt; wer darf ihm widersprechen, da der Jude als solcher von manchen politischen Vorurteilen frei ist, die wir mit Mühe oder gar nicht ablegen?« Herder betont die Unbefangenheit gebildeter Juden, d. h. solcher, die nicht gebunden sind an irgendwelche Gehalte, an die bei aller »Bildung« die nichtjüdische Umwelt dank dem Kontinuum der Zeit gebunden bleibt. Zugleich will Herder die Eigenschaften positivieren, die die Not der schlechten Gegenwart aus ihnen herausgepresst hat – sei es die Not des Sozialen, sei es die Not der Diaspora überhaupt –, die die Juden zu dem doppelten Scharfblick in Erwerb und Bibelauslegung zwang.[23] Sind die Juden erst in Herders Sinn »gebildet«, so sind sie der Menschheit zurückgewonnen, d. h. aber in ihrer eigenen Auslegung, sie haben aufgehört, das auserwählte Volk zu sein. »Abgelegt die alten stolzen Nationalvorurteile; weggeworfen die Sitten, die für unsre Zeit und Verfassung, selbst für unser Klima nicht gehören, arbeiteten sie, nicht als Sklaven [...], wohl aber als Mitwohner gebildeter Völker an [...] dem Bau der Wissenschaften, der Gesamt-Kultur der Menschheit. [...] Nicht durch Einräumung neuer

[23] »Unter Drangsalen, die dies Volk jahrhundertelang betroffen haben, welch andere Nation hätte sich auf dem Grad der Cultur erhalten, auf dem sie ihr inhaltsreiches Buch der Bücher, die Sammlung ihrer heiligen Schriften, mit ihnen die Schreib- und Rechenkunst festhielt? Not und ihr Gewerbe haben sie zu einem Scharfblick gebildet, den nur ein stumpfes Auge nicht wahrnimmt.« – [Zusatz Hrsg.: Das im Text vorangehende und das nachfolgende Zitat ist dem zitierten Stück aus Herders *Adrastea* (siehe FN 21) entnommen.]

merkantilischer Vorteile führt man sie der Ehre und Sittlichkeit zu; sie heben sich selbst dahin durch rein-menschliche, wissenschaftliche und bürgerliche Verdienste. Ihr Palästina ist sodann da wo sie leben und edel wirken, allenthalben.«

Damit sind die Juden wieder in eine Ausnahmestellung gedrängt, die in der Aufklärung, die kein ausgebildetes Verständnis für Geschichte hatte, noch verdeckt bleiben konnte. Die völlige Gleichheit Lessings verlangte von den Juden nur das Menschsein, das sie schließlich, zumal in der Mendelssohn'schen Auslegung auch leisten konnten. Hier aber wird eine Sonderstellung von ihnen gefordert – als Besondere werden sie eingeordnet in die »Gesamt-Kultur der Menschheit«, nachdem durch »Bildung«, durch die Distanz des Verstehens alle Gehalte zerstört sind, an die sich diese Sonderstellung klammern konnte. Schleiermacher lehnt Friedländers Anerbieten ab, weil er sowohl das Eigentümliche des Christentums wie die Besonderheit der Juden gewahrt wissen will. Man erwartet von den Juden ein Verständnis für ihre eigene geschichtliche Situation, eine Erwartung, die sie umso weniger erfüllen können, als ihre Existenz in der nichtjüdischen Welt mit der wesentlich unhistorischen Argumentation der Aufklärung steht und fällt. Sie sind gezwungen, in dem Kampf um ihre Emanzipation dauernd »salti mortali« zu wollen, eine sprunghafte Eingliederung zu beanspruchen; sie können nicht auf das, was »sich natürlich macht«, auf eine »schrittweise« Entwicklung[24] vertrauen, denn sie haben in der fremden Welt ja gar keine bestimmte Stelle, von der aus eine bestimmte Entwicklung anheben könnte.

So werden die Juden die Geschichtslosen in der Geschichte. Ihre Vergangenheit ist ihnen durch das Herder'sche Geschichtsverstehen entzogen. Sie stehen also wieder vis à vis de rien. Innerhalb einer geschichtlichen Wirklichkeit, innerhalb der europäischen säkularisierten Welt, sind sie gezwungen, sich dieser Welt irgendwie anzupassen, sich zu bilden. Bildung aber ist für sie notwendig all das, was nicht jüdische Welt ist. Da ihnen ihre eigene

---

[24] W. u. C. v. Humboldt, Briefwechsel. Bd. 4. Nr. 236. S. 462. – [Zusatz Hrsg.: Caroline an Wilhelm von Humboldt, 4. Februar 1815.]

Vergangenheit entzogen ist, hat die gegenwärtige Wirklichkeit begonnen, ihre Macht zu zeigen. Bildung ist die einzige Möglichkeit, diese Gegenwart zu überstehen. Ist Bildung vor allem Verstehen der Vergangenheit, so ist der »gebildete« Jude angewiesen auf eine fremde Vergangenheit. Zu ihr kommt er über eine Gegenwart, die er verstehen muss, weil er an ihr beteiligt wurde. Die Vergangenheit muss, soll die Gegenwart überhaupt begriffen werden, neu und ausdrücklich ergriffen werden. Das Ausdrücklichmachen der Vergangenheit ist der positive Ausdruck für die Herder'sche Distanz des Gebildeten – eine Distanz, die die Juden von vornherein mitbringen. So entsteht aus der Fremdheit der Geschichte die Geschichte als spezielles und legitimes Thema der Juden.[25]

[Nachdruck aus Hannah Arendt, *Die verborgene Tradition. Acht Essays*, Frankfurt am Main: Suhrkamp (suhrkamp taschenbuch 303), 1976, S. 108–126. Der Essay erschien erstmals 1932 mit der Autorenangabe »Von Hannah Arendt-Stern« in der *Zeitschrift für die Geschichte der Juden in Deutschland* 4, 1932, Heft 2–3, S. 65–77.]

[25] Erst der »Verein für Kultur und Wissenschaft der Juden« hat es unter der Ägide von Leopold Zunz [1794–1886] erfasst. – [Zusatz Hrsg.: Dieser Hinweis stammt nicht von H. A., er ist im Original als »Anm. d. Red.« hinzugefügt.]

I

Für ein neues kulturelles Selbstbewusstsein

2
Martin Buber – ein »leader« der Jugend

Als vor bald zwei Jahren das deutsche Judentum erkannte, dass es in seiner Gesamtheit auf die durch die Ausnahmegesetze[1] erzwungene Isolierung und auf die materielle und moralische Erschütterung seiner kollektiven Existenz reagieren musste, waren notgedrungen alle Juden gezwungen, ein Selbstbewusstsein *als Juden* zu entwickeln. Jeder, der damals diese entscheidende Lage am eigenen Leibe miterlebte, konnte nur unter großen Ängsten die schwierigste aller Fragen denken: Wird es gelingen, diesem von außen aufoktroyierten Ghetto einen geistigen Gehalt zu geben? Wird es gelingen, diese Juden nicht nur äußerlich zusammenzuschließen, sondern sie auch als Einzelne miteinander durch ein *jüdisches* Band derart zu verbinden, dass sie wieder wahre Juden würden? Gibt es einen Menschen, der dieser Aufgabe gewachsen wäre? Gibt es auf diesem Gebiet einen Anführer des deutschen Judentums? Einen »leader«, der mehr ist als ein guter zionistischer Vertreter, mehr als ein hervorragender Kenner jüdischer Angelegenheiten, mehr als ein exzellenter Wissenschaftler und Erforscher des Judentums, ja mehr noch als ein lebendiger Vertreter der jüdischen Kultur – kurz gesagt, einen, der all dies ist und noch mehr?

In diesem Sinn ist *Martin Buber* heute der unangefochtene Anführer des deutschen Judentums. Er ist der offizielle und tatsächliche Kopf aller wissenschaftlichen und kulturellen Institutionen. Seine Persönlichkeit wird von allen Parteien und Gruppierungen anerkannt. Und mehr noch: Er ist der wahrhaftige »leader« der Jugend.

Er ist dies alles nicht erst seit heute. Seit drei Jahrzehnten gibt es keine junge Generation, die nicht entscheidend von ihm geprägt ist.

Seit drei Jahrzehnten kritisiert er mit gleicher Festigkeit einerseits jenen rein politischen Zionismus, dessen Aktivitäten sich allzu oft auf Verhandlungen und Organisationsstrukturen beschränken, und andererseits jene Orthodoxie, die in traditionellen Riten zu erstarren droht. Buber, der seit seinen ersten Veröffentlichungen um die Jahrhundertwende als leidenschaftlicher Zionist bekannt ist, hat ebendiesen Zionismus immer mit seinem besonderen Geist durchdrungen. Er vereint auf unvergleichliche Weise das Festhalten an der Vergangenheit mit dem Kampf um die Zukunft. Unermüdlich hat er verkündet, dass das Wiedererstehen des jüdischen Volkes sich nur vollenden kann durch eine radikale Rückkehr zu seiner großartigen Vergangenheit und zu seinen lebendigen religiösen Werten. Das hat ihm die Herzen und Köpfe all der Jugendbewegungen gewonnen, die auf ihrem Weg ins (verloren geglaubte) Judentum verzweifelt nach dem geistigen Gehalt dieses ihnen so entfremdeten Judentums suchten.

Was Achad Ha'am für Osteuropa gewesen, wurde Buber für Westeuropa. In diesem Mann und seinem Werk entdeckte die Jugendbewegung was sie auch bei den besten Vertretern des offiziellen Zionismus nicht antraf: ein positives Judentum. Seit dreißig Jahren präsentiert und repräsentiert Buber dieses Judentum, immer jung und immer neu. Die »Wissenschaft des Judentums«, welche seit Generationen ein lebendiges Volk unter Monumenten der exakten Philologie und der toten Geschichte zu begraben suchte, hat Buber in »Jüdische Wissenschaft« verwandelt – eine Wissenschaft, die fernste Dinge aus biblischen Zeiten in einen lebendigen und aktuellen Bezug zu unserem heutigen Dasein setzt.

Martin Buber, der große Gelehrte, der die modernen theologischen Diskussionen in Deutschland maßgeblich prägte und in Frankfurt als Professor wirkte, hat sich nie in seiner Wissenschaft verloren: In jedem Moment macht er sich bewusst, warum und zu welchem Ziel er das Wissen benötigt; nie missachtet er die Zukunft um der Vergangenheit willen, sondern findet in der Vergangenheit die Samenkörner der Zukunft; in der Genesis wie in den Psalmen, in den Büchern der Propheten und im Buch Hiob hören wir, so Buber, was das DU Gottes vom ICH des Menschen erwartet. Nur wenn wir diese uralten Stimmen vernehmen und lernen, sie zu verstehen, werden wir die Aufgabe, die Gott diesem, seinem Volk gestellt hat, erfüllen können.

Solche Vergegenwärtigung der Vergangenheit ist das Zentrum der Buber'schen Lehre, seines Werkes und seines Einflusses. Noch bedeutender als seine »Reden über das Judentum«[2] ist seine große deutsche Übersetzung der Bibel, die er vor Jahren gemeinsam mit Franz Rosenzweig begonnen hat.[3] Diese Übersetzung hat nicht nur die Juden, sondern alle an geistigen Dingen interessierten Deutschen erregt, begeistert und beeinflusst. Seit Luther hat niemand solch einen Versuch unternommen: die Bibel poetisch auszulegen – und das ihrem eigenen Geist getreu, jedoch in fremder Sprache. Vor hundertfünfzig Jahren, zu Beginn der Emanzipation, hat die von Moses Mendelssohn verfertigte Übersetzung der Bibel[4], in deutscher Sprache mit hebräischen Schriftzeichen niedergeschrieben, dazu geführt, dass die jüdische Jugend das Ghetto verlassen und Deutsch lernen konnte, um über diesen einzigartigen Umweg der Übersetzung in das deutsche und europäische Leben jener Zeit hineinzugelangen. Bubers Übersetzung ist ein ähnlich einzigartiger Umweg, doch heute geht es darum, die Juden zum Hebräischen, zur Sprache der Bibel, zurückzuführen; zu ihrer jüdischen Vergangenheit mit deren Werten und Herausforderungen. Am Anbeginn und am Ende der deutsch-jüdischen Geschichte steht eine Übersetzung des größten jüdischen Besitztums, der Bibel. Und vielleicht zeigt nichts so deutlich wie diese Tatsache die unauflösliche Verbundenheit der gesamten jüdischen Geschichte – auch der modernsten – mit ihren großartigen Anfängen.

Wenn die Reden und Abhandlungen Bubers und vor allem sein grundlegendes Werk *Königtum Gottes*[5] sich an eine geistige Elite wenden, so eröffnen und gewähren ihm seine Bibelübersetzung ebenso wie seine Wiederentdeckung des Chassidismus die neuartige Darbietung überlieferter jüdischer Legenden, einen weitaus breiteren, allgemeinen Einfluss; diese Werke dürften heute in keinem jüdischen Haushalt fehlen. Dass die chassidischen Geschichten selbst die assimiliertesten Juden nicht unberührt ließen, beweist, dass Buber recht hat mit seiner Aussage, dass selbst in dem angepasstesten Juden Kenntnis und Herausforderung des Glaubens sich erneuern können, so es nur gelingt, seine Seele zu erwecken.[6] Buber ist es tatsächlich gelungen, die Seelen dieser angepassten Juden zu erwecken, und zwar deshalb, weil er bei aller Vertiefung in die Wissenschaft immer ein moderner Mensch im besten Wortsinn geblieben ist. Er konnte die Jugend gewinnen, weil er weder sich noch das Judentum unter dessen großer Vergangenheit begrub, sondern lebendige Spuren sichtete, um eine noch größere Zukunft zu errichten.

»Ich will weiterleben, ich will meine Zukunft, will ein neues, ganzes Leben, ein Leben für mich, für das Volk in mir, für mich im Volke. Denn das Judentum hat nicht bloß eine Vergangenheit, ja trotz allem, was es geschaffen hat, meine ich: das Judentum hat vor allem nicht eine Vergangenheit, sondern eine Zukunft. Ich glaube: das Judentum ist in Wahrheit noch nicht zu seinem Werke gekommen, und die großen Kräfte, die in diesem tragischsten und unbegreiflichsten aller Völker leben, haben noch nicht ihr eigenstes Wort in die Geschichte der Welt gesprochen.«[7]

[Deutsche Erstveröffentlichung von Hannah Arendt, »Martin Buber – Un guide de la jeunesse«, in: *Le Journal Juif des Jeunes*, Paris, 24. Mai 1935, einer Beilage der Wochenzeitung *Le Journal Juif*, die von 1934–1936 in Paris erschien. Übersetzung: Marie Luise Knott und Ursula Ludz.]

3
Wir Flüchtlinge

Vor allem mögen wir es nicht, wenn man uns »Flüchtlinge« nennt. Wir selbst bezeichnen uns als »Neuankömmlinge« oder »Einwanderer«. Unsere Nachrichtenblätter sind Zeitungen für »Amerikaner deutscher Sprache«, und so weit mir bekannt, trägt und trug keiner der hier gegründeten Clubs der Hitler-Verfolgten einen Namen, der darauf hinweist, dass seine Mitglieder Flüchtlinge sind.

Als Flüchtling hatte bislang gegolten, wer aufgrund seiner Taten oder seiner politischen Anschauungen gezwungen war, Zuflucht zu suchen. Es stimmt, auch wir waren gezwungen, Zuflucht zu suchen, aber wir hatten vorher nichts getan, und die meisten unter uns hegten nicht einmal im Traum irgendwelche radikalen politischen Anschauungen. Mit uns hat sich die Bedeutung des Begriffs »Flüchtling« gewandelt. Von nun an sind »Flüchtlinge« Menschen, die das Pech hatten, mittellos in einem neuen Land anzukommen und auf die Hilfe der Flüchtlingskomitees angewiesen zu sein.

Bevor dieser Krieg ausbrach, waren wir sogar noch empfindlicher gegen die Bezeichnung »Flüchtlinge«. Wir setzten alles daran, den anderen Leuten zu beweisen, dass wir ganz gewöhnliche Einwanderer seien. Wir erklärten, dass wir aus freien Stücken in das Land unserer Wahl gegangen wären, und bestritten, dass unsere Lage irgendetwas mit »sogenannten jüdischen Problemen« zu tun hätte. Ja, wir waren »Einwanderer« oder auch »Neuankömmlinge«, die eines schönen Tages ihr Land verlassen hatten – sei es, weil es uns dort nicht mehr gepasst hatte, sei es aus rein wirtschaftlichen Erwägungen. Wir wollten uns eine neue Existenzgrundlage schaffen, das war alles. Wer eine neue Existenz aufbauen möchte, muss stark sein und ein Optimist dazu. Folglich legen wir großen Optimismus an den Tag.

Unser Optimismus ist in der Tat bewundernswert, auch wenn diese Feststellung von uns selbst kommt. Unsere leidvolle Geschichte ist inzwischen bekannt. Wir haben unser Zuhause verloren und damit die Vertrautheit des Alltags. Wir haben unseren Beruf verloren und damit das Vertrauen, in dieser Welt irgendwie von Nutzen zu sein. Wir haben unsere Sprache verloren und mit ihr die Ursprünglichkeit der Reaktionen, die Einfachheit der Gebärden und den ungezwungenen Ausdruck von Gefühlen. Wir haben unsere Verwandten in den polnischen Ghettos zurückgelassen, unsere besten Freunde sind in Konzentrationslägern umgebracht worden, und das bedeutet den Zusammenbruch unserer privaten Welt.

Aber dennoch haben wir sofort nach unserer Rettung – und die meisten von uns mussten mehrmals gerettet werden – ein neues Leben angefangen und versucht, all die guten Ratschläge, die unsere Retter für uns bereithielten, so genau wie möglich zu befolgen. Man sagte uns, wir sollten vergessen; und wir vergaßen schneller, als es sich irgendjemand vorstellen konnte. Auf freundliche Weise wurde uns klargemacht, dass das neue Land unsere neue Heimat werden würde; und nach vier Wochen in Frankreich oder sechs Wochen in Amerika taten wir bereits so, als ob wir Franzosen oder Amerikaner seien. Die größeren Optimisten unter uns gingen sogar so weit zu behaupten, sie hätten ihr gesamtes bisheriges Leben in einer Art unbewusstem Exil verbracht und erst von ihrem neuen Land gelernt, wie ein richtiges Zuhause überhaupt aussieht. Es stimmt, dass wir manchmal Einwände erheben gegen den wohlgemeinten Rat, unsere einstige Tätigkeit zu vergessen; auch unsere einstigen Ideale werfen wir in der Regel nur schweren Herzens über Bord, wenn unsere gesellschaftlichen Maßstäbe auf dem Spiel stehen. Mit der Sprache allerdings haben wir keine Schwierigkeiten: Die Optimisten sind schon nach einem Jahr bereits der festen Überzeugung, sie sprächen Englisch so gut wie ihre Muttersprache; und nach zwei Jahren schwören sie feierlich, dass sie Englisch besser beherrschten als irgendeine andere Sprache – an ihr Deutsch erinnern sie sich kaum noch.

Um gründlicher zu vergessen, vermeiden wir alle Anspielungen auf Konzentrations- und Internierungsläger, die wir fast überall in Europa kennengelernt haben; denn das könnte man uns als Pessimismus oder als mangelndes Vertrauen in die neue Heimstätte auslegen. Überdies: Wie oft hat man uns zu verstehen gegeben, dass niemand das alles hören möchte: Die Hölle ist keine religiöse Vorstellung und kein Fantasiegebilde mehr, sondern so wirklich wie Häuser, Steine und Bäume. Offensichtlich will niemand wissen, dass die Zeitgeschichte einen neuen Menschentyp hervorgebracht hat – Menschen, die von ihren Feinden in Konzentrationsläger und von ihren Freunden in Internierungsläger gesteckt werden.

Selbst untereinander sprechen wir nicht über diese Vergangenheit. Stattdessen haben wir einen eigenen Weg gefunden, wie wir die ungewisse Zukunft meistern können. Da alle Welt plant und wünscht und hofft, tun wir das auch. Von diesen allgemein menschlichen Verhaltensweisen abgesehen, versuchen wir jedoch, die Zukunft wissenschaftlicher anzugehen. Nach so viel Unglück wollen wir, dass es künftig bombensicher läuft. Deshalb lassen wir die Erde mit all ihren Ungewissheiten hinter uns und richten unsere Augen gen Himmel. In den Sternen nämlich – und kaum in den Zeitungen – steht geschrieben, wann Hitler besiegt sein wird und wann wir amerikanische Staatsbürger werden. Wir halten die Sterne für Ratgeber, die vertrauenswürdiger sind als alle unsere Freunde; sie teilen uns mit, wann es angebracht ist, mit unseren Wohltätern essen zu gehen, oder an welchem Tag wir am besten einen der zahllosen Fragebogen ausfüllen, die gegenwärtig unser Leben begleiten. Mitunter vertrauen wir nicht einmal den Sternen, sondern verlassen uns lieber aufs Handlesen oder auf die Deutung der Handschrift. Auf diese Art erfahren wir weniger über das politische Geschehen, aber mehr über unser eigenes geliebtes Selbst, auch wenn die Psychoanalyse irgendwie aus der Mode gekommen ist. Vorbei jene glücklicheren Zeiten, in denen gelangweilte Damen und Herren der höheren Gesellschaft über die genialen Ungezogenheiten ihrer frühen Kindheit plauderten. Sie haben kein Interesse mehr an Gespenstergeschichten, wenn die tatsächlichen Erfahrungen sie das Gruseln lehren. Es gibt keinen Bedarf mehr, die Vergangenheit zu verhexen, die Gegenwart ist gebannt genug. Und so greifen wir, trotz unseres erklärten Optimismus, zu allen möglichen Tricks, um die Geister der Zukunft heraufzubeschwören.

Ich weiß nicht, welche Erfahrungen und Gedanken uns des Nachts in unseren Träumen heimsuchen. Ich wage nicht, danach zu fragen, denn auch ich wäre lieber optimistisch. Doch manchmal stelle ich mir vor, dass wir zumindest nachts an unsere Toten denken oder uns an die einst geliebten Gedichte erinnern. Ich könnte sogar verstehen, dass unsere Freunde an der Westküste während der Ausgangssperre auf den komischen Gedanken kommen, wir seien nur »künftige Staatsbürger«, doch gegenwärtig »feindliche Ausländer«. Am helllichten Tag sind wir natürlich bloß »der Form nach« feindliche Ausländer – das wissen alle Flüchtlinge. Doch wenn man sich dann dieser »Form« wegen nach Einbruch der Dunkelheit nicht mehr aus dem Haus traute, konnte man sich nicht immer finsterer Gedanken über das Verhältnis von Formalität und Wirklichkeit erwehren.

Nein, mit unserem Optimismus stimmt etwas nicht. Es gibt unter uns jene seltsamen Optimisten, die wortreich ihre Zuversicht kundtun und dann nach Hause gehen und den Gashahn aufdrehen oder auf äußerst unerwartete Weise von einem Wolkenkratzer Gebrauch machen. Anscheinend beweisen sie, dass unser erklärter Frohsinn auf einer gefährlichen Todesbereitschaft gründet. Aufgewachsen in der Überzeugung, dass das Leben der Güter höchstes[1] und der Tod das größte Schrecknis sei, wurden wir Zeugen und Opfer von Terrorakten, die schlimmer sind als der Tod – ohne dass wir in der Lage gewesen wären, ein höheres Ideal als das Leben zu entdecken. Auch wenn der Tod also seine Schreckensherrschaft verloren hatte, so waren wir noch lange nicht willens oder fähig, unser Leben für eine Sache aufs Spiel zu setzen. Anstatt den Kampf zu wählen – oder sich Gedanken darüber zu machen, wie man sich zur Wehr setzen kann, gewöhnten wir Flüchtlinge uns daran, Freunden oder Verwandten den Tod zu wünschen; wenn jemand stirbt, führen wir uns frohgemut den ganzen Ärger vor Augen, der ihm erspart geblieben ist. Schließlich landen viele von uns bei dem Wunsch, es möge auch ihnen einiger Ärger erspart bleiben, und handeln entsprechend.

Seit Hitlers Einmarsch in Österreich 1938 haben wir beobachtet, wie rasch sich beredter Optimismus in sprachlosen Pessimismus verwandeln kann. Im Lauf der Zeit verschlimmerte sich unser Zustand – wir wurden immer optimistischer und neigten immer mehr zum Selbstmord. Die österreichischen Juden unter Schuschnigg waren solch ein frohgemutes Volk – alle unvoreingenommenen Beobachter bewunderten sie. Es war wirklich wundervoll, wie tief sie davon überzeugt waren, ihnen könne nichts passieren. Aber als die deutschen Truppen einmarschierten und die nichtjüdischen Nachbarn anfingen, jüdische Wohnungen zu überfallen, da begannen österreichische Juden Selbstmord zu verüben.

Im Unterschied zu anderen Selbstmördern hinterlassen unsere Freunde keine Erklärungen für ihre Tat, keine Beschuldigungen, keine Anklagen gegen diese Welt, die einen verzweifelten Menschen gezwungen hatte, bis zuletzt ein fröhliches Verhalten an den Tag zu legen. Ihre Abschiedsbriefe sind ganz gewöhnliche Dokumente. Folglich sind auch unsere Reden am offenen Grabe kurz, verlegen und voller Hoffnung. Niemand schert sich um die allzu offensichtlichen Beweggründe.

Ich spreche hier von unliebsamen Tatsachen, und zu allem Übel verfüge ich, um meine Sicht der Dinge zu untermauern, nicht einmal über die einzigen Argumente, die Leute von heute beeindrucken: nämlich über Zahlen. Selbst jene Juden, die ganz entschieden die Existenz des jüdischen Volkes verneinen, geben uns, was die Zahlen angeht, eine gute Überlebenschance – sie brauchen Zahlen, um zu beweisen, dass nur wenige Juden Kriminelle sind und in Kriegszeiten viele Juden als gute Patrioten ums Leben kommen. Aufgrund ihrer Bemühungen, das Leben des jüdischen Volkes in Zahlen festzuhalten, wissen wir, dass in der Vergangenheit unter allen zivilisierten Nationen Juden die niedrigste Selbstmordrate aufwiesen. Ich bin mir ziemlich sicher, dass diese Angaben nicht mehr zutreffen, doch kann ich dies nicht mit neuen Zahlen belegen, wohl aber mit neuen Erfahrungen. So viel für jene skeptischen

Geister, die ohnehin nie davon überzeugt waren, dass man mit einer Schädelmessung eine exakte Vorstellung von dessen Inhalt bekommt oder dass Kriminalstatistiken das exakte sittliche Niveau einer Nation anzeigen. Jedenfalls verhalten sich europäische Juden, ganz gleich wo sie leben, heute nicht mehr gemäß den Gesetzen der Statistik. Selbstmorde ereignen sich heute nicht nur unter den von Panik erfassten Menschen in Berlin und Wien, in Bukarest oder Paris, sondern auch in New York und Los Angeles, in Buenos Aires und in Montevideo.

Aus den Ghettos und Konzentrationslägern hingegen wird sehr selten von Selbstmorden berichtet. Zwar erhalten wir ohnehin nur äußerst spärliche Berichte aus Polen, doch über deutsche und französische Konzentrationsläger sind wir ziemlich gut informiert.

Im Lager Gurs etwa, wo ich Gelegenheit hatte, einige Zeit zuzubringen[2], hörte ich nur ein einziges Mal von Selbstmord, und zwar als Vorschlag für eine kollektive Aktion, was anscheinend als eine Art Protesthandlung gedacht war, um die Franzosen in Verlegenheit zu bringen. Als einige von uns anmerkten, dass wir sowieso »pour crever«[3] hierher verfrachtet worden seien, schlug die allgemeine Stimmung plötzlich um, und ein leidenschaftlicher Lebensmut brach aus. Es galt allgemein die Auffassung, dass man schon auf abnorme Weise asozial und dem Geschehen gegenüber ignorant sein musste, um das ganze Unglück noch immer als persönliches, individuelles Missgeschick anzusehen und dementsprechend seinem Leben persönlich und individuell ein Ende zu setzen. Doch sobald dieselben Leute in ihr individuelles Leben zurückkehrten und dort mit scheinbar individuellen Problemen konfrontiert waren, legten sie wieder jenen ungesunden Optimismus an den Tag, der Tür an Tür mit der Verzweiflung wohnt.

Wir sind die ersten nichtreligiösen Juden, die verfolgt werden – und wir sind die ersten, die darauf – nicht nur in extremis – mit Selbstmord antworten. Vielleicht haben die Philosophen recht, die lehren, dass Selbstmord die letzte, die äußerste Garantie menschlicher Freiheit sei; dass wir zwar nicht die Freiheit besitzen, unser Leben oder die Welt, in der wir leben, zu erschaffen, aber dennoch frei sind, das Leben wegzuwerfen und die Welt zu verlassen.

Gewiss können fromme Juden sich diese negative Freiheit nicht herausnehmen; sie sehen in der Selbsttötung Mord, nämlich die Zerstörung dessen, was Menschen niemals erschaffen können, sie sehen darin also eine Einmischung in die Rechte des Schöpfers. »Adonai nathan ve adonai lakach« (Der HERR hat's gegeben, der HERR hat's genommen); und sie fügen gewöhnlich hinzu: »baruch shem adonai« (der Name des HERRN sei gelobt).[4] Für sie bedeutet Selbstmord wie Mord einen blasphemischen Angriff auf die gesamte Schöpfung. Ein Mensch, der sich selbst umbringt, behauptet damit, dass das Leben nicht lebenswert sei und die Welt nicht wert, ihn zu beherbergen.

Doch unsere Selbstmörder sind keine verrückten Rebellen, die dem Leben und der Welt ihre Missachtung entgegenschleudern, die mit sich das ganze Universum zu töten versuchen. Ihre Art zu verschwinden ist still und bescheiden; sie scheinen sich entschuldigen zu wollen, dass sie für ihre persönlichen Probleme einen so gewaltsamen Ausweg gefunden haben. Ihrer Meinung nach hatten die politischen Ereignisse nichts mit ihrem individuellen Schicksal zu tun; in guten wie in schlechten Zeiten vertrauten sie allein auf ihre Persönlichkeit. Nun entdecken sie, dass sie aufgrund einiger seltsamer eigener Mängel nicht mehr zurechtkommen. Seit frühester Kindheit einen gewissen gesellschaftlichen Standard gewohnt, halten sie sich für Versager, wenn dieser nicht aufrechterhalten werden kann. Ihr Optimismus ist der vergebliche Versuch, den Kopf über Wasser zu halten. Nach außen frohgemut, kämpfen sie hinter der Fassade dauernd darum, nicht an sich selbst zu verzweifeln. Am Ende sterben sie an einer Art Selbstsucht.

Wenn wir gerettet werden, fühlen wir uns gedemütigt, und wenn man uns hilft, fühlen wir uns erniedrigt. Wie Verrückte kämpfen wir um eine private Existenz mit individuellem Geschick, denn wir fürchten, in Zukunft zu jenem bedauernswerten Haufen von Schnorrern[5] zu gehören, die wir, oft ehemalige Philanthropen, nur allzu gut in Erinnerung haben. Gerade so, wie wir damals nicht verstanden haben, dass der sogenannte Schnorrer für das gesamte jüdische Schicksal stand und nicht einfach ein Schlemihl[6] war, so halten wir uns heute nicht für berechtigt, jüdische Solidarität in Anspruch zu nehmen; wir können nicht begreifen, dass es dabei weniger um uns als Einzelne geht als vielmehr um das gesamte jüdische Volk. Manches Mal wurde solch fehlende Einsicht von unseren Beschützern kräftig genährt. So erinnere ich mich an den Direktor einer großen Wohlfahrtseinrichtung in Paris, der immer, wenn er die Visitenkarte eines deutsch-jüdischen Intellektuellen mit dem unvermeidlich aufgedruckten »Dr.« erhielt, lauthals loszulegen pflegte: »Herr Doktor, Herr Doktor, Herr Schnorrer, Herr Schnorrer!«

Die Schlussfolgerung, die wir aus solch unangenehmen Erfahrungen zogen, war ganz einfach. Doktor der Philosophie zu sein genügte uns nicht mehr; wir lernten, dass man, um ein neues Leben aufzubauen, das alte erst einmal aufbessern muss. Zur Beschreibung unseres Verhaltens wurde die kleine Anekdote vom einsamen Emigrantendackel erfunden, der in seinem Kummer eine Rede mit den Worten beginnt: »Damals, als ich noch ein Bernhardiner war …«[7]

Unsere neuen Freunde, die von so viel Berühmtheit ziemlich überwältigt sind, verstehen kaum, dass sich hinter allen unseren Schilderungen vergangener Glanzzeiten eine menschliche Wahrheit verbirgt: dass wir nämlich einst Menschen gewesen sind, die anderen etwas bedeuteten; dass wir Freunde hatten, die uns liebten; ja sogar, dass wir bei den Hausbesitzern als pünktlich zahlende Mieter bekannt waren. Es gab eine Zeit, da konnten wir einkaufen und U-Bahn fahren, ohne dass uns jemand sagte, wir seien unerwünscht. Wir sind ein wenig hysterisch geworden, seit Zeitungsleute damit angefangen haben, uns zu entdecken und uns öffentlich zu erklären, wir sollten aufhören, unangenehm aufzufallen, wenn wir Milch und Brot einkaufen. Wir fragen uns, wie wir das bewerkstelligen können, denn wir sind ohnehin schon bei jedem Schritt und Tritt verdammt vorsichtig, um nur ja zu vermeiden, dass jemand errät, wer wir sind, welche Sorte von Pass wir haben, wo unsere Geburtsurkunden ausgestellt wurden – und dass Hitler uns nicht leiden konnte. Wir tun unser Bestes, um in eine Welt zu passen, in der man beim Einkaufen von Lebensmitteln sozusagen politisch denken muss.

Unter solchen Umständen wird der Bernhardiner immer größer. Ich werde nie jenen jungen Mann vergessen, der, als er aufgefordert wurde, eine bestimmte Arbeit anzunehmen, seufzte: »Sie wissen nicht, mit wem Sie sprechen; ich war Abteilungsleiter bei Karstadt in Berlin.« Aber es gibt auch jene tiefe Verzweiflung eines Herrn mittleren Alters, der das endlose Hin und Her verschiedener Komitees über sich ergehen ließ, um gerettet zu werden, und am Ende ausrief: »Und niemand weiß hier, wer ich bin!« Da ihn keiner als ein menschenwürdiges Wesen behandelte, fing er an, Telegramme an große Persönlichkeiten und einflussreiche Bekannte zu schicken. Er lernte schnell, dass es in dieser verrückten Welt viel leichter ist, als »großer Mann« anerkannt zu werden, denn als menschliches Wesen.

Je weniger wir frei sind zu entscheiden, wer wir sind oder wie wir leben wollen, desto mehr versuchen wir, eine Fassade zu errichten, die Tatsachen zu kaschieren und in Rollen zu schlüpfen. Wir wurden aus Deutschland vertrieben, weil wir Juden sind. Doch kaum hatten wir die Grenze zu Frankreich passiert, da wurden wir zu »boches«[8]. Man sagte uns sogar, wir müssten diese Bezeichnung akzeptieren, wenn wir wirklich Hitlers Rassentheorien bekämpfen wollten. Sieben Jahre lang spielten wir die lächerliche Rolle von Leuten, die versuchten, Franzosen zu sein – oder zumindest künftige Staatsbürger; aber bei Kriegsausbruch wurden wir trotzdem als »boches« interniert. Dabei waren in der Zwischenzeit die meisten von uns tatsächlich derart loyale Franzosen geworden, dass wir nicht einmal einen französischen Regierungserlass kritisieren konnten; folglich erklärten wir, dass unsere Internierung rechtens sei. Wir waren die ersten »prisonniers volontaires«[9], die die Geschichte je gesehen hat. Nach dem Einmarsch der Deutschen musste die französische Regierung nur den Firmennamen ändern; man hatte uns eingesperrt, weil wir Deutsche waren, jetzt ließ man uns nicht frei, weil wir Juden waren.

Es ist die nämliche Geschichte überall auf der Welt, die sich immer wiederholt. In Europa beschlagnahmten die Nazis unser Eigentum, doch in Brasilien müssen wir wie die besonders loyalen

Mitglieder des »Bundes der Auslandsdeutschen« dreißig Prozent unseres Vermögens abliefern. In Paris konnten wir unsere Wohnung nach acht Uhr abends nicht mehr verlassen, weil wir Juden waren, doch in Los Angeles legt man uns Beschränkungen auf, weil wir »feindliche Ausländer« sind. Unsere Identität wechselt so häufig, dass keiner herausfinden kann, wer wir gerade sind.

Unglücklicherweise sieht die Angelegenheit nicht besser aus, wenn wir auf Juden treffen. Die französischen Juden waren der festen Überzeugung, dass alle Juden von jenseits des Rheins »Polacken« seien – also das, was die deutschen Juden »Ostjuden« nannten. Doch jene Juden, die tatsächlich aus Osteuropa kamen, waren anderer Meinung als ihre französischen Brüder und nannten uns »Jeckes«[10]. Die Kinder dieser »Jeckes«-Hasser – die in Frankreich geborene und schon ziemlich assimilierte zweite Generation – teilten die Ansicht der französisch-jüdischen Oberklasse. Und so konnte es einem passieren, dass man in ein- und derselben Familie vom Vater als »Jecke« und vom Sohn als »Polacke« bezeichnet wurde.

Seit dem Ausbruch des Krieges und der Katastrophe, von welcher die europäische Judenheit erfasst wurde, hat es die bloße Tatsache, Flüchtling zu sein, verhindert, dass wir uns mit der einheimischen jüdischen Gesellschaft vermischten; einige Ausnahmen bestätigen nur die Regel. Diese ungeschriebenen sozialen Gesetze haben, auch wenn das öffentlich nicht eingestanden wird, die große Macht der öffentlichen Meinung hinter sich. Und solche stillschweigenden Auffassungen und Verhaltensweisen sind für unseren Alltag viel bedeutsamer als alle offiziellen Versicherungen der Gastfreundschaft und des guten Willens.

Der Mensch ist ein geselliges Tier, und es fällt ihm schwer zu leben, wenn seine gesellschaftlichen Bande zerschnitten werden. Moralische Wertvorstellungen sind im gemeinschaftlichen Kontext viel leichter aufrechtzuerhalten. Nur sehr wenige Individuen bringen die Kraft auf, ihre Integrität zu wahren, wenn ihr gesellschaftlicher, politischer und rechtlicher Status völlig unklar ist. Da es uns an Mut fehlt, eine Veränderung unseres gesellschaftlichen und rechtlichen Status zu erkämpfen, haben wir uns stattdessen entschieden, und zwar viele von uns, einen Identitätswechsel zu versuchen. Dieses kuriose Verhalten verschlimmert die Lage noch. Die Verwirrung, in der wir leben, haben wir uns teilweise selbst zuzuschreiben.

Eines Tages wird jemand die wahre Geschichte dieser jüdischen Emigranten aus Deutschland niederschreiben; und dann muss er mit der Beschreibung jenes Herrn Cohn aus Berlin beginnen, der immer ein hundertfünfzigprozentiger Deutscher, ein deutscher Superpatriot war. 1933 fand jener Herr Cohn Zuflucht in Prag und wurde umgehend ein überzeugter tschechischer Patriot – ein so treu ergebener tschechischer Patriot, wie er vorher ein deutscher gewesen war. Die Zeit verging, und um 1937 begann die tschechische Regierung, die schon einigem Druck der Nazis ausgesetzt war, die jüdischen Flüchtlinge auszuweisen ohne Rücksicht auf die Tatsache, dass sich die Flüchtlinge längst unerschütterlich als künftige tschechische Staatsbürger fühlten. Unser Herr Cohn ging daraufhin nach Wien; dort musste man, um sich anzupassen, einen entschiedenen österreichischen Patriotismus an den Tag legen. Der Einmarsch der Deutschen zwang Herrn Cohn, auch dieses Land zu verlassen. Der Zeitpunkt seiner Ankunft in Paris war äußerst ungünstig, und so erhielt er keine reguläre Aufenthaltsgenehmigung. Da seine Fähigkeit zum Wunschdenken längst hochentwickelt war, weigerte er sich, Verwaltungsmaßnahmen ernst zu nehmen, fest davon überzeugt, dass er sein ganzes künftiges Leben in Frankreich verbringen werde. Um sich an die französische Nation anzupassen, begann er, sich mit »unserem« Vorfahren Vercingetorix zu identifizieren. So weit zu den Abenteuern des Herrn Cohn. Solange sich Herr Cohn nicht entscheiden kann, das zu sein, was er tatsächlich ist, nämlich ein Jude, kann keiner all die verrückten Verwandlungen voraussagen, die er noch durchmachen muss.

Ein Mensch, der sein Selbst aufgeben möchte, entdeckt tatsächlich, dass die Möglichkeiten der menschlichen Existenz so unbegrenzt sind wie die Schöpfung. Doch eine neue Persönlichkeit zu gewinnen ist so schwierig und so hoffnungslos wie die Neuerschaffung der Welt. Egal was wir tun und wer wir vorgeben zu sein, wir enthüllen damit nur unser wahnwitziges Verlangen, jemand anderes, bloß kein Jude zu sein. Unser ganzes Tun ist darauf gerichtet, dieses Ziel zu erreichen: Wir wollen keine Flüchtlinge sein, da wir keine Juden sein wollen; wir tun so, als seien wir englischsprachig, da die deutschsprachigen Einwanderer der letzten Jahre als Juden abgestempelt werden; wir nennen uns nicht Staatenlose, weil die Mehrheit aller Staatenlosen auf der Welt Juden sind; wir sind bereit, loyale Hottentotten zu werden, nur um zu verbergen, dass wir tatsächlich Juden sind. Dies aber gelingt uns nicht, und es kann uns auch nicht gelingen; unter der Oberfläche unseres »Optimismus« kann man unschwer die hoffnungslose Traurigkeit von Assimilanten ausmachen.

Bei uns, die wir aus Deutschland kommen, erhielt das Wort Assimilation eine »tiefe« philosophische Bedeutung. Man kann sich kaum vorstellen, wie ernst es uns damit war. Assimilation bedeutete nicht die notwendige Anpassung an das Land, in dem wir nun einmal geboren waren, oder an das Volk, dessen Sprache wir zufällig sprachen. Wir passen uns prinzipiell an alles und jeden an. Diese Einstellung wurde mir einmal ganz deutlich durch die Worte eines Landsmannes, der offensichtlich seine Gefühle auszudrücken wusste. Kaum in Frankreich angekommen, gründete er einen dieser Anpassungsvereine, in welchen deutsche Juden sich wechselseitig versicherten, dass sie schon Franzosen seien. In seiner ersten Rede sagte er: »Wir sind in Deutschland gute Deutsche gewesen, und deshalb werden wir in Frankreich gute Franzosen sein.« Das Publikum applaudierte begeistert, und keiner lachte; wir waren glücklich, dass wir gelernt hatten, unsere Loyalität unter Beweis zu stellen.

Wenn Patriotismus eine Angelegenheit von Routine oder Praxis wäre, dann wären wir das patriotischste Volk der Welt. Wenden wir uns noch einmal unserem Herrn Cohn zu; mit Sicherheit hat er alle Rekorde gebrochen. Er verkörpert jenen idealen Einwanderer, der immer und in jedem Land, wohin ihn ein schreckliches Schicksal verschlagen hat, sofort die einheimischen Berge entdeckt und liebt. Doch da Patriotismus noch nicht als eine einübbare Haltung angesehen wird, fällt es schwer, die Leute von der Ernsthaftigkeit unserer mehrfachen Verwandlungen zu überzeugen. Diese Anstrengungen machen unsere eigene Gesellschaft so intolerant; wir suchen nach einer umfassenden Bestätigung in unserer eigenen Gruppe, weil wir nicht in der Lage sind, diese von den Einheimischen zu erhalten. Die Einheimischen werden misstrauisch, wenn sie mit uns merkwürdigen Wesen konfrontiert sind; aus ihrer Sicht ist Loyalität grundsätzlich nur als Loyalität gegenüber unserem Herkunftsland vorstellbar. Das macht uns das Leben ziemlich bitter. Wir könnten dieses Misstrauen vielleicht zerstreuen, wenn wir erklärten, dass, eben weil wir Juden sind, unser Patriotismus schon in unseren Herkunftsländern eine recht eigentümliche Seite hatte. Auch wenn er wirklich aufrichtig und tief verwurzelt war, schrieben wir dicke Wälzer, um ihn zu beweisen; bezahlten wir eine komplette Bürokratie, um seine weit zurückreichende Geschichte zu erforschen und ihn statistisch aufzubereiten; ließen wir von Gelehrten philosophische Abhandlungen verfassen über die prästabilisierte Harmonie zwischen Juden und Franzosen, Juden und Deutschen, Juden und Ungarn, Juden und ... Unsere heute so häufig verdächtige Loyalität hat eine lange Geschichte. Und die Geschichte des assimilierten Judentums hat ein Kunststück ohnegleichen vollbracht: Über 150 Jahre haben die Juden ihre Nichtjüdischkeit immerzu unter Beweis zu stellen versucht, um letztlich dennoch umso erfolgreicher Juden zu bleiben.

Die verzweifelte Verlegenheit dieser Irrfahrer, die im Unterschied zu ihrem großen Vorbild Odysseus nicht wissen, wer sie sind, lässt sich leicht aus dem perfektionierten Wahn erklären, mit dem sie sich weigern, ihre Identität beizubehalten. Dieser Wahn ist nicht erst in den letzten zehn Jahren entstanden, in denen die vollkommene Absurdität unserer Existenz offenbar wurde; er ist viel älter. Wir verhalten uns wie Leute mit einer fixen Idee, die einfach immer wieder versuchen, ihr eingebildetes Stigma zu verbergen. Deshalb sind wir von jeder neuen Möglichkeit begeistert, die, weil sie neu ist, Wunder zu wirken verspricht. Wir sind von jeder neuen Nationalität so fasziniert wie eine füllige Frau, die sich über jedes neue Kleid freut, das ihr die begehrte Taille verspricht. Doch sie mag das neue Kleid nur, solange sie an dessen wundersame Eigenschaften glaubt, und sie wirft es weg, sobald sie entdeckt, dass es keineswegs ihre Statur und schon gar nicht ihren Status ändert.

Man könnte überrascht sein, dass die offensichtliche Nutzlosigkeit all unserer seltsamen Verkleidungen uns bislang noch nicht hat entmutigen können. So sehr es stimmt, dass die Menschen selten aus der Geschichte lernen, so sehr stimmt auch, dass sie aus persönlichen Erfahrungen lernen können, zumal wenn sie sich, wie in unserem Fall, immer und immer wieder wiederholen. Doch ehe sie den ersten Stein auf uns werfen, sollten sie sich daran erinnern, dass wir Juden in dieser Welt keinerlei Rechtsstatus besitzen. Wenn wir damit anfingen, die Wahrheit zu sagen, nämlich dass wir nichts als Juden sind, dann würden wir uns dem Schicksal bloßen Menschseins aussetzen; wir wären dann, von keinem spezifischen Gesetz und keiner politischen Konvention geschützt, nichts weiter als menschliche Wesen. Eine gefährlichere Haltung kann ich mir kaum vorstellen; denn tatsächlich leben wir in einer Welt, in welcher es bloße menschliche Wesen schon seit geraumer Zeit nicht mehr gibt. Die Gesellschaft hat mit der Diskriminierung das soziale Mordinstrument entdeckt, mit dem man Menschen ohne Blutvergießen umbringen kann; denn Pässe oder Geburtsurkunden, und manchmal sogar Einkommenssteuerbescheide, sind keine offiziellen Dokumente mehr, sondern dienen der gesellschaftlichen Unterscheidung. Es stimmt, dass die meisten von uns völlig von gesellschaftlichen Wertvorstellungen abhängig sind; wir büßen unser Selbstvertrauen ein, wenn wir keine Bestätigung von der Gesellschaft erhalten; wir sind (und waren bislang immer) bereit, jeden Preis zu zahlen, um von der Gesellschaft angenommen zu werden. Aber es stimmt gleichfalls, dass die ganz wenigen unter uns, die versucht haben, ohne all diese Tricks und Lächerlichkeiten von Anpassung und Assimilation ihren Weg zu machen, einen zu hohen Preis bezahlt haben: Sie setzten die wenigen Chancen aufs Spiel, die in einer derart verkehrten Welt sogar der Vogelfreie noch besitzt.

Die Haltung dieser wenigen, die man mit Bernard Lazare als »bewußte Paria« bezeichnen könnte, lässt sich allein durch die jüngsten Ereignisse ebensowenig erklären wie die Haltung unseres Herrn Cohn, der mit allen Mitteln aufzusteigen versucht. Beide sind Kinder des 19. Jahrhunderts, das zwar keine politische und juristische Vogelfreiheit kannte, umso besser aber die gesellschaftlichen Parias und deren Gegenstück, die Parvenus. Die moderne jüdische Geschichte, die mit Hofjuden begonnen hatte und sich mit jüdischen Millionären und Philanthropen fortsetzte, unterschlägt nur zu gerne den anderen Faden der jüdischen Tradition – die Tradition von Heine, Rahel Varnhagen, Scholom Aleichem, Bernard Lazare, Franz Kafka und selbst Charlie Chaplin. Es handelt sich um die Tradition einer Minderheit unter den Juden, die keine Emporkömmlinge sein wollten und den Status des »bewussten Paria« vorzogen. Alle gepriesenen jüdischen Eigenschaften – das »jüdische Herz«, Menschlichkeit, Humor, Unvoreingenommenheit – sind Paria-Eigenschaften. Alle jüdischen Mängel – Taktlosigkeit, politische Dummheit, Minderwertigkeitskomplexe und Geldscheffeln – sind Charaktereigenschaften von Emporkömmlingen. Es hat immer Juden gegeben, die ihre Menschlichkeit und ihren natürlichen Wirklichkeitssinn nicht gegen die Enge eines Kastengeistes oder gegen die eigentliche Unwirklichkeit von Finanztransaktionen eintauschen wollten.

Die Geschichte hat beiden den Status von Geächteten aufgezwungen, dem Paria wie dem Parvenu. Letztere haben sich die tiefe Weisheit von Balzacs Formulierung »On ne parvient pas deux fois«[11] noch nicht zu eigen gemacht, und deshalb verstehen sie die ungestümen Träume der Ersteren nicht und fühlen sich erniedrigt, wenn sie deren Schicksal teilen sollen. Jene wenigen Flüchtlinge, die darauf bestehen, die Wahrheit im Zweifelsfall bis zur »Unanständigkeit« zu sagen, gewinnen im Austausch für ihre Unpopularität einen unbezahlbaren Vorteil: Geschichte ist für sie nicht länger ein versiegeltes Buch und Politik kein Privileg der Nicht-Juden mehr. Sie wissen, dass unmittelbar nach der Ächtung des jüdischen Volkes die meisten europäischen Nationen für vogelfrei erklärt wurden. Die von einem Land ins andere vertriebenen Flüchtlinge repräsentieren heute die Avantgarde ihrer Völker – vorausgesetzt, daß sie ihre Identität behalten. Zum ersten Mal gibt es keine separate jüdische Geschichte mehr, sondern die jüdische Geschichte ist verknüpft mit der Geschichte aller anderen Nationen. Die Gemeinschaft der europäischen Völker zerbrach, als – und weil – sie den Ausschluss und die Verfolgung seines schwächsten Gliedes duldete.

[Deutsche Übersetzung von Hannah Arendt, »We Refugees«, in: *The Menorah Journal,* New York 31, 1943, Nr. 1, S. 69–77; die Übersetzung von Eike Geisel erschien erstmals unter dem Titel »Wir Flüchtlinge« in Hannah Arendt, *Zur Zeit. Politische Essays,* hrsg. von Marie Luise Knott, Berlin: Rotbuch Verlag, 1986, S. 23–41 sowie S. 192–194 (Anmerkungen). Für den Wiederabdruck im vorliegenden Band wurde die Übersetzung überarbeitet.]

4
Juden in der Welt von gestern

Anlässlich Stefan Zweig, The World of Yesterday, an Autobiography*

Ihm bietet jede Stelle
geheimnisvoll die Schwelle,
es gibt sich jeder Welle
der Heimatlose hin.

(Hugo v. Hofmannsthal)

Vor hundertfünfunddreißig Jahren notierte die Rahel Varnhagen in ihr Tagebuch den folgenden Traum: Sie war gestorben und im Himmel, zusammen mit ihren Freundinnen Bettina von Arnim und Caroline von Humboldt. Um der Last des Lebens ledig zu werden, hatten die drei Frauen die Aufgabe, sich ihre bösesten Lebenserfahrungen abzufragen. So fragte die Rahel: Kennt Ihr enttäuschte Liebe? Da weinten die beiden anderen laut auf, und allen dreien wurde diese Last vom Herzen geschwemmt. Und die Rahel fragte weiter: Kennt Ihr Treulosigkeit? Kränkung? Sorge? Kummer? Und jedes Mal stimmten die beiden Frauen in ihr Weinen ein, und sie wurden alle drei der Last ledig. Schließlich fragte die Rahel: Kennt Ihr *Schande*? Kaum hatte sie diese Worte gesprochen, verbreitete sich Schweigen, und beide Freundinnen rückten von ihr ab und betrachteten sie verstört und befremdet. Da wusste die Rahel, dass sie ganz allein sei und dass diese Last ihr nicht vom Herzen genommen werden könne. Und erwachte.[1]

Schande und Ehre sind politische Begriffe, Kategorien des öffentlichen Lebens. In der Welt der Bildung, des Kulturbetriebes,

* Viking Press, New York 1943.

der rein privaten Existenz kann man mit ihnen so wenig anfangen wie im Geschäftsleben. Der Geschäftsmann kennt nur Erfolg oder Misserfolg, und seine Schande ist die Armut. Der Literat kennt nur Ruhm oder Unbekanntheit, und seine Schande ist die Anonymität. Stefan Zweig war ein Literat und schildert uns in seinem letzten Buch die Welt der Literaten, in welcher er Ruhm erworben hatte und Bildung; ein freundliches Schicksal hatte ihn vor Armut, ein guter Stern vor Anonymität bewahrt. Besorgt um die Würde der eigenen Person, hatte er von Politik sich vornehm ferngehalten, und dies in einem solchen Maß, dass ihm noch rückblickend die Katastrophe der letzten zehn Jahre wie ein Blitz aus heiterem Himmel erscheint, wie eine ungeheuerliche, unbegreifliche Naturkatastrophe. In ihr hat er, so gut und so lange er konnte, versucht, Würde und Haltung zu bewahren. Denn dass reiche und angesehene Bürger von Wien verzweifelt um Visen bettelten, um nach Ländern zu entkommen, die sie wenige Wochen zuvor noch nicht einmal auf der Landkarte gefunden hätten, erschien ihm unerträglich demütigend. Dass etwa er selbst, gestern noch berühmt und ein geehrter Gast fremder Länder, in irgendeiner Weise zu diesem miserablen Haufen von Staatenlosen und Suspekten gehören sollte, ganz einfach die Hölle auf Erden. So sehr das Jahr 1933 sein persönliches Leben veränderte, an seinen Wertmaßstäben, an seiner Haltung zu Welt und Leben vermochte es nicht das Mindeste zu ändern. Er fuhr fort, sich seiner unpolitischen Haltung zu rühmen; es kam ihm nie auch nur in den Sinn, dass es – politisch gesprochen – eine Ehre sein könnte, außerhalb des Gesetzes zu stehen, wenn vor dem Gesetz nicht mehr alle Menschen gleich sind. Dass die bessere Gesellschaft auch außerhalb Nazideutschlands in den dreißiger Jahren unaufhaltsam den Wertmaßstäben der Nazis nachgab und die von ihnen Geächteten und Gejagten diskriminierte, hat er gespürt und sich nicht verhehlt.

Keine seiner Reaktionen in dieser Zeit sind von irgendeiner politischen Überzeugung, alle sind von einer Überempfindlichkeit für gesellschaftliche Demütigungen diktiert. Anstatt die Nazis zu hassen, hoffte er, sie zu ärgern. Anstatt gleichgeschaltete Freunde zu verachten, dankte er Richard Strauß, dass er von ihm noch Libretti akzeptierte; wie man einem Freund dankt, der einen im Unglück nicht verlässt. Anstatt zu kämpfen, schwieg er; glücklich, dass seine Bücher nicht gleich verboten wurden. Und wenn ihn auch tröstete, dass seine Bücher mit denen gleich berühmter Autoren aus den deutschen Buchläden entfernt wurden, konnte ihm dieser Gedanke doch nie darüber hinweghelfen, dass sein Name wie der eines »Verbrechers« von den Nazis angeprangert wurde, dass aus dem berühmten Stefan Zweig der Jude Zweig geworden war. Nie hatte er, so wenig wie seine weniger sensiblen, weniger begabten und daher weniger gefährdeten Kollegen, vorausgesehen, dass jene vornehme Zurückhaltung, welche die Gesellschaft so lange zum Standard wirklicher Bildung erhoben hatte, im öffentlichen Leben einfach Feigheit heißen könnte und dass die Distinktion, die so lange und so wirksam vor allen unangenehmen, peinlichen Ereignissen geschützt hatte, plötzlich in eine unabsehbare Reihe von Demütigungen führen würde, die das Leben wirklich zur Hölle machen.

Bevor Stefan Zweig seinem Leben ein Ende bereitete, hat er mit jener erbarmungslosen Genauigkeit, welche der Kälte der echten Verzweiflung entspringt, aufgezeichnet, was die Welt ihm geschenkt und was die Welt ihm schließlich angetan hat. Aufgezeichnet das Glück des Ruhmes und den Schimpf der Demütigung. Aufgezeichnet, wie er aus dem Paradies vertrieben wurde; dem Paradies des gebildeten Genusses, des Umgangs, weniger mit Gleichgesinnten als mit Gleichberühmten, des unendlichen Interesses an den toten Genien der Menschheit, in deren privates Leben einzudringen, deren persönlichste Hinterlassenschaften wie Reliquien zu sammeln die beglückendste Tätigkeit eines untätigen Lebens gewesen war. Aufgezeichnet, wie er plötzlich einer Wirklichkeit sich gegenüber fand, in der es nichts mehr zu genießen gab, in der die Gleichberühmten ihn mieden oder bemitleideten und in welcher die gebildete Neugier an Vergangenem dauernd und unerträglich gestört wurde durch den Lärm der bösen Nachrichten, den mörderischen Donner der Bombardements und die endlosen Demütigungen durch die Behörden.

Vergangen, zerstört für immer jene Welt, in welcher man »frühgereift und zart und traurig« [Hofmannsthal] sich häuslich eingerichtet hatte, jener Park der Lebenden und Toten, in welchem die Auserwählten des Geschmacks der Kunst huldigten, dessen Gitter den profanen vulgus der Nicht-Gebildeten wirksamer abtrennten, als die chinesische Mauer es vermocht hätte, damit das profane Volk nicht störe bei der Betrachtung – »und ein Bologneserhündchen bellt verwundert einen Pfau an«. Untergegangen mit ihr auch jenes Spiegelbild der Gesellschaft der Berühmten, in welcher man erstaunlicherweise das »wirkliche Leben« zu entdecken hoffte – die Boheme. Für den jungen Bürgersohn, der der Behütetheit des Elternhauses zu entfliehen gedachte, wurde der Bohemien, der sich durch so wesentliche Dinge von ihm unterschied, wie dass er sich nur selten und ungern kämmte und niemals seinen Kaffee bezahlen konnte, zum Inbegriff des in den Widrigkeiten des wirklichen Lebens erfahrenen Menschen. Für den Arrivierten wurde der Nicht-Arrivierte, der von hohen Auflageziffern nur träumte, zum Inbegriff des verkannten Genies und damit zum Vorbild dessen, welche fürchterlichen Schicksale das »wirkliche Leben« einem hoffnungsfreudigen jungen Mann bereiten konnte.

Natürlich ist die Welt, die Zweig schildert, alles andere als *die* Welt von gestern; natürlich lebte der Autor dieses Buches nicht eigentlich in der Welt, sondern nur an ihrem Rande. Die sehr vergoldeten Gitterstäbe dieses eigenartigen Naturschutzparks waren sehr dicht und benahmen den Insassen jeden Blick und jede Einsicht, die ihrem Erleben und Genießen hätte störend werden können; und dies in einem solchen Ausmaß, dass Zweig das furchtbarste und verhängnisvollste Ereignis der Nachkriegszeit, die Arbeitslosigkeit, unter dem sein Heimatland Österreich mehr gelitten hatte als irgendein anderes europäisches Land, noch nicht einmal erwähnt. Dass uns Heutigen die Gitter, hinter welchen diese Menschen ihr Leben verbrachten und denen sie ihr ungewöhnliches Sicherheitsgefühl verdankten, Gefängnis- oder auch Ghettomauern nicht sehr unähnlich erscheinen, vermindert den außerordentlichen Wert dieses document humain nicht im Mindesten. Es ist erstaunlich, ja es ist unheimlich, dass es unter uns Lebenden noch einen Menschen gegeben hat, dessen Ignoranz groß und dessen Gewissen daher rein genug war, um die Vorkriegswelt mit den Augen des

Vorkriegs, den Ersten Weltkrieg mit dem ohnmächtigen und leeren Pazifismus von Genf und die trügerische Ruhe vor dem Sturm zwischen 1924 und 1933 als die Rückkehr zur Normalität zu sehen. Aber es ist auch wieder bewundernswert und dankenswert, dass wenigstens einer von ihnen den Mut gehabt hat, alles genau, ohne zu verheimlichen oder zu beschönigen, wiederzugeben, und dies, obwohl Zweig sehr genau gewusst hat, welche Narren sie alle zusammen gewesen sind; wenn ihm auch schwerlich der Zusammenhang zwischen ihrem Unglück und ihrer Narrheit je klar geworden ist.

Die Zeit, die Zweig »das goldene Zeitalter der Sicherheit« nennt, hatte sein Altersgenosse Charles Péguy, wenige Monate bevor er im Ersten Weltkrieg fiel, als das Zeitalter beschrieben, in welchem alle politischen Formen, obwohl sie offensichtlich überlebt waren und von den Völkern nicht mehr als legitim anerkannt wurden, unbegreiflicherweise einfach weiterlebten: in Russland ein anachronistischer Despotismus; in Österreich die korrupte Bürokratie der Habsburg; in Deutschland das dem liberalen Bürgertum wie der Arbeiterschaft gleichermaßen verhasste militärische und verdummte Regiment der Junker; in Frankreich trotz aller Krisen die Dritte Republik – der ja dann sogar noch eine weitere zwanzigjährige Gnadenfrist gewährt war. Die Lösung dieses Rätsels ist, dass Europa viel zu sehr beschäftigt war, seinen ökonomischen Machtradius auszudehnen, als dass irgendeine Gesellschaftsschicht oder Nation politische Fragen wirklich ernst genommen hätte. Bevor die widerstreitenden ökonomischen Interessen sich in nationalen Konflikten entluden und in ihren Wirbel schließlich alle politischen Organisationsformen der europäischen Menschheit hineinrissen, war fünfzig Jahre lang politische Repräsentation zu einer Art Theater – um nicht zu sagen Operette – geworden. Gleichzeitig wurde in Österreich und in Russland das Theater zum Mittelpunkt des nationalen Lebens der oberen Zehntausend.

In dem »goldenen Zeitalter der Sicherheit« hatte eine eigentümliche Verschiebung der Machtverhältnisse stattgefunden. Die ungeheure Entwicklung aller industriellen und wirtschaftlichen Kräfte hatte bewirkt, dass im internationalen Kräftespiel rein politische Faktoren immer schwächer wurden und rein wirtschaftliche Mächte immer stärker die eigentliche Herrschaft an sich rissen. Macht wurde gleichbedeutend mit ökonomischer Potenz, der sich Regierungen zu beugen hatten. Dies war der eigentliche Grund, warum diesen Regierungen nur noch eine rechtmäßig entleerte Repräsentationsrolle zufiel und warum diese Repräsentation immer augenfälliger ins Theatralische, Operettenhafte drängte. Die jüdische Bourgeoisie, in scharfem Gegensatz zu der deutschen oder österreichischen, war aber an Machtpositionen, auch wirtschaftlich, uninteressiert, zufrieden mit dem erworbenen Reichtum und glücklich über die Sicherheit, den er zu verheißen und zu garantieren schien. Immer mehr Kinder begüterter jüdischer Häuser drängten aus dem Geschäftsleben weg, da ein leeres Reicher- und Reicherwerden sinnlos war; immer stärker drängten sie in reine Kulturberufe. Die Folge war, dass in wenigen Jahrzehnten in Deutschland sowohl als in Österreich ein großer Teil des Kulturbetriebes, des Zeitungs-, Verlags- und Theaterwesens in jüdischen Händen lag.

Hätten Juden jener west- und zentraleuropäischen Länder sich auch nur im Mindesten um die politischen Realitäten gekümmert, sie hätten allen Grund gehabt, sich nicht gerade sicher zu fühlen. Denn in Deutschland kamen in den achtziger Jahren des vorigen Jahrhunderts die ersten antisemitischen Parteien auf; Treitschke machte, seinem eigenen Ausspruch zufolge, den Antisemitismus »salonfähig«. In Österreich setzte mit der Jahrhundertwende die Lueger-Schönerer-Agitation ein, die mit der Wahl Luegers zum Bürgermeister von Wien endete. Und in Frankreich beherrschte die Dreyfus-Affaire jahrelang die innere und die äußere Politik des Landes. Zweig, der Lueger erwähnt, schildert ihn als freundlichen Mann, der seinen jüdischen Freunden immer treu blieb. Es ist klar, niemand unter den Juden Wiens – mit der Ausnahme jenes »verrückten« Feuilletonredakteurs an der *Neuen Freien Presse*, Theodor Herzl – nahm den Antisemitismus, noch dazu in der gemütlichen österreichischen Form Herrn Luegers, auch nur im Mindesten ernst.

So wenigstens könnte es auf den ersten Blick scheinen. Bei näherem Zusehen allerdings ändert sich das Bild. Seit Treitschke den

Antisemitismus salonfähig gemacht hatte, war in Deutschland wie in Österreich offenbar die Taufe als Entréebillet[2] zur nichtjüdischen Gesellschaft nicht mehr ausreichend. Wie antisemitisch die »bessere Gesellschaft« war, hatten zwar die jüdischen Geschäftsleute in Österreich schwerlich entdecken können, da sie nur Geschäftsinteressen verfolgten und an einem Akzeptiertwerden von der nichtjüdischen Gesellschaft kaum Interesse hatten. Ihre Kinder machten sehr schnell die Entdeckung, dass ein Jude, um in der Gesellschaft für voll genommen zu werden, nicht mehr und nicht minder als berühmt zu sein hatte.

Es gibt kein besseres Dokument der jüdischen Situation jener Zeit als die Anfangskapitel des Zweig'schen Buches. Und sie geben ein sehr eindrucksvolles Zeugnis davon, wie *Ruhm*, Wille zum Berühmtwerden die ganze Jugend dieser Generation beherrschte. Ihr Ideal war das Genie, das ihnen in Goethe verkörpert schien. Jeder jüdische Junge, der auch nur einigermaßen reimen konnte, versuchte den jungen Goethe, jeder, der auch nur einigermaßen zeichnen konnte, den künftigen Rembrandt, jedes musikalische Kind den dämonischen Beethoven zu spielen. Und je kultivierter das Elternhaus dieser Wunderkinder war, desto mehr wurde diese Imitation gepflegt. Die Imitation beschränkte sich nicht nur auf die Dichterei. Sie dominierte in der Gestaltung des gesamten persönlichen Lebens, man fühlte sich erhaben wie Goethe, ahmte seine »olympische« Abgekehrtheit von der Politik nach, sammelte jeden Fetzen, der einem von früheren berühmten Männern in die Hände fiel, versuchte mit jedem berühmten Mann persönlich in Berührung zu kommen; als ob dadurch auch ein kleiner Abglanz des Ruhmes auf einen selbst übergehen könne oder als ob man sich vorbereitete und in die Schule der Berühmtheit ginge.

Nun war natürlich die Götzenverehrung des Genies nicht auf die Juden beschränkt. Ein Nicht-Jude, Gerhart Hauptmann, hat es bekanntlich so weit gebracht, genauso auszusehen – nicht wie Goethe, aber wie eines der zahllosen klassizistischen Porträts und Büsten des großen Meisters. Und wenn die gleichzeitige Schwärmerei deutscher Kleinbürger für napoleonische Größe auch nicht gerade Hitler hervorgebracht hat, so hat sie doch kräftig zu jener hysterischen Schwärmerei vieler deutscher und österreichischer Intellektueller für diesen »großen Mann« beigetragen.

War die Vergötterung des »großen Mannes« an sich ohne Rücksicht auf das, was der große Mann eigentlich vollbrachte, die Krankheit der Zeit überhaupt, so ist es doch evident, dass diese Krankheit bei den Juden spezielle Formen annahm und, soweit es sich um große Männer der Kultur handelte, besonders heftig auftrat. Die Schule der Berühmtheit jedenfalls, in welche die Wiener jüdische Jugend ging, war das Theater, und das Vorbild des Ruhmes, das sie vor Augen hatte, war der Ruhm des Schauspielers.

Wieder bedarf es einer Einschränkung. In keiner Stadt Europas hat das Theater je eine solche Rolle gespielt wie in Wien in den Jahren der politischen Auflösung. Zweig schildert sehr schön, wie der Tod einer bekannten Hofsängerin die Köchin des Zweig'schen Hauses, die diese Sängerin nie gehört noch gesehen hatte, in Tränen versetzte. In dem Maße, in dem die politische Repräsentanz Theater geworden war, hatte sich das Theater zu einer Art nationaler Institution entwickelt und der Schauspieler zu einer Art nationalem Helden. Weil die Welt unleugbar etwas Theatralisches angenommen hatte, konnte das Theater als Welt und als Realität erscheinen. Es ist heute schwer verständlich, dass selbst Hugo von Hofmannsthal (der einzige dieser Generation, der nicht nur gebildet war, sondern, wie seine Spätwerke zeigen, beinahe ein wirklicher Dichter geworden wäre) auf diese Theaterhysterie hereinfiel und jahrzehntelang geglaubt hat, dass hinter der Theaterbegeisterung der Wiener eine Art athenischer Bürgersinn steckte. Er übersah, dass die Athener ins Theater gingen, um der aufgeführten Stücke, um der Behandlung des Mythos und um der Erhabenheit des gedichteten Wortes willen, durch das sie der Leidenschaften ihres Lebens und ihrer nationalen Geschicke Herr zu werden hofften. Die Wiener gingen ins Theater ausschließlich um der Schauspieler willen; die Dichter schrieben für den oder jenen Schauspieler, die Kritiker beurteilten nichts als den Schauspieler und seine Rolle; die Theaterdirektoren akzeptierten oder refüsierten Stücke ausschließlich nach dem Gesichtspunkt, ob diese Lieblinge des Publikums wirkungsvolle Rollen erhalten würden. Kurz, das Starwesen war vor seiner Verbreitung durch den Film in Wien bereits vollständig vorgebildet. Nicht eine Renaissance der Klassik, sondern Hollywood bereitete sich vor.

Hatten die politischen Verhältnisse die Verkehrung und Verwechslung von Sein und Schein möglich gemacht, so waren es eben doch die Juden, welche diese Scheinwelt erst richtig in Betrieb setzten, das Publikum lieferten und den Ruhm vorbereiteten. Und da die europäische Welt nicht zu Unrecht die Kulissenkultur von Österreich als sehr repräsentativ für die ganze Zeit empfand, hat Zweig wieder in gewissem Sinne recht, wenn er stolz behauptete, »that nine-tenth of what the world celebrated as Viennese culture in the nineteenth century was promoted, nourrished, or even created by Viennese Jewry«[3].

Eine Kultur, in deren Mitte der Schauspieler oder der Virtuose steht, setzt sich sehr neuartige und höchst fragwürdige Standards. »Dem Mimen flicht die Nachwelt keine Kränze«, und er braucht und verbraucht Ruhm und Applaus in ungeheuren Quanten. Seine so bekannte Eitelkeit ist gleichsam eine Berufskrankheit. Denn in dem Maße, in welchem jeder Künstler danach trachten muss, von seiner Welt der Nachwelt Kunde zu geben, sie ihr zu überliefern, in dem Maße sind gerade die eigentlich künstlerischen Impulse der Virtuosen und Schauspieler dauernd frustriert und schaffen sich hysterische Ventile. Weil der Schauspieler auf die Nachwelt verzichten muss, ist sein Maßstab der Größe ausschließlich der gegenwärtige Erfolg. Gegenwärtiger Erfolg war aber auch gleichzeitig der einzige Maßstab, der übrig blieb für die »Genies überhaupt«, nachdem man diese ersehnten »großen Männer« erst einmal von allen ihren Leistungen abgetrennt hatte und in ihrer »Größe an sich« betrachtete. Dies geschah in der Literatur durch die Biografie, in der man ausdrücklich nur das Leben, die Person, die Gefühle, das Benehmen der großen Männer schilderte. Und dies nicht eigentlich, um der vulgären Neugier auf Kammerdienergeheimnisse entgegenzukommen, sondern weil man irgendwie glaubte, gerade durch diese fast verrückte Abstraktion die Essenz der Größe selbst zu erfassen. Hierin aber, in der Verehrung der »Größe an sich«, waren Juden wie Nicht-Juden sich durchaus einig. Darum konnten der jüdische Kulturbetrieb und die Wiener jüdische Theaterkultur sich ohne Schwierigkeiten durchsetzen, ja zum Inbegriff europäischer Kultur werden.

Stefan Zweigs gründliche Kenntnis der Geschichte hat ihn davor bewahrt, diesen Maßstab allzu unbedenklich anzuwenden. Sie hat ihn – trotz aller »connoisseurship« – weder davor bewahren können, Franz Kafka und Bert Brecht, die größten Dichter der Nachkriegszeit in deutscher Sprache, die niemals große Erfolge waren, einfach zu ignorieren, noch davor, die Bedeutung von Autoren mit der Auflageziffer ihrer Werke zu verwechseln: »Hofmannsthal, Arthur Schnitzler, Beer-Hofmann and Peter Altenberg gave Viennese literature European standing such as it had not possessed under Grillparzer and Stifter.«[4] Gerade weil Zweig eine echte persönliche Bescheidenheit besaß und in seiner Autobiografie alles nur Persönliche diskret als uninteressant übergeht, wirken jene wiederholten Aufzählungen von berühmten Männern, die er in seinem Leben kennenlernte oder die in seinem Hause verkehrten, besonders auffällig, ja wie eine Art exakten Beweises, dass selbst die Besten unter diesen kultivierten Juden dem Fluch ihrer Zeit, der Anbetung des alles nivellierenden Götzen *Erfolg* nicht haben entgehen können. Alles differenzierte Empfinden, die aufs Höchste gesteigerte Sensibilität selbst, konnte jener komischen Eitelkeit nichts anhaben, welche alle bekannten Namen wahllos und ohne jedes Empfinden für Niveaudifferenzen zusammenstellte. Zweig in seinem Gästebuch in Salzburg sammelte die »bedeutenden Zeitgenossen« mit der gleichen Leidenschaft, mit der er Handschriften toter Dichter, Musiker, Wissenschaftler anhäufte. Der eigene Erfolg, der Ruhm der eigenen Produkte genügte nicht für den ungeheuren Appetit einer Eitelkeit, die kaum einer Charakterveranlagung entsprang, ja vermutlich sogar der Anlage zuwiderging, dafür aber umso solider verwurzelt war in den Tiefen weltanschaulicher Überzeugung, welche, ausgehend von der Suche nach dem »geborenen Genie«, dem »Fleisch gewordenen Dichter«, das Leben nur insofern für lebenswert hielt, wenn es sich in einer Atmosphäre des Ruhmes, inmitten der Elite der Auserwählten abspielte.

Die Ungenügsamkeit am eigenen Erfolg, das Streben, den Ruhm zu einer sozialen Atmosphäre zu machen, gleichsam eine Kaste berühmter Männer zu schaffen, eine Gesellschaft der Berühmten zu organisieren, dies war es, was die Juden dieser Generation auszeichnete und ihr Verhalten wesentlich unterschied von dem allgemeinen Geniewahn der Zeit. Dies Bestreben war es auch, das ihnen gleichsam automatisch alle Organisationen von Kunst, Literatur, Musik, Theater in die Hände spielte. Sie waren die Einzigen, die an wesentlich mehr interessiert waren als an den eigenen Produkten und an der eigenen Berühmtheit.

Denn so sehr die jüdische Generation von der Wende des zwanzigsten Jahrhunderts ökonomisch gesichert, so selbstverständlich ihr die bürgerliche Gleichberechtigung geworden war, so fragwürdig war ihre Situation in der Gesellschaft, so ungesichert und doppeldeutig war ihre soziale Stellung. Gesellschaftlich gesehen waren und blieben sie Parias, sofern sie ihre Salonfähigkeit nicht mit außerordentlichen Mitteln erzwangen. Über einem berühmten Juden allerdings vergaß die Gesellschaft ihre ungeschriebenen Gesetze. Zweigs »strahlende Macht des Ruhms« war eine sehr reale gesellschaftliche Kraft, in deren Aura man sich frei bewegen und selbst Antisemiten zu Freunden haben konnte wie Richard Strauß oder Herrn Haushofer. Der Ruhm, der Erfolg, war ein Mittel gesellschaftlich heimatloser Menschen, sich eine Heimat, sich eine Umgebung zu schaffen. Da großer Erfolg die nationalen Grenzen überschreitet, konnten die Berühmten leicht als Vertreter einer nebulosen internationalen Gesellschaft erscheinen, in welcher nationale Vorurteile nicht mehr galten. Jedenfalls wurde ein österreichischer Jude von der Gesellschaft in Frankreich leichter als Österreicher akzeptiert als bei sich daheim. Das Weltbürgertum dieser Generation, diese merkwürdige Nationalität, die sie sich selbst bescheinigte, sobald man sie an ihr Judesein erinnerte, hatte bereits eine verzweifelte Ähnlichkeit mit jenen Pässen, welche dem Inhaber Aufenthalt in allen Ländern ermöglichen außer in dem Lande, das den Pass ausstellt.

Diese internationale Gesellschaft der Berühmten wurde das erste Mal im Jahre 1914 zersprengt, bevor sie 1933 endgültig unterging. Es gereicht Zweig wahrlich zur Ehre, dass er sich von der allgemeinen Kriegshysterie nie hat narren lassen, dass er seinem Grundsatz, sich von Politik fernzuhalten, treu blieb und nicht, wie so viele Literaten, der Versuchung nachgab, den Krieg dazu zu benutzen, sich außerhalb des Kreises der internationalen Intelligenz sozial einzurichten. Dabei kam ihm zugute, dass Reste dieser Vorkriegsgesellschaft sich durch den Krieg hindurch erhielten. Bekanntlich hat in den zwanziger Jahren, also gerade in den Jahren, denen Zweig seine größten Erfolge verdankt, die Internationale des Ruhms noch einmal in Europa funktioniert. Zweig hat erst nach 1938 die bittere Erfahrung gemacht, dass diese Internationale und das gesellschaftliche Bürgerrecht in ihr an dem Besitz eines sehr nationalen Passes hing und dass es für Staatenlose nicht einmal eine Internationale gibt.

Die internationale Gesellschaft der Erfolgreichen war die einzige, in der Juden gleichberechtigt waren. Kein Wunder, dass sie die kleinsten Talente liebevoll entwickelten, dass für sie »der schönste Duft auf Erden, süßer als die Rose von Schirach, der Geruch der Druckertinte« war, und dass es in ihrem Leben keine freudigere Aufregung und keine größere Sorge gab als die Drucklegung eines Buches, die Kritiken, die abgesetzten Exemplare, die Übersetzungen in fremde Sprachen. Es war das immer wieder zu erneuernde Sich-in-Beziehung-Setzen zu einer Welt, in welcher man seinen Namen gedruckt vorweisen musste, um anerkannt zu werden.

Die Berühmtheit, die dem gesellschaftlichen Paria eine Art Heimatrecht gab in der internationalen Elite der Erfolgreichen, hatte noch ein anderes und, nach Zweigs Beschreibungen zu urteilen, mindestens gleichwertiges Privileg zu vergeben: die Aufhebung der Anonymität der privaten Existenz, die Möglichkeit, von jedem Unbekannten erkannt und von jedem Fremden bewundert zu werden. Selbst wenn man zeitweise in die Anonymität zurückging, stand der Ruhm wie ein fertiger Panzer bereit, den man jederzeit wieder anlegen konnte, um sich gegen die Widrigkeiten des Lebens zu schützen. Es ist keine Frage, dass Zweig vor nichts größeren Abscheu gehabt hat als vor Feindseligkeit und vor nichts größere Angst als vor dem Wiederversinken in die Anonymität. In dieser

Anonymität nämlich, seines Ruhmes entkleidet, wäre er wieder zu dem geworden, was er zu Beginn seiner Laufbahn war, nur unter den inzwischen geänderten und viel furchtbareren Verhältnissen, einer jener Unglücklichen, die vor die beinahe unlösbare Aufgabe sich gestellt sehen, eine ganz und gar fremde, unheimliche Welt, welche die Gesellschaft für alle Diskriminierten, für jeden, der nicht durch Geburt zu ihr gehört, darstellen muss, zu erobern, zu bezaubern, zu erzwingen.

In diese Anonymität hat das Schicksal in Gestalt der politischen Katastrophe ihn schließlich gestoßen. Geraubt ihm den Ruhm, denn er wusste besser als viele seiner Kollegen, dass der Ruhm eines Schriftstellers erlöschen muss, wenn er in der eigenen Sprache nicht mehr schreiben und publizieren kann. Gestohlen die Sammlungen und mit ihnen den intimen Umgang mit den Ruhmreichen unter den Toten. Gestohlen das Haus in Salzburg und mit ihm den Umgang mit den Berühmten unter den Lebenden. Gestohlen schließlich den kostbaren Pass, der die Repräsentation des Heimatlosen im Ausland ermöglichte und über die Fragwürdigkeiten der bürgerlichen Existenz in der Heimat durch Reisen hinweghalf.

Und wieder, wie im Ersten Weltkrieg, gereicht es Stefan Zweig zur Ehre, dass er sich von der allgemeinen Hysterie nicht anstecken und sich von dem Erwerb der englischen Staatsangehörigkeit nicht betören ließ. England hätte er im Ausland denn doch nicht zu repräsentieren vermocht. Als dann schließlich im Zweiten Weltkrieg die internationale Gesellschaft der Berühmten wirklich unterging, hatte der Heimatlose ohnehin die einzige Welt verloren, in der er Heimatrecht genoss.

In einem letzten Artikel, »The Great Silence« (ONA, March 9, 1942)[5], geschrieben kurz vor seinem Tode, hat er einen Versuch gemacht, politisch Stellung zu nehmen – einen einzigen in all den Jahren. Das Wort Jude kommt in ihm nicht vor; denn Zweig versuchte ein letztes Mal, repräsentativ zu sein für Europa – Zentraleuropa –, das in Schweigen erstickt sei. Hätte er für das furchtbare Schicksal seines eigenen Volkes gesprochen, er wäre den europäischen Völkern, die sich in ihrem Kampf gegen den Unterdrücker auch gegen die Verfolger der Juden empörten, näher gewesen. Besser als dieser Fürsprecher, der sich zeit seines Lebens um ihr politisches Schicksal nicht gekümmert hat, wussten sie, dass das Gestern mit dem Heute nicht so unverbunden ist, »als sei ein Mensch durch einen heftigen Stoß von einem hohen Gipfel heruntergestoßen worden«, denn für sie war das Gestern keineswegs jenes »Jahrhundert, dessen Fortschritt, Wissenschaft, Kunst und großartige Erfindungen unser aller Stolz und Glaube waren«.

Ohne das schützende Kleid des Ruhmes, nackt und entblößt, traf Stefan Zweig die Realität des jüdischen Volkes. Vor dem sozialen Pariatum hatte es zahlreiche Auswege gegeben, auch den in den elfenbeinernen Turm des Ruhmes. Vor dem politischen Außerhalb-des-Gesetzes-Stehen gab es nur die Flucht um den Erdball. Diese Diffamierung war Schande für jeden, der mit den politischen und gesellschaftlichen Wertmaßstäben seiner Zeit in Frieden leben wollte. Es besteht kein Zweifel, dass dies gerade es war, worauf Stefan Zweig sich ein ganzes Leben hindurch gleichsam trainiert hatte – auf den Frieden mit der Welt, mit der Umgebung, auf die vornehme Zurückhaltung von allem Kampf, von aller Politik. Im Sinne der bestehenden Welt, mit der Zweig seinen Frieden gemacht hatte, war und ist es eine Schande, ein Jude zu sein, eine Schande, welche die gegenwärtige Gesellschaft auch dann, wenn sie uns nicht direkt totschlägt, mit Diffamierung bestraft, eine Schande, aus der es keinen individuellen Ausweg mehr in internationalen Ruhm gibt – sondern nur noch in politische Gesinnung und Kampf für die Ehre des ganzen Volkes.

[Nachdruck aus Hannah Arendt, *Sechs Essays*, Heidelberg: Lambert Schneider (Schriften der Wandlung 3), 1948, S. 112–127.]

5
Franz Kafka

Als Franz Kafka, ein Jude deutscher Sprache aus Prag, einundvierzigjährig im Sommer des Jahres 1924 an der Schwindsucht starb, war sein Werk nur einem kleinen Kreis von Schriftstellern und einem noch kleineren Kreis von Lesern bekannt. Seither ist sein Ruf langsam und stetig gewachsen; in den zwanziger Jahren war er bereits einer der wichtigsten Autoren der Avantgarde in Deutschland und Österreich; in den dreißiger und vierziger Jahren erreichte sein Werk genau die gleichen Leser- und Schriftstellerschichten in Frankreich, England und Amerika. Die spezifische Qualität seines Ruhmes änderte sich in keinem Lande und in keinem Jahrzehnt: immer wieder stand die Auflagenhöhe seiner Werke in keinem Verhältnis zu der immer noch anwachsenden Literatur über ihn oder zu dem immer noch sich vertiefenden und verbreiternden Einfluss, den dieses Werk auf die Schriftsteller der Zeit ausübt. Es ist durchaus charakteristisch für die Wirkung der Kafka'schen Prosa, dass die verschiedensten »Schulen« ihn für sich in Anspruch zu nehmen suchen; es ist, als ob niemand, der sich für »modern« hält, an diesem Werke vorbeigehen könnte, weil hier so offenbar etwas spezifisch Neues am Werk ist, das nirgendwo sonst in der gleichen Intensität und mit der gleichen rücksichtslosen Einfachheit bisher zutage getreten ist.

Dies ist sehr überraschend, weil Kafka im Gegensatz zu anderen modernen Autoren sich von allen Experimenten und allen Manierismen ferngehalten hat. Seine Sprache ist klar und einfach wie die Sprache des Alltags, nur gereinigt von Nachlässigkeit und Jargon. Zu der unendlichen Vielfalt möglicher Sprachstile verhält sich das Kafka'sche Deutsch, wie Wasser sich verhält zu der unendlichen

Vielfalt möglicher Getränke. Seine Prosa scheint durch nichts Besonderes ausgezeichnet, sie ist nirgends in sich selbst bezaubernd oder betörend; sie ist vielmehr reinste Mitteilung, und ihr einziges Charakteristikum ist, dass – sieht man genauer zu – es sich immer wieder herausstellt, dass man dies Mitgeteilte einfacher und klarer und kürzer keinesfalls hätte mitteilen können. Der Mangel an Manieriertheit ist hier fast bis an die Grenze der Stillosigkeit, der Mangel an Verliebtheit in Worte als solche fast bis an die Grenze der Kälte getrieben. Kafka kennt keine Lieblingsworte, keine bevorzugten syntaktischen Konstruktionen. Das Resultat ist eine neue Art der Vollkommenheit, die von allen Stilen der Vergangenheit gleich weit entfernt zu sein scheint.

Es gibt in der Geschichte der Literatur kaum ein überzeugenderes Beispiel für die Verkehrtheit der Theorie vom »verkannten Genie« als die Tatsache des Kafka'schen Ruhmes. In diesem Werk gibt es nicht eine Zeile und nicht eine einzige Geschichtskonstruktion, die dem Leser, so wie er sich im Verlauf des vorigen Jahrhunderts herausgebildet hat, in seiner Suche nach »Unterhaltung und Belehrung« (Broch) entgegenkäme. Das Einzige, was den Leser in Kafkas Werk lockt und verlockt, ist die Wahrheit selbst, und diese Verlockung ist Kafka in seiner stillosen Vollkommenheit – jeder »Stil« würde durch seinen eigenen Zauber von der Wahrheit ablenken – bis zu dem unglaublichen Grade geglückt, dass seine Geschichten auch dann in Bann schlagen, wenn der Leser ihren eigentlichen Wahrheitsgehalt erst einmal nicht begreift. Kafkas eigentliche Kunst besteht darin, dass der Leser eine unbestimmte, vage Faszination, die sich mit der unausweichlich klaren Erinnerung an bestimmte, erst scheinbar sinnlose Bilder und Begebenheiten paart, so lange aushält und sie so entscheidend in sein Leben mitnimmt, dass ihm irgendwann einmal, aufgrund irgendeiner Erfahrung, plötzlich die wahre Bedeutung der Geschichte sich enthüllt mit der zwingenden Leuchtkraft der Evidenz.

Der Prozeß[1], über den eine kleine Bibliothek von Auslegungen in den zwei Jahrzehnten, die seit seinem Erscheinen verstrichen sind, veröffentlicht worden ist, ist die Geschichte des Mannes K., der angeklagt ist, ohne zu wissen, was er getan hat, dem ein Prozess gemacht wird, ohne dass er herausfinden kann, nach welchen Gesetzen der Prozess und das Urteil gehandhabt werden, und der schließlich hingerichtet wird, ohne je erfahren zu haben, worum es sich eigentlich gehandelt hat. Auf der Suche nach dem wahren Grund dieser Begebenheit findet er erst einmal heraus, dass hinter seiner Verhaftung »eine große Organisation sich befindet. Eine Organisation, die nicht nur bestechliche Wächter, läppische Aufseher und Untersuchungsrichter, die günstigsten Falles bescheiden sind, beschäftigt, sondern die weiterhin jedenfalls eine Richterschaft hohen und höchsten Grades unterhält, mit dem zahllosen, unumgänglichen Gefolge von Dienern, Schreibern, Gendarmen und anderen Hilfskräften, vielleicht sogar Henkern [...] Und der Sinn dieser großen Organisation [...]? Er besteht darin, dass unschuldige Personen verhaftet werden und gegen sie ein sinnloses und meistens, wie in meinem Fall, ergebnisloses Verfahren eingeleitet wird.«

Als K. merkt, dass solche Verfahren trotz ihrer Sinnlosigkeit nicht unbedingt ergebnislos zu verlaufen brauchen, nimmt er sich einen Rechtsanwalt, der ihm in langen Reden auseinandersetzt, auf welche Weise man sich den bestehenden Zuständen anpassen kann und wie unvernünftig es sei, sie zu kritisieren. K., der sich nicht fügen will und seinen Advokaten entlässt, trifft mit dem Gefängnisgeistlichen zusammen, der ihm die verborgene Größe des Systems predigt und ihm anrät, nicht mehr nach der Wahrheit zu fragen, denn »man muss nicht alles für wahr halten, man muss es nur für notwendig halten«. Mit anderen Worten, wenn der Advokat sich nur bemühte zu demonstrieren: So ist die Welt, hat der von dieser Welt angestellte Geistliche die Aufgabe zu erweisen: Dies ist die Weltordnung. Und da K. dies für eine »trübselige Meinung« hält und erwidert: »Die Lüge wird zur Weltordnung gemacht«, ist es klar, dass er seinen Prozess verlieren wird; da andererseits dies nicht »sein Endurteil« war und er versuchte, die »ungewohnten Gedankengänge« als »unwirkliche Dinge«, die ihn im Grunde nichts angingen, abzuweisen, verliert er nicht nur den Prozess, sondern verliert ihn auf eine schmähliche Weise, sodass er schließlich der Hinrichtung nichts entgegenzusetzen hat als seine Scham.

Die Macht der Maschine, die K. ergreift und umbringt, ist nichts anderes als Schein der Notwendigkeit, der sich realisieren kann durch die Bewunderung der Menschen für Notwendigkeit. Die Maschine kommt in Gang, weil Notwendigkeit für etwas Erhabenes gehalten wird und weil ihr Automatismus, der nur von Willkür unterbrochen wird, für das Sinnbild der Notwendigkeit genommen wird. Die Maschine wird in Gang gehalten durch die Lügen der Notwendigkeit willen, sodass in voller Konsequenz ein Mann, der sich nicht dieser »Weltordnung«, dieser Maschinerie, unterwerfen will, als Verbrecher gegen eine Art göttlicher Ordnung angesehen wird. Solche Unterwerfung ist dann erreicht, wenn die Frage nach Schuld und Unschuld völlig verstummt und an ihre Stelle die Entschlossenheit getreten ist, die von der Willkür befohlene Rolle im Spiel der Notwendigkeit zu spielen.

Im Falle des *Prozeß* wird die Unterwerfung nicht durch Gewalt erreicht, sondern einfach durch das wachsende Schuldgefühl, das die unbegründete leere Anschuldigung im angeklagten K. erweckt. Dieses Gefühl beruht natürlich letzten Endes auf der Tatsache, dass kein Mensch frei von Schuld ist. Im Falle des K., der, ein vielbeschäftigter Bankbeamter, nie Zeit gehabt hat, über solche Allgemeinheiten sich den Kopf zu zerbrechen, wird dies Schuldgefühl zum eigentlichen Verhängnis; es führt ihn nämlich in jene Verwirrung, in welcher er das organisierte und bösartige Übel seiner Umwelt verwechselt mit dem Ausdruck jener allgemein menschlichen Schuld, die harmlos und eigentlich unschuldig ist verglichen mit dem bösen Willen, der »die Lüge zur Weltordnung« macht und für diese Weltordnung selbst des Menschen berechtigte Demut brauchen und missbrauchen kann.

Das Funktionieren der bösartig bürokratischen Maschine, in die der Held unschuldig sich verfangen hat, wird also begleitet durch eine innere Entwicklung, welche durch das Schuldgefühl ausgelöst worden ist. In dieser Entwicklung wird er »erzogen«, verändert und gebildet, bis er in die Rolle, die ihm zugemutet wurde, hereinpasst und befähigt ist, in der Welt der Notwendigkeit, der Ungerechtigkeit und der Lüge schlecht und recht mitzuspielen. Dies ist seine Art, sich den herrschenden Zuständen anzupassen. Die innere Entwicklung des Helden und das Funktionieren der Maschine treffen schließlich in der letzten Szene der Hinrichtung zusammen, als K. sich ohne Sträuben, ja ohne Widerrede abführen und töten lässt. Um der Notwendigkeit willen wird er ermordet, um der Notwendigkeit willen und in der Verwirrung des Schuldbewusstseins unterwirft er sich. Und die einzige Hoffnung, die am äußersten Ende der Romanhandlung blitzartig auftaucht, ist: »Es war, als sollte die Scham ihn überleben.« Die Scham nämlich, dass dies die Weltordnung ist und er, Josef K., wenn auch als ihr Opfer, ein gehorsames Glied derselben.

Dass der *Prozeß* eine Kritik der bürokratischen Regierungsform des alten Österreich impliziert, dessen zahlreiche und sich bekämpfende Nationalitäten durch eine uniforme Beamtenhierarchie regiert wurden, wurde gleich bei Erscheinen des Romans erkannt. Kafka, Angestellter einer Arbeitsversicherungsgesellschaft und Freund osteuropäischer Juden, denen er die Aufenthaltserlaubnis in Österreich zu verschaffen hatte, kannte die politischen Zustände seines Landes sehr genau. Er wusste, dass, hatte sich einer erst einmal in den Maschen des bürokratischen Apparates verfangen, er auch schon verurteilt war. Die Herrschaft der Bürokratie brachte es mit sich, dass die Auslegung des Gesetzes zum Instrument der Gesetzlosigkeit wurde, wobei die chronische Aktionsunfähigkeit der Gesetzesinterpreten durch einen an sich sinnlosen Automatismus in der niederen Beamtenhierarchie kompensiert wurde, dem alle eigentlichen Entscheidungen überlassen waren. Da aber in den zwanziger Jahren, als der Roman zum ersten Mal erschien, das eigentliche Wesen der Bürokratie in Europa noch nicht hinlänglich bekannt war, beziehungsweise nur einer verschwindend kleinen Schicht von europäischen Menschen wirklich zum Verhängnis geworden war, schien das Entsetzen und der Schrecken, die im Roman zum Ausdruck kommen, unerklärlich, seinem eigentlichen Inhalt gleichsam nicht adäquat. Man erschrak mehr vor dem Roman als vor der Sache selbst. So begann man nach anderen, scheinbar tieferen Auslegungen zu suchen und fand sie, der Mode der Zeit folgend, in einer kabbalisierenden Darstellung religiöser Realitäten, gleichsam einer satanischen Theologie.

Dass solche Irrtümer möglich waren – und dies Missverständnis ist nicht weniger fundamental, wenn auch weniger vulgär als das Missverständnis der psychoanalytischen Auslegungen Kafkas –, liegt natürlich im Werke Kafkas selber. Kafka beschreibt wirklich eine Gesellschaft, die sich für die Stellvertretung Gottes auf Erden hält, und schildert Menschen, welche die Gesetze solch einer Gesellschaft als göttliche Gebote betrachten – unwandelbar durch menschlichen Willen. Das Böse der Welt, in die Kafkas Helden sich verstricken, ist gerade ihre Vergottung, ihre Anmaßung, eine göttliche Notwendigkeit darzustellen. Kafka ist darauf aus, diese Welt zu zerstören, indem er ihre scheußliche Struktur überdeutlich nachzeichnet und so Wirklichkeit und Anspruch einander gegenüberstellt. Aber der Leser der zwanziger Jahre, bezaubert von Paradoxen, verwirrt von dem Spiel der Gegensätze als solchen, wollte auf Vernunft nicht hören. Seine Auslegungen von Kafka offenbarten mehr über ihn selbst als über Kafka; in seiner naiven Bewunderung einer Welt, die Kafka in solcher Überdeutlichkeit als unerträglich scheußlich dargestellt hatte, enthüllte er seine eigene Eignung für die »Weltordnung«, enthüllte er, wie eng die sogenannte Elite und Avantgarde dieser Weltordnung verbunden waren. Die sarkastisch-bittere Bemerkung Kafkas über die verlogene Notwendigkeit und das notwendige Lügen, die zusammen die »Göttlichkeit« dieser Weltordnung ausmachen, und welche so deutlich den eigentlichen Schlüssel zu der Konstruktion der Romanhandlung darstellt, wurde einfach übersehen.

Kafkas zweiter großer Roman, *Das Schloß*[2], führt uns in die gleiche Welt, die aber diesmal nicht durch die Augen eines Menschen gesehen wird, der sich um seine Regierung und andere Fragen allgemeiner Natur nie gekümmert hat und daher hilflos dem Schein der Notwendigkeit ausgeliefert ist; sondern durch die Augen eines anderen K., der aus freiem Willen zu ihr kommt, als Fremder, und in ihr ein bestimmtes Vorhaben ausführen will: sich niederlassen, ein Mitbürger werden, sich sein Leben aufbauen, heiraten, Arbeit finden, kurz ein nützliches Mitglied der menschlichen Gesellschaft werden.

Das Charakteristische für die Handlung im *Schloß* ist, dass der Held nur an dem Allerallgemeinsten interessiert ist und nur um Dinge kämpft, die eigentlich dem Menschen von Geburt garantiert scheinen. Aber während er nicht mehr verlangt als das Minimum menschlicher Existenz, wird doch gleich zu Beginn klar, dass er dies Minimum als Recht verlangt und nichts weniger als sein Recht akzeptieren wird. Er ist bereit, alle nötigen Eingaben zu machen, um die Aufenthaltserlaubnis zu bekommen, aber als Gnadengeschenk will er sie nicht; er ist bereit, seinen Beruf zu wechseln, aber auf »geregelte Arbeit« kann er nicht verzichten. All dies hängt von den Entscheidungen des Schlosses ab, und die Schwierigkeiten K.s beginnen, als sich herausstellt, dass das Schloss Rechte nur als Gnadengeschenke vergibt oder als Vorrechte. Und da K. Recht will und nicht Vorrechte, Mitbürger der Dorfbewohner werden und »möglichst weit den Herren vom Schloss entrückt« sein möchte, lehnt er beides ab, das Gnadengeschenk und die auszeichnenden Beziehungen zum Schloss: so, hofft er, werden »sich ihm gewiss mit einem Schlage alle Wege [erschließen], die ihm, wenn es nur auf die Herren oben und ihre Gnade angekommen wäre, für immer nicht nur versperrt, sondern unsichtbar geblieben wären«.

An dieser Stelle treten die Dorfbewohner in das Zentrum der Handlung. Sie sind erschreckt, dass K. einfach einer der ihren werden will, ein einfacher »Dorfarbeiter«, dass er es ablehnt, ein Glied der herrschenden Gesellschaft zu werden. Wieder und wieder suchen sie ihm klarzumachen, dass es ihm an allgemeiner Welt- und Lebenserfahrung fehle, dass er nicht wisse, wie es um das Leben bestellt sei, das nämlich wesentlich von Gnade und Ungnade abhänge, Segen oder Fluch sei, und dass kein wirklich wichtiges und entscheidendes Ereignis verständlicher oder weniger zufällig sei als Glück und Unglück. K. will nicht verstehen, dass für die Dorfbewohner auch Recht und Unrecht beziehungsweise im Recht oder im Unrecht sein noch Teil des Schicksals ist, das man hinzuzunehmen hat, das man erfüllen kann, aber nicht ändern.

Von hier ab erscheint die Fremdheit des zugereisten Landvermessers K., der kein Dorfbewohner ist und kein Schlossbeamter und daher außerhalb der Herrschaftsverhältnisse der ihn umgebenden Welt steht, erst in ihrer eigentlichen Bedeutung. In seinem Insistieren auf den Menschenrechten erweist sich der Fremde als der Einzige, der noch einen Begriff von einem einfach menschlichen Leben in der Welt hat. Die spezifische Welterfahrung der Dorfbewohner hat sie gelehrt, all dies, Liebe und Arbeit und Freundschaft, als eine Gabe anzusehen, die sie »von oben«, aus den Regionen des Schlosses empfangen mögen, deren sie selbst aber keinesfalls mehr Herr sind. So haben sich die einfachsten Beziehungen ins geheimnisvoll Dunkle gehüllt, was im *Prozeß* die Weltordnung war, tritt hier als Schicksal auf, als Segen oder Fluch, dem man sich mit Furcht und Ehrfurcht interpretierend unterwirft. K.s Vorsatz, sich auf einem Rechtsboden selbst das zu schaffen und zu verschaffen, was zu einem menschlichen Leben gehört, wirkt daher keineswegs als selbstverständlich, sondern ist in dieser Welt ganz und gar eine Ausnahme, und als solche ein Skandal. K. wird darum gezwungen, für ein Minimum menschlicher Forderungen so zu kämpfen, als wäre in ihnen ein wahnwitziges Maximum menschlicher Wünsche überhaupt beschlossen, und die Dorfbewohner rücken von ihm ab, weil sie in seinem Verlangen nur eine alles und alle bedrohende Hybris zu vermuten vermögen. K. ist ihnen fremd, nicht weil er der Menschenrechte als Fremder beraubt ist, sondern weil er kommt und sie verlangt.

Trotz der Furcht der Dorfbewohner, die jeden Augenblick eine Katastrophe für K. befürchten, passiert ihm eigentlich gar nichts. Er erreicht allerdings auch nichts, und der nur mündlich von Kafka mitgeteilte Schluss sah seinen Tod aus Erschöpfung – also einen völlig natürlichen Tod – vor. Das Einzige, was K. erreicht, erreicht er ohne Absicht; es gelingt ihm, nur durch seine Haltung und seine Beurteilung der um ihn herum vorgehenden Dinge, einigen der Dorfbewohner die Augen zu öffnen: »Du hast einen erstaunlichen Überblick, […] manchmal hilfst du mir mit einem Wort, es ist wohl, weil du aus der Fremde kommst. Wir dagegen, mit unsern traurigen Erfahrungen und fortwährenden Befürchtungen erschrecken ja, ohne uns dagegen zu wehren, schon über jedes Knacken des Holzes, und wenn der eine erschrickt, erschrickt auch gleich der andere und weiß nun nicht einmal den richtigen Grund.

Auf solche Weise kann man zu keinem richtigen Urteil kommen. Was für ein Glück ist es für uns, dass du gekommen bist.« K. wehrt sich gegen diese Rolle; er ist nicht als »Glücksbringer« gekommen, er hat keine Zeit und keine überflüssige Kraft, um andern zu helfen; wer solches von ihm geradezu verlangt, »verwirrte seine Wege«*. Er will nichts, als sein eigenes Leben in Ordnung bringen und in Ordnung halten. Da er im Verfolg dieses Vorhabens, anders als der K. des *Prozeß*, sich nicht dem scheinbar Notwendigen unterwirft, wird nicht Scham, sondern Erinnerung der Dorfbewohner ihn überleben.

Kafkas Welt ist zweifellos eine furchtbare Welt. Dass sie mehr als ein Albtraum ist, dass sie vielmehr strukturell der Wirklichkeit, die wir zu erleben gezwungen wurden, unheimlich adäquat ist, wissen wir heute vermutlich besser als vor zwanzig Jahren. Das Großartige dieser Kunst liegt darin beschlossen, dass sie heute noch so erschütternd wirken kann wie damals, dass der Schrecken der *Strafkolonie*[3] durch die Realität der Gaskammern nichts an Unmittelbarkeit eingebüßt hat.

Wäre Kafkas Dichtung wirklich nichts als Prophezeiung eines kommenden Schreckens, so wäre sie genauso billig wie alle anderen Untergangsprophetien, mit denen wir seit Beginn unseres Jahrhunderts oder vielmehr seit dem [letzten] Drittel des 19. Jahrhunderts heimgesucht worden sind. Charles Péguy, der selbst oft die zweifelhafte Ehre gehabt hat, unter die Propheten gerechnet zu werden, bemerkte einmal: »Der Determinismus, sofern er überhaupt vorgestellt werden kann, ist vielleicht nichts anderes als das Gesetz der Rückstände.« Hierin liegt eine sehr präzise Wahrheit. Insofern Leben ohnehin unausweichlich und natürlicherweise vom Tod beschlossen wird, kann sein Ende allerdings immer vorausgesagt werden. Der natürliche Weg ist immer der Weg des Untergangs, und eine Gesellschaft, die sich blind der Notwendigkeit der

* Mitgeteilt im Anhang der dritten Ausgabe des *Schlosses*, New York 1946. – [Zusatz Hrsg.: Es handelt sich hier um ein Zitat aus den »vom Autor gestrichenen Stellen«, Schocken Books, New York.]

in ihr selbst beschlossenen Gesetze anheimgibt, kann immer nur untergehen. Propheten sind notwendigerweise immer Unglückspropheten, weil die Katastrophe immer vorausgesagt werden kann. Das Wunder ist immer die Rettung und nicht der Untergang; denn nur die Rettung, und nicht der Untergang, hängt von der Freiheit des Menschen ab und seiner Kapazität, die Welt und ihren natürlichen Ablauf zu ändern. Der in Kafkas wie unserer Zeit so verbreitete Wahn, dass es die Aufgabe des Menschen sei, sich einem von gleich welchen Mächten vorherbestimmten Prozess zu unterwerfen, kann den natürlichen Untergang nur beschleunigen, weil in solchem Wahn der Mensch mit seiner Freiheit der Natur und ihrer Untergangstendenz gleichsam zu Hilfe kommt. Die Worte des Gefängniskaplans im *Prozeß* enthüllen die geheime Theologie und den innersten Glauben der Beamten als Glauben in Notwendigkeit überhaupt, und die Beamten sind letztlich die Funktionäre der Notwendigkeit – als ob es der Funktionäre überhaupt bedürfte, um den Untergang und das Verderben zum Funktionieren zu bringen. Als Funktionär der Notwendigkeit wird der Mensch der höchst überflüssige Funktionär des natürlichen Gesetzes des Vergehens, und da er mehr als Natur ist, erniedrigt er sich dadurch zum Werkzeug aktiver Zerstörung. Denn so sicher, wie ein von Menschen nach menschlichen Gesetzen erbautes Haus verfallen wird, sobald der Mensch es verlässt und seinem natürlichen Schicksal überlässt, so sicher wird die von Menschen erbaute und nach menschlichen Gesetzen funktionierende Welt wieder ein Teil der Natur werden und ihrem katastrophalen Untergang anheimgegeben sein, wenn der Mensch beschließt, selbst wieder ein Teil der Natur zu werden – ein blindes, aber mit höchster Präzision arbeitendes Werkzeug der Naturgesetze.

Für diesen Sachzusammenhang ist es verhältnismäßig gleichgültig, ob der notwendigkeitsbesessene Mensch an Untergang glaubt oder an Fortschritt. Wäre Fortschritt wirklich »notwendig«, wirklich ein unvermeidliches, übermenschliches Gesetz, welches alle Zeiten unserer Geschichte gleichermaßen umspannt und in dessen Netz die Menschheit unentrinnbar gefangen ist, dann könnte man allerdings die Macht und den Gang des Fortschritts nicht besser und exakter beschreiben als in den folgenden Zeilen aus Walter Benjamins »Geschichtsphilosophischen Thesen«*:

»Der Engel der Geschichte [...] hat das Antlitz der Vergangenheit zugewendet. Wo eine Kette von Begebenheiten vor *uns* erscheint, da sieht *er* eine einzige Katastrophe, die unablässig Trümmer auf Trümmer häuft und sie ihm vor die Füße schleudert. Er möchte wohl verweilen, die Toten wecken und das Zerschlagene zusammenfügen. Aber ein Sturm weht vom Paradiese her, der sich in seinen Flügeln verfangen hat und so stark ist, dass der Engel sie nicht mehr schließen kann. Dieser Sturm treibt ihn unaufhaltsam in die Zukunft, der er den Rücken kehrt, während der Trümmerhaufen vor ihm zum Himmel wächst. Das, was wir den Fortschritt nennen, ist *dieser* Sturm.«

Vielleicht ist der beste Beweis dafür, dass Kafka nicht in die Reihe der neueren Weissager gehört, die Tatsache, dass uns beim Lesen seiner grauenhaftesten und grausamsten Geschichten, die doch alle von der Wirklichkeit inzwischen erfüllt, wenn nicht übertroffen worden sind, immer noch das Gefühl der Unwirklichkeit überkommt. Da sind seine Helden, die oft nicht einmal einen Namen haben, sondern nur mit Anfangsbuchstaben geführt werden. Aber selbst wenn diese verführerische Anonymität nur dem Zufall der Unvollendetheit der Erzählungen geschuldet wäre – diese Helden sind keinesfalls wirkliche Menschen, Personen, die wir in der wirklichen Welt treffen könnten; trotz eingehender Schilderungen fehlen ihnen gerade jene einzelnen und einmaligen Eigenschaften, jene kleinen und oft überflüssigen Charakterzüge, die alle zusammen erst einen wirklichen Menschen ausmachen. Sie bewegen sich in einer Gesellschaft, in der jedem eine ganz bestimmte Rolle zugewiesen wird, in der jeder durch seinen Beruf gewissermaßen definiert ist; und sie unterscheiden sich von dieser Gesellschaft und nehmen die zentrale Stelle in der Handlung nur dadurch ein, dass

* Die »geschichtsphilosophischen Thesen« sind das letzte Werk des Schriftstellers Walter Benjamin, der 1940 an der spanisch-französischen Grenze auf seinem Wege in die zweite Emigration nach Amerika in den Selbstmord getrieben wurde.

sie keinen bestimmten Platz in dieser Welt der Berufstätigen haben, dass ihre Rolle schlechthin unbestimmbar ist. Dies aber heißt, dass auch die Nebenpersonen nicht wirkliche Menschen sind. Mit Realität im Sinne der realistischen Romane haben diese Erzählungen nichts zu tun.

Wenn die Kafka'sche Welt auf diesen der äußeren Wirklichkeit abgelauschten Realitätscharakter des realistischen Romans gänzlich verzichtet, so verzichtet sie vielleicht noch radikaler auf jenen der inneren Wirklichkeit abgelauschten Realitätscharakter des psychologischen Romans. Die Menschen, unter denen sich die Kafka'schen Helden bewegen, haben keine psychologischen Eigenschaften, weil sie außerhalb ihrer Rollen, außerhalb ihrer Stellungen und Berufe gar nicht existieren; und seine Helden haben keine psychologisch definierbaren Eigenschaften, weil sie von ihrem jeweiligen Vorhaben – dem Gewinnen eines Prozesses, der Erreichung von Aufenthalts- und Arbeitserlaubnis und so weiter – vollkommen und bis zum Rande ihrer Seele ausgefüllt sind.

Diese eigenschaftslose Abstraktheit der Kafka'schen Menschen kann leicht verführen, sie für Exponenten von Ideen, für Repräsentanten von Meinungen zu halten, und alle zeitgenössischen Versuche, in das Kafka'sche Werk eine Theologie hineinzuinterpretieren, hängen faktisch mit diesem Missverständnis zusammen. Sieht man sich demgegenüber die Kafka'sche Romanwelt unbefangen und ohne vorgefasste Meinungen an, so wird schnell klar, dass seine Personen gar nicht die Zeit und gar nicht die Möglichkeit haben, individuelle Eigenschaften auszubilden. Wenn sich zum Beispiel in *Amerika*[4] die Frage erhebt, ob der Oberportier des Hotels nicht vielleicht den Helden mit einer anderen Person versehentlich verwechselt hat, so lehnt der Portier diese Möglichkeit mit der Begründung ab, dass, könnte er Leute miteinander verwechseln, er ja nicht mehr Oberportier bleiben könne; sein Beruf besteht ja gerade darin, Menschen nicht miteinander zu verwechseln. Die Alternative ist ganz klar: entweder ist er ein Mensch, behaftet mit der Fehlbarkeit menschlicher Wahrnehmung und Erkenntnis, oder er ist ein Oberportier und hat dann zum Mindesten eine Art übermenschlicher Vollkommenheit in dieser seiner Funktion zu prätendieren. Angestellte, die die Gesellschaft zwingt, mit der Präzision der Unfehlbarkeit zu arbeiten, werden darum noch nicht unfehlbar. Kafkas Beamte, Angestellte, Arbeiter und Funktionäre sind weit davon entfernt, unfehlbar zu sein; aber sie alle handeln unter der Voraussetzung einer übermenschlichen universal-kompetenten Tüchtigkeit.

Der Unterschied zwischen der Kafka'schen und der üblichen Romantechnik besteht darin, dass Kafka den ursprünglichen Konflikt eines Funktionärs zwischen seiner Privatexistenz und seiner Funktion nicht mehr beschreibt, dass er sich nicht mehr dabei aufhält zu erzählen, wie das Amt das Privatleben des Betreffenden und Betroffenen aufgefressen hat oder wie seine private Existenz, seine Familie zum Beispiel, ihn gezwungen hat, unmenschlich zu werden und sich mit seiner Funktion permanent so zu identifizieren, wie sonst nur der Schauspieler sich mit seiner Rolle identifiziert für die kurze Dauer des Spiels. Kafka konfrontiert uns sofort mit dem Ergebnis einer solchen Entwicklung, denn nur das Ergebnis ist für ihn relevant. Das Vorgeben einer universalen Kompetenz, der Schein einer übermenschlichen Tüchtigkeit ist der verborgene Motor, der die Maschinerie der Vernichtung, in welcher Kafkas Helden gefangen sind, bedient und für den reibungslosen Ablauf des in sich Sinnlosen verantwortlich ist.

Das Hauptthema der Kafka'schen Romane ist der Konflikt zwischen einer Welt, die in der Form einer solchen reibungslos funktionierenden Maschinerie dargestellt ist, und einem Helden, der versucht, sie zu zerstören. Diese Helden wiederum sind nicht einfach Menschen, wie wir ihnen täglich in der Welt begegnen, sondern variierende Modelle eines Menschen überhaupt, dessen einzig unterscheidende Qualität eine unbeirrbare Konzentration auf allgemeinst Menschliches ist. Seine Funktion in der Romanhandlung ist immer die gleiche: er entdeckt, dass die Welt und Gesellschaft der Normalität faktisch anormal sind, dass die Urteile der von allen akzeptierten Wohlanständigen faktisch verrückt sind und dass die Handlungen, welche den Regeln dieses Spiels konform gehen, faktisch alle ruinieren. Der Antrieb der Kafka'schen Helden sind nicht irgendwelche revolutionäre Überzeugungen; er ist einzig und allein der gute Wille, der, fast ohne es zu wissen oder zu wollen, die geheimen Strukturen dieser Welt bloßlegt.

Der Effekt von Unwirklichkeit und Neuartigkeit in der Kafka'schen Kunst des Erzählens ist hauptsächlich seinem Interesse an diesen verdeckten Strukturen und seiner radikalen Desinteressiertheit an den Fassaden, an den Aspekten und dem rein Phänomenalen der Welt geschuldet. Es ist darum ganz falsch, Kafka zu den Surrealisten zu zählen. Während der Surrealist versucht, so viele und widersprechende Aspekte und Ansichten der Wirklichkeit als möglich zu zeigen, erfindet Kafka solche Aspekte völlig frei, verlässt sich hier nie auf die Wirklichkeit, weil sein eigentliches Anliegen nicht Wirklichkeit, sondern Wahrheit ist. Im Gegensatz zu der bei allen Surrealisten so beliebten Technik der Fotomontage könnte man Kafkas Technik noch am ehesten mit der Konstruktion von Modellen vergleichen. So wie ein Mann, der ein Haus bauen oder eines Hauses Stabilität beurteilen will, sich einen Grundriss des Gebäudes anfertigen wird, so konstruiert sich Kafka gleichsam die Grundrisse der bestehenden Welt. Mit einem wirklichen Haus verglichen ist sein Grundriss natürlich etwas sehr »Unwirkliches«; aber ohne ihn hätte man das Haus nicht bauen können, ohne ihn kann man die Grundmauern und Pfeiler nicht erkennen, die allein ihm in der wirklichen Welt Bestand verleihen. Aus diesem von der Wirklichkeit her konstruierten Grundriss, dessen Auffindung natürlich sehr viel eher das Ergebnis eines Denkprozesses als einer Sinneserfahrung ist, baut Kafka seine Modelle. Zu ihrem Verständnis bedarf der Leser der gleichen Einbildungskraft, die am Werke war, als sie entstanden, und er kann dies Verständnis aus der Einbildungskraft her leisten, weil es sich hier nicht um freie Fantasie, sondern um Resultate des Denkens selbst handelt, die als Elemente für die Kafka'schen Konstruktionen benutzt werden. Zum ersten Male in der Geschichte der Literatur verlangt ein Künstler von seinem Leser das Wirken der gleichen Aktivität, die ihn und sein Werk trägt. Und diese ist nichts anderes als jene Einbildungskraft, die nach Kant »sehr mächtig [ist] in Schaffung gleichsam einer andern Natur aus dem Stoffe, den ihr die wirkliche gibt«[5]. So können auch Grundrisse nur von denen verstanden werden, die fähig und willens sind, sich die Absichten des Architekten und die zukünftigen Aspekte des Gebäudes lebendig vorzustellen.

Es ist diese Anstrengung einer realen Einbildungskraft, die Kafka überall vom Leser verlangt. Deshalb kann der rein passive Leser, wie er von der Tradition des Romans erzogen und gebildet wurde und dessen einzige Aktivität in der Identifikation mit einer der Romanfiguren besteht, mit Kafka so wenig anfangen. Das Gleiche gilt für den neugierigen Leser, der aus Enttäuschung über sein eigenes Leben Umschau hält nach einer Ersatzwelt, in der Dinge geschehen, die in seinem Leben durchaus nicht vorkommen wollen, oder aus echter Wissensbegierde nach Belehrung ausschaut. Kafkas Erzählungen werden ihn noch mehr enttäuschen als sein eigenes Leben; sie enthalten keinerlei Elemente von Tagträumen, und sie bieten weder Rat noch Belehrung, noch Trost. Nur der Leser, der, aus welchen Gründen und in welcher Unbestimmtheit auch immer, selbst auf der Suche nach Wahrheit ist, wird mit Kafka und seinen Modellen etwas anzufangen wissen, und er wird dankbar sein, wenn manchmal auf einer einzigen Seite oder sogar in einem einzigen Satz plötzlich die nackte Struktur ganz banaler Ereignisse sichtbar wird.

Charakteristisch für diese abstrahierende und nur das Wesentliche bestehen lassende Kunst ist die folgende kleine Erzählung, die noch dazu von einer besonders einfachen und häufigen Begebenheit handelt:

Eine alltägliche Verwirrung

Ein alltäglicher Vorgang: sein Ertragen eine alltägliche Verwirrung. A. hat mit B. aus H. ein wichtiges Geschäft abzuschließen. Er geht zur Vorbesprechung nach H., legt den Hin- und Herweg in je zehn Minuten zurück und rühmt sich zu Hause dieser besonderen Schnelligkeit. Am nächsten Tag geht er wieder nach H., diesmal zum endgültigen Geschäftsabschluss. Da dieser voraussichtlich mehrere Stunden erfordern wird, geht A. sehr früh morgens fort. Trotzdem aber alle Nebenumstände, wenigstens nach A.s Meinung, völlig die gleichen sind wie am Vortag, braucht er diesmal zum Weg nach H. zehn Stunden. Als er dort ermüdet abends ankommt, sagt man ihm, dass B. ärgerlich wegen A.s Ausbleiben, vor einer halben Stunde zu A. in sein Dorf gegangen sei und sie sich eigentlich unterwegs hätten treffen müssen. Man rät A. zu warten. A. aber in Angst wegen des Geschäftes macht sich sofort auf und eilt nach Hause.

Diesmal legt er den Weg, ohne besonders darauf zu achten, geradezu in einem Augenblick zurück. Zu Hause erfährt er, B. sei doch schon gleich früh gekommen – gleich nach dem Weggang A.s; ja, er habe A. im Haustor getroffen, ihn an das Geschäft erinnert, aber A. habe gesagt, er hätte jetzt keine Zeit, er müsse jetzt eiligst fort. Trotz dieses unverständlichen Verhaltens A.s sei aber B. doch hier geblieben, um auf A. zu warten. Er habe zwar schon oft gefragt, ob A. nicht schon wieder zurück sei, befinde sich aber noch oben in A.s Zimmer. Glücklich darüber, B. jetzt noch zu sprechen und ihm alles erklären zu können, läuft A. die Treppe hinauf. Schon ist er fast oben, da stolpert er, erleidet eine Sehnenzerrung, und fast ohnmächtig vor Schmerz, unfähig sogar zu schreien, nur winselnd im Dunkel hört er, wie B. – undeutlich ob in großer Ferne oder knapp neben ihm – wütend die Treppe hinunterstampft und endgültig verschwindet.[6]

Kafkas Konstruktionstechnik ist hier fast überdeutlich. Da sind erst einmal alle wesentlichen Faktoren, die gewöhnlich bei missglückten Verabredungen ins Spiel kommen: Übereifer – A. geht zu früh fort und ist dennoch so hastig, dass er B. auf der Treppe übersieht; Ungeduld – A. wird der Weg ungeheuer lang, was zur Folge hat, dass er sich um den Weg mehr kümmert als um sein Ziel, nämlich B. zu treffen; Angst und Nervosität – was A. zu der unbedachten Überaktivität des Rückwegs verleitet, wo er doch ruhig die Rückkehr des B. hätte abwarten können; all dies bereitet schließlich jene wohlbekannte Tücke des Objekts vor, die vollkommenes Misslingen immer begleitet, und das endgültige Zerfallen des Verärgerten mit der Welt überhaupt anzeigt und besiegelt. Aus diesen allgemeinen Faktoren, und nicht eigentlich aus dem Erlebnis eines spezifischen Ereignisses, konstruiert Kafka die Begebenheit. Da keine

Wirklichkeit gleichsam mildernd der Konstruktion im Wege steht, können die einzelnen Elemente die ihnen innewohnende komisch-gigantische Größe annehmen, sodass auf den ersten Blick die Geschichte sich wie eine jener fantastischen Münchhausen-Geschichten liest, die Seeleute einander zu erzählen lieben. Der Eindruck der Übertreibung verschwindet erst, wenn wir die Geschichte nicht mehr als Report einer wirklichen Begebenheit lesen, nicht als den Bericht über irgendein Ereignis, das durch Verwirrung zustande kam, sondern als das Modell der Verwirrung selbst, dessen grandiose Logik unsere eigenen begrenzten Erfahrungen mit verwirrten Ereignissen gleichsam verzweifelt nachzuahmen versucht. Diese überaus kühne Umkehrung von Vorbild und Nachahmung, in der, einer jahrtausendalten Tradition zum Trotz, das Gedichtete plötzlich als Vorbild und die Realität als die zur Rechenschaft gezogene Nachahmung erscheint, ist eine der wesentlichen Quellen des Kafka'schen Humors und macht auch diese Geschichte so unbeschreiblich erheiternd, dass sie einen fast über alle bereits verfehlten und noch zu verfehlenden Verabredungen im Leben hinwegzutrösten vermag. Denn Kafkas Lachen ist ein unmittelbarer Ausdruck jener menschlichen Freiheit und Unbekümmertheit, die versteht, dass der Mensch mehr ist als sein Scheitern, schon weil er sich eine Verwirrung ausdenken kann, die verwirrter ist als alle wirkliche Konfusion.

Aus dem Gesagten dürfte klar sein, dass der Erzähler Kafka kein Romancier im Sinne des klassischen Romans des 19. Jahrhunderts ist. Die Grundlage des klassischen Romans war ein Lebensgefühl, das die Welt und die Gesellschaft grundsätzlich akzeptierte, das sich dem Leben, so wie es gegeben war, unterwarf und das die Größe des Schicksals als Jenseits von Gut und Böse empfand. Die Entwicklung des klassischen Romans entsprach dem langsamen Niedergang des citoyen, der in der Französischen Revolution und in der Kant'schen Philosophie zum ersten Mal versucht hatte, die Welt mit von Menschen erfundenen Gesetzen zu regieren. Seine Blüte war begleitet von der vollen Entfaltung des bürgerlichen Individuums, das die Welt und das Leben als einen Schauplatz von

Ereignissen betrachtete und das mehr Sensationen und Geschehnisse zu »erleben« wünschte, als der gewöhnlich enge und gesicherte Rahmen seines eigenen Lebens ihm bieten konnte. Alle diese Romanciers, ob sie realistisch die Welt abmalten oder fantastisch sich andere Welten erträumten, standen in ständiger Konkurrenz mit der Wirklichkeit. Dieser klassische Roman hat heute in einer besonders in Amerika außerordentlich hoch entwickelten Form des Reportage-Romans geendet, was nur konsequent ist, wenn man bedenkt, dass mit der Realität heutiger Ereignisse und Schicksale wohl keine Fantasie mehr in Konkurrenz zu treten vermag.

Das Pendant zu der ruhigen Sekurität der bürgerlichen Welt, in welcher das Individuum dem Leben seinen ihm zukommenden Anteil abverlangte und dennoch nie ganz genug bekommen konnte an Ereignissen und Sensationen, waren die großen Männer, die Genies und die Ausnahmen, die in den Augen der gleichen bürgerlichen Individuen die herrliche und geheimnisvolle Inkarnation von etwas Übermenschlichem repräsentierten, das man »Schicksal« nennen konnte, wie im Falle Napoleons, oder »Geschichte«, wie im Falle Hegels, oder den Willen Gottes, wie im Falle Kierkegaards, der behauptete, Gott habe an ihm ein Exempel statuieren wollen, oder »Notwendigkeit«, wie im Falle Nietzsches, der sich »eine Notwendigkeit« nannte. Die höchste Sensation des Erlebnis-Hungrigen war das Erlebnis des Schicksals selber, und der höchste Typus des Menschen war daher der Mensch, der ein Schicksal, eine Mission, eine Berufung hatte, der er nur diente beziehungsweise deren Vollzug er war. Groß war daher nicht mehr eigentlich ein Werk oder eine Leistung; groß wurde der Mensch selbst, nämlich als Inkarnation von etwas Übermenschlichem. Genie war nicht mehr eine Gabe der Götter, verliehen an Menschen, die doch deshalb immer noch menschlich blieben; die gesamte Person wurde eine einzige Verkörperung von Genie und konnte daher nicht länger ein gewöhnlicher Sterblicher sein. Dass diese Vorstellung vom Genie als einer Art übermenschlichen Monsters durchaus dem 19. Jahrhundert und keiner früheren Epoche eigen war, kann man noch deutlich in Kants Definition des Genies sehen. Für ihn ist Genie die Gabe, durch die »Natur der Kunst die Regel vorschreibt«[7];

man kann mit dieser Naturkonzeption heute streiten, und man mag meinen, dass im Genie die Menschheit selbst der »Kunst die Regel vorschreibt«; wesentlich ist hier nur, dass in dieser Definition des 18. Jahrhunderts noch nichts von der leeren Größe, die unmittelbar nach Kant in der Romantik bereits ihr Unwesen trieb, zu spüren ist.

Was Kafka persönlich so modern und zu gleicher Zeit so fremdartig unter seinen Zeitgenossen und in seinem Milieu der Prager und Wiener Literaten erscheinen lässt, ist gerade, dass er so offensichtlich nicht ein Genie oder die Verkörperung irgendeiner objektiven Größe sein wollte und dass er andererseits so leidenschaftlich sich weigerte, sich irgendwelchem Schicksal einfach zu unterwerfen. Er war in keiner Weise mehr in die Welt verliebt, so wie sie uns gegeben ist, und selbst von der Natur meinte er, dass ihre Überlegenheit über den Menschen nur so lange bestehe, »als ich euch in Ruhe lasse«. Ihm ging es um eine mögliche, von Menschen erbaute Welt, in der des Menschen Handlungen von nichts abhängen als von ihm selbst, seiner eigenen Spontaneität, und in der die menschliche Gesellschaft durch von Menschen vorgeschriebene Gesetze regiert wird und nicht durch geheimnisvolle Mächte, gleich ob sie als höhere oder niedere Mächte interpretiert werden. Und in einer solchen, nicht mehr erträumten, sondern unmittelbar zu konstruierenden Welt wollte er, Kafka, beileibe keine Ausnahme sein, sondern ein Mitbürger, ein »Gemeindemitglied«.

Dies heißt natürlich nicht, dass er, wie manchmal angenommen wird, bescheiden gewesen sei. Immerhin hat er einmal in seine Tagebücher mit echtem Erstaunen notiert, dass jeder Satz, wie er ihn zufällig niederschreibe, auch schon vollkommen sei[8] – was der einfachen Wahrheit entspricht. Kafka war nicht bescheiden, sondern demütig.

Um wenigstens im Entwurf Mitbürger einer solchen, von allem blutigen Spuk und mörderischem Zauber befreiten Welt zu werden – wie er sie versuchsweise in *Amerika,* dem happy end von *Amerika* zu beschreiben suchte – musste er notwendigerweise die Zerstörung der gegenwärtigen Welt antizipieren. Seine Romane sind eine solche antizipierte Destruktion, durch deren Ruinen er das erhabene Bild des Menschen als eines Modells des guten Willens trägt, der wahrhaft Berge versetzen kann und Welten erbauen, der die Zerstörung aller Fehlkonstruktionen und die Trümmer aller Ruinen ertragen kann, weil ihm die Götter, wenn er nur guten Willens ist, ein unzerstörbares Herz gegeben haben. Und da diese Kafka'schen Helden nicht wirkliche Personen sind, mit denen es hybrid wäre, sich zu identifizieren, da sie nur Modelle sind und belassen in Anonymität, auch wenn sie bei Namen genannt werden, scheint es uns, als sei jeder von uns angerufen und aufgerufen. Denn dieser, der guten Willens ist, kann irgendeiner sein und jedermann, vielleicht sogar du und ich.

[Nachdruck aus Hannah Arendt, *Sechs Essays*, Heidelberg: Lambert Schneider (Schriften der Wandlung 3), 1948, S. 128–149. Die englische Version des Textes erschien 1944 in der von William Phillips, Philip Rahv und Delmore Schwartz herausgegebenen Zeitschrift *Partisan Review* unter dem Titel »Franz Kafka: A Revaluation (On the occasion of the twentieth anniversary of his death)«, in: *Partisan Review*, New York 9, 1944, Nr. 4, S. 412–422.]

6
Privilegierte Juden

Die nämlich, welche zu gleicher Zeit
Juden sein und Juden nicht sein wollen.

H. E. G. Paulus, 1831.[1]

Die Moral der Geschichte

Wilhelm von Humboldt, einer der wenigen echten deutschen Demokraten, dem ein gut Teil der preußischen Judenemanzipation von 1812 und ein noch größerer Anteil an der Fürsprache auf dem Wiener Kongress zu verdanken ist, meinte, als er im Jahre 1816 auf sein öffentliches Eintreten für Juden und auf lange Jahrzehnte persönlichen Verkehrs mit ihnen zurückblickte: »Ich liebe aber eigentlich auch nur den Juden en masse, en détail gehe ich ihm sehr aus dem Wege.«[1] Dieser merkwürdige Ausspruch, der in seiner Paradoxie eine Gesinnung so extrem ausdrückt, dass er in eklatanten Widerspruch zu den biografisch belegbaren Fakten gerät – Humboldt hatte zahlreiche persönliche Freunde unter Juden –, ist einzigartig in der Argumentationsgeschichte der Emanzipation. Seit Lessing und Dohm in Preußen, seit Mirabeau und dem Abbé Grégoire in Frankreich haben die Fürsprecher der Juden immer mit den »Juden en detail«, mit den großen Ausnahmen des jüdischen Volkes argumentiert. Der Humboldt'sche Humanismus, der, den besten Traditionen der französischen Judenemanzipation folgend, das Volk befreien, aber Individuen nicht privilegieren wollte, hat wenig Verständnis bei den Zeitgenossen gefunden und noch weni-

---

1 *Wilhelm von Humboldt und Karoline von Humboldt in ihren Briefen* (Berlin 1900), Bd. V, S. 236.

ger Konsequenz für die spätere Geschichte der emanzipierten Judenheit gehabt.[2]

Eher dem Verständnis der Zeit entsprechend waren die Ansichten von H. E. G. Paulus, einem liberalen protestantischen Theologen und Zeitgenossen Humboldts. Er focht gegen die Idee, die Juden als Gruppe zu emanzipieren. Stattdessen bestand er darauf, dass die Menschenrechte Individuen gewährt werden sollten, entsprechend ihrer persönlichen Verdienste.[2] Einige Jahrzehnte später goss der jüdische Publizist Gabriel Riesser seinen Spott über jene Art offizieller jüdischer Propaganda aus, die mit Geschichten »virtuoser Juden«, welche Christen vor dem Ertrinken bewahrten, warben.[3] Der Grundsatz, Individuen besondere Privilegien zuzugestehen und dem jüdischen Volk als einer Gruppe die bürgerlichen Rechte zu verweigern, hatte sich erfolgreich durchgesetzt.

In der Vorstellungswelt der privilegierten Juden schienen solche staatlichen Maßnahmen dem Wirken einer Art himmlischen Tribunals zu verdanken zu sein, von dem die Virtuosen – die über mehr als ein gewisses Einkommen verfügten – mit Menschenrechten belohnt, und die Unwürdigen – die massenhaft in den östlichen Provinzen [von Preußen] lebten – als Paria bestraft wurden.

---

2 Paulus, H. E. G., *Beiträge von jüdischen und christlichen Gelehrten zur Verbesserung der Bekenner jüdischen Glaubens* (Frankfurt 1817): »Diese Absonderung aber wird befördert, wenn auch die Regierungen sie, im guten oder im schlimmen Sinn, als ein Ganzes zu behandeln fortfahren. Unterscheidet man hingegen die Einzelnen, wie sie sind, und gewährt die Gerechtigkeit einem jeden, was sein erweisliches Betragen wert ist, so wird sich hierdurch jener Partikularismus durch die Tat auflösen …« Der Angriff richtet sich vor allem gegen Humboldt, der die Sache der Juden auf dem Wiener Kongress verteidigte. Humboldts Argumentation für die Befreiung der Juden »en masse« und gegen eine langsame Verbesserung ihrer Lage ist klar seinem Gutachten von 1809 zu entnehmen: »[…] denn eine allmähliche Aufhebung bestätigt die Absonderung, die sie vernichten will, in allen nicht mit aufgehobenen Punkten, verdoppelt gerade durch die neue größere Freiheit die Aufmerksamkeit auf die doch noch bestehende Beschränkung und arbeitet dadurch sich selbst entgegen.« (Zitiert nach Ismar Freund, *Die Emanzipation der Juden in Preußen* [Berlin 1912], Bd. II, S. 271.)

3 Riesser, Gabriel, *Gesammelte Schriften* (Leipzig 1867), Bd. IV, S. 290. – [Zusatz Hrsg.: »Virtuose Juden« hier und im Folgenden nach der englischen Übersetzung (»virtuous Jews«), die Arendt für Riessers »edle Juden« wählte.]

Seit dieser Zeit ist es ein Kennzeichen assimilierter Juden geworden, nicht mehr fähig zu sein, zwischen Freund und Feind, zwischen Kompliment und Beleidigung zu unterscheiden und sich geschmeichelt zu fühlen, wenn ein Antisemit ihnen versichert, dass er sie nicht meine, dass sie Ausnahmen darstellten – zu den Ausnahmejuden gehörten.

Die Ereignisse der letzten Jahre haben bewiesen, dass der »ausgenommene« Jude mehr der Jude ist als die Ausnahme; kein Jude ist heute noch glücklich über die Versicherung, eine Ausnahme zu sein. Die außergewöhnliche Katastrophe hat wieder einmal alle diejenigen, die sich einbildeten, außergewöhnlich begünstigte Wesen zu sein, in ganz gewöhnliche Sterbliche zurückverwandelt. Wäre die Geschichte ein geschlossenes, nach jeder Epoche mit Siegel versehenes Buch, wären wir an der Geschichte der privilegierten Juden nicht sonderlich interessiert. Die Lebenskraft einer Nation jedoch wird daran gemessen, wie lebendig die Erinnerung an ihre Geschichte ist. Wir Juden neigen dazu, eine umgekehrte geschichtliche Perspektive zu haben: Je weiter entfernt Ereignisse von der Gegenwart sind, umso schärfer, klarer und genauer scheinen sie zu sein. Solche Umkehrung der geschichtlichen Perspektive bedeutet, dass wir in unserem politischen Bewusstsein für die unmittelbare Vergangenheit keine Verantwortung übernehmen und mitsamt unseren Historikern in vergangenen Perioden Zuflucht suchen wollen – in Perioden, die uns, was politische Folgen angeht, sicher sein lassen.

Hinter uns liegt ein Jahrhundert opportunistischer Politik, ein Jahrhundert, in dem ein ungewöhnliches Zusammentreffen von Umständen es unserem Volk erlaubte, in den Tag hineinzuleben. Während dieser Zeit ist es Gelehrten und Philologen gelungen, die Menschen in gleichem Maße der Geschichte zu entfremden, wie es den opportunistischen Staatsmännern gelang, sie der Politik zu entfremden. Der erhabene Begriff des menschlichen Fortschritts war seines historischen Sinnes entkleidet und zu einer einfachen natürlichen Tatsache entstellt worden, der zufolge der Sohn stets als besser und weiser sich darstellte als sein Vater, der Enkel als aufgeklärter als sein Großvater. Oder er war zu einem Wirtschaftsgesetz herabgestuft worden, dem zufolge akkumulierter Wohlstand der Vorfahren das Wohlergehen der Söhne und Enkel bestimmt und jeden von ihnen im nicht enden wollenden Aufstieg der Familie weiter fortschreiten lässt. Im Licht solcher Entwicklungen wurde Vergessen zur heiligen Pflicht, Unerfahrenheit zu einem Privileg und Unkenntnis zur Garantie des Erfolgs.

Da die Umstände, unter denen wir leben, menschengemacht sind, zwingen die Verstorbenen sich uns und den uns regierenden Institutionen auf und weigern sich, in der Finsternis, in die wir sie zu stürzen versuchen, zu verschwinden. Je mehr wir zu vergessen suchen, desto beherrschender werden sie. Das Aufeinanderfolgen der Generationen mag eine natürliche Garantie für geschichtliche Kontinuität sein, doch sicherlich keine für Fortschritt. Da wir die Söhne unserer Väter und die Enkel unserer Großväter sind, können ihre Missetaten uns bis in die dritte oder vierte Generation verfolgen. Inaktiv wie wir sind, können wir uns nicht einmal an ihren Taten erfreuen; denn wie alles Menschenwerk haben sie die fatale Tendenz, sich in Tand zu verwandeln, genauso wie ein weiß gemalertes Zimmer schwarz wird, wenn man es nicht häufig neu streicht.

In diesem Sinne hat Geschichte ihre Moral, und wenn unsere Gelehrten mit ihrer unparteilichen Objektivität unfähig sind, diese Moral in der Geschichte zu erkennen, so heißt das nur, dass sie unfähig sind, die von uns geschaffene Welt zu verstehen; genauso wie das Volk, das nicht in der Lage ist, die von ihm selbst hervorgebrachten Institutionen zu nutzen. Unglücklicherweise kennt die Geschichte Hegels »List der Vernunft« nicht; vielmehr beginnt automatisch Unvernunft einzusetzen, wenn die Vernunft abgedankt hat.

Der Automatismus der Ereignisse, der anstelle der menschlichen Vernunft seit Beginn des 19. Jahrhunderts zu herrschen anfing, leistete mit unvergleichlicher Genauigkeit die Vorarbeiten für Europas geistiges Versagen vor dem blutigen Götzen der Rasse. Es ist kein bloßer Zufall, dass die katastrophalen Niederlagen der Völker Europas mit der Katastrophe des jüdischen Volkes ihren Anfang nahmen – eines Volkes, an dessen Schicksal wegen des Grundsatzes, die jüdische Geschichte folge »Ausnahmegesetzen«, alle anderen glaubten, uninteressiert bleiben zu können. Die Niederlage des jüdischen Volkes begann mit der Katastrophe der deutschen Juden, an denen die europäischen Juden nicht interessiert waren, weil sie plötzlich entdeckten, dass diese eine Ausnahme darstellten. Der Zusammenbruch der deutschen Judenheit begann damit, dass sie sich in unzählige Gruppen zersplitterten, von denen jede glaubte, besondere Privilegien könnten Menschenrecht schützen, zum Beispiel das Privileg, Veteran des Ersten Weltkrieg oder das Kind eines solchen gewesen zu sein, oder, wenn solche Privilegien nicht mehr anerkannt wurden, ein Kriegsversehrter oder Sohn eines gefallenen Frontkämpfers. Da Juden »en masse« vom Erdboden verschwunden schienen, wurde es ein Leichtes, sich der Juden »en détail« zu entledigen. Der schrecklichen und blutigen Vernichtung der Juden als Einzelnen war die unblutige Zerstörung des jüdischen Volkes vorausgegangen.

Der europäische Hintergrund, vor dem die jüdische Geschichte erscheint, ist kompliziert und verworren. Manchmal geht der jüdische Faden im Gewirr verloren, doch meist ist er leicht erkennbar. Insgesamt lässt sich die Geschichte Europas von der Französischen Revolution bis zum Beginn des Ersten Weltkriegs in ihrem tragischsten Aspekt als der langsame, aber stetige Wandel des »citoyen« der Französischen Revolution zum »bourgeois« der Vorkriegszeit beschreiben. Die einzelnen Stadien dieser fast hundertfünzigjährigen Geschichte sind mannigfach und oft voller großartiger und sehr menschlicher Erscheinungen. Die Periode des »enrichissez-vous« war auch die Blütezeit der französischer Malerei; die Zeit der deutschen Misere war auch das große Zeitalter der klassischen Literatur; das Viktorianische Zeitalter können wir uns ohne Dickens nicht vorstellen. Am Ende der Epoche jedoch sehen wir uns einer merkwürdig ent-humanisierten Art von Menschheit gegenüber. Die Moral der Geschichte des 19. Jahrhunderts liegt darin, dass Männer, welche nicht vorbereitet waren, in den öffentlichen Angelegenheiten eine verantwortliche Rolle zu übernehmen, letztendlich in bloße Tiere verwandelt wurden, die zu allem und jedem benutzt werden konnten, bevor man sie zum Schlachten führte. Darüber hinaus verwandelten sich selbst überlassene, der Kontrolle und Führung durch Menschen entbehrende Institutionen sich in Monster, welche Nationen und Länder verschlangen.

Die Geschichte der Juden im 19. Jahrhundert enthüllt Ähnliches. Während wir Heine und Börne lasen, die, gerade weil Juden, darauf bestanden, als Menschen angesehen zu werden, und so in die allgemeine Menschheitsgeschichte aufgenommen wurden, vergaßen wir vollständig die langweiligen Reden der Vertreter jener besonderen Gruppe privilegierter Juden, die zur gleichen Zeit in Preußen lebten. In jenem Land, das Disraeli zum Premierminister ernannte, schrieb der Jude Karl Marx *Das Kapital* – ein Buch, das sich mit seinem fanatisch eifernden Gerechtigkeitssinn weit wirkungsvoller in die jüdische Tradition einreihte als aller Erfolg des »auserwählten Mannes einer auserwählten Rasse«.[4] Wer schließlich, der an das große literarische Werk von Marcel Proust und die wortmächtige Anklageschrift von Bernard Lazare denkt, vergisst nicht jene französischen Juden, die die aristokratischen Salons des Faubourg St. Germain füllten und die, unbewusst dem unziemlichen Beispiel ihrer preußischen Vorfahren zu Beginn des 19. Jahrhunderts folgend, sich nach Kräften bemühten, »zu gleicher Zeit Juden sein und Juden nicht sein«[5] zu wollen.

Diese Doppelbödigkeit wurde entscheidend für das soziale Verhalten der assimilierten und emanzipierten Judenheit in Westeuropa. Dem jüdischen Volk wollten und konnten sie nicht mehr angehören, aber sie wollten und mussten Juden bleiben – Ausnahmen innerhalb des jüdischen Volkes. Sie wollten und konnten in der nichtjüdischen Gesellschaft ihre Rolle spielen, aber sie wünschten nicht, unter den nichtjüdischen Völkern zu verschwinden, und konnten das auch nicht. So wurden sie zu Ausnahmen in der nichtjüdischen Welt. Sie waren davon überzeugt, dass es ihnen möglich wäre, »ein Mensch auf der Straße und ein Jude zu Hause«[6] zu

---

4 Vgl. Samuel, Horace B., *Modernities* (London 1914), S. 50ff.

5 Paulus, H. E. G., *Die jüdische Nationalabsonderung nach Ursprung, Folgen und Besserungsmitteln* (1831), S. 6–7.

6 Diese ausgezeichnete Formel, die als Motto über der gesamten westeuropäischen Assimilation stehen könnte, wurde – das sei nicht ohne Ironie vermerkt – von einem russischen Juden vorgetragen und erstmals auf Hebräisch veröffentlicht. Sie stammt aus Judah Leib Gordons hebräischem Gedicht »Hakitzah ammi« von 1863.

sein. Dabei spürten sie, dass sie sich auf der Straße als Juden von anderen Menschen unterschieden und zu Hause von anderen Juden insofern, als sie den Massen des jüdischen Volkes überlegen waren.[3]

Die Privilegierten des Reichtums

Im Verlauf des 17. und 18. Jahrhunderts gelang es Juden in Ausnahmefällen, den Ghettos in Westeuropa zu entkommen. In der Mitte des 18. Jahrhunderts hatten sich die Verhältnisse so entwickelt, dass Juden mit viel Geld und großen Fähigkeiten das Paradies der Rechte und Freiheiten zu betreten in der Lage waren, während Juden ohne Geld und Gewerbe weiterhin in äußerster Armut und ohne Bürgerrechte lebten. In Österreich und den süddeutschen Staaten – Bayern, Württemberg, Baden – gehörten die Juden zum Hofhaushalt der mehr oder weniger aufgeklärten damaligen Herrscher. Üblicherweise wurden sie »Hofjuden« genannt, nur in Preußen erhielten sie charakteristischerweise den Namen »Generalprivilegierte Juden«. Dieser Name war keine Übertreibung. Die Hofjuden erfreuten sich aller Privilegien. Sie konnten leben, wo immer es ihnen gefiel, sie konnten im Bereich ihres Herrschers reisen, wohin sie wollten, sie konnten Waffen tragen und den besonderen Schutz aller örtlichen Autoritäten in Anspruch nehmen. Ihre Lebensverhältnisse waren auf einem viel höheren Niveau als die der Mittelklasse der Zeit. Die Hofjuden besaßen größere Privilegien als die Mehrzahl der Einwohner ihrer Heimatstaaten, und es wäre ein Irrtum zu glauben, dass dieser Zustand der Dinge der Aufmerksamkeit ihrer Zeitgenossen entgangen wäre. Dohm beklagt in seinen *Denkwürdigkeiten* die seit den Zeiten Friedrich Wilhelms I. bestehende Praxis, jenen Juden, die reich geworden waren, »jede Art von Begünstigung und Unterstützung« zu gewähren, »oft auf Kosten und mit Zurücksetzung tätiger und rechtlicher Untertanen«.[7]

---

[7] Dohm, Christian Wilhelm, *Denkwürdigkeiten meiner Zeit* (Lemgo 1814 bis 1819), Bd. IV, S. 487.

Seinerzeit lebten die Juden meist in kleinen Dörfern. Alle diese kleinen jüdischen Gemeinschaften der in der Provinz lebenden Juden, Straßenhändler, Handwerker u. Ä. hatten ihren Hofjuden als Beschützer, der alle lokalen Klagen bei dem Herrscher direkt zu Gehör brachte. Damit waren die Juden besser geschützt als die sie umgebenden nichtjüdischen Einwohner, die der Ausbeutung der feudalen Landbesitzer hilflos ausgeliefert waren. Dieses Recht, Petitionen über die Hofjuden einzubringen, war von solch großem Vorteil für die örtlichen Gemeinschaften, dass sie deshalb alle möglichen radikalen Veränderungen an der ursprünglich demokratischen Verfassung der Gemeinschaften akzeptierten und oft sogar reiche Juden, die nicht unter ihnen lebten, als Leiter der Gemeinschaften anerkannten. Der Preis, den das jüdische Volk für die kurzfristigen Vorteile, die ihm die Hofjuden in den ersten Jahren ihres wunderbaren Aufstiegs brachten, zu zahlen hatte, war die Beherrschung der Gemeinschaft durch die »Notabeln«, und diese hatte sich bereits zu Beginn des 18. Jahrhunderts fest durchgesetzt.

Die Hofjuden waren »Ausnahmejuden«, weil die Fürsten zu ihren Gunsten Ausnahmen machten. Selbst wenn ein Fürst ein Feind der Juden war, zwangen ihn der verheerende Zustand der Staatsfinanzen im 18. Jahrhundert und die Tatsache, dass der Adel völlig verschuldet war, seine innere Einstellung zu unterdrücken und dem einen oder anderen Juden Privilegien zu gewähren. Es wäre allerdings naiv zu glauben, dass man bei Gesetzen Ausnahmen machen kann, ohne dass sich dies auf die Einstellung auswirkte. Die herzlichen Beziehungen zwischen den Hofjuden und ihren Herren beweisen, dass sich die Einstellung ihnen gegenüber verändert hatte. Darüber hinaus begannen die »Ausnahmejuden« bald, sich den Meinungen ihrer Herrscher anzupassen. Ihre Machtausübung in den jüdischen Gemeinschaften, über die sie aus der Ferne herrschten, begann bald, im Guten wie im Schlechten, der von absoluten Monarchen zu ähneln. Allerdings gab es einen entscheidenden Unterschied: Niemals auch nur träumten sie davon, sie wären »von Gottes Gnaden« eingesetzt worden, sondern wussten sehr wohl, dass sie der Gnade der Fürsten und ihres eigenen Geldes den Thron verdanken.

Der erste Hofjude mit monarchischen Ambitionen in seiner eigenen »Nation« war ein Jude aus Prag, Hoflieferant des Kurfürsten Moritz von Sachsen im 16. Jahrhundert. Er verlangte, dass alle Rabbiner und Gemeindevorsteher ausschließlich aus Mitgliedern seiner Familie rekrutiert werden sollten.[8] Im 18. Jahrhundert ging man allgemein dazu über, Hofjuden in ihren Gemeinschaften als Diktatoren einzusetzen. Wie alle noch nicht verwöhnten Emporkömmlinge gebärdeten sich die Hofjuden stolz in ihren Beziehungen zu den Fürsten, stolz vor ihrem dunklen Hintergrund von Elend, Missgeschick und Paria-Existenz. Da leuchtete ihr Ruhm als Ausnahmen umso stärker. Später dann setzten diese jüdischen Notabeln sich mit viel Achtsamkeit dafür ein, dass jener dunkle Hintergrund der Armut, des Elends und der Schmach fortdauerte. Eher ihren Bemühungen und nicht so sehr denen der preußischen Regierung ist es zu danken, dass in den ersten Jahrzehnten des 19. Jahrhunderts in Posen Bürgerrechte nur in Ausnahmefällen an arme Juden vergeben wurden. Gleichermaßen erfolgte die Emanzipation der Juden während der Französischen Revolution gegen die Proteste der reichen Juden von Bordeaux und Avignon, die »privilegierten Juden« der französischen Monarchie. Je mehr sich die wohlhabenden Juden von den jüdischen Sitten und religiösen Gebräuchen entfernten, umso orthodoxer wurden sie für das Volk.[9] So entzogen die Rothschilds in den 1820er-Jahren ihrer Heimatgemeinde Frankfurt eine große Spende, um dem Einfluss der Reformer entgegenzuwirken, welche sich dafür einsetzen wollten, dass jüdische Kinder eine allgemeine Erziehung erhielten, um Möglichkeiten für die Beförde-

---

[8] Vgl. Bondy und Dworský, *Geschichte der Juden in Böhmen* (Prag 1906), Bd. II, S. 727.

[9] H. E. G. Paulus schon hatte treffend bemerkt: Die an der Spitze der Judenschaft stehenden »Mächtigen […] streben nur für sich nach größerem Einfluß, wollen aber die anderen alle gern unter dem falschen Vorgeben, wie wenn dies zu ihrer Religion gehörte, in der nationalen Absonderung erhalten. Und warum? Damit sie desto mehr von ihnen abhängen müssen und unter dem Namen ›unsere Leute‹ ausschließlich gebraucht werden können.« – [Zusatz Hrsg.: Paulus, *Die jüdische Nationalabsonderung …*, a. a. O., S. 6–7.]

rung der ärmeren Schichten zu schaffen.[10] Diese »doppelte Abhängigkeit« der armen Juden, die Abhängigkeit »sowohl vom Staate als von ihren vielvermögenden Brüdern«[11], wurde mit der wachsenden Macht der privilegierten Juden bedrückender. Die jüdischen Bankiers bedurften, als sie immer wohlhabender wurden, der Armut der jüdischen Massen als Schutz gewährendes Argument. Je ärmer die Massen wurden, desto sichererer fühlten sich die reichen Juden und desto heller leuchtete ihr Ruhm.

Die Hofjuden verdankten ihren Aufstieg aus dem Ghetto nicht nur günstigen Umständen, sondern auch ihren persönlichen Verdiensten, ihrem selbsterworbenen Reichtum und ihren selbst aufgebauten sozialen Beziehungen. Sie waren besonders begabte, geschickte Männer mit viel Tatkraft. Neben ihren Privilegien und ihrer besonderen Stellung zeichneten sie sich durch außergewöhnliche Leistungen aus. Die Privilegien, die sie erhielten, waren Vergütungen für vormalige Dienstleistungen und Ansporn zu noch größeren Anstrengungen. Die Bedürfnisse der heranwachsenden Nationalstaaten entwickelten sich sehr viel rascher, als sich ein Verständnis für die Notwendigkeit des Aufbaus einer wirkungsvollen Staatsmaschinerie bei den Nationen herausbildete. Die finanziellen, einzig und allein politischen Faktoren geschuldeten Bedürfnisse der Fürsten schufen neue Felder wirtschaftlicher Aktivität, die staatsmonopolistisch blieben, weil sie von der wirtschaftlichen Entwicklung der Länder abgetrennt waren. Juden drangen überall in die Staatswirtschaft ein: in Frankreich als Steuerpächter, in Preußen als Münzpräger oder Beschäftigte in Staatsbetrieben, in Bayern als Pächter der königlichen Salzbergwerke und überall als Lieferanten militärischer Versorgungsgüter.

Ein charakteristischer Aspekt des Aufstiegs der Hofjuden liegt darin, dass er sich überall aufgrund politischer Bedingungen ereignete und relativ unabhängig von den wirtschaftlichen Entwicklun-

---

[10] Vgl. Jost, Isaak Markus, *Neuere Geschichte der Israeliten*, Bd. X (1846), S. 102. – [Zusatz Hrsg.: Es handelt sich um Band X, 1 des Gesamtwerkes von I. M. Jost, *Geschichte der Israeliten seit der Zeit der Maccabäer bis auf unsre Tage*.]

[11] A. a. O., Teil IX, S. 38. – [Zusatz Hrsg.: Jost, *Geschichte der Israeliten* ..., Neunter und letzter Teil [= Band IX] (1828).]

gen der Zeit blieb. Staaten und Fürsten schenkten den wirtschaftlichen Fähigkeiten ihrer privilegierten Juden keine Aufmerksamkeit und zwangen sie, ihre Geschäfte auf der Grundlage reiner Spekulation zu betreiben. Andererseits verspürten die Juden wenig Neigung, sich in das normale Wirtschaftsleben ihrer Heimatstaaten einzureihen. Jüdisches Geld spielte in den Staatsfabriken des merkantilistischen Zeitalters insoweit eine Rolle, als Juden die Geldgeber für den Staat und seine Unternehmen wurden. Juden ihrerseits aber haben kaum jemals versucht, vom Staat unabhängige Fabriken und Industrien zu betreiben, selbst wenn ihnen dazu die Gelegenheit geboten wurde.[12] Die Lage, wie sie die Hofjuden im 17. und 18. Jahrhundert geschaffen hatten, war bis ins 20. Jahrhundert hinein entscheidend für das jüdische Wirtschaftsleben. Die Juden blieben von der eigentlichen kapitalistischen Entwicklung ausgeschlossen und waren innerhalb der in den Nationalstaaten entstehenden kapitalistischen Bourgeoisie Außenseiter, unabhängig vom Staatsapparat und ihm oft feindlich gesinnt. Im Unterschied zur

---

[12] Priebatsch, Felix, »Die Judenpolitik des fürstlichen Absolutismus im 17. und 18. Jahrhundert«, in *Forschungen und Versuche zur Geschichte des Mittelalters und der Neuzeit.* (Festschrift für Dietrich Schäfer zum 70. Geburtstag, 1915, [S. 564–651]). In dieser Arbeit finden wir ein typisches Beispiel aus dem frühen 18. Jahrhundert: »Als die Spiegel-Manufaktur in Neuhaus, Niederösterreich, die von der Verwaltung subsidiert wurde, nicht produzierte, gab der Jude Wertheimer dem Herrscher Geld, sie zu kaufen. Als man ihn aufforderte, die Fabrik zu übernehmen, weigerte er sich mit der Feststellung, daß seine Zeit mit seinen finanziellen Transaktionen in Anspruch genommen sei.«

Dieser Tradition, die die reichen Juden von der wirklichen Machtposition im Kapitalismus fernhielt, entspricht es, dass die Pariser Rothschilds 1911 ihren Anteil an den Bohrlöchern in Baku an die Royal Shell Group verkauften, nachdem sie eine Zeit lang als die neben den Rockefellers größten Ölmagnaten eine Rolle gespielt hatten. (Siehe Lewisohn, R., *Wie sie groß und reich wurden* [Berlin 1927].)

André Sayous gegen Sombarts Gleichsetzung der Juden mit der kapitalistischen Entwicklung gerichtete Behauptung mag als Ausdruck der allgemeinen Regel herangezogen werden: »Die Rothschilds und andere Israeliten, die sich fast ausschließlich für die Auflage von Staatsanleihen und die internationale Bewegung des Kapitals interessierten, haben überhaupt nicht versucht [...] große Industrien aufzubauen.« »Les Juifs«, in *Revue Economique Internationale*, 1932.

nichtjüdischen Bourgeoisie betrachteten sie sich als unter dem besonderen Schutz des Staates stehend und meinten, dass ihre Wirtschaftsinteressen von den politischen Interessen der jeweiligen Herrscher abhängig wären.

Diese Juden, die als Ausnahmen behandelt wurden und brillante persönliche Karrieren vorzuweisen hatten, standen außerhalb aller gesellschaftlichen Bindungen. Sie lebten nicht in den Ghettos und den jüdischen Bezirken. Bei Hofe wurden sie von den Fürsten anerkannt, aber natürlich von der höfischen Gesellschaft verachtet. Zu Kreisen der nichtjüdischen Bevölkerung hatten sie keine Geschäfts- und auch keine gesellschaftlichen Beziehungen. Ihr wirtschaftlicher Aufstieg blieb unabhängig von den zeitgenössischen wirtschaftlichen Bedingungen, und in ihren sozialen Kontakten bewegten sie sich außerhalb der Gesetze der Gesellschaft. Freundschaften zwischen Fürsten und Hofjuden waren keineswegs selten, doch ein gesellschaftliches Umfeld ergab sich aus ihnen nie.

Wir wissen relativ wenig über die Persönlichkeiten dieser frühen durch Wohlstand privilegierten Juden. Dass die Hofjuden bis Ende des 18. Jahrhunderts ihre Macht zugunsten ihrer Gemeinden nutzten, erlaubt den Schluss, dass sie noch nicht fürchteten, mit den gewöhnlichen Juden gleichgesetzt zu werden. Die Hartnäckigkeit, mit der sie ihren Kampf für ein Verbot von Eisenmengers *Entdecktes Judentum*, des letzten Handbuchs mittelalterlichen Judenhasses, führten (1701), zeigt, dass sie immer noch glaubten, Angriffe auf alle Juden wären auch eine direkte Bedrohung für sie selbst. Ihre Macht war seinerzeit sehr groß, so groß wie niemals wieder in dem folgenden Jahrhundert der Emanzipation. Es stimmt, dass hinter dem Kredit jedes Fürsten der Kredit seines Hofjuden stand (als der Wiener Hofjude [Samuel] Oppenheimer 1703 starb, war die Kreditwürdigkeit des österreichischen Staates ernstlich beeinträchtigt[13]) und dass ohne jüdische Lieferan-

---

[13] Vgl. Grunwald, M., *Samuel Oppenheimer und sein Kreis* (1913), S. 150. In Bayern waren die Verhältnisse sehr ähnlich, siehe Sundheimer, Paul, »Die jüdische Hochfinanz und der bayerische Staat im 18. Jahrhundert«, in *Finanz-Archiv*, Bd. XLI (1924).

ten auf Dauer kein Krieg geführt werden konnte (nur Juden konnten mithilfe der jüdischen Straßenhändler Verpflegung überall in den ganzen Provinzen einkaufen). Außerdem hatten die Juden den größten Anteil an den Staatsmonopolen, wie den Münzanstalten, den Lotterien, den Salzbergwerken und den Tabakmanufakturen. Doch all dies war nicht eigentlich grundlegend für ihre Macht. Der entscheidende Faktor vielmehr war, dass sie vollkommen von der Bevölkerung isoliert waren und auf keine der bedeutenden Klassen im Land Rücksicht nehmen mussten. Es war ihre gesellschaftliche Unabhängigkeit, die ihnen den Eindruck vermittelte, sie seien ein unabhängiger politischer Faktor.[14]

Das entsprechende Machtgefühl steigerte sich noch durch den Abstand, der diese kleine Gruppe privilegierter Juden von den Massen des jüdischen Volkes trennte, ferner dadurch, dass es keine jüdische Mittelklasse oder breitere Schichten von wohlhabenden Juden gab, die die gesellschaftliche Lücke hätten füllen können. Unterm Volk regierten sie wie absolute Fürsten, aber sahen sich selbst immer noch als Primi inter pares. Noch immer waren sie einzelne, zu Glanz und Herrlichkeit aufgestiegene Personen; bis jetzt bildeten sie innerhalb ihres Volkes noch keine Kaste.

Der Kastenhochmut[4] der privilegierten Juden entwickelte sich nur langsam. Er wurde durch die furchtbare Einsamkeit, in der diese Männer zu leben gezwungen waren, in Schranken gehalten. In den Hauptstädten, in denen sie nicht nur leben durften, sondern, um dem Hof nahe zu sein, zu leben verpflichtet waren, gab es keine jüdischen Gemeinden. Anders als später gab es seinerzeit keine Möglichkeit, das Judentum zu verlassen und in einer nichtjüdischen Umgebung aufzugehen. Die ganze Existenz des Hofjuden hing an seinem Jude-Sein und Nicht-Christ-Sein – eine Tatsache, die ihm beispielsweise die Gelegenheit gab, internationale Bezie-

---

[14] Johann Jacob Schudt berichtet in seinen *Jüdischen Merkwürdigkeiten* (Frankfurt am Main 1715–1717) Folgendes: »Ein gewisser Jude […], als ein vornehmer und gelehrter Medicus ihm bescheidentlich vorhielt, daß sie [die Juden] so stolz seien, da sie weder Fürsten noch Regiment unter sich hätten, […] freventlich zur Antwort gab: Sind wir keine Fürsten, so regieren wir sie doch.« (Teil IV, Anhang S. 48.)

hungen zu unterhalten, welche seinerzeit kein christlicher Bankier oder christlicher Vertreter wahrnehmen konnte. Die aufgeklärten Herrscher brauchten Menschen, die einerseits den Kriegsbedarf in ausgedehnten Gebieten decken konnten und andererseits außerhalb einer Gesellschaft und Bevölkerung standen, welche sich nicht einmal vorstellen konnten, an Unternehmungen wie der Genehmigung von Staatskrediten beteiligt zu sein.[15] Nur ein Jude konnte die jüdischen Straßenhändler überall im Lande mobilisieren, sie als Handelsvertreter benutzen und über sie in wenigen Wochen alle Nahrungsmittelprodukte in ganzen Provinzen aufkaufen. Sehr bald war die wichtigste Gunst, die ein Fürst »seinem Juden« erweisen konnte, das Recht, andere Juden als Diener und Vertreter zu beschäftigen. Offensichtlich hatten die ersten Hofjuden keinen gesellschaftlichen Ehrgeiz und nicht den Wunsch nach gesellschaftlichen Beziehungen mit Nicht-Juden. Das machte es für sie vergleichsweise einfach, die allgemeine Feindseligkeit der Bevölkerung zu ertragen. Diese Verhältnisse können deutlicher in den imperialen Städten beobachtet werden, in denen die Juden nicht der Autorität der Stadträte unterworfen, sondern direkt vom Kaiser abhängig waren. Hier blieben sie hinsichtlich der zunehmenden Feindseligkeit der Bürgerlichen, ihrer Nachbarn, ziemlich unbekümmert.[16]

Diese Juden konnten noch so viele Geschäftsbeziehungen mit ihren Fürsten haben, alle Geschäfte jedoch brachten sie der frem-

---

15 Der Pariser Baron Rothschild hat berechtigterweise 1819 geschrieben: »Wer kauft in Deutschland Staatspapiere? und wer hat gesucht, den Cours zu heben, wenn es nicht unsere Nation ist [...]« (Zitiert bei Corti, Egon Caesar, *Der Aufstieg des Hauses Rothschild 1700–1830* [Leipzig 1927], S. 230.) – [Zusatz Hrsg.: Das Zitat entstammt dem Brief von James Meyer von Rothschild an David Parish, 18. August 1819.]

16 »Die Feindseligkeit der reichsstädtischen Obrigkeiten und namentlich des mittleren Bürgerstandes schien [die Juden] wenig zu stören. Glückel von Hameln meint, das würde in Hamburg immer so bleiben, solange die Bürger die Stadt regierten. Die Juden wussten sich durch Kaiser und Fürsten gedeckt. [...] Unaufhörlich sind die städtischen Klagen über ihre losen Reden, sie seien gerade so gefreit wie die Städte, sie kümmern sich nicht um die Ratsverfügungen.« (Priebatsch, a. a. O., S. 598–99.) Nur der Kaiser war ihr Herr und Gebieter.

den Welt um sie herum keinen Schritt näher. Ein Beispiel hierfür ist Samson Wertheimer. In den ersten drei Dekaden des 18. Jahrhunderts, lieh Wertheimer dem österreichischen Staat mehr als sechs Millionen Gulden. Er konnte als ein Vertrauter des Hofes gelten und hatte Zugang zu allen Diplomaten und hohen Adeligen seiner Zeit. Doch das implizierte keine gesellschaftlichen Beziehungen, und er dachte nicht einmal daran, von den bei Hofe Verkehrenden als gleichgestellt behandelt zu werden. Er war »stolzer auf die Würde eines ›privilegierten Rabbiners der gesamten Judenschaft‹ und auf den Namen eines ›Fürsten des Heiligen Landes‹«[17]. Bis zur Mitte des 18. Jahrhunderts hätten die Hofjuden noch alle jenem holländischen Juden zugestimmt, von dem Schudt in seinen *Merkwürdigkeiten* berichtet: »Neque in toto orbi alicui nationi inservismus« [wir fügen uns nicht in den ganzen Kreis irgendeiner Nation ein]. Und sie hätten damals so wenig wie später die Antwort des »gelehrten« Christen verstanden, der ihnen erwiderte: »Aber das ist nur einiger einzelner Personen Glückseligkeit. Das Volk aber als ein Corpo [sic!] betrachtet, ist aller Orten verjagt, hat kein eigen Regiment, sondern ist unter fremder Gewalt, ohne Macht, ohne Ansehen, und als fremd zerstreut und irrend durch die ganze Welt.«[18]

Der Stolz jener, die aufgrund der ihnen gewährten Privilegien den höchst privilegierten Bewohnern des Staates, dem sie dienten, gleichgestellt waren, hatte eine sehr konkrete politische und wirtschaftliche Grundlage. Ihre Privilegien stützten sich auf ihre jüdischen Verbindungen, und sie hatten weder den Ehrgeiz noch die Möglichkeit, sich an eine Klasse der nichtjüdischen Gesellschaft zu assimilieren oder mit einer solchen Klasse Beziehungen aufzubauen.[19] Langsam wurde erkennbar, dass Wohlstand und Privileg sie genauso von ihrem eigenen Volk entfernt hatten wie von

---

[17] Stern, Selma, *Jud Süß* (Berlin 1929), S. 18–19.

[18] Schudt, a. a. O., Bd. I, S. 9.

[19] Es wird berichtet, dass Friedrich II. von Preußen, als er von einer möglichen Konversion seiner Juden zum Christentum hörte, ausrief: »Sie werden doch nicht des Teufels sein.« (Siehe *Kleines Jahrbuch des Nützlichen und Angenehmen für Israeliten*, 1847.)

der sie umgebenden nichtjüdischen Welt. Diese Isolierung brachte sie ihrer Umgebung keineswegs näher, sondern führte zur Herausbildung intimerer Verbindungen zwischen den Familien der verschiedenen, oft weit voneinander entfernt lebenden Hofjuden. Den Wirtschaftsbeziehungen und dem internationalen Briefverkehr zwischen den Familien der Hofjuden folgten bald Heiraten untereinander, welche bis in Einzelheiten hinein den internationalen Heiratsbeziehungen der Aristokratie ähnelten. Das gipfelte in einem regelrechten Kastensystem, wie es die jüdische Gesellschaft bis dahin nicht gekannt hatte. Nichtjüdische Kreise nahmen diese Entwicklung umso mehr wahr, als sie sich in einer Zeit zutrug, in der die europäischen Kasten den neu sich bildenden Klassen zu weichen begannen. Im jüdischen Volk gab es keine derartigen Klassen; es gab unter seinen Angehörigen keine Bauern, und an der Entwicklung des Kapitalismus nahm es weder als Unternehmer noch als Arbeiter teil. Man begann daher im 19. Jahrhundert, als der Prozess der Klassenbildung in der nichtjüdischen und der der Kastenbildung in der jüdischen Welt annähernd abgeschlossen war, das jüdische Volk als Ganzes als Kaste zu definieren, obwohl eigentlich nur die früheren Hofjuden eine Kaste innerhalb des jüdischen Volkes gebildet hatten.[20]

Die Privilegierten der Bildung

Um sich selbst vor zu riskanten Geschäften und übertriebenen Forderungen der Fürsten zu schützen, begannen die Hofjuden, den wohlhabenderen Ghettobewohnern zu gestatten, sich an ihren Staatsangelegenheiten zu beteiligen. Auf diese Weise sicherten sie sich nicht nur Einfluss im Hinblick auf das materielle Wohlergehen breiterer Gruppen von Juden, sondern holten diese auch aus

[20] Christian Friedrich Rühs bestimmt das ganze jüdische Volk als eine »Handelskaste«. »Über die Ansprüche der Juden an das deutsche Bürgerrecht«, [zuerst] in *Zeitschrift für die neueste Geschichte[, die Völker-und Staatenkunde]* (1815). – [Zusatz Hrsg.: Der Begriff »Handelskaste« wird von Rühs nicht gebraucht, sondern erst von Jakob Friedrich Fries in seiner Besprechung der Rühsschen Schrift (siehe FN 46) eingeführt.]

dem engen Ghettoleben heraus und erreichten damit, dass sie sich für die Wohlfahrt der Staaten, in denen sie lebten, interessierten. Unter dem Zwang der Verhältnisse interessierten sich die Fürsten ihrerseits für das Wohlergehen und die Rechte dieser Gruppe von Juden. So haben die Hofjuden geholfen, den Weg für die jüdische Emanzipation in Europa zu bereiten. Mit den Emanzipationsedikten, die die verschiedenen europäischen Staaten später verkündeten, war nichts weiter beabsichtigt, als jenen Juden Privilegien einzuräumen, welche aufgrund ihres Reichtums und ihrer Geschäftstätigkeit bereits zu den vertrauenswürdigsten Unterstützern der Nationalstaaten zählten und in Preußen »Schutzjuden« genannt wurden.

Aus den ein wenig breiteren Schichten der wohlhabenden, aber im Großen und Ganzen nicht privilegierten Schutzjuden rekrutierte sich ein neuer Typus des Ausnahmejuden – der Jude, der aufgrund seiner Kultur und Bildung eine Ausnahme war. Moses Mendelssohn wurde in dieser Gruppe zum Prototyp. Im Gegensatz zu den Ausnahmejuden des Reichtums hatte diese Gruppe sehr wenig Einfluss auf die politische Entwicklung der Juden in Westeuropa, aber sie spielte eine bedeutende Rolle in der Diskussion der jüdischen Frage. Während die Hofjuden dem Staat bewiesen hatten, dass Juden nützlich sind, überzeugten die ersten westlich gebildeten Juden die Gesellschaft davon, dass Juden menschliche Wesen sind. Sie bemühten sich von Anfang an um die Anerkennung der nichtjüdischen Welt im Gegensatz zu der von den Hofjuden verfolgten Politik. Doch ebenso wie die Fürsten ihre Hofjuden nicht mehr als Juden betrachteten, als diese sich nützlich erwiesen und ihr eingeschränktes Gewaltvermögen gegenüber anderen Juden ausglichen, so nahm die zeitgenössische Gesellschaft die gebildeten Juden ausdrücklich unter dem Grundsatz auf, dass sie sie nicht mehr als Juden betrachtete. »Wer denkt«, schrieb Herder, »bei Spinozas, Mendelssohns, Herz' philosophischen Schriften daran, dass sie von Juden geschrieben wurden?«[21]

[21] Herder, J. G., *Werke*, hrsg. von B. Suphan, Bd. XXIV, S. 73. – [Zusatz Hrsg.: Es handelt sich um Herders *Adrastea und das achtzehnte Jahrhundert* (1802).]

Dem aufgeklärten Berlin zur Zeit von Mendelssohn und dem Berlin Humboldts und Schleiermachers dienten die Juden als lebender Beweis dafür, dass alle Menschen menschlich sind. Mit Markus Herz oder Mendelssohn befreundet zu sein, sah man damals als die Rettung der Würde des Menschengeschlechts. Juden waren »neue typische Vertreter der Menschheit«, und zwar reinere und exemplarischere, weil sie einem verachteten und unterdrückten Volk entstammten. Gesellschaftliche Beziehungen mit Juden gaben nicht nur Vorurteilsfreiheit (im 18. Jahrhundert als »Toleranz« bezeichnet) zu erkennen, sondern sie dienten auch als Beispiel für die Möglichkeit eines vertrauten Umgangs mit allen Einzelwesen der Menschengattung. Herder, der ein ausgesprochener Freund der Juden war, gebrauchte erstmals die später von Antisemiten entstellte Wendung von dem »fremden, in unseren Erdteil verschlagenen asiatischen Volke«[22]. Diese Humanisten entfremdeten sich mutwillig von den jahrtausendealten Nachbarn, von einer der Ausgangsnationen der europäischen Kultur, weil es ihnen darauf ankam, die grundlegende Einheit des Menschengeschlechts zu betonen – und dieses universale Prinzip ließ sich umso schlagender beweisen, je fremder man die Ursprünge des jüdischen Volkes machte.

Während einer kurzen Periode, die sich in der Geschichte der europäisierten Judenheit allerdings als sehr wichtig erwies, kam Preußens aufgeklärte Intelligenz unter dem Eindruck von Lessings *Nathan der Weise* zu der Überzeugung, dass die »neuen Vertreter des Menschengeschlechts« auch als Individuen viel menschlicher sein müssten. Mirabeau war von dieser Meinung stark beeinflusst und hat sie im vorrevolutionären Paris unter Berufung auf die Person Mendelssohns machtvoll verkündet. Wieder war es Herder, der als der repräsentative Sprecher dieser Denkrichtung gelten kann. Er hoffte, dass die gebildeten Juden größere Vorurteilslosigkeit an den Tag legen würden, weil »der Jude als solcher von manchen politischen Vorurteilen frei ist, die wir mit Mühe oder

[22] Ebda., S. 63. – [Zusatz Hrsg.: Das genaue Zitat bei Herder lautet: »Das Volk ist und bleibt also auch in Europa ein unserem Weltteil fremdes Asiatisches Volk.«]

gar nicht ablegen«[23]. Vor allem aber wies Herder, indem er ausdrücklich gegen die »Einräumung neuer merkantilischer Vorteile« protestierte, die deutschen Juden darauf hin, dass es die Bildung sei, die ihnen den Weg aus dem Judentum und aus den »alten stolzen Nationalvorteilen«, den »Sitten, die für unsere Zeit und Verfassung [...] nicht gehören«, eröffnete. Durch Bildung würden sie, mehr als alle anderen, »rein-humanisiert« werden und von großem Nutzen für den »Bau der Wissenschaften, der Gesamt-Cultur der Menschheit« sein.[24]

Solches Urteil über die Ausnahmejuden der Bildung erwies sich als verhängnisvoll für die Normalisierung der Lage der Juden. Die gebildeten Juden taten ihr Bestes, um der absurden Forderung, nicht nur Ausnahmejuden, sondern auch Ausnahmevertreter des Menschengeschlechts zu sein, zu entsprechen. Das allerdings trifft nicht für Mendelssohn zu, der Herder und die Gedankenwelt der jüngeren Generation kaum kannte. Mendelssohn wurde verehrt, weil er eine wahrhaft außergewöhnliche und einzigartige Persönlichkeit war. Seine feste Bindung an seine jüdische Religion machte für ihn jenen endgültigen Bruch mit den Massen der Judenheit, welcher für seine Nachfolger zur Selbstverständlichkeit wurde, unmöglich. Er fühlte sich als »ein Mitglied eines unterdrückten Volks, das von dem Wohlwollen der herrschenden Nation Schutz und Schirm erflehen muss«[25]. Mendelssohn war sich stets dessen bewusst, dass die außergewöhnliche Achtung, die er als Person genoss, lediglich der außergewöhnlichen Verachtung entsprach, die für sein Volk galt. Hiermit reihte er sich nicht bei denen ein, die diese Verachtung teilten, was heißt, dass er sich noch nicht als Ausnahme begriff.

Die ersten europäisch gebildeten Juden hatten mit den Hofjuden gemein, dass sie ihren außergewöhnlichen Aufstieg nur sich selbst und ihren ungewöhnlichen individuellen Talenten verdankten. Die

---

[23] Ebda., S. 71.

[24] Ebda., S. 74–75.

[25] Mendelssohn, Moses, Brief an Lavater (1770), in: *Gesammelte Schriften*, Bd. VII (Berlin 1930). – [Zusatz Hrsg.: Der Brief trägt das Datum 12. Dezember 1769.]

Belohnungen für die Bildung allerdings unterschieden sich durchaus von denen, die die Wohlhabenden einstrichen.

Im Gegensatz zu den privilegierten Juden des Reichtums besaßen die gebildeten Juden keine politischen Privilegien. Mendelssohn seinerseits schrieb ironisch an Lavater, dass er, der Freund des gebildeten Deutschland, die gleichen Gebühren, die für einen zum Markt geführten Ochsen gelten, zahlen müsse, wenn er Lavater in Leipzig besuchen wolle. Andererseits wurde den gebildeten Juden, sobald sie auf der Bühne erschienen, Zugang zur Gesellschaft gewährt; sie konnten Freundschaften schließen und genossen in intellektuellen Kreisen eine besondere Hochachtung, auch wenn die damaligen Mittelschichten sich weigerten, mit ihnen Beziehungen aufzunehmen. Dies war allerdings für sie und ihren gesellschaftlichen Aufstieg nicht sehr wichtig, weil überwiegend im 19. Jahrhundert und besonders in Preußen die gesellschaftlichen Maßstäbe vom Adel und nicht von der Bourgeoisie gesetzt wurden. Da die bürgerliche Gesellschaft in Preußen nicht maßgebend und deshalb die deutsche Intelligenz gesellschaftlich heimatlos war, konnten die Juden und die jüdischen Salons zu Zentren des geistigen Lebens in Deutschland werden.

Eine Art gesellschaftlichen Umbruchs schien in Preußen die französische politische Emanzipation zu ersetzen. Während Frankreich das Land mit politischem Ruhm war, schien Preußen auf dem Weg, das Land mit gesellschaftlichem Glanz zu werden. An der Wende des 18. zum 19. Jahrhunderts richteten sich »die Blicke der Juden der ganzen Welt« auf die Berliner jüdische Gemeinde[26] und nicht auf Paris. Das »gelehrte Berlin«, wo Mendelssohn enge Verbindungen knüpfte und mit nahezu allen berühmten Männern seiner Zeit Briefe austauschte, war nur ein Anfang gewesen. Gewiss, die jüdischen Gelehrten hatten in allen Perioden der europäischen Geschichte, von der Zeit Karls des Großen an, Beziehungen zu ihren christlichen Kollegen. Der neue und überraschende Aspekt bei Mendelssohn jedoch war, dass Freundschaft wie bei Dohm und Mirabeau für politische Zwecke genutzt und beispiel-

---

[26] Priebatsch, a. a. O., S. 646.

haft für wahre Menschlichkeit wie bei Lessing und Herder wurde. Mendelssohn selbst hatte niemals irgendein Interesse an den politischen Kämpfen seiner Zeit, nicht einmal an dem Ringen um die jüdische Emanzipation. Das Preußen, das sein Freund Lessing, als das »sklavischste Land Europas« beschrieb, war für Mendelssohn ein Staat, »in welchem einer der weisesten Regenten, die je Menschen beherrscht haben, Künste und Wissenschaften blühend, und vernünftige Freiheit zu denken so allgemein gemacht hat, daß sich ihre Wirkung bis auf den geringsten Einwohner seiner Staaten erstrecket«[27]. In den jüdischen Salons, in denen eine Generation später Mendelssohns Tochter Dorothea Schlegel, Henriette Herz und Rahel Varnhagen inmitten einer wirklich gemischten Geselligkeit königlich herrschten, waren jüdische Interessen vollkommen ausgelöscht. Hier dominierte die Ansicht, dass die öffentliche Diskussion der jüdischen Frage und dass vor allem jene staatlichen Maßnahmen, die die gebildeten jüdischen Individuen zusammen mit den »zurückgebliebenen« Juden durch Zwang befreien würden, ihre Situation nur verschlechtern könnten. Als diese Art der Emanzipation nach Napoleons Sieg über Preußen und dem Beginn der preußischen Reformen nahe rückte, ging die Zahl der jüdischen Konversionen steil in die Höhe. Es sah so aus, als wenn die gebildeten Juden in Preußen der Emanzipation in die Taufe entfliehen wollten.[28]

Der erste jüdische Salon in Berlin entstand im Haus des Arztes, Philosophen und Kant-Schülers Markus Herz, der in den 1780er-Jahren eine Reihe privater Vorlesungen in seinem Hause hielt. Mar-

---

[27] In seiner »Vorrede« zu der Übersetzung von Manasseh ben Israel [*Rettung der Juden* (1782)], *Gesammelte Schriften*, Leipzig 1843–45, Bd. III.

[28] Adam Müller brachte die allgemeine Meinung der gebildeten Juden Berlins zum Ausdruck, als er 1815 an Metternich schrieb, dass »jede gesetzliche oder politische Emanzipation der Juden notwendig zu einer Verschlechterung ihrer bürgerlichen und gesellschaftlichen Verhältnisse führen muß«. (Siehe Müller, *Ausgewählte Abhandlungen*, hrsg. von J. Baxa, Jena 1921, S. 215.) Einen ähnlichen Bericht gibt Jost, a. a. O., Bd. X,1, S. 44 ff., wo er von der schwachen »Gegenwehr« vonseiten der Juden während der Angriffe in der Zeit unmittelbar nach dem Wiener Kongress schreibt.

kus Herz gehörte noch zu der älteren Mendelssohn'schen Generation. Für ihn war deshalb wie für Mendelssohn der gesellschaftliche Verkehr mit Nicht-Juden weniger ein Programm als eine einfache und angenehme Tatsache, eine Angelegenheit persönlicher Freundschaft mit gelehrten Männern und Anhängern. Seine sehr viel jüngere Frau jedoch versammelte um sich einen Kreis von Schülern. Zwar überwog auch in Henriette Herz' Salon die Atmosphäre der Freundschaft. Doch immerhin versuchte sie, die Freundschaften zu organisieren – in dem sogenannten »Tugendbund«, zu dessen Mitgliedern die Brüder Humboldt, beide Grafen Dohna und Schleiermacher gehörten. Unter ihren Händen wurden die rein persönlichen und privaten gesellschaftlichen Beziehungen zum Programm. Die Assimilation hatte begonnen.

Zehn Jahre später war von dem Tugendbund nichts mehr übrig. Die aufgeklärten Adeligen, die romantischen Intellektuellen und die bürgerlichen Bohemiens, die sich in dem Herz'schen Hause zusammengefunden hatten, siedelten gemeinsam in das berühmte »Dachstübchen« der Rahel Levin um, wo sie ihrer Mischung ein weiteres Element zufügen konnten: die Schauspieler. Im Gegensatz zu dem Salon der Henriette Herz etablierte sich das Dachstübchen der Rahel am Rande, ja außerhalb der Gesellschaft und ihrer Konventionen. Hatte Henriette durch Gelehrsamkeit geglänzt, so war Rahel stolz auf ihre »Ignoranz« und berühmt durch ihre originale Klugheit und gesellschaftliche Begabung. Der Salon der Rahel, der nach ihrem eigenen Zeugnis 1806 in der preußischen Niederlage unterging »wie ein Schiff, den höchsten Lebensgenuss enthaltend«[29], ist ein in der Geschichte von Assimilation und Ausnahmejuden absolut einzigartiges und einmaliges Gebilde gewesen. Hier galt wirklich jeder nur genau so viel, wie er darzustellen vermochte; hier ward jeder nach nichts anderem beurteilt als seiner Persönlichkeit – und weder nach seinem Stande

[29] Zitiert nach dem Brief, den Verf. im *Reklam-Almanach 1932* veröffentlicht hat. – [Zusatz Hrsg.: Der genaue Titel lautet »Brief Rahels an Pauline Wiesel [8. Juni 1826]. Zum ersten Male veröffentlicht von Hannah Arendt«, in: *Deutscher Almanach für das Jahr 1932*, Leipzig: Reclam, S. 185–190.]

(obwohl Louis Ferdinand ein Prinz aus dem Hause der Hohenzollern war und Rahels Freund Alexander von der Marwitz aus einem der ältesten märkischen Adelsgeschlechter stammte) – noch nach seinem Gelde (obwohl Abraham Mendelssohn, der Sohn von Moses Mendelssohn und Vater von Felix Mendelssohn-Bartholdy, ein reicher Bankier war) – noch nach seinem Erfolg im öffentlichen Leben (obwohl Friedrich Gentz damals schon ein bekannter politischer Schriftsteller war) – noch nach seiner literarischen Karriere (denn Friedrich Schlegel war trotz steigender Berühmtheit nie beliebt). Der Salon der Rahel war auch nicht, wie so viele spätere jüdische Salons, eine nur dem Anspruch nach gemischte Gesellschaft, de facto aber jüdisch mit ein paar ausgenommenen Nicht-Juden, er war aber auch nicht nichtjüdisch mit ein paar zugelassenen Ausnahmejuden. Er war naiv interkonfessionell und entsprach einer kurzen Blütezeit deutsch-jüdischer Geselligkeit, die mehr Mischehen aufzuweisen hatte als irgendeine spätere.

Das Bemerkenswerte an diesen Mischehen war, dass sie fast ausnahmslos zwischen jüdischen Mädchen und deutschen Adeligen geschlossen wurden. Mit der einzigen Ausnahme von Dorothea Veit, die ihrem jüdischen Mann und Kaufmann mit Friedrich Schlegel davonlief, gab es kaum eine einzige bürgerliche Mischehe. Ein Jahrzehnt sah es so aus, als ob die preußischen Judenmädchen in kürzester Zeit von den Adeligen einfach aufgeheiratet werden würden. Aber was den Jüdinnen jener Tage wie der Beginn einer neuen, eben »aufgeklärten« Zeit erschien, war in Wahrheit nur das Ende von jahrhundertealten ökonomischen Beziehungen zwischen jüdischen Geldverleihern und verschuldetem Feudaladel. Das Ende, denn die reicheren Juden hatten sich bereits aus dem Darlehensgeschäft mit adeligen Privatpersonen zurückgezogen, und die mittleren und kleineren Existenzen waren gerade im Begriff, sich an den neuen ungeheuren Möglichkeiten der Indossierung staatlicher Anleihen so reichlich zu beteiligen, dass auch sie an privaten Anleihen sich desinteressierten. Das Bestreben, die Darlehen durch Mitgiften zu ersetzen, hat eine Zeit lang den wirtschaftlichen Untergrund der geistigen und gesellschaftlichen Vorurteilslosigkeit beim preußischen Adel gebildet. Es ist in diesem

Zusammenhang nicht unwichtig, der Tatsache zu gedenken, dass die Rothschild'sche Politik, alle Darlehen persönlicher Art abzulehnen und gegebenenfalls durch »Geschenke« zu ersetzen, bis in die Tage des Wiener Kongresses zurückreicht[30], wenn auch ihr »Hausgesetz«, dem zufolge Mädchen mit nichtjüdischen Adeligen verheiratet werden, während die männliche Linie rein jüdisch zu bleiben hat, wesentlich jünger ist.

Die zahlreichen Heiraten zwischen Juden und Adeligen waren in Preußen von sehr kurzer Dauer. In Österreich hingegen haben bekanntlich engste Beziehungen zwischen Adel und Judentum bis zum Ende der Habsburger Monarchie vorgehalten. Allgemein ist zu sagen, dass die außerordentliche Aversion des europäischen Adels gegen das Bürgertum und seine noch größere Angst vor der politischen Konkurrenz der immer mächtiger werdenden Klasse den Juden gewisse Chancen bot. Es war immer noch angenehmer und sicher ungefährlicher, sich mit dem Gelde eines jüdischen Bankiers zu helfen, als einen Schwiegervater aus der Großindustrie zu akzeptieren, der entweder selbst gerne ins Parlament wollte oder dessen Söhne politische Karrieren einzuschlagen wünschten. Vor solchen inopportunen Ambitionen war man bei den Juden sicher.

Charakteristisch für das gesellschaftliche Idyll im Dachstübchen der Rahel war, dass solche sozialen oder ökonomischen Interessen noch sehr verhüllt waren, dass bei diesen Adeligen eine sehr starke Sehnsucht nach individueller Emanzipation den Ausschlag gab, wie sie, nur viel stärker und nachhaltiger, den französischen Adel des Ancien Régime ausgezeichnet hatte. Die eigentümliche Intimität aber, das unmittelbare Sich-Verstehen, die rein persönlichen Freundschaften, welche so unerwarteterweise die Söhne aus adeligen Häusern mit den Töchtern des jüdischen Mittelstandes verbanden, hatten nur indirekt mit der Verbreitung der Aufklärung zu tun. Wesentlicher war, dass die persönlichen Probleme dieser gebildeten Juden mit den persönlichen Problemen der jungen, bildungshungrigen Aristokratie grundsätzlich identisch waren. Beide wollten eine individuelle – und nicht eine politische – Emanzipation,

---

[30] Siehe Corti, a. a. O., Kapitel IV.

und beiden stand als größtes Hindernis der feste Familienverband entgegen, in welchem sie in erster Linie ein Glied der Familie und nur sekundär selbstständige Individuen waren. Individuelle Assimilation der Juden, individuelle Emanzipation der Adeligen bedeutete, aus diesem Familienverband herauszutreten und eine von der Familie unabhängige Person zu werden.[31] Was diese Menschen miteinander verband, war das rein Persönliche; und die kurze gesellschaftliche Blütezeit in Preußen kam gerade dadurch zustande, dass weder die jüdischen Frauen noch die adeligen Männer irgendwelche politischen Ziele hatten. Sie waren beschäftigt mit ihrer persönlichen Entwicklung, ihrer »éducation sentimentale«.

Der Rahel'sche Salon, seine geistige Atmosphäre und sein Goethe-Kult hatten ein außerordentlich zähes Leben, sowohl was die Berliner Juden als auch was das Berliner Bürgertum anlangte. Die Ausnahmejuden der Bildung, deren Heimat immer Deutschland blieb, hätten alle von sich sagen können, dass sie sich als Deutsche von Goethes Gnaden fühlten. Der Goethe'sche Bildungsbegriff, wie er uns vor allem in *Wilhelm Meister* vorliegt, wurde dasjenige gedankliche Element, an das diese Juden sich assimilierten. Denn in *Wilhelm Meister* war Bildung aufs Deutlichste auch mit sozialem Aufstieg verbunden, und er zeigt in der Tat, »wie der Bürgersmann zum Edelmann wird«[32]. Durch Bildung wurden diese Juden »Persönlichkeiten«, und der Persönlichkeit standen dem damaligen Gesellschaftsideal folgend alle Tore weit offen. Durch Bildung – und nicht durch politische Mittel wie Emanzipation wollten sie dem gedrückten Stande ihres Volkes entkommen.

Der Bildungsenthusiasmus der ersten der Enge des Ghettos entflohenen Juden hatte mit dem großen Enthusiasmus der Haskala[5] sehr viel mehr gemeinsam als mit dem Bildungsphilistertum späterer Jahrzehnte, das die deutschen Juden so unbeliebt gemacht hat. Der wesentliche Unterschied zwischen Rahel und allen ihren Nach-

---

[31] Die Geschichte der Verlobung von Rahel Varnhagen mit dem Grafen Finckenstein ist ein hervorragendes Beispiel für die Gleichartigkeit solch persönlicher Probleme. Nach einem viele Jahre dauernden Konflikt löste Rahel die Verlobung, weil ihr adeliger Verlobter schließlich in den Schoß seiner Familie zurückkehrte.

[32] Siehe Victor Hehn, *Gedanken über Goethe* (1888), S. 260.

folgern beiderlei Geschlechts war, dass sie noch wirklich eine »Persönlichkeit« war. Der »individuelle Ausweg«, der später zur Tradition und eben damit zum Bildungsphilistertum wurde, war bei ihr noch eine rein persönliche Entwicklung. Und wenn es die Ironie ihres Lebens war, dass sie mit genau den geistigen, gesellschaftlichen und psychologischen Mitteln, durch die sie versuchte, dem Judentum zu entkommen, eine jüdische Tradition gestiftet hat, so ist es doch die einmalige Rechtschaffenheit und große Ursprünglichkeit ihrer Person, die es ihr, als Einziger unter ihren Altersgenossen, ermöglichte, schließlich als bewusste Jüdin zu sterben, versöhnt mit ihrem Schicksal und getröstet in der Erkenntnis, dass Heines Rebellion gegen die Gesellschaft ihr Andenken bewahren würde.[33]

Während die privilegierten Juden des Reichtums umständehalber Juden bleiben mussten und als politische Repräsentanten und Herrschende in den jüdischen Gemeinden Macht erlangten, schlugen die Ausnahmejuden der Bildung in der ersten und zweiten Generation fast alle den Weg ein, der zur Taufe führte. Heines viel gerühmter Ausspruch, dass »die Taufe das Entréebillet zur europäischen Kultur«[6] sei, trifft eigentlich nicht auf diese Konvertiten zu, denn sie waren schon vor ihrer Taufe in die europäische Kultur eingetaucht. Die jüdische Intelligenz hatte keine andere Wahl, wenn sie der traditionellen jüdischen Lebensweise entfliehen wollte. Ein anderer weniger bekannter Ausspruch von Heine, dass er sich nie hätte taufen lassen, »wenn die Gesetze das Stehlen silberner Löffel erlaubt hätten«[7], kommt der Wahrheit viel näher. Genauso wie die jüdischen Geschäftsleute gezwungen waren, Juden zu bleiben, um wohlhabender zu werden, so mussten die jüdi-

---

[33] Karl August Varnhagen, der so sorgsam aus seiner Veröffentlichung der Rahel'schen Briefe und Tagebücher das Judenproblem eliminierte, hat immerhin die folgenden Sätze von ihrem Sterbebett publiziert: »Welche Geschichte! […] eine aus Ägypten und Palästina Geflüchtete bin ich hier und finde Hilfe, Liebe und Pflege von euch! […] Mit erhabenem Entzücken denk' ich an diesen meinen Ursprung und diesen ganzen Zusammenhang des Geschickes […] Was so lange Zeit meines Lebens mir die größte Schmach, das herbste Leid und Unglück war, eine Jüdin geboren zu sein, um keinen Preis möcht' ich das jetzt missen.« *Rahel – Ein Buch des Andenkens* (1834), Bd. 1, S. 43.

schen Intellektuellen das Judentum verlassen, um nicht zu verhungern.[34] Das Gesetz, das das Stehlen silberner Löffel nicht erlaubte, bestrafte nur die jüdischen Intellektuellen mit dem Hungertod; es war in großzügiger Weise hilfreich für die Geschäftsinteressen der Hofjuden und Staatsbankiers.

Auch wenn fast alle gebildeten Juden in Preußen den Weg zum Taufbecken einschlugen, bedeutete das nicht, dass sie aufhörten, Juden zu sein, weder in ihrer Selbsteinschätzung noch in der Meinung ihrer Umgebung. Viele Jahre nach seiner Taufe und der Änderung seines Namens schrieb Börne: »Die einen werfen mir vor, dass ich ein Jude sei, die anderen verzeihen mir es, der dritte lobt mich gar dafür, aber alle denken daran.«[35] Diese erzwungene Konversion, bei der sie ihr Jüdischsein nicht verlieren konnten und wollten, stellte die jüdische Intelligenz in einen erbitterten Gegensatz zu einem Stand der Dinge, der Charakterlosigkeit prämierte und schlichtes menschenwürdiges Verhalten mit dem Hungertod bestrafte. Die »neuen Exemplare der Menschheit« [Herder] wurden alle Rebellen. Als die reichen Juden nicht nur genau jene Verfassungen und Staaten, die sie erniedrigten und beleidigten, anerkannten, sondern auch noch die reakionärsten Entwicklungen der europäischen Politik unterstützten und finanzierten (zunächst das englische Eingreifen in den Kampf gegen Napoleon auf dem Kontinent, dann Metternichs Bündnisse), wurde diese Rebellion auch auf den jüdischen Schauplatz getragen. Wenn man Karl Marx' Schrift *Zur Judenfrage* liest – ein Werk, das historisch fehlerhaft und in vielen Aspekten ungerecht ist –, dann sollte man nicht vergessen, dass Marx' Stimme die der jüdischen Intelligenz war, voller

[34] Riesser, Gabriel, »Betrachtungen über die Verhältnisse der jüdischen Untertanen der preußischen Monarchie« (1834), in: *Gesammelte Schriften*, Bd. III: »Bei weitem die meisten derjenigen Juden, die infolge des Gesetzes von 1812 [...] sich den Wissenschaften gewidmet hatten, sind [...] zum Christentum übergegangen [...] Nur wenigen gestatteten ihre Verhältnisse, in unabhängiger Muße den Wissenschaften oder der Kunst zu leben [...] Es mag wohl kaum der zehnte Teil aller aus jüdischen Familien seit 1812 hervorgegangenen Gelehrten sein, der auf diese Weise dem Judentum erhalten wurde.«

[35] *Briefe aus Paris*, 74. [26.] Brief, [Dienstag, den 7.] Februar 1832.

Hass auf die Machenschaften der reichen Juden, die die universalen Menschrechte um den Preis besonderer Privilegien für die eigene Klasse verkauft hatten. Dies ist ein Tatbestand, dem Börne ein paar Jahrzehnte vor Marx wie folgt Ausdruck verlieh: »Rothschild hat dem Papst die Hand geküsst [...] Jetzt kömmt doch endlich einmal alles in die Ordnung, die Gott beim Erschaffen der Welt eigentlich hat haben wollen. Ein armer Christ küsst dem Papst die Füße, und ein reicher Jude küsst ihm die Hand. Hätte Rothschild sein römisches Anleihen, statt zu 65 p. c. [Prozent] zu 60 erhalten und so dem Kardinalkämmerling zehntausend Dukaten mehr spendieren können, hätte er dem Heiligen Vater um den Hals fallen dürfen.«[36]

Der Gegensatz zwischen reichen und gebildeten Juden war nur in Deutschland voll sichtbar. In Österreich entstand eine jüdische Intelligenz erst Ende des 19. Jahrhunderts und bekam darum den Druck des Antisemitismus sofort in voller Stärke zu spüren. Nach dem Ersten Weltkrieg wurden die gebildeten Juden in Österreich Sozialdemokraten, doch zuvor hatten sie sich in den Schutz der habsburgischen Monarchie geflüchtet. Die große Ausnahme war Karl Kraus, der letzte Vertreter einer von Heine und Börne begründeten Tradition. In Frankreich, wo das Emanzipationsedikt alle Regierungswechsel überlebte und wo selbst das »décret infâme« nicht die gebildeten jüdischen Kreise, sondern »nur« die armen Juden betraf, gab es einzelne jüdische Intellektuelle, aber keine jüdische Intelligenz als neue und gesellschaftlich anerkannte Schicht. In beiden Ländern gab es niemals jene für die deutschen Juden so entscheidende kurze Periode, in der die fortschrittlichen Kräfte der Gesellschaft die Juden nicht nur nolens volens akzeptierten, sondern sie in einem merkwürdigen Enthusiasmus sofort zu assimilieren wünschten. Die bekannte Bemerkung Bismarcks, er wolle die Paarung »germanischer Hengste mit jüdischen Stuten«[8] erleben, ist der letzte und vulgärste Ausdruck dieser Aufnahmebereitschaft.[9]

Wenig bekannt, doch sehr wichtig für die Geschichte der deutschen Judenheit ist, dass die Assimilation als Programm sehr viel

---

[36] A. a. O., 72. [24.] Brief [Samstag, den 28. Januar 1832].

häufiger zur Taufe als zu Mischehen führte. Wir wissen, dass es in Deutschland Familien gab, die, obgleich über Generationen hinweg getauft, rein jüdisch blieben.[37] Nur in sehr seltenen Fällen verließ der konvertierte Jude seine Familie, und noch seltener waren Beispiele von getauften Juden, die ihre jüdische Umgebung verließen. Die jüdische Familie erwies sich als eine Kraft von größerer Dauer und Beharrung als die jüdische Religion. Dieses besondere Phänomen ist nur teilweise dem jüdischen Lebenswillen geschuldet. Solchen Willen zur existenziellen Kontinuität gibt es in allen Nationen, und selbst wenn er politisch behindert wird und gesellschaftlich unerwünscht ist, ist er letztlich stärker als jede individuelle Neigung von individuellen Mitgliedern der Nation. In gleicher Weise bedeutsam war, dass Juden, die sich aus Opportunität hatten taufen lassen, bald herausfanden, dass die Gesellschaft, wenn sie Juden überhaupt akzeptierte, sie als Juden und nicht als Christen zu haben wünschte. Im besten Falle wünschte sich die Gesellschaft »neue Exemplare der Menschheit« und keine blöden Parodien. So kam ein überzeugter Humanist wie Wilhelm von Humboldt zu seinen Bemerkungen über die Juden »en détail« nur deshalb, weil er es untragbar fand, mit ansehen zu müssen, dass alte Freunde wie Rahel Levin, Henriette Herz und der Arzt Koreff versuchten, gesellschaftlich erfolgreich zu sein, indem sie das Judentum aufgaben. Humboldt und Schleiermacher wurden solch eifrige Verfechter der Emanzipation, weil sie hofften, dass volle und unmissverständliche Gleichheit der Mimikry und den Parvenu-Hoffnungen der ehemaligen Paria Einhalt gebieten könnte.[38] Diese Hoffnung erfüllte sich

---

[37] Die Statistiken verdecken diese Tatsache leider eher, als dass sie sie enthüllen. In ihnen werden unter Mischehen alle Ehen zwischen konvertierten und nicht konvertierten jüdischen Partnern erfasst.

[38] Friedrich Schleiermacher wandte sich schon 1799 gegen »die bisherige Praxis« und befürchtete, dass »einzelne Individuen und ganze Familien [...] immer häufiger auf dem gewöhnlichen Wege zum Christentum übergehn, und dies ist es, was ich im vollen Ernst für das Schlimmste halte was sich ereignen kann.«

Siehe seine »Briefe bei Gelegenheit der politisch theologischen Aufgabe und des Sendschreibens jüdischer Hausväter«, in: *Werke,* Erste Abt., Bd. V (1846), S. 19.

nicht, weil die Emanzipation das existierende jüdische Volk nicht befreite. Die Toleranzedikte für die verschiedenen christlichen Sekten als Muster heranziehend, erfand die Emanzipation die »Anhänger mosaischen Glaubens«, um in der Lage zu sein, ihnen Menschenrechte zu verleihen. Auf diese Weise wurde innerhalb des jüdischen Volkes eine Klasse von Männern und Frauen geschaffen, die die entsprechende Zuordnung mit Freuden akzeptierten, während das jüdische Volk eine Nation von Parias blieb und weiterhin seine Parvenus hervorbrachte. Selbst Humboldt glaubte letzten Endes, die Assimilation müsse, wenn auch nicht Bedingung, so doch notwendige Folge der Emanzipation sein. Auch für ihn zeigten sich in der politischen Aufgabe lediglich Aspekte eines gesellschaftlichen Problems. Es ist einer der unseligen Tatbestände in der Geschichte des jüdischen Volkes, dass nur seine Feinde, niemals seine Freunde verstehen konnten, dass die jüdische Frage eine »Staatsfrage«[39] ist.

Nichts konnte für die Entwicklung der privilegierten Juden des Reichtums und der Bildung günstiger sein als diese gesellschaftliche (»liberale«) Vorstellung, die im 19. Jahrhundert vorherrschend war. Die Verteidiger der Emanzipation stellten das Problem als eines der Erziehung dar, das ursprünglich für Juden wie für Nicht-Juden existierte.[40] Ihrer politischen Bedeutung entkleidet, wurde die Emanzipation als die Assimilation vorbereitend angesehen. Man nahm als selbstverständlich an, dass die Avantgarde in beiden Lagern aus besonders gebildeten, toleranten und kultivierten Angehörigen des Volkes bestand. Das hieß, dass die besonders toleranten und kultivierten Nicht-Juden ihre gesellschaftlichen Beziehungen auf die Ausnahmejuden der Bildung zu beschränken hatten. Die Forderung nach der Abschaffung von Vorurteilen wurde

---

[39] Diese Formulierung wurde ursprünglich von Herder in seiner *Adrastea* (a. a. O.) gebraucht, doch im 19. Jahrhundert haben nur Antisemiten sie weiterhin benutzt. – [Zusatz Hrsg.: Zur Quelle bei Herder siehe in dieser Ausgabe den Essay »Aufklärung und Judenfrage«, FN 21.]

[40] Zum Beispiel in Wilhelm von Humboldts Gutachten von 1809, a. a. O. (FN 2) finden wir: »Auch soll der Staat nicht gerade die Juden zu achten lehren, aber die inhumane und vorurteilsvolle Denkart soll er aufheben […]«

bald eine sehr einseitige Angelegenheit, und man verlangte nur von den Juden, »gebildet« zu werden.

Das gesellschaftliche Judenparadies in Preußen – jene kurze Zeitspanne, da der alte Judenhass wirklich abgetan und der moderne Antisemitismus noch nicht geboren war – nahm in genau dem gleichen Jahr ein definitives Ende, in welchem das »décret infâme« Napoleons die politische Freiheit für die Juden in Frankreich vorübergehend beendete. Die Verkündung der Menschenrechte durch die Französische Revolution wäre niemals eine wirklich revolutionäre Tat geworden, wenn sich die Wünsche der reichen Juden von Bordeaux und Avignon erfüllt hätten und die Ashkenasi, die armen Juden im Elsass, ausgeschlossen worden wären. Das »décret infâme«, das sich nur auf die elsässischen Juden bezog, stellte die alte Ordnung wieder her, indem es einerseits privilegierte Juden schuf und andererseits eine Bevölkerungsschicht, die seit damals bis in unsere heutige schlimme Zeit »Ostjuden« genannt wird.

In Preußen, das durch die napoleonischen Kriege und die Abtrennung Posens seine judenreichsten Provinzen verloren hatte, konnte man von Staats wegen ruhig eine Emanzipation wagen, da sie ohnehin nur noch den dem Staate unmittelbar nützlichen und bereits generalprivilegierten Juden zugute kam, ohne die Masse der jüdischen Hausierer und Handwerker zu befreien. Gleich nach der Abtrennung Posens, bereits im Jahre 1809, erließ Friedrich Wilhelm III. das sogenannte Preußische Städtegesetz, das den ehemaligen Schutzjuden Friedrichs II. die bürgerlichen, aber noch nicht die politischen Rechte zusprach. Drei Jahre später, unter dem Druck der liberalen Beamtenschaft und auf Veranlassung der Reformer, wurde dann das preußische Emanzipationsdekret erlassen. Als Preußen nach dem Wiener Kongress Posen und den größten Teil seiner Juden zurückgewann, hob es sofort die Emanzipation wieder auf und ließ nur das Städtegesetz in Kraft, welches denjenigen Juden, die dem Staate nützlich waren, die notwendigen bürgerlichen Rechte beließ.[10]

Der vorübergehende Wegfall Posens und somit der Posen'schen Judenheit bedeutete für die preußischen Schutzjuden, die bisher nicht mehr als zwanzig Prozent von Preußens Gesamtjudenbestand ausgemacht hatten, dass die breite Kulisse armer und ungebildeter Juden wegfiel, von der sich diese Ausnahmejuden so vorteilhaft abgehoben hatten. Das Interesse, das der Staat den ihm verbleibenden Juden zeigte, wies die Gesellschaft darauf hin, dass sie es nicht mit einzelnen Ausnahmen, sondern nur mit einem, wenn auch kleinen Kollektiv zu tun hatte, das den Interessen der absoluten Monarchie aufs Engste verbunden war.[41] Die vage Vorahnung, die die Ausnahmejuden der Bildung in ihren Protesterklärungen gegen den staatlichen Eingriff gezeigt hatten, hatten sich als gerechtfertigt erwiesen; die Gesellschaft wandte sich von den individuellen Juden ab, sobald sie gewahr wurde, dass diese Mitglieder einer offiziell geschützten kollektiven Gruppe waren. Während des ganzen 19. Jahrhunderts sorgte der Staat, oft unter dem Vorwand, er sei durch das Christentum geprägt, für die Trennung der Juden von der sie umgebenden nichtjüdischen Gesellschaft.[42] Die Verwaltung setzte dieses Ziel um, indem sie die reichen Juden überprivilegierte und sie in den Rang von Adeligen erhob, nachdem sie der jüdischen Mittelklasse die Emanzipation gewährt hatte, und indem

---

[41] Im Jahre 1803 bildete das preußische Ausnahmekollektiv, d. h. die Schutzjuden, welche in dem eigentlichen preußischen Gebiet wohnten, nur 19,3 % der Gesamtjudenschaft, während 80,7 % in den Gebieten ansässig waren, die nach 1808 von Preußen abgetreten wurden. 1811, ein Jahr vor dem Erlass des Emanzipationsdekrets und nach Abtretung der judenreichsten Provinzen, waren 89,4 % des Gesamtjudentums Schutzjuden und nur 10,58 % ausländische Juden. Gleichzeitig war der jüdische Anteil an der Gesamtbevölkerung Preußens von 2,3 % auf 0,72 % heruntergegangen und war sogar etwas kleiner, als der Anteil der Schutzjuden an der preußischen Gesamtbevölkerung im Jahre 1803 gewesen war (0,94 %). Im Jahre 1816, nach teilweiser Wiedererlangung der alten, ehemals polnischen Provinzen durch Preußen, sank der Anteil der ehemaligen Schutzjuden, die wir jetzt als preußische Staatsbürger mosaischen Glaubens wiederfinden, auf 52,8 % der gesamtjüdischen Bevölkerung, während Juden ohne Staatsbürgerrechte 47,2 % ausmachten. Die Zahlen stammen von Heinrich Silbergleit, *Die Bevölkerungs- und Berufsverhältnisse der Juden im Deutschen Reich*, Bd. I (Berlin 1930).

[42] August Varnhagen überliefert eine Bemerkung Friedrich Wilhelms IV.: »Man hat den König gefragt, was er mit den Juden eigentlich wolle. Er antwortete: ›Ich will ihnen alles Gute, nur will ich, daß sie sich auch als Juden fühlen.‹ Letztere Worte sind ein Schlüssel zu vielem!« *Tagebücher* (Leipzig 1861), Bd. II, S. 113.

sie die jüdische Intelligenz vorsätzlich unterprivilegierte. Nur auf eine vom Staat völlig abhängige Klasse von Juden, auch weil sie aus der Gesellschaft ausgestoßen war, konnte sich die Regierung als treu ergeben und zu jeder Art Dienstleistung bereit verlassen. Änderungen in der politischen Ideenwelt der wechselnden staatlichen Verwaltungen hatten keinen Einfluss auf die von diesen Juden erbrachten Dienste. Wie die Bürokratie, die in der Regel alle Regierungsänderungen überlebte, waren die reichen Juden definitiv ein Teil der Staatsmaschinerie. Die Geschichte des Hauses Rothschild beweist, dass Metternich unrecht hatte, als er wenige Jahre vor der 1848er-Revolution zu den österreichischen Rothschilds sagte: »Wenn ich zum Teufel gehe, werden Sie mit mir gehen.«[43]

Das Paradox der Geschichte der Juden in Westeuropa, das am besten an der deutschen Geschichte studiert werden kann, bestand darin, dass die Juden stets für gesellschaftlichen Ruhm mit politischem Leid zu zahlen hatten und für politischen Erfolg mit Schimpf und Schande vonseiten der Gesellschaft. Gesellschaftliche Assimilation im Sinne der vollen Anerkennung durch die nichtjüdische Gesellschaft wurde ihnen nur so lange zuteil, wie sie allen sichtbar sich als Ausnahmen von der Masse der Juden abhoben. Kaum war diese dunkle Masse erst einmal auch nur für wenige Jahre verschwunden, wurden aus unseren »Ausnahmejuden« wieder ganz einfache Juden, nicht Ausnahmen, sondern eher Vertreter des verachteten Volkes. Nach der preußischen Niederlage verließ die Gesellschaft die jüdischen Salons mit einer Plötzlichkeit ohnegleichen. Im Jahre 1808 finden wir sie schon in den Häusern des Beamtenadels und des höheren Mittelstandes. Die Brentano und Arnim und

---

[43] Raphael Strauss, »The Jews in the Economic Revolution in Central Europe«, in *Jewish Social Studies* 3 (1941) behauptet mit Recht: »Bis zum vollkommenen politischen Zusammenbruch von 1933 gab es in der Geschichte Mitteleuropas keine Periode, in der die Regierenden die Juden nicht unterstützt und vor kurzsichtigem Druck besonderer Interessen und nationalistischer Vorurteile geschützt hätten.« Eine offene Frage allerdings ist, ob dieser Widerstand gegen die jüdischen Notabeln zu allen Zeiten kurzsichtig war. Jedenfalls stammte er nicht immer von »nationalistischen Vorurteilen« und hatte oft die Unterstützung revolutionär gesinnter Juden.

Kleist, ja selbst die ältere Generation der Schlegel und Gentz, werden mehr oder minder antisemitisch, richten ihre Judenverachtung gegen die ihnen bekannten Berliner und nicht mehr gegen die unbekannten Juden in Posen. Seit der politischen Romantik haben die Gebildeten Deutschlands keine große Diskretion in der Judenfrage mehr gekannt. Ihr Takt wurde bald so schäbig, dass er einer Beleidigung zum Verwechseln ähnlich sah. Keine noch so große Masse von »Ostjuden« diesseits oder jenseits der deutschen Grenzen hat dem armen Häuflein assimilierter Juden mehr zu einem kollektiven Ausnahmebewusstsein verhelfen können. Von nun ab musste jeder Einzelne beweisen, dass er, obwohl Jude, doch kein Jude war. Und musste damit nicht nur Teile seiner »zurückgebliebenen Glaubensbrüder«, sondern das ganze Volk verraten wie sich selbst.

Der gesellschaftliche Umschwung zuungunsten der Juden wurde von den Zeitgenossen nur vereinzelt notiert und ist von Geschichtsschreibern kaum zur Kenntnis genommen worden. Das Edikt von 1812, die offensichtlich judenfreundliche Einstellung des Staates der preußischen Reformer, machte nachträglich alle antisemitischen Regungen der Gesellschaft vergessen. Staat und Gesellschaft waren jedoch damals keineswegs miteinander identisch, und die absolute Monarchie war auch dann noch absolut vom Volke getrennt, wenn sie so volksfreundliche Maßnahmen wie die preußische Bauernbefreiung durchführte. Hinter dem preußischen Staate, der die Judenemanzipation gewährte, stand überhaupt keine Klasse des Volkes, geschweige denn hinter seinen judenfreundlichen Maßnahmen. Daher blieb auch der nun aufkommende gesellschaftliche Antisemitismus vorerst politisch genauso wirkungslos, wie es der Philosemitismus der vergangenen Jahrzehnte gewesen war.[11]

Der moderne gesellschaftliche Antisemitismus, seine Sprache und seine Argumente sind ebenso alt wie die Assimilation. Die Diskussion über die Emanzipation der Juden und die Assimilation einzelner Juden an die nichtjüdische Gesellschaft war in vollem Gange, als Grattenauers Schrift *Wider die Juden* 1802 erschien.[44]

---

[44] Carl Wilhelm Friedrich Grattenauer hatte bereits im Jahre 1791 ein Pamphlet *Über die physische und moralische Verfassung der heutigen Juden* geschrieben, ▸

Sie war witzig geschrieben und nicht dazu bestimmt, auf die Regierung, wohl aber auf die Berliner Gesellschaft Eindruck zu machen – was ihr durchaus gelang. Interessanterweise ist in diesem Pamphlet zum ersten Mal von »dem Juden« die Rede, nämlich »von keinem jüdischen Individuo, sondern vom Juden überhaupt[12], vom Juden überall und nirgends«[45]. Diese und ähnliche Redewendungen von den Juden als »Prinzip« kehren dann das ganze 19. Jahrhundert hindurch stereotyp wieder.[46] In Grattenauers Pamphlet handelt es sich noch um einen isolierten Angriff. Sein Satz allerdings zeigt, dass die Antisemiten begriffen hatten, was die ideologischen Befürworter der Emanzipation nicht wussten und die gebildeten Juden vage fürchteten, dass nämlich die kommende Emanzipation, wie der Staat sie sich vorstellte, eine Belohnung für die individuellen Dienste der Hofjuden war mit der Tendenz, ein ausgewähltes Kollektiv zu schaffen, das für seine bedingungslose Unterstützung mit staatlichen Schutzmaßnahmen belohnt wurde. Damit endete die Periode, in der die Gesellschaft nur den individuellen Juden beachtete. Jeder Jude ward von nun an wieder als Glied eines Kollektivs angesehen, in welchem die Gesellschaft das Prinzip der staatlichen Herrschaftsmaschine erblickte und unter Umständen bekämpfte. Nie wieder hat die Gesellschaft die Juden freien Geistes und reinen Herzens akzeptiert.

In der Ära vor der Emanzipation im Berlin der 1780er-Jahre, als Shakespeares *Kaufmann von Venedig* aufgeführt wurde, gab es einen kleinen charmanten Prolog, in dem den Zuschauern erklärt

---

▸ in welchem er den wachsenden Einfluss der Juden in Berlin feststellt. Trotz einer Besprechung in der *Allgemeinen deutschen Bibliothek* (Bd. XCII [1792], S. 292–296) blieb es so gut wie unbeachtet.

45 Grattenauer, *Wider die Juden* (2. Aufl., 1803) Nachtrag III. – [Zusatz Hrsg.: Das Zitat ist zu finden in Grattenauer, *Erklärung an das Publikum über meine Schrift: Wider die Juden*, 4. Aufl., Berlin 1803, S. 23.]

46 Zum Beispiel in der Besprechung von Rühs' Pamphlet (oben FN 20) von Jacob Friedrich Fries in *Heidelberger Jahrbuch [Heidelberger Jahrbücher der Literatur]* (1816). Fries warf Rühs vor, »Juden mit der Judenschaft, dem Judentum« zu verwechseln, und fügte hinzu: »Nicht *den Juden*, unsern Brüdern, sondern der *Judenschaft* erklären wir den Krieg.«

wurde, dass der Jude Shylock nicht mit den Juden im Zuschauerraum identifiziert werden solle, und man bat die Juden im Theater, sich an der Gestalt des Shylock nicht zu stören. Nach der Emanzipation ist eine solche Geste von Goodwill und Anstand kaum vorstellbar. In der früheren Periode hielt man sich in der Gesellschaft immer noch an die naive Meinung, die Shylocks lebten in Posen oder im entfernten Polen. Als dieser Hintergrund verschwunden war, schuf die Gesellschaft etwas Neues, nämlich den Juden »überhaupt«. Dieser Jude hatte dann eine teuflische Ähnlichkeit mit Mr. Shylock.

Das persönliche Problem

Die emanzipierte Judenheit musste sich von diesem »Juden überhaupt« unterscheiden, um der Paria-Situation in der Gesellschaft zu entgehen. Dadurch änderte sich ihr Charakter vollkommen. Ihr Selbstvertrauen wurde pervertiert und so ein besonderes Muster von Gewohnheiten geschaffen, die man bald als »typisch jüdisch« ansah. Juden hörten auf, sich selbst und ihren Nachbarn gegenüber als Menschen eines bestimmten Ursprungs und einer bestimmten Religion zu erscheinen. Stattdessen wurden sie eine Volksgruppe mit bestimmten Merkmalen, die man jüdisch nannte. Das Judentum wurde zum Jüdischsein – einer psychologischen Eigenschaft – und die jüdische Frage zu einem persönlichen Problem.

In ihrem tragischen Bemühen, sich von dem Gespenst des »Juden überhaupt« zu unterscheiden, entwickelte die assimilierte Judenheit in der Tat einen jüdischen Typus mit einer bestimmten und festgelegten Persönlichkeit. Dieser Typus hatte mit dem Bild des Juden, das von jüdischen Apologeten entwickelt worden war und dazu diente, die Karikatur des »Juden überhaupt« zu bekämpfen, wenig gemein. Der erfundene jüdische Typus erhielt Attribute, die Privilegien von Parias sind und die die Juden wirklich besaßen: Menschlichkeit, Vorurteilslosigkeit, Auflehnung gegen Ungerechtigkeit. Der von Antisemiten geschaffene Typus des »Juden überhaupt« dagegen hatte gewisse Eigenheiten, die der Parvenu annehmen musste, wenn er erfolgreich sein wollte, und die sich beim jüdischen Parvenu tatsächlich zeigten: Unmenschlichkeit, Geiz, Überheblichkeit, kriecherische Unterwürfigkeit und Ehrgeiz. Solange verleumdete Völker und Klassen existieren, werden solche Attribute immer wieder neu von jeder Generation mit einer unvergleichlichen Monotonie hervorgebracht werden.

Das Problem, vor dem jeder einzelne Jude in jeder Generation stand, lag darin, dass er sich entscheiden musste, ob er ein Paria bleiben oder ein Parvenu werden wollte. Seit Mitte des letzten Jahrhunderts ist die Grundlage für den sogenannten komplexen geistigen und psychologischen Bewusstseinszustand des durchschnittlichen Juden darin zu finden, dass der Paria bedauerte, nicht ein Parvenu geworden zu sein, und der Parvenu ein schlechtes Gewissen hatte, weil er wusste, dass er sein Volk betrog, seinen Ursprung verleugnete und Gerechtigkeit für alle gegen sein eigenes persönliches Privileg tauschte. Das Charakterbild von Generationen von Juden war von der einfachen Tatsache geprägt, dass der Jude entweder zu einer überprivilegierten Oberklasse gehörte oder zu einer unterprivilegierten Masse und dass es nur einen fragwürdigen Ausweg aus diesem Dilemma gab, nämlich das Judentum zu verlassen. In einigen Fällen waren Unter- und Überprivilegiertheit in einer Person eigenartig miteinander vermischt. Ein gutes Beispiel hierfür ist der Fall des Salomon Maimon, des Philosophen, den Kant mehr als alle seine Schüler schätzte. Maimon wurde in einem polnisch-jüdischen Städtchen in bitterster Armut geboren. Nie auch nur hätte er seine Abenteurer- und Gelehrtenkarriere antreten können, wenn er nicht ein Jude gewesen wäre, dem Juden halfen. Doch er starb in einem preußischen Grafenschloss ohne einen Pfennig in der Tasche. Hätte es ein polnischer Nicht-Jude je zu einem bekannten Kommentator Kants gebracht, so wäre er – zwar nicht in einem Grafenschloss – aber wahrscheinlich als ordentlicher Professor unter Hinterlassung eines kleinen Vermögens in bürgerlichem Anstand gestorben. Nun, Salomon Maimon wusste, dass er ein Paria war, und Heinrich Heine wäre nie aus der Mitte der mittleren Talente, welche das deutsche Judentum damals wie später zu Dutzenden produzierte, herausgetreten, um fast ein Dichter und sicherlich einer der großen deutschen Schriftsteller zu werden, wenn er nicht von Anbeginn am »Zufall seiner Geburt« festgehalten hätte. Während die von ihm und Börne so bitter verhöhnten »Geldjuden« sich in die hohe und höchste Politik mischten, obwohl sie sich heimlich als Juden dazu nicht berechtigt fühlten, sagten die großen Rebellen des 19. Jahrhunderts ihr Wort zu allen Angelegenheiten ihrer Zeit, weil sie Juden waren, weil sie die große Legitimation der Unterdrückung vorweisen konnten.[13]

Das Schicksal des durchschnittlichen Juden aber war es, sich nicht entscheiden zu können, von der Gesellschaft auch nicht eindeutig zu einer Entscheidung gezwungen zu werden. Die Masse der assimilierten Juden lebte im Zwielicht von Gunst und Ungunst und ahnte nur, dass beides, Erfolg wie Scheitern, unlöslich mit der Tatsache ihres Judeseins verknüpft war. Für sie hatte die Judenfrage jede politische Bedeutung verloren, spukte dafür aber umso kräftiger in ihrem privaten Leben, bestimmte dafür umso tyrannischer alle ihre persönlichen Entscheidungen. Es war gar nicht so einfach, sich so zu benehmen, dass man dem Bild, das die Gesellschaft vom »Juden überhaupt« hatte, nicht entsprach, und dennoch ein Jude zu bleiben. Der durchschnittliche Jude, der weder eindeutig ein Parvenu noch eindeutig ein Rebell wurde, konnte nur leeres Anderssein betonen, das dann später als angeborene Fremdheit in unzähligen psychologischen Variationen interpretiert wurde. Das Hauptinventarstück dieser unseligen Selbstanalysen wurde die durch die Mentalität des gesamten assimilierten Judentums spukende Vorstellung von dem »unkomplizierten naiven Nichtjuden [Goj]«, von dem man sich ebenso unterschied wie von dem »rückständigen Ostjuden«, von dem einen bekanntlich auch Welten trennten.[14]

Die Fremdheit der jüdischen Individuen, auf die sie so stolz waren, war nur die ins individuell Psychologische gespiegelte Judenfrage. Es ist schwer auszumachen, wem diese psychologische Spiegelung mehr geschadet hat – einer vernünftigen Diskussion oder Lösung der jüdischen Frage oder den jüdischen Individuen selbst. Eine politische Aufgabe wird nur verzerrt, wenn eine spirituelle und psychologische Lösung gesucht wird, und die Seelen von Menschen werden sehr merkwürdige Gebilde, wenn Politik zum

Erlebnis und öffentliche Wirklichkeit zu privatem Gefühl werden. Wenn selbst heute noch ein Jude, der gefragt wird, was er meine, dass er sei, und was er sich zu sein wünsche, mit einer Beschreibung seiner Gefühle und inneren Erfahrungen antwortet, sollte man nicht vergessen, dass diese politische Schwäche der Modus Vivendi seit Generationen gewesen ist und nicht über Nacht verschwindet. Schließlich hat sich diese Haltung nicht allzu schlecht bewährt, als die Welt in einem noch irgendwie friedlichen Zustand war. Denn Gefühle können im individuellen Leben durchaus nützlich sein, während sie im politischen Leben schädlich sind. Zu allen Zeiten hat die Gesellschaft Menschen akzeptiert, die ihre Gefühle direkt ausdrücken konnten – die Schauspieler und die Virtuosen. Die assimilierten Juden, die mit ihrer Jüdischkeit halb prahlten und halb sich ihrer schämten, gehörten offenbar in diese Kategorie.[15]

[Deutsche Erstveröffentlichung von Hannah Arendt, »Privileged Jews«, in: *Jewish Social Studies* 8, Nr. 1, January 1946, S. 3–30. Übersetzung: Ursula Ludz und Marie Luise Knott.]

7
Die verborgene Tradition

Vorbemerkung

Das jüdische Volk ist, was seine Dichter in nichtjüdischen Sprachen anlangt, ebenso großzügig wie leichtsinnig gewesen. Es hat sie sich widerspruchslos wegnehmen und von der Apologetik an andere Völker verschenken lassen, ohne doch verhindern zu können, dass der Ursprung eines jeden Scheckfälschers und Geschäftemachers sorgfältig zu seinen Lasten gebucht wurde. Versuche neuerer Zeit, alle nur erdenklichen berühmten Männer jüdischer Abstammung zu sammeln und zu katalogisieren, sind von unzweifelhaftem Nutzen für berufsmäßige Philo- oder Antisemiten. In der Geschichte des Volkes stehen sie eher als Massengräber da, in welche man die Vergessenen verscharrt, denn als Denkmäler, die man den Erinnerten und Geliebten setzt.

Aus der nivellierenden Prahlerei solcher Kataloge hat die jüdische Literaturgeschichte niemanden errettet, der nicht jiddisch oder hebräisch schrieb. Spärlichster Raum wurde den Männern zugewiesen, welche für die geistige Würde der Nation am meisten getan haben und deren Leistungen weit über den Rahmen ihrer Nationalität hinaus die spezifisch jüdischen Kräfte in dem großen Kräftespiel Europas repräsentieren. Seit die jüdische Geschichtsschreibung, in enger Nachfolge der Notabelnpolitik, die Geschichte des jüdischen Volkes in Länderchroniken und Stadtmonografien zerrieb, sind die großen Namen in die Hände jener »Assimilanten« geraten, welche sie nur für sich selbst und irgendwelche fragwürdigen ideologischen Beweisführungen benutzten.

Bei der Aufspaltung eines in Wahrheit einheitlichen jüdischen Volkskörpers mussten diejenigen am schlechtesten wegkommen, die in den Ländern der Emanzipation weder der Versuchung einer törichten Mimikry noch der einer Parvenu-Karriere nachgegeben, sondern stattdessen versucht hatten, die frohe Botschaft der Emanzipation so ernst zu nehmen, wie sie nie gemeint gewesen war, und als Juden Menschen zu sein. Dies »Missverständnis« leitete jenen großartigen Prozess ein, in welchem Juden, denen politische Freiheit und unmittelbare Volksnähe versagt war, sich als Menschen, als Einzelindividuen, in leidenschaftlicher Opposition zu ihrer jüdischen wie nichtjüdischen Umwelt selbst befreiten und in der Einbildungskraft von Kopf und Herz, gleichsam auf eigene Faust, Volksnähe realisierten. Die für diese Leistung erforderliche Überspannung von Leidenschaft und Einbildungskraft ergab den eigentlichen Nährboden jüdischer Genialität, die in den Gipfeln ihrer Produktivität dem jüdischen Volk sein altes Heimatrecht unter den abendländischen Völkern neu bestätigt hat.

Dass das Schicksal des jüdischen Volkes in Europa nicht nur das eines unterdrückten, sondern das eines Pariavolkes (Max Weber) war, kam denjenigen zu klarstem Bewusstsein, an welchen die zweideutige Freiheit der Emanzipation und die noch zweideutigere Gleichheit der Assimilation ausprobiert wurden. In ihrem gesellschaftlichen Paria-Dasein als Individuen außerhalb der Gesellschaft spiegelte sich das politische Dasein des Volkes als Ganzes wider. So konnten jüdische Dichter, Schriftsteller und Künstler die Figur des Paria konzipieren, die eine für die moderne Menschheit sehr bedeutsame neue Idee vom Menschen enthält, deren Einfluss auf die nichtjüdische Welt jedenfalls in groteskem Widerspruch steht zu der geistigen und politischen Wirkungslosigkeit, zu der alle diese großen Juden in ihrem eigenen Volke verurteilt waren. Dass sie dennoch für den rückwärtsblickenden Historiker eine Tradition, wenn auch eine verborgene, gebildet haben, liegt weniger an einer bewusst gepflegten Kontinuität als an der Tatsache, dass sich länger als ein Jahrhundert hindurch prinzipiell gleiche Bedingungen erhielten und verschärften, auf die mit einer im Grunde gleichen, aber sich ständig erweiternden Konzeption geantwortet wurde. So schmal die Basis war, auf der die Figur des Paria geschaffen und in jeder Generation neu gewandelt wurde, sie war gerade innerhalb des assimilierten Judentums breiter, als man aus seiner offiziell registrierten Geschichte entnehmen kann. Aus einer Entwicklung, an deren Anfang Salomon Maimon und an deren Ende Franz Kafka stehen, wollen wir im Folgenden nur vier wesentliche Konzeptionen des Paria als einer jüdischen Volksfigur herausheben. Dabei will uns scheinen, als ob zwischen Heines »Schlemihl« und »Traumweltherrscher«, Bernard Lazares »bewußtem Paria«, Charlie Chaplins grotesken Darstellungen des Suspekten und Franz Kafkas dichterischer Version von dem Schicksal eines Menschen, der nichts ist als einer, der guten Willens ist, ein sinnvoller Zusammenhang waltet, der allen genuinen Konzeptionen und allen wesentlichen Ideen, wenn sie erst einmal das Licht der Geschichte erblickt haben, eigen ist.

I. Heinrich Heine: Schlemihl und Traumweltherrscher

In »Prinzessin Sabbat«, der ersten der *Hebräischen Melodien*, stellt uns Heine den volksmäßigen Hintergrund vor, von dem er sich abhebt und dem seine Lieder entstammen. In Analogie zu alten Märchen sieht er in seinem Volke den Prinzen, den böser Hexenspruch in einen Hund verzaubert hat. Am Freitag Abend fällt für einen Tag das hündische Dasein von ihm ab, und frei von »hündischen Gedanken« singt der als Prinz entpuppte, der gestern noch das Gespött der Gasse war, den großen Hochzeitskarmen – Lecho Daudi Likras Kalle[1]. Dieser Festgesang wird ihm eigens für diesen Behuf von seinem Dichter ersonnen, dem Dichter, der, ein Glückskind, der grausen wöchentlichen Rückverwandlung in den Hund mit hündischem Gedanken entgeht und alle Zeit die Sabbat-Existenz des Volkes führt, die für Heine die eigentlich positiv jüdische ist.

Näheres über Dichter erfahren wir in dem vierten Teil des Liedes auf Jehuda ben Halevi. Ihr Ahnherr heißt: »Herr Schlemihl ben Zuri Schadday«[2], der einst vor undenklichen und jedenfalls in biblischen Zeiten das Opfer einer unseligen Verwechslung ward. Unschuldig wurde er ermordet, weil er neben Simri stand, der von Pinchas totgestochen werden sollte wegen einer sehr unpassenden Liebschaft mit einer Kanaaniterin. Aber nicht nur der unschuldigunglückliche Schlemihl, auch Pinchas hat sich als Ahnherr etabliert, jedenfalls –

»sein Speer hat sich erhalten
Und wir hören ihn beständig
Über unsern Häuptern schwirren.
Und die besten Herzen trifft er –«

»Keine großen Heldentaten« hat die Geschichte seit Tausenden von Jahren zu vermelden, wenn sie die Namen ihrer »besten Herzen« überliefert. Es genügt, dass wir erfahren, »dass er ein Schlemihl gewesen«.

Unschuld ist das Kennzeichen des Stammbaums derer von Schlemihl, und wegen seiner Unschuld erwachsen aus diesem Geschlecht dem Volke seine Dichter, die »absoluten Traumweltherrscher«. Keine Helden, erfreuen sie sich des Schutzes eines der großen olympischen Götter: Apollo, der Gott der Dichter und Künstler hat sich der Schlemihls angenommen, seit er einst der schönen Daphne nachjagte und statt ihrer nur den Lorbeerkranz erwischte.

»Ja, der hohe Delphier ist
ein Schlemihl, und gar der Lorbeer,
der so stolz die Stirne krönet,
ist ein Zeichen des Schlemihltums.«

Seit jenem göttlichen Ereignis, da der hohe Delphier sich die Schlemihlkrone des Ruhms aufs Haupt setzen musste, haben die Zeiten sich bedenklich gewandelt. Was aus dem griechischen Dichtergott geworden ist, berichtet Heine in dem Gedicht: »Der Apollogott«. Dies ist die Geschichte von einer Nonne, die sich in den großen Gott verliebt hatte und sich auf die Suche nach dem begibt, der so schön die Leier zu schlagen und Herzen zu rühren weiß. Am Ende einer langen Irrfahrt musste sie dann entdecken, dass ihr Apoll in Wahrheit Rabbi Faibusch heißt (die jüdische Entstellung von Phoibus) und Vorbeter in einer Amsterdamer Synagoge ist. Doch damit nicht genug. Im verachtetsten Volke nimmt Rabbi Faibusch die verachtetste Stellung ein. Der Vater ist »Vorhautabschneider«, und die Mutter handelt mit sauren Gurken und abgelegten Hosen. Der Sohn ist ein Tunichtgut, der sich auf den Jahrmärkten herumtreibt, Possen reißt, dem Volk die Weisen König Davids vorsingt und sich zu seinen Musen einige Dirnen aus dem Amsterdamer Freudenhause erkoren hat.

So sicher Heines Lieder vom Volke der Juden und von sich selbst als ihrem Dichterkönig nichts mit dem Bild zu tun haben, das die Ausnahmejuden des Reichtums und der Bildung von sich zu entwerfen pflegten, so sicher ist es in seiner ganzen fröhlichen unbekümmerten Frechheit volkstümlich. Der Paria, der außerhalb der Rangordnungen der Gesellschaft steht und keine Lust hat, in sie aufgenommen zu werden, wendet sich sorglosen Herzens dem zu, was das Volk, das Gesellschaft nicht kennt, liebt, erfreut, bekümmert und ergötzt; wendet sich ab von den Gaben der Welt und erlabt sich an den Früchten der Erde. Die reine Freude am irdischen Dasein, die man Heine in den dümmsten Missverständnissen als Materialismus oder Atheismus ausgelegt hat, hat etwas Heidnisches nur insoweit, als sie unvereinbar scheint mit der Doktrin von der Erbsünde oder christlichem Schuldbewusstsein. Solch »heidnische« Freude durchherrscht alle kindliche und volkstümliche Fabulierlust, und sie bringt in die Heine'sche Poesie jene unvergleichliche Verquickung von Märchenland und menschlich-alltäglichen Begebnissen, die in der Ballade eine vollkommene Kunstform gefunden hat, aber schon den kleinen sentimentalen Liebesliedern ihre überwältigende Volkstümlichkeit verlieh. Mit dieser Volkstümlichkeit, die aus der ursprünglichen Volksnähe des Paria stammt, sind weder Kunstkritik noch Judenhass je fertiggeworden. Die Loreley haben die Nazis nicht aus den deutschen Gesangbüchern streichen können, wenn sie auch behaupten konnten, dass ihr Dichter »unbekannt« sei.

Die Unschuld, die Reinheit des Paria, der in der Welt so wenig erreichen will, dass ihm selbst der Ruhm, den die Welt mitunter ihren verlorensten Kindern schenkt, nur ein Zeichen der Schlemihlität ist, gebiert die Spottlust und das Lachen über eine Menschenwelt, die offenbar in Konkurrenz zu treten gedenkt mit den göttlich-natürlichen Realitäten, welche kein Mensch einem Menschen streitig machen kann – es sei denn, er schlage ihn tot. Die Sonne, die alle bescheint, wird im Paria-Dasein die Garantin der Gleichheit alles dessen, was Menschenantlitz trägt. Vor »Sonne, Musik, Bäumen, Kindern«, welche die Rahel die »wahren Realitäten« nannte[3], weil sie am stärksten sich gerade an dem bewähren, welcher in der Wirklichkeit der politischen und sozialen Welt keinen angestammten Platz hat, vor ihnen werden allerdings menschliche Einrichtungen, welche Ungleichheit in der Welt herstellen und festhalten, lächerlich. Die ungeheure Inkongruenz zwischen der geschaffenen Natur, Himmel und Erde und Mensch, vor deren Erhabenheit alles gleich gut ist, und den gesellschaftlich fabrizierten Rangunterschieden, durch die der Mensch gleichsam der Natur ihre Macht streitig macht, dem Schöpfer ins Handwerk pfuschen will, hat etwas unmittelbar einleuchtend Komisches. Plötzlich dreht sich alles um, und nicht mehr der Paria, der von der Gesellschaft Verachtete, ist der Schlemihl, sondern die, welche in festen Rangordnungen leben, weil sie offenbar das, was die Natur großmütig gegeben, eingetauscht haben gegen die Götzen gesellschaftlichen Vorteils. Dies gilt besonders für den Parvenu, der ja per definitionem nicht in eine feste und gleichsam unentrinnbare Rangordnung hineingeboren ist, sondern die Freiheit der Wahl hatte und sich mühsam in sie hat hineinquälen müssen, wobei er den Preis, den andere unwissentlich töricht zahlen, mit peinlicher Genauigkeit und Unbarmherzigkeit entrichtet. Schlemihle aber werden auch die Mächtigen der Menschenwelt, wenn der Dichter ihre Herrschaft vergleicht mit der Erhabenheit jener Sonne, die uns alle bescheint, den König wie den Bettler, der vor seinen Toren sitzt. All diese Weisheiten sind uns wohlbekannt aus uralten Liedern geächteter oder unterdrückter Völker, deren Fröhlichkeit so oft bestaunt wird. Solange wir nicht den Lauf der Sonne aufzuhalten vermögen, werden sie sich immer wieder in den großartigen Schutz der Natur flüchten, an dem alle Menschenkunst zuschanden wird.

Aus dieser Verlegung der Akzente, aus diesem vehement natürlichen Protest des Paria, der das, was die Gesellschaft als Wirklichkeit aufgebaut hat, nicht anerkennen kann und ihr eine andere und in seinem Sinne mächtigere Wirklichkeit entgegensetzt, entspringt Heines Spottlust. Aus ihr aber auch die herrliche Treffsicherheit seines Hohnes. Weil er diesen Grund nachweisbar natürlicher Realität nie verlässt, gelingt es ihm immer, die schwächste Stelle des Gegners zu entdecken, die Achillesferse der berechnenden Dummheit.

An der natürlichen Distanz des Paria zu allem Menschenwerk erfuhr Heine das Wesen der Freiheit. Er wurde der erste Jude, für den die Freiheit mehr bedeutete als die »Befreiung aus dem Hause der Knechtschaft« und bei dem diese Passion gleich stark war wie die traditionelle jüdische Leidenschaft für Gerechtigkeit. Freiheit hat für Heine nichts mehr mit Erlösung von mehr oder minder verschuldetem Joch zu tun. Frei wird der Mensch geboren, und in die Knechtschaft verkauft er sich immer nur selbst. Darum gilt in den politischen Gedichten wie in den Prosaschriften sein Zorn nicht nur den Tyrannen, sondern auch und gerade dem Volke, das den Tyrannen erträgt. Diese Heine'sche Freiheit erwächst aus einem Jenseits von Herrschaft und Knechtschaft, für das Knecht und Unterdrücker gleich widernatürlich und damit gleich komisch sind. Darum sind seine Lieder so frei von Bitternis. Solche Heiterkeit, die der Unbekümmertheit des Paria geschuldet ist, kann dem in die Realitäten verstrickten und für sie mitverantwortlichen Bürger schwerlich zugemutet werden. Und auch Heine verliert all seine Heiterkeit, sobald er es mit der Gesellschaft zu tun bekommt, aus der ihn sein Paria-Dasein nicht völlig hat lösen können: mit der reichen Judenschaft, verkörpert in seiner eigenen Familie.

Es ist keine Frage, dass, gemessen an politischen Realitäten, Heines unbekümmerter Spottlust etwas Traumhaftes, Irreales anhaftete. Seinem Jenseits von Herrschaft und Knechtschaft entsprach keinerlei wirkliches oder auch nur mögliches Leben. Aber in diesem Sinne steht der Paria, ob Schlemihl oder Traumweltherrscher, immer außerhalb des wirklichen Lebens, das er nur von außen attackiert. Die jüdische Affinität zum Utopismus, der gerade in den Ländern der Emanzipation so überscharf zum Ausdruck kam, zeugt von der sozialen Bodenlosigkeit, in der die Besten des assimilierten Judentums zu leben gezwungen waren. Nur die dichterische Produktivität, welche die politische Wesenlosigkeit und Unwirklichkeit des Paria-Daseins zu einem realen wirkenden Prinzip einer künstlerischen Welt umschuf, hat Heine vor diesem Utopismus bewahrt. Weil er nicht mehr wollte, als der politischen Welt ihren Spiegel vorhalten, kam er ohne Doktrin aus und konnte sich seinen großen Enthusiasmus für die Freiheit erhalten. Und weil er nichts durch die Brille einer Ideologie, wenn auch alles wie durch die Gläser eines Teleskopes, entfernter und schärfer, gesehen hat, kann er heute noch als einer der klügsten Beurteiler der politischen Ereignisse seiner Zeit gelten. Die »Doktrin« dieses »verlorenen Sohnes«, der, nachdem er »lange fest bei den Hegelianern die Schweine gehütet«, sogar so furchtlos wurde, sich zu einem persönlichen Gott zu bekennen, hat immer nur gelautet: »Schlage die Trommel und fürchte dich nicht und küsse die Marketenderin …«

Mit Furchtlosigkeit und göttlicher Frechheit hat Heine denn schließlich auch das erreicht, worum seine Glaubensgenossen mit Furcht und mit Zittern, mit Verbergen und arrogantem Zur-Schau-Stellen, mit Schmeichelei und mit Prahlerei vergeblich sich abmühten. Heine ist der einzige deutsche Jude, der wirklich von sich hätte sagen können, dass er beides zugleich und in eins gewesen sei: Deutscher und Jude. Er ist das einzige große Beispiel geglückter Assimilation, das die gesamte Geschichte der Assimilation aufzuweisen hat. Ob er Phoibos Apollo in Rabbi Faibusch entdeckt oder ob er unzähligen jüdisch-hebräischen Worten dichterisches Heimatrecht in der deutschen Sprache geschaffen, ihre Gleichberechtigung durchgesetzt hat, in jedem Fall hat er das, wovon andere nur schwatzen, eine echte Amalgamierung, im Scherz und im Ernst praktiziert. Man braucht sich nur zu vergegenwärtigen, wie ängstlich assimilierte Juden jedes jüdische Wort vor Nicht-Juden vermieden, wie heftig sie oft darauf bestanden, es überhaupt nicht mehr zu verstehen, um ermessen zu können, was es hieß, wenn Heine fröhlich parodierte: »Schalet, schöner Götterfunken, Tochter aus Elysium …«[4] Damit war Schiller weiter keine große Kränkung geschehen und die himmlische Speise der Prinzessin Sabbat hat den ihr gebührenden Platz neben Nektar und Ambrosia zugewiesen erhalten.

Während die Wortführer der Ausnahmejuden sich auf Jesaja und Jeremias beriefen, um sich einen utopischen Stammbaum von exzeptioneller Erhabenheit zuzulegen (wie etwa Hermann Cohen in Deutschland), oder sich unter den Mächtigen der Erde eine besondere mysteriöse Macht einbildeten (wie Benjamin Disraeli in England), ergriff Heine das Nächstliegende, das, was dem Volke, so wie es nun einmal geworden war, am Herzen und auf der Zunge lag, verlieh ihm den Glanz des gedichteten Wortes und stellte auf dem Umwege der deutschen Sprache seine europäische Würde wieder her. Gerade die jüdischen Anspielungen haben Heines Kunst wesentlich zu dem Volkstümlichen und dem einfachen, rein Menschlichen verholfen.

Als Schriftsteller ist Heine vielleicht der Einzige unter den deutschen Meistern der Prosa, der die Erbschaft von Lessing wirklich angetreten hat. Damit erfüllt sich in der überraschendsten Weise jene merkwürdige, für die frühe preußische Emanzipationsbewegung so charakteristische Erwartung, dass Juden, wenn erst einmal emanzipiert, nicht nur Menschen, sondern freiere, vorurteilslosere, menschlichere Menschen werden würden. Die absurde Verstiegenheit dieser Forderung liegt auf der Hand; ihrem politischen Unverstand kamen nur jene Juden gleich, die sich damals wie heute einbilden, dass es zwar alle möglichen Völker, aber außerdem auch noch Menschen schlechthin, nämlich die Juden, gäbe. Heine hat sich von dieser Art »Weltbürger« nie betören lassen, schon deshalb nicht, weil es Dichter ohne Völker nicht gibt und er sich den Luxus von Literaten nie hatte leisten können. Dadurch, dass er festhielt an seiner Zugehörigkeit zu einem Volke von Parias und Schlemihlen, reihte er sich ein in die Zahl der kompromisslosen Freiheitskämpfer Europas, von denen es gerade in Deutschland so verzweifelt wenige gegeben hat. Unter seinen Zeitgenossen war Heine der größte Charakter unter den Dichtern. Je charakterloser die deutsche bürgerliche Gesellschaft wurde, desto mehr fürchtete sie sich vor der Explosivkraft seiner Gedichte. Aus dieser Furcht stammt die Verleumdung der »Charakterlosigkeit«, durch die man mit Heine fertigzuwerden hoffte. Unter den Verleumdern waren reichlichst auch jüdische Literaten vertreten, die den von Heine vorgeschlagenen »Weg als Deutscher und Jude«, der sie mit Sicherheit aus der jüdisch-deutschen Gesellschaft hinausgeführt hätte, nicht zu gehen wünschten.

Denn Heine hatte, wenn auch nur als ein Dichter, sich so verhalten, als ob das jüdische Volk durch die Emanzipation wirklich frei geworden wäre, als ob jene alle europäischen Emanzipationen beherrschende Bedingung, der zufolge Juden nur Menschen sein durften, wenn sie aufhörten, Juden zu sein, überhaupt nicht existiere. Darum konnte er das, was in seinem Jahrhundert bereits nur sehr wenige Menschen gekonnt haben, die Sprache eines freien Mannes sprechen und die Lieder eines natürlichen Menschen singen.

II. Bernard Lazare: Der bewusste Paria

Heine hat in der Gestalt des Schlemihl die ursprüngliche Affinität des Paria zum Dichterischen, das sich auch außerhalb der Gesellschaft hält und in ihr nie eigentlich zu Hause ist, festgehalten und damit dem jüdischen Volk sein Heimatrecht zumindest in der Welt der europäischen Kultur neu und zeitgemäß bestätigt. Bernard Lazare, der im Frankreich der Dreyfus-Zeit Gelegenheit fand, die Paria-Qualität als spezifisch für die Existenz des jüdischen Volkes zu entdecken, versuchte dies Heimatrecht zu realisieren in der Welt der europäischen Politik. Mit dem Begriff des »bewussten Paria«, der die Lage des emanzipierten Juden im Gegensatz zu dem unbewussten Paria-Dasein der nichtemanzipierten jüdischen Massen im Osten definierte, sollte der Jude als solcher zum Rebell werden, zum Vertreter eines unterdrückten Volkes, das seinen Freiheitskampf in Verbindung mit den nationalen und sozialen Freiheitskämpfen aller Unterdrückten Europas führt.

In dem heldenmütigen Versuch, die Judenfrage politisch ins Reine zu bringen, entdeckte Lazare spezifisch jüdische Verhältnisse, welche Heine verborgen geblieben waren und auch ruhig hatten verborgen bleiben dürfen, ohne damit der Größe seiner Leistung Abbruch zu tun. Wenn Heine ausrief: »Wie schlecht geschützt ist Israel! Falsche Freunde bewachen seine Tore von außen, und von innen bewachen sie Narrheit und Furcht« (Rabbi von Bacharach)[5], so machte sich Lazare auf, um den politischen Zusammenhang zwischen jüdischer Narrheit und nichtjüdischer Falschheit zu erforschen. Dabei entdeckte er als Kern der Narrheit jene Ideologie der Assimilation – »doctrine bâtarde«, welche darauf hinauslief »à recommander aux juifs d'abandonner toutes leurs caractéristiques individuelles et morales et de ne se distinguer que par un signe physique destiné à les désigner à la haine des autres confessions«[6]. Er wollte den jüdischen Paria in einen politischen Kampf gegen den jüdischen Parvenu führen, schon um ihn davor zu schützen, das Parvenu-Schicksal, das nur in den Untergang führen konnte, zu teilen. (»Il nous faut les rejeter comme pourriture qui nous empoisonne.«[7]) Er hatte begriffen, dass der Paria nicht nur unter der Herrschaft seiner Parvenu-Schicht zu leiden hatte, sondern früher oder später gezwungen werden würde, die ganze Rechnung zu bezahlen: »Je ne veux plus avoir contre moi non seulement mes propres riches qui m'exploitent et me vendent, mais encore les riches et les pauvres des autres peuples qui au nom de mes riches me persécutent et me traquent.« (ibid.)[8] So entdeckte er die »doppelte Knechtschaft«, von der schon Jost[9] gesprochen hatte, die Abhängigkeit von den feindlichen Mächten der Umwelt und von den eigenen »Hochvermögenden Brüdern«, welche auf unbegreifliche Art miteinander ins Bündnis geraten waren. Lazare war der erste Jude, der den Zusammenhang zwischen diesen beiden dem Paria gleich feindlichen Mächten begriff, weil er, geschult an der großen politischen Tradition Frankreichs, wusste, dass alle Fremdherrschaft eine Kaste des unterdrückten Volkes zu Handlangerdiensten heranzieht und mit Privilegien belohnt. Darum verstand er auch, wie wichtig es für die Ausnahmejuden des Reichtums war, dass sie sich auf arme Juden berufen oder, je nach Bedarf, sich von ihnen distanzieren konnten.

Der Paria wird in dem Moment zum Rebell, wo er handelnd auf die Bühne der Politik tritt. So wollte Lazare, dass der Jude sich »als Paria verteidige […], denn jede Kreatur hat die Pflicht, der Unterdrückung zu widerstehen«. Damit verlangte er nicht mehr und nicht weniger, als dass der Paria die Vorrechte des Schlemihls aufgebe, sich löse von der Welt der Märchen und der Dichter, dem großen Schutz der Natur entsage und eingreife in die Menschenwelt; mit anderen Worten, sich verantwortlich fühle für das, was ihm von der Gesellschaft angetan ward, und nicht mehr flüchte in das göttliche Gelächter und die erhabene Überlegenheit des rein Menschlichen. Dann mochte, historisch gesprochen, der jüdische Paria noch so sehr ein Produkt der ungerechten Herrschaft auf Erden sein – »voyez le peuple comme vous l'avez fait, Chrétiens, et vous, Princes des Juifs«[10] *(Le Fumier de Job),* politisch gesprochen war jeder Paria, der kein Rebell wurde, mitverantwortlich für seine eigene Unterdrückung und damit mitverantwortlich für die Schändung der Menschheit in ihm. Vor dieser Schande gibt es kein Entkommen, weder in die Kunst noch in die Natur. Denn sofern der Mensch nicht nur ein Geschöpf der Natur und nicht nur die Kreatur Gottes ist, wird er, wo er auch stehe, zur Verantwortung gezogen für das, was Menschen in der von Menschen geschaffenen Welt anrichten.

Oberflächlich gesehen könnte es scheinen, als sei Lazare zugrunde gegangen an dem organischen Widerstand der Ausnahmejuden des Reichtums, der jüdischen Notabeln und Philanthropen, deren Herrschaftsansprüche er anzutasten und deren Wirtschaftswillen er zu denunzieren gewagt hatte. Wäre dies wahr, so wäre sein Scheitern der Beginn einer Tradition geworden, die gegen und über seinen frühen Tod hinaus (1902), wenn schon nicht die Geschicke, so doch wenigstens den Willen des Volkes bestimmt hätte. Dass dies nicht der Fall sein würde, hat er selbst nur zu genau gewusst, und, was für ihn persönlich schlimmer war, er hat auch die Gründe für die Vergeblichkeit seines Versuchs gekannt. Ausschlaggebend war nicht das Verhalten der Parvenus, nicht die Existenz einer Herrenkaste, die, sie mochte aussehen, wie sie wollte, den Herrenkasten anderer Völker aufs Genaueste entsprach. Ungleich schlimmer und entscheidend für das Misslingen von Lazares Versuch konnte nur das Verhalten des Paria sein, der sich offensichtlich weigerte, zum Rebellen zu werden. Stattdessen zog er es entweder vor, die Rolle des »Révolutionnaire dans la société des autres et non dans la sienne«[11] *(Fumier de Job)* zu spielen, oder er entpuppte sich als Schnorrer, der, demoralisiert, sich von den zu Wohltätern avancierten Parvenus durchschleppen ließ – so wie, in dem von Lazare gebrauchten Bild, die römische plebs sich von den Patriziern ihre politischen Rechte und Pflichten durch die sportula[12] einst hatte abkaufen lassen. In beiden Formen, als Revolutionär in der Gesellschaft der anderen wie als Schnorrer in der eigenen, von den Brosamen und den Idealen der Wohltäter lebend, bleibt der Paria dem Parvenu verhaftet, ihn schützend und unter seinem Schutz.

Zugrunde gegangen ist Lazare nicht an der Feindschaft der »princes des Juifs«, so erbittert sie ihn auch verfolgte; sondern daran, dass ihm, als er den Paria aus seinem Schlemihldasein befreien und auf die Bühne der Politik stellen wollte, nur der Schnorrer entgegentrat. Als Schnorrer aber hat auch der Paria seine Würde verloren, nicht, weil er arm ist, und nicht einmal, weil er bettelt, sondern weil er bettelt bei denen, die er bekämpfen sollte, und weil er seine Armut misst mit den Maßstäben derer, die sie mitverschuldet haben. Als Schnorrer wird der Paria, ohne zur Gesellschaft zugelassen zu sein, zu einer der Stützen der Gesellschaft. So wie er nicht ohne den Wohltäter leben kann, so der Wohltäter nicht ohne ihn. Durch organisierte Wohltätigkeit hatte die Parvenu-Schicht des jüdischen Volkes nicht nur die Herrschaft erlangt, sondern es erreicht, die Wertmaßstäbe des ganzen Volkes zu bestimmen. Der Parvenu, der heimlich fürchtet, wieder ein Paria zu sein, und der Paria, der hofft, es doch noch zum Parvenu zu bringen, sind sich einig und fühlen sich mit Recht verbunden. Von Bernard Lazare, dem Einzigen, der versucht hatte, aus der Grundtatsache der politischen Existenz des Volkes eine neue politische Kategorie zu machen, blieb nicht einmal die Erinnerung übrig.

III. Charlie Chaplin: Der Suspekte

Was für das jüdische Volk im Ganzen zu den verhängnisvollsten Resultaten geführt hat, sein völliges Unverständnis für Politik und seine allen modernen Verhältnissen spottende volkstümliche Einheitlichkeit und Solidarität, hat eine erstaunlich schöne und in der

Moderne einzigartige Leistung hervorgebracht: die Filme Charlie Chaplins. In ihnen erzeugte das unpopulärste Volk der Welt die populärste Figur der Zeit, deren Volkstümlichkeit nicht auf zeitgemäßer Abwandlung uralt fröhlicher Hanswurstiaden beruht, sondern mehr noch auf der Wiedererweckung einer Qualität, die man fast schon tot geglaubt hatte nach einem Jahrhundert von Klassen- und Interessenkämpfen, auf dem bezwingenden Charme des kleinen Mannes aus dem Volk.

Gleich in den ersten Filmen stellt Chaplin dar, wie der kleine Mann unausweichlich immer in Konflikt gerät mit den Hütern von Gesetz und Ordnung, den Repräsentanten der Gesellschaft. Gewiss, auch er ist ein Schlemihl, aber der Schlemihl ist nicht mehr ein heimlicher Prinz aus dem Märchenland, und von seiner Protektion durch den olympischen Apoll ist nicht mehr viel zu merken. Chaplin bewegt sich in einer grotesk übertriebenen, aber wirklichen Welt, vor deren Feindschaft ihn weder Natur noch Kunst schützen, sondern nur die selbst ersonnenen Listen und manchmal die unerwartete Güte und Menschlichkeit eines zufällig Vorübergehenden.

Denn in den Augen der Gesellschaft ist Chaplin immer und grundsätzlich suspekt, so suspekt, dass durch die außerordentliche Mannigfaltigkeit seiner Konflikte sich eines hindurchzieht: nämlich dass nach Recht und Unrecht keiner, auch der Betroffene nicht, fragt. Lange bevor der Suspekte in der Gestalt des »Staatenlosen« das wirkliche Symbol des Pariatums geworden war, lange bevor wirkliche Menschen tausendfacher eigener Listen und gelegentlicher großer Güte anderer bedurften, um überhaupt nur am Leben zu bleiben, hat Chaplin, belehrt durch die Grunderfahrungen seiner Kindheit, die jahrhundertealte jüdische Angst vor dem Polizisten dargestellt, in dem sich eine feindliche Umwelt verkörperte, und die jahrhundertealte jüdische Weisheit, dass die menschliche Schlauheit Davids unter Umständen mit der tierischen Stärke Goliaths fertig werden kann. Dem Paria, stellte sich heraus, der außerhalb der Gesellschaft steht und aller Welt suspekt ist, gehörte die Sympathie des Volkes, das offenbar in ihm all das wiederfand, was an Menschlichem in der Gesellschaft nicht zu seinem Recht kommt. Wenn es lachte über die überwältigende Schnelligkeit, mit der sich an Chaplin stets die Rede von Liebe auf den ersten Blick bestätigt, gab es doch auch wieder auf die unauffälligste Weise zu verstehen, dass dies Ideal der Liebe immer noch Liebe in seinem Sinne ist – wenn es ihm auch schwerlich noch gestattet ist, solche Liebe zu bestätigen.

Was die Figur des Suspekten mit dem Heine'schen Schlemihl verbindet, ist die Unschuld. Was unerträglich und unglaubwürdig ist in kasuistischen Darlegungen, das Prahlen mit den unschuldig erlittenen Verfolgungen, wird in der Figur Chaplins liebenswert und überzeugend, weil es nicht an Tugendhaftigkeit, sondern im Gegenteil an tausend kleinen Verfehlungen, an unzähligen Konflikten mit dem Gesetz dargestellt ist. In diesen Konflikten stellt sich nicht nur heraus, dass Vergehen und Strafe inkommensurabel sind, dass schwerste Strafen auf – menschlich gesehen – kleinste Vergehen folgen können, sondern vor allem auch, dass Strafe und Vergehen für den Suspekten zumindest unabhängig voneinander sind, gleichsam zwei verschiedenen Welten angehören, die nie in Einklang kommen. Der Suspekte wird immer für Dinge erwischt, die er gar nicht begangen hat; aber es gehört auch zu ihm, dass er, dem die Gesellschaft es abgewöhnt hat, zwischen Vergehen und Strafe einen Zusammenhang zu denken, sich sehr vieles leisten, durch Maschen von Gesetzen schlüpfen kann, die jeden normalen Sterblichen in ihrer Enge festhalten würden. Die Unschuld des Suspekten, die Chaplin immer wieder auf die Leinwand treten lässt, ist keine Charaktereigenschaft mehr wie noch bei Heine, sondern Ausdruck für die gefährliche Spannung, die immer in der Anwendung allgemeiner Gesetze auf individuelle Missetaten liegt und die ebenso gut auch Thema der Tragödie sein kann. Diese an sich tragische Spannung kann an der Figur des Suspekten darum komisch wirken, weil seine Taten und Missetaten überhaupt in keinerlei Zusammenhang mit den ihn ereilenden Strafen stehen. Weil er suspekt ist, muss er für vieles leiden, was er nicht getan hat; aber da er außerhalb der Gesellschaft steht und gewohnt ist, ein von ihr unkontrolliertes Leben zu führen, können auch viele seiner Sünden unbemerkt bleiben. Aus dieser Situation, in der der Suspekte sich immer befindet, entspringt zugleich Angst und Frechheit; Angst vor dem Gesetz, als sei es eine Naturgewalt, unabhängig von dem, was man tut oder unterlässt; heimlich-ironische Frechheit gegen die Vertreter dieses Gesetzes, weil man gelernt hat, sich vor ihm zu bergen, wie man sich vor Platzregen birgt, in Löchern, im Unterstand, in Ritzen, die man desto leichter findet, je kleiner man sich macht. Es ist noch die gleiche Frechheit, die uns auch an Heine entzückt; aber sie ist nicht mehr unbekümmert, sondern sehr sorgenvoll und bekümmert, nicht mehr die göttliche Frechheit des Dichters, der sich außerhalb der Gesellschaft, ihr überlegen weiß, weil er in geheimem Einvernehmen mit den göttlichen Kräften der Welt steht; sondern die ängstliche Frechheit, wie sie uns aus unzähligen jüdischen Volksgeschichten so gut bekannt ist, die Frechheit des armen kleinen Juden, der die Rangordnungen der Welt nicht anerkennt, weil er in ihnen weder Ordnung noch Gerechtigkeit für sich selbst zu erblicken vermag.

In diesem kleinen, erfindungsreichen, verlassenen Juden, der aller Welt suspekt ist, begriff sich der kleine Mann aller Länder. Schließlich war auch er immer gezwungen gewesen, ein Gesetz zu umgehen, das in seiner erhabenen Schlichtheit »Armen und Reichen verbietet, unter Brücken zu schlafen und Brot zu stehlen« (Anatole France). In dem kleinen jüdischen Schlemihl sah er seinesgleichen, sah er die ins Groteske übertriebene Figur, die er, wie er wusste, ein wenig selbst machte. Und er konnte lange Zeit noch harmlos über sich, seine Missgeschicke und komisch-schlauen Errettungen lachen, so lange nämlich, als er die äußerste Verzweiflung in Gestalt der Arbeitslosigkeit noch nicht kannte, so lange als er noch nicht einem »Geschick« begegnet war, dem gegenüber alle individuellen, klug ersonnenen Schliche versagten. Seither ist die Volkstümlichkeit Chaplins rapide gesunken; nicht so sehr wegen des steigenden Antisemitismus, sondern weil seine grundsätzliche Menschlichkeit nichts mehr galt, weil die grundsätzliche menschliche Befreiung durch das Leben nicht mehr half. Der kleine Mann hatte sich entschlossen, sich in einen »großen Mann« zu verwandeln. Nicht Chaplin, sondern der Superman wurde nun der Liebling des Volkes. Als Chaplin im *Diktator* versuchte, das monströs Tierische des Superman zu spielen, als er in der Doppelrolle den kleinen Mann mit dem großen Mann konfrontierte und am Ende gar alle Maske abwarf, den wirklichen Menschen Chaplin aus dem kleinen Mann herausspringen ließ, um der Welt in einer verzweifelten Ernsthaftigkeit die einfache Weisheit des kleinen Mannes vor Augen zu führen und wieder begehrenswert zu machen – da wurde er, der einst der Liebling der ganzen bewohnten Welt gewesen, kaum noch verstanden.

IV. Franz Kafka: Der Mensch mit dem guten Willen

Heines Schlemihl und Lazares bewusster Paria waren als Juden konzipiert und selbst Chaplins Suspektem haftete die jüdische Herkunft deutlichst an. Dies ändert sich, wenn wir dem Paria in seiner nächsten und vorläufig letzten Gestalt begegnen, in der Dichtung von Kafka, in welcher er zweimal auftritt, das erste Mal in seiner frühesten Novelle *Beschreibung eines Kampfes* und das zweite Mal in einem seiner späten Romane, *Das Schloß*. Der K. des *Schlosses* kommt von nirgendwoher, und von seinem früheren Leben ist nie die Rede. »Jüdisch« ist er schon darum nicht, weil er wie alle Kafka'schen Helden gar keine eigentlichen Charaktereigenschaften besitzt. Die Abstraktheit der Kafka'schen Romanfiguren ist in seinen Jugendwerken noch dadurch unterstrichen, dass diese eigenschaftslosen Personen dauernd mit etwas beschäftigt sind, womit sonst niemand beschäftigt scheint, mit Nachdenken. In der Dichtung Kafkas ist der Held immer daran kenntlich, dass er wissen will, »wie es sich mit den Dingen eigentlich verhält, die um mich wie ein Schneefall versinken, während vor anderen schon ein kleines Schnapsglas auf dem Tisch fest wie ein Denkmal steht«.

Die *Beschreibung eines Kampfes* setzt sich in ganz allgemeiner Weise mit dem gesellschaftlichen Zusammenkommen von Menschen auseinander und stellt fest, dass innerhalb eines nur gesellschaftlichen Rahmens echte oder gar freundschaftliche Beziehungen sehr störend wirken. Die Gesellschaft besteht aus »lauter Niemand«: »Ich habe niemand etwas Böses getan, niemand hat mir etwas Böses getan, niemand aber will mir helfen, lauter Niemand.«

Derjenige aber, der wie der Paria aus der Gesellschaft herauskomplimentiert wird, kann trotz dieser Einsicht nicht von Glück sagen; denn die Gesellschaft prätendiert, dass sie »wirklich wäre«, und will ihn »glauben machen, dass er unwirklich ist«, ein Niemand.

Der Konflikt zwischen Gesellschaft und Paria geht also keineswegs nur um die Frage, ob die Gesellschaft sich gerecht oder ungerecht zu ihm verhalten hat, sondern darum, ob dem von ihr Ausgeschlossenen oder dem gegen sie Opponierenden überhaupt noch irgendeine Realität zukommt. Denn dies ist die größte Wunde, welche die Gesellschaft von eh und je dem Paria, welcher der Jude in ihr war, schlagen konnte, ihn nämlich zweifeln und verzweifeln zu lassen an seiner eigenen Wirklichkeit, ihn auch in seinen eigenen Augen zu dem »Niemand« zu stempeln, der er für die gute Gesellschaft war.

In diesem über ein Jahrhundert lang währenden Konflikt ist Kafka der Erste, welcher gleich zu Beginn seiner Produktion die ganze Sache umdreht und einfach feststellt, dass die Gesellschaft aus »lauter Niemand [...] in Frack« besteht. Er hatte in gewissem Sinne Glück, dass er in eine Zeit geboren wurde, wo es bereits so offensichtlich war, dass die Fräcke »Niemand« bekleideten. Fünfzehn Jahre später berichtete Marcel Proust in *Le Temps retrouvé* von der französischen Gesellschaft in der Form eines Maskenballs, bei welchem hinter jeder Maske der Tod grinst.

Aus der fundamentalen Bedrohung ihres Realitätsbewusstseins hatten die Paria des 19. Jahrhunderts zwei rettende Ausgänge entdeckt, die beide an Kafka sich nicht mehr bewährten. Der erste Weg führte in eine Gesellschaft von Paria, von Gleichgestellten und, was ihre Opposition zur Gesellschaft anlangte, auch Gleichgesinnten. Auf diesem Boden hat sich nie mehr entwickelt als die Realitätsfremdheit der Bohème. Der zweite rettende Ausweg, den viele gerade der vereinzelten und vereinsamten Juden der Assimilation einschlugen, führte in die überwältigende Realität der Natur, der Sonne gleichsam, die alle bescheint, und führte manchmal in den Bereich der Kunst in der Form eines künstlich überhöhten Bildungs- und Geschmacksniveaus. Natur und Kunst sind Bereiche, die lange Zeit gesellschaftlichen oder politischen Eingriffen entzogen waren und für unantastbar galten; in ihnen konnte der Paria sich lange Zeit für unverletzlich halten. Die in Schönheit erbauten und durch Tradition geheiligen Städte boten einst ihre Gebäude und Plätze jedermann dar; gerade weil sie aus einer vergangenen Zeit in die Gegenwart hineinragten, erhielten sie schließlich eine Öffentlichkeit, die keinen mehr ausschloss. Schließlich öffneten die von Königen für die Hofgesellschaft erbauten Paläste ihre Tore jedermann; schließlich ließen die für Christen erbauten Kathedralen auch den Ungläubigen zu. Als solch ein Jedermann, von der herrschenden Gesellschaft Niemand geheißen, hatte der Paria, hatte der Jude schließlich Zugang erhalten zu allen vergangenen Herrlichkeiten Europas – und hatte für ihre reine Schönheit oft offenere Augen bewiesen als seine von Gesellschaft und Gegenwart so sorgsam geschützten Mitbürger.

Erst Kafka, in dieser ersten Novelle, attackierte Natur wie Kunst als Zufluchtsstätten des aus der Gesellschaft Vertriebenen. Seinem modernen Realitätsbewusstsein genügten Himmel und Erde nicht mehr, deren Überlegenheit nur so lange besteht, als »ich euch in Ruhe lasse«, und der von den Toten überlieferten, durch Schönheit geheiligten Welt, durch die jedermann täglich geht, bestritt er die Realität. (»Aber doch ist es schon lange her, dass du wirklich warst, du Himmel, und du Ringplatz bist niemals wirklich gewesen.«) In seinen Augen ist selbst die Schönheit von Kunst und Natur noch ein Produkt der Gesellschaft, sofern sie nämlich diese Zufluchtsstätten seit eh und je denen, die sie nicht als gleichberechtigt anerkannte, als Trost konventionell bereitgestellt hatte. Darum tut es diesen Dingen auch nicht gut, »wenn man über sie nachdenkt; [sie nehmen] ab an Mut und Gesundheit«, und das heißt an wirklicher, lebendiger Bedeutung.

Die neue aggressive Art des Nachdenkens ist es, was Kafka in unserer Reihe der Paria spezifisch auszeichnet. Ohne jede Überheblichkeit, ohne die erhaben-ironische Überlegenheit von Heines »Traumweltherrschern« und ohne die unschuldige Schläue von Chaplins ewig bedrängtem kleinem Mann treten Kafkas Helden der Gesellschaft mit einer zielbewussten Aggression gegenüber. Aber auch die traditionellen jüdischen Paria-Qualitäten, die rührende Unschuld und die erheiternde Schlemihligkeit fehlen den Kafka'schen Figuren ganz und gar. Im *Schloß*, in dem Roman, in welchem Kafka das jüdische Problem – man möchte fast sagen – abhandelt, wird erst allmählich klar, dass der zugezogene Landvermesser K. ein Jude ist, und dies nicht, weil ihm irgendwelche typisch jüdischen Eigenschaften anhaften, sondern weil er in bestimmte typische Situationen und Zweideutigkeiten gerät.

K. ist ein Fremder, den man nirgends einordnen kann, weil er weder zum Volk noch zur Regierung gehört. (»Sie sind nicht aus dem Schloss, Sie sind nicht aus dem Dorfe, Sie sind nichts.«) Zwar hängt es irgendwie mit der Regierung zusammen, dass er überhaupt ins Dorf gekommen ist, aber einen rechtlichen Anspruch auf Aufenthalt hat er nicht. In den Augen der unteren bürokratischen Behörden stellt sich seine Existenz überhaupt nur als ein bürokratischer Akzident heraus, und seine gesamte bürgerliche Existenz droht sich in »Aktensäulen«, die seinetwegen »entstehen und zusammenkrachen«, abzuspielen.* Dauernd wird ihm vorgeworfen, dass er überflüssig, »überzählig und überall im Weg ist«, dass er als Fremder sich mit Geschenken abzufinden habe und dass er nur aus Gnade geduldet werde.

K. selbst ist der Meinung, dass für ihn alles darauf ankomme, »ununterscheidbar« zu werden, »und sehr schnell musste das geschehen, davon hing alles ab«. Dass die Regierung ihm bei diesem Ununterscheidbarwerden nur im Wege stehen könne, spricht er gleich aus. Was er wollte, wir könnten sagen: die komplette Assimilation, war von der Regierung aus noch nicht einmal als Vorhaben erkennbar. In einem Brief vom »Schlosse« wird ihm gesagt, dass er sich entscheiden müsse, ob er »Arbeiter mit einer immerhin auszeichnenden, aber nur scheinbaren Verbindung mit dem

---

* Bei erstem Erscheinen der Romane hat man solche Schilderungen, in denen Kafka die österreichisch-ungarische Bürokratie schildert, für »surrealistisch« übertrieben gehalten. Man darf ihm, der sich beruflich mit dem Kampf der Arbeiter um ihre Versicherungen und außerberuflich mit den Aufenthaltserlaubnissen seiner ostjüdischen Freunde gründlichst beschäftigt hatte, schon einige Sachkenntnis zutrauen. Jedenfalls wirkt auf den heutigen Leser solche Beschreibung wohl eher als zu naturalistisch denn als zu fantastisch.

Schloss sein wolle oder aber scheinbarer Dorfbewohner, der in Wirklichkeit sein ganzes Arbeitsverhältnis von den Nachrichten des Barnabas (des Boten aus dem Schloss) bestimmen ließ«.

Die ganze Problematik des assimilatorischen Judentums hätte sich in kein treffenderes Bild pressen lassen als in diesen Alternativvorschlag, entweder nur scheinbar zum Volke, in Wirklichkeit zur Regierung, zu gehören oder aber auf effektiven Regierungsschutz ganz und gar zu verzichten und es mit dem Volke zu versuchen. Das offizielle Judentum hatte es mit der Regierung gehalten, und seine Vertreter waren immer nur »scheinbare Dorfbewohner« gewesen. Wie es den Juden erging, welche den zweiten Weg des guten Willens einschlugen, welche die Redensart von der Assimilation wirklich ernst nahmen, berichtet Kafka in dem vorliegenden Roman. Er schildert das wirkliche Drama der Assimilation – und nicht ihr verzerrtes Widerspiel. In ihm kommt jener Jude zu Wort, der wirklich nichts will als sein Menschenrecht: Heim, Arbeit, Familie, Mitbürgerschaft. Er wird geschildert, als gäbe es ihn nur ein einziges Mal auf der Welt, als wäre er der einzige Jude weit und breit, als wäre er wirklich ganz allein. Und auch dies trifft auf das Genaueste die menschlich-reale Wirklichkeit, die menschlich-reale Problematik. Denn insofern es einem Juden um das »Ununterscheidbarwerden« ernst war, hatte er sich so zu benehmen, als gäbe es nur ihn allein, hatte er sich von allen, die seinesgleichen waren, radikal zu isolieren. Der K. in Kafkas Roman tut nur das, was alle Welt anscheinend von den Juden verlangte; seine Vereinzelung entspricht nur der immer wieder geäußerten Behauptung, dass die Assimilation, würde es nur einzelne Juden geben, würden die Juden nicht in Cliquen zusammenhalten, ohne Weiteres vonstattengehen könne. Kafka stellt seinen Helden in solch hypothetisch ideale Bedingungen, um das Experiment selbst rein anzustellen.

Für die Reinheit des Experimentes der Assimilation war es auch notwendig gewesen, auf alle sogenannten jüdischen Eigenschaften zu verzichten. Durch den Verzicht auf Eigenschaften aber erzielte Kafka die Darstellung eines Menschen, dessen Verhalten weit über den Kreis rein jüdischer Problematik hinaus neu und gültig war. K., der ununterscheidbar werden will, ist nur an dem Allerallgemeinsten, an dem, was allen Menschen gemeinsam ist, interessiert. Sein Wille richtet sich nur auf das, worauf alle Menschen natürlicherweise ein Recht haben sollten. Wollte man ihn beschreiben, so könnte man schwerlich mehr sagen, als dass er ein Mensch guten Willens ist. Denn er verlangt niemals mehr, als was jedem Menschen als sein Recht zusteht, und er ist niemals geneigt, sich mit weniger zufriedenzugeben. Sein ganzer Ehrgeiz geht dahin, »ein Heim, eine Stellung, wirkliche Arbeit« zu haben, zu heiraten und »Gemeindemitglied zu werden«. Weil er als Fremder über diese Selbstverständlichkeiten des Lebens nicht verfügt, kann er sich den Luxus des Ehrgeizes nicht leisten. Er allein, so meint er wenigstens zu Beginn der Erzählung, muss um das Minimum, die Menschenrechte, so kämpfen, als wäre in ihnen eine maximale hybride Forderung begriffen. Und er kann, weil er nie mehr will als die minimalen Menschenrechte, sich seine Forderungen nicht, was viel opportuner wäre, als »Gnadengeschenk vom Schlosse« gewähren lassen, sondern muss auf ihnen als »seinem Recht« bestehen.

Sobald die Dorfbewohner erfahren, dass der zufällig zugezogene Fremde die Protektion des Schlosses genießt, verwandelt sich ihre anfängliche geringschätzige Indifferenz in eine achtungsvolle Feindseligkeit, und ihr Wunsch ist, ihn so rasch wie möglich an das Schloss loszuwerden; mit so hohen Herren hat man besser nichts zu schaffen. Als K. dies ablehnt mit der Begründung, frei sein zu wollen, als er gar erklärt, lieber ein einfacher Dorfarbeiter als ein vom Schloss geschützter, nur »scheinbarer Dorfbewohner« werden zu wollen, verändert sich ihr Benehmen in eine mit Angst gemischte Verachtung, die ihn von nun an durch alle seine Bemühungen hindurch begleitet. Dabei wird ihre Beunruhigung kaum durch die Tatsache des Fremdseins als vielmehr durch das spezifische Vorhaben des Fremden erweckt, der es ablehnt, »Gnadengeschenke« zu empfangen. Unermüdlich sind ihre Versuche, ihn über seine »Unwissenheit«, seine Unkenntnis der Verhältnisse aufzuklären. Man versucht, ihm durch die Erzählung aller Begebenheiten, die sich zwischen Dorf- und Schlossbewohnern abgespielt haben, die Erfahrung von Welt und Leben, die ihm so offensichtlich mangelt, zu vermitteln. Und dabei stellt sich zu K.'s wachsendem

Entsetzen heraus, dass jenes einfach Menschliche, jene Menschenrechte, jene Normalität, die er für so selbstverständlich für andere gehalten hat, gar nicht existierten.

Was K., in seinem Bemühen, ununterscheidbar zu werden, von dem Leben der Dorfbewohner erfährt, ist eine einzige Kette von grässlichen, alle natürliche Menschlichkeit zerstörenden Geschichten. Da ist die Geschichte der Wirtin, die einst, in ihrer Jugend, eine kurze Weile die Ehre gehabt hatte, einem der Schlossangestellten als Geliebte zu dienen, die diese hohe Stellung nie hat vergessen können und deren Ehe infolgedessen ein reiner Humbug ist. Da ist K.'s eigene Braut, der genau das Gleiche widerfahren war, die es trotzdem fertigbekommen hatte, sich in K. wirklich zu verlieben, die aber auf die Dauer doch nicht ein einfaches Leben ohne »höhere Beziehungen« erträgt und mit den Gehilfen, zwei ganz unbedeutenden Schlossangestellten, dem K. durchbrennt. Da ist vor allem die großartig-unheimliche Geschichte der Familie Barnabas, auf der ein »Fluch« lastet, die selbst im Dorf als Outlaws leben muss, von ihm wie aussätzig behandelt wird und sich selbst wie aussätzig fühlt. Das furchtbare Unglück der Familie liegt in der Geschichte der schönen Tochter beschlossen: Sie hat gewagt, die obszön unverschämten Anträge eines mächtigen Schlossangestellten zurückzuweisen – »Damit war der Fluch über unsere Familie ausgesprochen.« Das Dorf, beherrscht bis in die intimsten Details seines Lebens von der Regierung und ihren Angestellten, versklavt denen, die Macht haben, bis in jeden Gedanken, hat längst eingesehen, dass im Recht- oder im Unrecht-Sein für den Dorfbewohner ein »Schicksal« ist, an dem er nichts ändern kann. Nicht der Schreiber eines obszönen Briefes, wie K. meint, hat sich bloßgestellt; sondern durch ihn ist der Adressat trotz völliger Unschuld befleckt. Dies eben ist, was man im Dorf sein »Schicksal« nennt. K. »scheint das ungerecht und ungeheuerlich, das ist eine im Dorf völlig vereinzelte Meinung«.

Mit dieser Erzählung ist K.s Unwissenheit beseitigt. Von nun an muss ihm klar sein, dass sein Vorhaben, das Menschliche zu realisieren, Arbeit zu haben, nützlich zu sein, ein Heim zu gründen, Glied einer Gemeinschaft zu werden, nicht davon abhängt, »ununterscheidbar« zu werden. Was er will, die Normalität, ist offenbar zu einer Ausnahme geworden, die noch dazu nicht einmal mehr von Menschen auf natürlich-einfache Weise zu bewerkstelligen ist. Alles, was natürlicher-, normalerweiser in die Hand des Menschen gegeben ist, wurde ihm in dem System des Dorfes hinterrücks aus der Hand geschlagen und tritt ihm nun von außen – oder im Sinne Kafkas von »oben« – als Schicksal, als Geschenk oder als Fluch, jedenfalls als undurchsichtiges Geschehen entgegen, das man nur berichten, aber nicht verstehen kann, weil man nichts an ihm selbst gemacht hat. K.s Vorhaben, weit entfernt davon, das Allerbanalste und Selbstverständlichste zu sein, ist in Wahrheit, unter den Verhältnissen von Dorf und Schloss, etwas ganz und gar Außerordentliches und Ungeheuerliches. Solange das Dorf unter der Herrschaft der Schlossbewohner steht, können in ihm sich nur Schicksale ereignen; für einen Menschen, der voll guten Willens in ihm sein eigenes Leben bestimmen will, ist dort kein Platz. Die einfache Frage nach Recht und Unrecht wird von den Dorfbewohnern als rechthaberisches Argumentieren empfunden, mit dem man der »Größe« der Ereignisse, der Größe der Macht des Schlosses in keiner Weise gerecht wird. Und wenn K. verächtlich empört sagt: »Das sind also die Beamten!«, um seiner Desillusionierung Ausdruck zu geben, so zittert das ganze Dorf, als sollte es um ein erhabenes Geheimnis, als sollte sein Leben um seinen eigentlichen Inhalt betrogen werden.

K., nachdem er die Unschuld des Paria verloren, lässt von dem Kampf nicht. Er beginnt nicht, wie der Held des letzten Romans Kafkas, *Amerika*, die revolutionäre Neuordnung der Welt anzustreben, und er träumt von keinem »Naturtheater«, in welchem jeder seinen Platz entsprechend seinen Fähigkeiten und seinem Willen zugewiesen bekommt. K. ist scheinbar der Meinung, dass ungeheuer viel schon gewonnen wäre, wenn auch nur ein einziger Mensch leben kann wie ein Mensch. Er bleibt im Dorf und versucht trotz allem, sich im Dorf, in den gegebenen Verhältnissen einzurichten. Nur einen Augenblick lang leuchtet ihm die alte erhabene Freiheit des Paria, des Schlemihl und Traumweltherrschers, wieder auf; dann scheint es ihm schon, als gäbe es, gemessen an seinen Vorhaben, »nichts Sinnloseres, nichts Verzweifelteres als diese Freiheit, dieses Warten, diese Unverletzlichkeit«. Sinnlos ist die Freiheit des Paria, weil sie ohne Vorhaben bleibt, weil in ihr der Wille des Menschen, etwas in dieser Welt auszurichten, und sei dies etwa auch nur die Einrichtung der eigenen Existenz, nicht vorgesehen ist. Darum unterwirft er sich dem tyrannischen Lehrer, übernimmt den »kläglichen Posten« einer Schuldienerstelle, bewirbt sich mühevoll um ein Gespräch mit Klamm, wird verletzlich und nimmt teil an der großen »Not« der Dorfbewohner und ihrer großen Mühsal.

Äußerlich gesehen ist all dies vergebens, weil K. von einem nicht ablassen kann, nämlich das Rechte recht und das Unrechte unrecht zu nennen, und weil er von einem nicht ablassen will, nämlich das, was ihm als Menschenrecht zusteht, als Geschenk von »oben« zu verweigern. Darum können ihn auch alle Erzählungen der Dorfbewohner nicht die alles mystifizierende Furcht lehren, in die sie ihre Geschichten einzuhüllen pflegen und die den Begebenheiten jene unheimlich poetische Tiefe verleihen, welche den Erzählungen von Sklavenvölkern so oft eignet. Weil er nicht das Fürchten lernen kann, kann er nie ganz einer der Ihrigen werden. Dass solche Furcht eigentlich gegenstandslos ist, mag sie auch das ganze Dorf in ihren magischen Kreis geschlagen haben, wird klar, wenn die großen Befürchtungen der Dorfbewohner bezüglich K.s niemals in Erfüllung gehen. Ihm passiert gar nichts, außer dass das Schloss ihm mit tausend Ausflüchten sein Ansinnen auf geregelte Aufenthaltserlaubnis verweigert. Der ganze Kampf bleibt unentschieden, und K. stirbt eines ganz natürlichen Todes – nämlich an Entkräftung. Was er gewollt, ging über die Kräfte eines einzelnen Menschen.

In einem aber hat K., bevor er starb, doch dem Dorfe oder wenigstens einigen seiner Bewohner genützt. »Wir [die Dorfbewohner] […] mit unseren traurigen Erfahrungen und Befürchtungen erschrecken […] schon über jedes Knacken des Holzes […] Auf solche Weise kann man zu keinem richtigen Urteil kommen […] Was für ein Glück ist es für uns, dass Du gekommen bist.«

In seinem Nachwort zum *Schloß* berichtet Max Brod, mit welcher Ergriffenheit Kafka ihn einst auf jene Anekdote über Flaubert aufmerksam gemacht habe, der zufolge Flaubert, von einem Besuch einer einfachen, glücklichen und kinderreichen Familie zurückkehrend, gesagt haben soll: »Ils sont dans le vrai.«[13] Das menschlich Wahre kann niemals in der Ausnahme liegen, nicht einmal in der Ausnahme des Verfolgten, sondern nur in dem, was die Regel ist oder die Regel sein sollte. Aus dieser Erkenntnis entsprang Kafkas zionistische Überzeugung. Er schloss sich derjenigen Bewegung an, welche die Ausnahmestellung des jüdischen Volkes liquidieren, welche es zu einem »Volk wie alle Völker« machen wollte. Er, der vielleicht der letzte der großen europäischen Dichter war, konnte wahrlich nicht wünschen, ein Nationalist zu werden. Seine Genialität, ja seine spezifische Modernität war es gerade, dass sein Vorhaben nur darauf ging, ein Mensch unter Menschen, ein normales Mitglied einer menschlichen Gesellschaft zu sein. Es war nicht seine Schuld, dass diese Gesellschaft keine menschliche mehr war und dass der in sie verschlagene Mensch, wenn er guten Willens war, wie eine Ausnahme, wie ein »Heiliger« – oder wie ein Irrsinniger – wirken musste. Hätten die westeuropäischen Juden des 19. Jahrhunderts die Forderung der Assimilation ernst genommen, hätten sie wirklich versucht, durch »Ununterscheidbar-Werden« die Anomalie des jüdischen Volkes und das Problem des jüdischen Individuums zu liquidieren, indem sie die Gleichheit mit allen anderen zu ihrem letzten Vorhaben gemacht hätten, so wäre an ihnen – nicht nur die Ungleichheit, sondern – der fortschreitende Zerfall dieser Gesellschaft in ein unmenschliches System von Beziehungen so offenbar geworden wie (in der Darstellung Kafkas) das Grauen der Zustände des Dorfes an dem Verhalten des fremd zugezogenen Landvermessers.

Schlussbemerkung

Solange europäische Juden nur gesellschaftlich Parias waren, konnten sich große Teile in die »innere Knechtschaft bei äußerer Freiheit« (Achad Ha'am) in eine ständig bedrohte Parvenu-Existenz retten; konnten andererseits diejenigen, denen der Preis dafür zu hoch war, sich verhältnismäßig ungestört an der Freiheit und Unverletzlichkeit einer Paria-Existenz erfreuen, die – wenn sie schon innerhalb der politisch wirkenden Realitäten nichts ausrichten konnte – wenigstens in einer, wenn auch noch so kleinen und verlorenen Ecke der Welt ein Bewusstsein von Freiheit und Menschlichkeit aufrechterhalten hat. In diesem Sinne ist die Paria-Existenz, trotz ihrer politischen Wesenlosigkeit, nicht sinnlos gewesen.

Sinnlos wurde sie erst, als in der Entwicklung des 20. Jahrhunderts die politischen Grundlagen dem europäischen Judentum unter den Füßen ins Bodenlose versanken, bis schließlich der gesellschaftliche Paria gemeinsam mit dem gesellschaftlichen Parvenu zu einem politischen Outlaw der ganzen Welt geworden war. In der Sprache unserer verborgenen Tradition heißt das, dass der Schutz von Himmel und Erde gegen Mord nicht schützt und dass man von den Straßen und Plätzen, die einst jedermann offen standen, verjagt werden kann. Jetzt erst stellte sich allen zum Greifen deutlich heraus, dass die »sinnlose Freiheit«, die vermessene »Unverletzlichkeit« der Einzelnen nur der Auftakt gewesen war zu den sinnlosen Leiden des ganzen Volkes.

In dieser Welt des 20. Jahrhunderts kann man sich nicht mehr außerhalb der Gesellschaft, als Schlemihl und Traumweltherrscher, einrichten. Es gibt keine »individuellen Auswege« mehr – weder für den Parvenu, der einst auf eigene Faust seinen Frieden mit der Welt gemacht hatte, in welcher man als Jude nicht Mensch sein durfte, noch für den Paria, der auf eine solche Welt individuell verzichten zu können gemeint hatte. Der Realismus des einen war nicht weniger utopisch als der Idealismus des anderen.

Utopisch ist der dritte, von Kafka angezeigte Weg, auf dem man, auf Freiheit und Unverletzlichkeit verzichtend, in der größten Bescheidenheit versucht, sein kleines Vorhaben auszurichten – utopisch ist dieser Weg nicht. Aber er führt, wie Kafka selbst deutlich macht, höchstens zur Belehrung, nicht zur Veränderung der Welt, und er geht über die Kräfte des Menschen. Denn dies kleinste Vorhaben, die Menschenrechte zu verwirklichen, ist gerade wegen seiner einfachen Grundsätzlichkeit das Allergrößte und das Allerschwerste, das Menschen sich vornehmen können. Nur innerhalb eines Volkes kann ein Mensch als Mensch unter Menschen leben –

wenn er nicht vor »Entkräftung« sterben will. Und nur ein Volk, in Gemeinschaft mit anderen Völkern, kann dazu beitragen, auf der von uns allen bewohnten Erde eine von uns allen gemeinsam geschaffene und kontrollierte Menschenwelt zu konstituieren.

[Nachdruck aus Hannah Arendt, *Sechs Essays*, Heidelberg: Lambert Schneider (Schriften der Wandlung 3), 1948, S. 81–111. Auf Englisch erschien der Essay erstmals als »The Jew as Pariah: A Hidden Tradition« in der von der Conference on Jewish Relations herausgegebenen Zeitschrift *Jewish Social Studies* 6, 1944, Nr. 2, S. 99–122.]

8
Eine kulturelle Atmosphäre schaffen

Kultur, wie wir sie heute verstehen, ist eine Erscheinung jüngeren Datums, entstanden aus der Säkularisierung der Religion und der Auflösung der überlieferten Werte. Wenn wir über die christliche Kultur des Mittelalters sprechen, verwenden wir den Begriff sehr frei, und zwar auf eine Weise, wie es den Menschen der damaligen Zeit nahezu unverständlich gewesen sein dürfte. Es mag sein, dass im Prozess der Säkularisierung die Fundamente des Glaubens unterminiert wurden – ich neige jedoch zu der Annahme, dass diese Unterminierung wesentlich weniger entscheidend gewesen ist, als wir mitunter annehmen; in jedem Fall hat die Säkularisierung die religiösen Begriffe und die Ergebnisse religiöser Spekulationen derart gewandelt, dass diese außerhalb des Religiösen ein neues Gewicht und neue Bedeutung erlangten. Dieser Wandel markierte den Beginn dessen, was wir heute unter Kultur verstehen – was bedeutet: von jener Zeit an war Religion ein wichtiger Teil der Kultur, aber sie beherrschte nicht mehr alle geistigen Errungenschaften.

Bedeutender als die Auflösung der überlieferten Werte war für die Etablierung der Kultur die große Angst vor dem Vergessen, die auf die Aufklärung im 18. Jahrhundert folgte und das ganze 19. Jahrhundert fortdauerte. Die Gefahr, dass man mit den Schätzen der Vergangenheit auch die historische Kontinuität überhaupt verlor, lag auf der Hand; aus Furcht davor, des spezifisch menschlichen Hintergrunds der Vergangenheit beraubt zu werden, gleich dem Mann ohne Schatten[1] zu einem abstrakten Gespenst zu werden, entstand die neue Leidenschaft für das Unparteiische und das Sammeln von historischen Absonderlichkeiten, die unsere heutigen historischen und philologischen Wissenschaften ebenso wie die Geschmacksverirrungen im 19. Jahrhundert hervorbrachten. Gerade weil die Tradition nicht länger lebendig war, brauchte man die Kultur mit all ihren guten und lächerlichen Seiten. Dabei war die Stillosigkeit im Bereich der Architektur, die im letzten Jahrhundert alle Stile der Vergangenheit nachzuahmen versuchte, nur ein Aspekt dieser tatsächlich neuen Erscheinung namens Kultur.

Kultur ist per definitionem säkular. Sie bedarf einer gedanklichen Offenheit, wie sie keine Religion hervorbringen kann. Ideologien und Weltanschauungen, die auf niedrigerem und einfacherem Niveau ebenso wie die Religion Toleranz mißachten und für sich beanspruchen, im »Besitz« einer Wahrheit zu sein, können Kultur tiefgreifend pervertieren. Auch wenn Kultur von sich aus »aufnahmebereit« ist, sollten wir nicht vergessen, dass weder Religion noch Ideologien sich letztlich darauf beschränken wollen und können, nur Teil eines Ganzen zu sein. Anders als der Theologe weiß der Historiker, dass Säkularisierung nicht das Ende der Religion bedeutet.

Bekanntlich haben die Juden an dem langsamen Prozess der Säkularisierung, der in Westeuropa mit der Renaissance begann und aus dem die moderne Kultur hervorgegangen ist, nicht teilgenommen, und mehr noch: Zu dem Zeitpunkt, als sie mit Aufklärung und Kultur konfrontiert und von beiden angezogen wurden, befanden sich die Juden gerade am Ausgang einer Phase äußerst niedriger säkularer Bildung. Diese fehlende geistige Verbindung zwischen Juden und nichtjüdischer Zivilisation hatte so natürliche wie unglückselige Folgen: Juden, die nach »Kultur« strebten, mussten ihre jüdische Gemeinschaft verlassen, und zwar rasch und ganz und gar, auch wenn die meisten sich ihrer jüdischen Herkunft bewusst blieben. Säkularisierung und sogar säkulare Bildung galten so eindeutig als nichtjüdisch, dass es keinem dieser Juden je in den Sinn kam, dass sie auch das eigene, jüdische geistige Erbe hätten säkularisieren können. Ihr Verlassen des Judentums führte dazu, dass im Judentum selbst das geistige Erbe stärker als je zuvor das Monopol der Rabbiner wurde. Die deutsche Wissenschaft des Judentums [2] floh, auch wenn sie sich der Gefahr eines vollständigen Verlustes aller geistigen Errungenschaften der Vergangenheit bewusst war, vor den wirklichen Fragen in eine ziemlich trockene Gelehrsamkeit, die, nur auf den Erhalt ausgerichtet, bestenfalls in einer guten Sammlung von Museumsobjekten bestand.

Zwar verhinderte diese plötzliche und radikale Flucht der jüdischen Intellektuellen aus allem Jüdischen das Entstehen einer kulturellen Atmosphäre innerhalb der jüdischen Gemeinschaft selbst, doch der Kreativität einzelner Individuen war die Flucht äußerst zuträglich. Was die Mitglieder verschiedener Nationen als Teil eines größeren kollektiven Bemühens über mehrere Generationen hinweg vollbrachten, gelang einzelnen Juden in dem engen und konzentrierten Rahmen einer einzigen menschlichen Lebenszeit und durch nichts als die Kraft persönlicher Fantasie. Juden begannen ihre Emanzipation von der Tradition als Individuen, und nur als solche.

Es muss gesagt werden, dass nur einige wenige von solch einzigartiger und leidenschaftlicher Intensität beseelt waren, und der Preis dafür war, dass ein besonders hoher Prozentsatz der Juden sich als pseudokulturelle Geschaftlhuber hervortaten und der Massenkultur und schieren Ruhmessucht erlagen. Gleichwohl brachte diese Entwicklung eine ganze Reihe authentisch jüdischer Schriftsteller, Künstler und Denker hervor, die unter der von ihnen geforderten enormen Anstrengung nicht zusammenbrachen, sondern – von dem leeren Raum, den die geistige Freiheit ihnen eröffnete, nicht entmutigt – sich zu hohen schöpferischen Leistungen aufschwangen.

Da ihre individuellen Erfolge nicht auf eine vorbereitete und kulturell entwickelte jüdische Aufnahmekultur trafen, konnten diese Juden keine spezifisch jüdische Tradition eines (jüdischen) säkularen Schreibens und Denkens entwickeln – obwohl diese jüdischen Schriftsteller, Denker und Künstler einiges verband. Welche Fäden der Tradition Historiker auch entdecken mögen, sie waren unsichtbar und unausgesprochen und entwickelten sich unbewusst und wie von selbst; alle diese Denker und Künstler entsprangen den gleichen Zusammenhängen, waren diesen dennoch einzeln ausgesetzt und durchlebten und bewältigten sie alleine, ohne die Hilfe ihrer Vorfahren.

In kulturellen Belangen wird es zweifelsohne niemals einen Bauplan oder ein Programm geben können. Wenn es überhaupt so etwas wie Kulturpolitik gibt, kann ihr Ziel nur darin bestehen, eine kulturelle Atmosphäre zu schaffen – also, in Elliot Cohens Worten, eine »Kultur für Juden« und nicht eine »jüdische Kultur«.[3] Talente und Genies entstehen unabhängig davon, ob es eine solche Atmosphäre gibt oder nicht; aber ob wir in Zukunft weiter jüdische Talente an andere verlieren oder ob es uns in Zukunft im gleichen Maße wie anderen gelingt, dass diese Teil unserer Gemeinschaft bleiben, hängt davon ab, ob es eine solche kulturelle Atmosphäre gibt oder nicht. Hier scheint mir tatsächlich das Problem zu liegen; und man kann einige Vorschläge machen, wie man dies angehen kann.

Da ist zunächst einmal die große, metaphysische und postbiblische Tradition, die wir von den Theologen und Gelehrten zurückerobern müssen – auch wenn wir beiden Gruppen große Dankbarkeit dafür zollen, dass sie uns diese Tradition überhaupt erhalten haben. Aber wir werden diese Tradition neu entdecken und mit unseren eigenen Begriffen bedenken müssen, um all jener Menschen willen, für welche diese keine heilige Vergangenheit, kein unberührbares Erbe mehr darstellt.[4]

Da sind zum anderen die – zahlenmäßig deutlich geringeren – säkularen jüdischen Schriften aller Zeiten, vor allem die aus dem Osteuropa des 19. Jahrhunderts; diese Schriften erwuchsen aus dem dortigen säkularen Volkstum, und nur die Abwesenheit einer kulturellen Atmosphäre hat verhindert, dass einige dieser Erzählungen große Literatur wurden. Stattdessen blieben sie der zweifelhaften Kategorie der Folklore verhaftet. Die kulturelle Bedeutung eines Autors oder eines Künstlers wird erst spürbar, wenn er die Grenzen seiner eigenen Nationalität überschreitet, wenn er nicht mehr nur für seine Mitjuden, Mitfranzosen oder Mitengländer von Bedeutung ist. Das Fehlen einer jüdischen Kultur und die Vorherrschaft der Folklore im säkularen jüdischen Leben hat dafür gesorgt, dass jenen jüdischen Talenten, die ihre Gemeinschaft nicht verließen, solche Überschreitung, solche Transzendenz, vorenthalten blieb. Die Rettung der jiddischen Schriftsteller aus Osteuropa ist von großer Bedeutung; sonst müssen sie für die Kultur überhaupt verloren gegeben werden.

Zu guter Letzt müssen wir Raum bereitstellen für all jene, die entweder mit der jüdischen Orthodoxie in Konflikt geraten oder geraten sind oder sich vom Judentum aus den bereits genannten Gründen abgewandt haben. Diese Menschen sind für das ganze Vorhaben von entscheidender Bedeutung, vielleicht sogar der Lackmustest für Erfolg oder Misserfolg. Nicht nur weil unter diesen Leuten besonders viele schöpferische Talente anzutreffen sind, sondern auch weil sie in ihren individuellen Bemühungen um Säkularisierung die ersten Beispiele sind für die angestrebte neue Verbindung von alten Traditionen mit neuen Impulsen und einer neuen Offenheit, ohne die eine spezifisch jüdische kulturelle Atmosphäre kaum denkbar ist. Diese Talente brauchen uns nicht; sie schaffen Kultur in eigener Verantwortung. Wir (unsererseits) aber brauchen sie, denn sie allein bilden unsere zugegeben schmale kulturelle Basis, eine andere haben wir nicht – eine Basis, die wir schrittweise in beide Richtungen ausweiten müssen: in die der Säkularisierung der religiösen Tradition und die der Herauslösung der großen (zumeist jiddischen) Künstler des säkularen Volkstums aus der Folklore.

Ob eine solche Entwicklung gelingt, kann niemand im Voraus wissen. *Commentary* scheint mir ein guter Anfang, und ist sicher ein Novum im jüdischen Kulturleben. Doch jeder Optimismus ist letztlich politisch begründet.

Der Jishuw in Palästina ist der erste Erfolg einer vollständig säkularen jüdischen Bewegung. Was auch immer aus der hebräischen Literatur werden mag, es kann schon jetzt als sicher gelten, dass kein hebräischer Schriftsteller oder Künstler in Zukunft, will er ein Jude bleiben, nur zwischen Volkstum oder Glaube wählen kann. Hebräische Schriftsteller sind die ersten Juden, die als Juden die Freiheit haben, nicht mehr von einem vorkulturellen Niveau anfangen zu müssen.

Die Juden in Amerika, ihrerseits, führen ein recht sicheres und freizügiges Leben, das ihnen in gewissen Grenzen zu tun erlaubt, was ihnen gefällt. Der bedeutendste und stärkste Teil der Diaspora-Judenheit lebt nicht mehr unter nationalstaatlichen Bedingungen, sondern in einem Land, das seine eigene Verfassung abschaffen müsste, würde es eine Homogenität der Bevölkerung und eine ethnische Fundierung seines Staates durchsetzen wollen. In Amerika muss niemand so tun, als sei Judentum nichts weiter als eine Glaubensgemeinschaft, und in verzweifelten und entstellenden Kostümierungen Zuflucht suchen wie einst die reichen und gebildeten Juden Europas.

Die Frage, ob sich eine jüdische Kultur entwickeln wird oder nicht, wird also von nun an nicht mehr an Umständen hängen, die sich der Kontrolle des jüdischen Volkes entziehen, sondern von seinem ureigenen Willen.

[Deutsche Erstveröffentlichung von Hannah Arendt, »Creating a Cultural Atmosphere«, in: *Commentary* 4, Nr. 5, November 1947, S. 424–426. Übersetzung: Marie Luise Knott und Ursula Ludz.]

9
Zueignung an Karl Jaspers

Lieber Verehrtester,

haben Sie Dank, dass Sie mir erlaubt haben, dies Büchlein Ihnen zu widmen, und Dank dafür, dass ich das, was ich bei seinem Erscheinen in Deutschland zu sagen habe, Ihnen sagen darf.

Denn es fällt ja heute einem Juden nicht leicht, in Deutschland zu veröffentlichen, und sei er ein Jude deutscher Sprache. Angesichts dessen, was geschehen ist, zählt die Verführung, seine eigene Sprache wieder schreiben zu dürfen, wahrhaftig nicht, obwohl dies die einzige Heimkehr aus dem Exil ist, die man nie ganz aus den Träumen verbannen kann. Aber wir Juden sind nicht oder nicht mehr Exilanten und haben zu solchen Träumen schwerlich ein Recht. Gleich wie sich unsere Vertreibung ausnimmt und verstanden wird im Rahmen deutscher oder europäischer Geschichte, die Tatsache der Vertreibung selbst konnte erst einmal gar nicht anders als uns in unsere eigene Geschichte zurückverweisen, in der Vertreibung sich nicht als etwas Einmaliges und Einzigartiges, sondern gerade als etwas Bekanntes und Wiederholtes darstellte.

Zwar hat auch dies sich schließlich als eine Illusion herausgestellt. Die letzten Jahre haben uns Dinge gelehrt, die wir keineswegs aus unserer Geschichte als etwas sich Wiederholendes belegen könnten; wir sind mit einem entschlossenen Versuch der Ausrottung noch nie konfrontiert worden, und wir haben natürlich mit einer solchen Möglichkeit auch nie im Ernst gerechnet. Gegenüber der Vernichtung eines Drittels des jüdischen Volkes in der Welt und nahezu dreier Viertel der europäischen Judenheit nehmen sich die vor Hitler von den Zionisten prophezeiten Katastrophen wie Stürme im Wasserglas aus.

Dies aber ist ja nun keineswegs geeignet, solch eine Veröffentlichung leichter oder besser verständlich zu machen. Mir scheint es offenbar zu sein, dass die Mehrheit beider Völker, des deutschen wie des jüdischen, sich unter einem Juden, der in Deutschland zu Deutschen oder, wie in meinem Falle, auf diesem Wege zu Europäern sprechen will, schwerlich etwas anderes vorstellen kann als einen Lumpen oder einen Narren. Dies hat mit der Frage von Schuld oder Verantwortlichkeit noch gar nichts zu tun. Ich spreche lediglich von dem Boden der Tatsachen, wie er sich mir darstellt, weil man von ihm sich nie entfernen sollte, ohne zu wissen, was man tut und warum man es tut.

Keiner der folgenden Aufsätze ist, wie ich hoffe, ohne Bewusstsein der Tatsachen unserer Zeit und ohne Bewusstsein des jüdischen Schicksals in unserem Jahrhundert geschrieben. Aber in keinem, glaube und hoffe ich, habe ich mich auf diesen Boden der Tatsachen gestellt, in keinem habe ich die von diesen Tatsachen geschaffene Welt als notwendig und unzerstörbar akzeptiert. Solche gewollte Unbefangenheit des Urteils und bewusste Distanz von allen Fanatismen, wie verlockend diese auch sein mochten und wie erschreckend auch Vereinsamung in jedem Sinne als Folge drohte, hätte ich nie leisten können ohne Ihre Philosophie und ohne die Tatsache Ihrer Existenz, die mir in den langen Jahren, da mich die rabiaten Umstände von Ihnen ganz und gar entfernten, sehr viel deutlicher wurden als zuvor.

Was ich bei Ihnen gelernt habe und was mir in den folgenden Jahren half, mich in der Wirklichkeit zurechtzufinden, ohne mich ihr zu verschreiben, wie man sich früher dem Teufel verschrieb, ist, dass es nur auf die Wahrheit ankommt und nicht auf Weltanschauungen, dass man im Freien leben und denken muss und nicht in einem noch so schön eingerichteten »Gehäuse« und dass die Notwendigkeit in jeder Gestalt nur der Spuk ist, der uns locken möchte, eine Rolle zu spielen, anstatt zu versuchen irgendwie ein Mensch zu sein. Was ich persönlich nie vergessen habe, ist Ihre so schwer beschreibbare Haltung des Zuhörens, jene dauernd zur Kritik bereite Toleranz, die von Skepsis gleich weit entfernt ist wie vom Fanatismus und schließlich nur die Realisierung dessen ist, dass alle

Menschen Vernunft haben und dass keines Menschen Vernunft unfehlbar ist.

Damals war ich manchmal versucht, Sie nachzuahmen bis in den Gestus des Sprechens hinein, weil dieser Gestus für mich symbolisch geworden war für einen sich unmittelbar verhaltenden Menschen, für einen Menschen ohne Hintergedanken. Dabei habe ich schwerlich gewusst, wie schwer es einmal werden würde, Menschen ohne Hintergedanken zu begegnen, und dass eine Zeit kommen werde, da gerade dies, was so offenbar von Vernunft und heller aufhellender Aufmerksamkeit diktiert war, wie vermessener, ruchloser Optimismus aussehen könnte.

Denn zu den Tatsachen, zu der Welt, in der wir heute leben, gehört ja auch jenes fundamentale Misstrauen zwischen den Völkern und den Einzelnen, das durch das Verschwinden der Nazis nicht verschwunden ist und nicht verschwinden konnte, weil es sich auf ein überwältigendes Material an Erfahrung stützen und berufen kann. So ist es heute für uns Juden in der Tat fast unmöglich, einem Deutschen, der uns begegnet, nicht mit der Frage aufzuwarten: Was hast du in den zwölf Jahren von 1933 bis 1945 getan? Und hinter dieser Frage steht beides: ein quälendes Unbehagen, dass man von einem Menschen etwas so Unmenschliches verlangt wie die Rechtfertigung seiner Existenz, und der lauernde Verdacht, ob man nicht gerade mit einem konfrontiert ist, der entweder in einer Mordfabrik angestellt war oder der, wenn er etwas von den Ungeheuerlichkeiten des Regimes erfuhr, der Meinung war: Wo gehobelt wird, fallen Späne. Dass man für das Erstere kein geborener Mörder und für das Zweite kein gedungener Helfershelfer, ja nicht einmal ein überzeugter Nazi zu sein brauchte, ist gerade das Beunruhigende und Aufreizende, das so leicht dazu verführt zu generalisieren.

So etwa sieht heute der Boden der Tatsachen aus, auf den beide Völker geworfen sind. Auf der einen Seite steht die von den Nazis geplante und bewusst durchgeführte Komplizität des gesamten deutschen Volkes; auf der anderen Seite steht der in den Gaskammern erzeugte blinde Hass des gesamten jüdischen Volkes. Diesem fanatischen Hass kann sich der einzelne Jude so wenig entziehen wie der einzelne Deutsche jener von den Nazis über ihn verhängten Komplizität, solange sich nicht beide entschließen, den Boden solcher Tatsachen zu verlassen.

Dieser Entschluss, den Boden der Tatsachen ganz und gar zu verlassen und sich um die Gesetze, die sie dem Handeln diktieren wollen, ganz und gar nicht mehr zu kümmern, ist ein schwerer Entschluss, der aus der Einsicht stammt, dass in der Vergangenheit etwas geschehen ist, was nicht einfach schlecht oder unrecht oder grausam war, sondern was unter keinen Umständen hätte passieren dürfen. Dies war so lange noch anders, als sich die Naziherrschaft in gewissen Grenzen hielt und man als Jude sein Verhalten nach den Regeln einrichten konnte, die unter den Umständen gewöhnlicher und bekannter Feindschaft zwischen zwei Völkern gelten. Damals konnte man sich auf den Boden der Tatsachen noch verlassen, ohne deshalb unmenschlich zu werden; man konnte etwa sich als Jude wehren, weil man als Jude angegriffen war. Nationale Begriffe und nationale Zugehörigkeiten hatten noch einen Sinn, sie waren noch ursprüngliche Elemente einer Realität, innerhalb deren man sich bewegen konnte. Innerhalb solch einer trotz aller Feindschaft noch intakten Welt reißt auch die Möglichkeit der Mitteilung zwischen den Völkern und Einzelnen nicht einfach ab, und es entsteht nicht der stumme und ewige Hass, der uns unweigerlich ergreift, wenn wir uns den Konsequenzen der von den Nazis geschaffenen Tatsachen unterwerfen.

Aber die Fabrikation von Leichen hat mit Feindschaft nichts mehr zu tun und ist mit politischen Kategorien nicht mehr zu fassen. In Auschwitz hat sich der Boden der Tatsachen in einen Abgrund verwandelt, in den jeder hineingezogen werden wird, der nachträglich versucht, sich auf ihn zu stellen. Hier ist die Realität der Realpolitiker, von der sich die Mehrzahl der Völker immer und natürlicherweise bezaubern lassen, zu einem Ungeheuer geworden, das uns nur antreiben könnte, weiter Vernichtung zu betreiben, wie man in Auschwitz Leichen fabrizierte.

Ist der Boden der Tatsachen zu einem Abgrund geworden, so ist der Raum, in den man sich begibt, wenn man sich von ihm entfernt, ein gleichsam leerer Raum, in welchem es nicht mehr Nationen und Völker gibt, sondern nur noch Einzelne, für die es nicht mehr sehr erheblich ist, was die Mehrzahl der Menschen jeweils gerade denkt, und sei es die Mehrzahl des eigenen Volkes. Für die notwendige Verständigung zwischen diesen Einzelnen, die es heute in allen Völkern und allen Nationen der Erde gibt, ist es wichtig, dass sie lernen, sich nicht krampfhaft an ihren eigenen nationalen Vergangenheiten festzuhalten – Vergangenheiten, die doch nichts erklären (denn Auschwitz ist so wenig aus deutscher wie aus jüdischer Geschichte zu erklären); dass sie nicht vergessen, dass sie nur zufällig Überlebende einer Sintflut sind, die in dieser oder jener Form jeden Tag wieder über uns hereinbrechen kann, und dass sie daher dem Noah in seiner Arche gleichen mögen; dass sie schließlich der Verführung zur Verzweiflung oder zur Menschenverachtung nicht nachgeben, sondern dankbar sind dafür, dass es eben doch verhältnismäßig viele Noahs gibt, die auf den Weltenmeeren herumschwimmen und versuchen, ihre Archen so nah wie möglich aneinander heranzusteuern.

»Wir leben«, wie Sie in Genf sagten, »als ob wir pochend vor den Toren ständen, die noch geschlossen sind. Bis heute geschieht vielleicht im ganz Intimen, was so noch keine Welt begründet, sondern nur dem Einzelnen sich schenkt, was aber vielleicht eine Welt begründen wird, wenn es aus der Zerstreuung sich begegnet.«

In dieser Hoffnung und mit diesem Willen scheint es mir ganz gerechtfertigt, dies Buch in Deutschland erscheinen zu lassen. Jedenfalls zeichnet sich in Ihrer Existenz und in Ihrer Philosophie das Modell eines Verhaltens ab, in dem Menschen miteinander reden können, und sei es unter den Bedingungen der Sintflut.

New York, Mal 1947.

Hannah Arendt

[Nachdruck aus Hannah Arendt, *Sechs Essays*, Heidelberg: Lambert Schneider (Schriften der Wandlung 3), 1948, S. 5–10.]

II

Für ein neues politisches Selbstbewusstsein

10
Ein Mittel zur Versöhnung der Völker

I.

Es ist oft behauptet worden, dass Deutschland das erste von Hitler eroberte Land gewesen sei. Aber dies ist nur richtig, wenn man hinzufügt, dass diese Eroberung von großen Teilen des deutschen Volkes aktiv gefördert und von noch größeren Teilen passiv geduldet oder stillschweigend sogar gutgeheißen wurde. Jedenfalls begann Hitler seine Laufbahn durch Europa und seine Zerstörung der europäischen Nationenwelt mit der Liquidierung der deutschen Nation, die in der Schande von Dachau und Buchenwald untergegangen ist, in der Schande der Folterkeller und der Nürnberger Gesetze, in der Schande der Ausrottungsfeldzüge gegen Frauen, Greise und Kinder. Aus den Trümmern der deutschen Nation stieg das blutige Wahngebilde einer germanischen Rasse empor. Übrig blieb das deutsche Volk, von dem ungefähr eine Million in den Hitler'schen Konzentrationslägern sitzt.

An dem Tage in Compiègne, an dem Pétain jenen berüchtigten Paragrafen des deutsch-französischen Waffenstillstandsvertrags unterschrieb, dem zufolge jeder Flüchtling von Frankreich an die Nazis ausgeliefert werden muss, und dies auch, wenn er unter französischer Fahne gekämpft hat, an diesem denkwürdigen Tage zerriss Pétain die Tricolore und liquidierte die Existenz der französischen Nation.[1] Auch diese Liquidierung wurde von erheblichen Teilen des französischen Volkes gutgeheißen, von noch größeren stillschweigend geduldet. Wusste man doch, dass die infragestehenden Flüchtlinge in ihrer Majorität Juden waren. Die Vichy-Regierung konnte sich auf den Gleichmut verlassen, mit dem

Franzosen die Schande der spanischen Konzentrationsläger[2], die Schande der Flüchtlingsbehandlung durch die Dritte Republik und schließlich die Schande einer kampflosen Niederlage ertragen hatten. Sie konnte sich mehr noch verlassen auf die so eigenständige antisemitische Tradition Frankreichs, deren sie voller Stolz gedachte, als sie die Konzentrationslager für Flüchtlinge in Konzentrations- und Deportationslager für Juden umwandelte. Untergegangen ist die französische Nation, übrig geblieben ist das französische Volk, das mit Bomben und Sabotage gegen die physische Ausrottung kämpft.

Die europäische Nationenwelt, aus der Französischen Revolution geboren und von den glorreichen Armeen Napoleons begründet, ist nie voll realisiert worden. Immer bildeten jene kleineren Völker, die durch die großen Nationen ökonomisch oder politisch gehindert wurden, sich voll zu entwickeln, jenen Sprengstoff, der den Ersten Weltkrieg entzündete. Zu diesen ungelösten nationalen Problemen Europas gehörte die Judenfrage. Die Juden, das einzige Volk, das es nicht einmal bis zu einem eigenen Siedlungsgebiet hatte bringen können, wurde schließlich die Minorität par excellence, eine Minderheit nämlich überall, und nirgends eine Mehrheit. Die Judenfrage, sehr weit entfernt davon, eine für europäische Politik fremde oder irrelevante Frage zu sein, wurde zum Symbol für alle ungelösten nationalen Fragen Europas.

Die europäischen Nationen haben gleichgültig zugesehen, als das schwächste Glied ihrer Familie, das ewige Stiefkind, erst in seinen nationalen Ansprüchen in Palästina betrogen und dann in seiner physischen Existenz in der Diaspora bedroht wurde. Sie haben für diese Indifferenz sehr teuer gezahlt, denn der Antisemitismus ist schließlich zu dem eigentlichen Zersetzungsferment der gesamten europäischen Welt geworden. Die Völker haben für ihren Antisemitismus mit dem vorläufigen Verlust ihrer nationalen Existenz gebüßt. Ein Volk nach dem andern ließ Hitlers Mordscharen nahezu kampflos über seine Grenzen, weil es sich einbildete, es ginge »nur« gegen die Juden. Allen voran ging das deutsche Volk, das lange glaubte, Gestapo und Folterkeller seien nur für Juden erfunden, bis schließlich Frankreich den Todesreigen beschloss, als es die »so korrekte« Naziarmee fast bewillkommnete, fest überzeugt, es würde nur Juden und anderen »unliebsamen Ausländern« an den Kragen gehen. Von Polen oder Rumänien, die aus eigener Initiative in Pogromen erst einmal das eigene Elend zu ersticken hofften, ganz zu schweigen.

Inzwischen hat sich das Blatt gewendet. Die Nazis, welche entdeckt zu haben glaubten, dass Terror das wirksamste Propagandamittel ist, haben es sehr gegen ihren Willen fertiggebracht, die Völker in einem in der Geschichte nie dagewesenen Tempo die Grundbegriffe aller Politik, die Freiheit und Gerechtigkeit heißen, neu zu lehren. In ganz Europa schwelt der Aufruhr: Die nördlichen Völker lehnen es mit der Waffe in der Hand ab, der »Herrenrasse« zugerechnet zu werden. Der französische Klerus, der einstmals mit Antisemitismus das Volk in die Kirchen zurückgewinnen wollte und mit dessen Beistand daher Pétain so fest rechnete, hat entdeckt, dass man Kirchen füllen kann, wenn man für Juden predigt und von den Gläubigen verlangt, Juden gegen die Polizei zu schützen. Unter der Nase der deutschen Besatzungsarmee spaziert der Bischof von Paris mit dem Judenstern herum und lehrt auf sehr handgreifliche Weise praktisches Christentum. In Jugoslawien befreien Mikhailowitschs Scharen Juden aus den Konzentrationslagern, bewaffnen sie und kämpfen mit ihnen zusammen den großen Kampf der Befreiung. In Holland, in Belgien, in Dänemark, überall das gleiche Bild: Die Rebellion entzündet sich genau an dem gleichen Punkt, an welchem die moralische Niederlage, die überall der militärischen vorangegangen war, eingesetzt hatte, an der Haltung zu den Juden.

Verzweifelt versuchen die Nazis, Juden aus all den Gebieten zu entfernen, wo ihre bloße Anwesenheit der Bevölkerung einen Kristallisationspunkt der Rebellion gibt, und deportieren sie in solche Regionen, die noch als antisemitisch und damit noch als sicher für die Nazis gelten können. Sie gießen nur Öl ins Feuer und müssen entdecken, dass Völker unter Umständen ein gutes Gedächtnis haben und dass die Abwesenden und die Toten unter Umständen eine lautere und deutlichere Sprache sprechen als die Nahen und die Lebenden.

II.

Uns Juden bringen diese Vorgänge in eine politische Konstellation, für die es in der neueren Geschichte keinen Präzedenzfall gibt. Seit dem Entstehen der Nationalstaaten sind wir von wechselnden Regierungen mehr oder minder heftig abgelehnt (und manchmal aktiv verfolgt) worden. Immer größere Volksschichten wurden in den letzten fünfzig Jahren durch ihre Konflikte mit ihren Regierungen antisemitisch, bis schließlich mit dem Untergang des National- und des Rechtsstaates die Judenverfolgungen von Staats wegen begannen. Dass die Gesellschaft versucht, uns gegen staatliche Maßnahmen zu schützen, wie etwa das französische oder das holländische Volk, die um ihrer oder sogar um ausländischer Juden willen gegen ihre Regierungen rebellieren, ist in der jüdischen Geschichte ein so neues Faktum, dass unsere »Realpolitiker« bestimmt noch mindestens zwanzig Jahre brauchen werden, bis diese neue Realität in ihre Köpfe hineingegangen sein wird.

Das jüdische Volk aber täte gut daran, auf diese ersten Anzeichen künftiger Dinge genau zu achten. In der europäischen Katastrophe sind mit den alten Nationalstaaten auch jene Konflikte und Differenzen zwischen denjenigen Völkern, die es zur Nation gebracht hatten, und jenen, die – wie die Juden – noch Völker geblieben waren, untergegangen; schwer zu sagen, was wirksamer war, Hitlers Militärmaschine oder die eigene Schande. Alle miteinander jedenfalls sind sie wieder zu bloßen Völkern geworden, deren nationale Befreiung aussteht, eine Befreiung die sich diesmal vermutlich nur in einem föderierten Europa, das ja schon Napoleon vorschwebte, wird verwirklichen lassen können. Die Französische Revolution, die den Juden die Menschenrechte brachte und sie die nationale Emanzipation kostete, holt aus zu ihrem zweiten großen Schritt.

So furchtbar die Opfer sind, welche das jüdische Volk in den letzten Jahren, in den furchtbarsten Verfolgungen seiner Geschichte, erlitten hat, so groß sind die Chancen für eine nationale Neuorientierung seiner Politik. Zum ersten Mal in unserer neueren Geschichte können wir in unseren gerechten Ansprüchen auf nationale Emanzipation, auf Palästina, an die Völker direkt appellieren. Denn zum ersten Male seit den Tagen des ausgehenden 18. Jahrhunderts und genau in dem Augenblick, wo es den jüdischen Einfluss auf die Mächtigen dieser Erde ohnehin nicht mehr gibt, erklären die Völker sich mit uns solidarisch. Jedem Einsichtigen und jedem Demokraten dürfte klar sein, dass wir von dieser Solidarität mehr erwarten können als von allen Protektionen vergangener Zeiten.

Dieser Krieg ist ein Krieg des »gemeinen Mannes«, wie es Wallace, der Vizepräsident der Vereinigten Staaten formuliert hat.[3] Vor den neu erwachenden Völkern werden wir unsere Ansprüche auf Palästina geltend zu machen, an den gemeinen Mann, den durchschnittlichen Bürger demokratisch organisierter Nationen werden wir unsere Worte zu richten haben. Er wird schon während dieses Krieges und sicher nach diesem Kriege die Probleme des jüdischen Volkes besser verstehen als alle Beamten sämtlicher Kolonialverwaltungen der Welt zusammen. Er wird um seiner selbst willen begreifen, dass nationale Probleme nicht lösbar sind ohne nationalen Boden; er wird um seiner eigenen neuen nationalen Ehre willen gezwungen sein, Gerechtigkeit zu üben. Und dies umso mehr, je tiefer er den Abgrund der nationalen Schande, in den ihn die prinzipielle Ungerechtigkeit gestürzt hat, durchmessen hat.

Gerechtigkeit für ein Volk aber kann nur nationale Gerechtigkeit heißen. Zu den Menschenrechten der Juden gehört unabdingbar das Recht, als Jude zu leben und, wenn es sein muss, zu sterben. Ein Mensch kann sich nur als das wehren, als was er angegriffen wird. Ein Jude kann seine Menschenwürde nur bewahren, wenn er als Jude Mensch sein kann. In einer Zeit, da sein Volk verfolgt und der Fetzen Boden, den seiner Hände Arbeit aus Wüste in fruchtbares Land verwandelt hat, bedroht ist, heißt das letztlich, als Jude für die Freiheit seines Volkes und die Sicherheit seines Bodens zu kämpfen. So sicher in jedem verfolgten Juden die Menschheit geschändet wird, so sicher werden die paar Juden, denen man gnädigst erlaubt hat, als englische Kolonialsoldaten am Krieg teilzunehmen, diese Schändung nicht wiedergutmachen können. Ein Volk, dem man nicht erlaubt, sich seiner Feinde zu wehren, ist kein

Volk, sondern ein lebender Leichnam. Ein Volk, dem man nicht erlaubt, sich seiner Feinde zu wehren, verurteilt man zu dem menschlich vielleicht sehr erhabenen, politisch aber durchaus unwürdigen Schicksal, Opfer der Weltgeschichte zu werden.

III.

Von allen Völkern Europas hat kein Volk ein größeres objektives Interesse, die jüdische Armee verwirklicht auf den Schauplatz des Kampfes treten zu sehen, als gerade das deutsche. Größer als die Untat, einen Krieg entfesselt zu haben, ist die Schande, gegen Wehrlose Krieg zu führen. Lauter als das Blut der erschlagenen Feinde wird das Blut der ermordeten Opfer gen Himmel schreien. Es ist eines der Gesetze menschlichen Zusammenlebens, dass jedes Opfer – aber nicht jeder Besiegte – nach Rache schreit. Das hatte jener deutsche Protestant, den man wirklich keines Philosemitismus verdächtigen konnte, bereits im April 1933 verstanden, als er sagte: »Das Blut dieser Juden wird über unsere Kinder und Kindeskinder kommen.«[4] Nur ein Kampf, an welchem alle Opfer beteiligt werden und in welchem schließlich die Nazis aller Länder von den von ihnen beherrschten Völkern isoliert und überwältigt werden, kann diese Rache vorwegnehmen und sie liquidieren.

Viele Menschen deutscher Abstammung schämen sich heute dessen, was die Nazis im Namen ihres Volkes angerichtet haben. Viele glauben, sie haben genug getan, wenn sie sich als »philosemitisch« erklären, jüdischen Freunden ihre Sympathie ausdrücken, jüdischen Vereinen durch die Hergabe ihrer Namen den Anschein des Paritätischen geben oder gar erklären, es gäbe für sie keine Juden. Nun, wir können die Motive dieser Menschen verstehen – und wir wissen nur zu gut, wie oft sie in ihre absurde persönliche Haltung von Juden hineingezwungen wurden. Das hindert nicht, dass derartige Attitüden politisch bestenfalls bedeutungslos, meist aber schädlich sind. Man stelle sich doch nur einmal vor, die von Hitler so bitter verleumdeten Demokratien setzten sich damit zur Wehr, dass sie erklärten, es gäbe sie eigentlich gar nicht, das käme an Weisheit etwa der Überlegung gleich, dass man Mord auch durch Selbstmord verhüten kann. So sicher als Hitler Juden oder Demokraten im Weltmaßstab auszurotten gesonnen ist, so sicher wird er in diesem Vorhaben nur gehindert werden können, wenn die so Bedrohten ihre Existenz höchst handgreiflich zu bekräftigen und zu verteidigen gesonnen sind. Und so wenig ein von Mördern bedrohter Mann einem Freunde trauen sollte, der ihm als Ausweg den Selbstmord vorschlägt, so wenig sollten die Juden jenen falschen Freunden trauen, die ihnen einzureden versuchen, dass kollektiver Selbstmord der sicherste Weg zur kollektiven Sicherheit ist.

Wir verlangen von den Vereinigten Nationen[5] nicht mehr als jene Solidarität mit uns, welche so viele der europäischen Völker heute unter dem Druck der Terrormaschine der Nazis bereits uns erweisen. Wir wollen keine Versprechungen, dass auch unsere Leiden »gerächt« werden würden, sondern wir wollen kämpfen; wir wollen keine Barmherzigkeit, sondern Gerechtigkeit. »Il faut toujours rendre justice avant que d'exercer la charité« (Malebranche), was man auch mit: Wer nicht Gerechtigkeit übt, hat kein Recht auf Barmherzigkeit, übersetzen könnte.[6] Mitleid ohne Gerechtigkeit ist einer der mächtigsten Komplizen des Teufels; es beschwichtigt die Empörung und sanktioniert die vom Teufel geschaffene Ordnung. Freiheit aber ist keine Prämie für ausgestandene Leiden, und Gerechtigkeit empfängt man nicht wie Brosamen von dem Tische der Reichen.

Eine ganze Reihe von Amerikanern deutscher Abstammung haben öffentlich in dem letzten Jahr ihre Sympathie für die Bewegung zur Schaffung einer jüdischen Armee erklärt. Einige unter ihnen sind weiter gegangen und nehmen aktiven Anteil an diesem wichtigsten Abschnitt des Kampfes des jüdischen Volkes um seine Rechte. Sie allein sind die wirklichen Vertreter jener Millionen deutscher Menschen, welche Hitler in den Konzentrationslagern hält. Sie haben mit ihrem Eintreten für eine gerechte Beteiligung der Juden an diesem Krieg, der wahrlich ihr Krieg ist, mehr zur Versöhnung der Völker beigetragen als alle jene jüdischen oder nichtjüdischen Antifaschisten, die glauben, dass man Juden etwas Gutes damit erweist, dass man sie aus der Welt debattiert.

Die Vereinigten Nationen werden solange nicht komplett sein, als sie nicht gewillt sind, sich mit dem Paria unter den Völkern an einen Tisch zu setzen. So, wie das Schicksal der Juden heute zum Symbol dessen geworden ist, wie die Herrschaft des Teufels auf Erden aussieht, so ist das Maß, in welchem Vertreter anderer Völker bereit sind, Schulter an Schulter mit uns Juden ihren und unseren und der Menschheit Kampf zu kämpfen, der genaue Gradmesser für die Gerechtigkeit ihres Krieges.

[Nachdruck aus *Porvenir. Zeitschrift für alle Fragen des jüdischen Lebens*, Buenos Aires, Band 3, 1942, S. 125–130.]

11
Der Zionismus aus heutiger Sicht

Das Endergebnis von fünfzig Jahren zionistischer Politik fand seinen Niederschlag in der jüngsten Entschließung der größten und einflussreichsten Sektion der Zionistischen Weltorganisation. Auf ihrer letzten Jahresversammlung, die im Oktober 1944 in Atlantic City stattfand, erhoben die amerikanischen Zionisten von der Linken bis zur Rechten einmütig die Forderung nach einem »freien und demokratischen jüdischen Gemeinwesen [..., das] ganz Palästina umfassen soll, ungeteilt und ungeschmälert«. Dies ist ein Wendepunkt in der Geschichte des Zionismus, bedeutet es doch, dass das so lange entschieden zurückgewiesene revisionistische Programm sich schließlich durchgesetzt hat. Die Entschließung von Atlantic City geht sogar noch einen Schritt weiter als das Biltmore-Programm (1942)[1], in dem die jüdische Minderheit der arabischen Mehrheit Minderheitsrechte zugestanden hatte. Dieses Mal blieben die Araber in der Entschließung ganz einfach unerwähnt, sodass ihnen offenkundig nichts anderes bleibt, als zwischen freiwilliger Emigration und einer Existenz als Bürger zweiter Klasse zu wählen. Es scheint, als würde mit dieser Entschließung zugegeben, dass lediglich opportunistische Erwägungen die zionistische Bewegung bislang davon abgehalten haben, ihre Endziele zu formulieren. Jetzt erscheinen diese Ziele im Hinblick auf die künftige politische Verfassung Palästinas als vollkommen identisch mit denen der Extremisten.* Das ist ein tödlicher Schlag für all jene jüdischen Parteien in Palästina, die unermüdlich die Notwendigkeit einer Verständi-

* Diese programmatische Ausrichtung wurde im August 1945 auf der Londoner World Zionist Conference bestätigt.

gung zwischen Arabern und Juden gepredigt haben. Eine bemerkenswerte Stärkung dagegen bedeutet es für die von Ben Gurion geführte Mehrheit, die durch zahlreiche Ungerechtigkeiten in Palästina und durch die schrecklichen Katastrophen in Europa zu einem bislang unbekannten Nationalismus getrieben wurde.

Es ist kaum verständlich, warum die »allgemeinen« Zionisten sich noch immer offiziell mit den Revisionisten streiten, es sei denn, man nimmt an, dass die Ersteren nicht recht glauben, dass ihre Forderungen erfüllt werden können, es aber für klug halten, Maximalforderungen als Ausgangspunkt für künftige Kompromisse aufzustellen, während die Letzteren ernsthafte, aufrichtige und unnachgiebige Nationalisten sind. Außerdem haben die allgemeinen Zionisten ihre Hoffnungen auf die Hilfe der Großmächte gesetzt, während die Revisionisten ziemlich entschlossen zu sein scheinen, die Sache selbst in die Hand zu nehmen. Das mag töricht und unrealistisch sein, doch wird es den Revisionisten zahlreiche neue Anhänger unter den aufrichtigsten und idealistischsten Teilen der Juden einbringen.

Die signifikante Veränderung besteht jedenfalls darin, dass sich sämtliche zionistischen Verbände einig sind in ihren Zielvorstellungen, deren bloße Erörterung noch in den dreißiger Jahren tabu war. Dadurch, dass sie in einem ihnen geeignet erscheinenden Augenblick ihre Ziele derart unverhüllt verkündeten, haben sich die Zionisten für lange Zeit um die Chance zu Gesprächen mit den Arabern gebracht, da man ihnen, was auch immer sie anbieten mögen, nicht trauen wird. Das wiederum erleichtert es einer außenstehenden Macht, sich der Sache anzunehmen, ohne die beiden am stärksten betroffenen Seiten nach ihrer Meinung zu fragen. Tatsächlich haben die Zionisten alles getan, um jenen »tragischen Konflikt« entstehen zu lassen, der nun nur durch das Zerschlagen des gordischen Knotens beendet werden kann.

Es wäre sicher sehr naiv zu glauben, dass ein solches Zerschlagen unbedingt zum Vorteil der Juden sein muss, und es gibt auch keinen Grund anzunehmen, dass es zu einer dauerhaften Lösung führt. Genauer gesagt: die britische Regierung könnte morgen beschließen, das Land zu teilen, und dabei aufrichtig überzeugt sein, einen tragfähigen Kompromiss zwischen jüdischen und arabischen Forderungen gefunden zu haben. Bei den Briten wäre diese Überzeugung umso verständlicher, als die Teilung in der Tat ein annehmbarer Kompromiss zwischen der proarabischen, antijüdischen Kolonialverwaltung und der eher projüdischen öffentlichen Meinung Englands sein könnte, durch den dann anscheinend eine innerbritische Meinungsverschiedenheit in der Palästinafrage beigelegt würde. Es ist jedoch schlechterdings absurd zu glauben, dass durch eine weitere Teilung eines so kleinen Territoriums – dessen gegenwärtige Grenzen bereits das Ergebnis zweier vorangegangener Teilungen sind (erst der Abtrennung von Syrien und dann von Transjordanien) – der Konflikt zwischen zwei Völkern gelöst werden könnte, insbesondere in einer Zeit, da es selbst bei sehr viel größeren Gebieten für ähnliche Konflikte keine territoriale Lösung gibt.

Der Nationalismus ist schlimm genug, wenn er auf nichts anderes als die rohe Stärke der Nation baut. Ein Nationalismus aber, der notwendigerweise und eingestandenermaßen von der Stärke einer fremden Nation abhängt, ist mit Sicherheit schlimmer. Dieses Schicksal droht dem jüdischen Nationalismus und dem vorgeschlagenen jüdischen Staat, der unvermeidlich von arabischen Staaten und arabischen Völkern umgeben sein wird. Selbst eine jüdische Mehrheit in Palästina, ja sogar eine Umsiedlung aller palästinensischen Araber, die von den Revisionisten offen gefordert wird, würde nichts Grundlegendes an einer Situation ändern, in der die Juden entweder eine auswärtige Macht um Schutz gegen ihre Nachbarn ersuchen oder eine wirksame Verständigung mit ihren Nachbarn erreichen müssen.

Kommt es nicht zu einer solchen Verständigung, besteht die unmittelbare Gefahr eines Zusammenstoßes zwischen den Interessen der Juden, die gezwungenermaßen bereit sind, jede Macht, welche ihre Existenz garantieren würde, im Mittelmeerraum zu akzeptieren, und denen aller übrigen Mittelmeervölker, sodass wir morgen statt vor einem »tragischen Konflikt« vor so vielen unlösbaren Konflikten stehen werden, wie es Mittelmeernationen gibt. Denn diese Nationen, entschlossen, ein Mare nostrum ausschließlich für diejenigen zu fordern, die besiedelte Gebiete am Mittelmeer besitzen, müssen sich langfristig gegen jede äußere – also sich einmischende – Macht wenden, die dort eine Interessensphäre schafft oder besitzt. Diese außenstehenden Mächte, so mächtig sie derzeit auch sein mögen, können es sich gewiss nicht leisten, die Araber, die zu den zahlenmäßig stärksten Völkern des Mittelmeerraums gehören, gegen sich aufzubringen. Sollten die Mächte in der gegenwärtigen Situation bereit sein, die Gründung einer jüdischen Heimstätte zu unterstützen, so könnten sie das nur auf der Grundlage eines umfassenden Einvernehmens, das die gesamte Region und die Bedürfnisse aller Völker in ihr berücksichtigt. Sollten die Zionisten aber weiterhin die Mittelmeervölker ignorieren und nur nach den fernen Großmächten Ausschau halten, dann werden sie als deren Werkzeuge, als Agenten fremder und feindlicher Interessen erscheinen. Juden, welche die Geschichte ihres Volkes kennen, sollten wissen, dass eine solche Situation unvermeidlich ein neuerliches Aufflammen des Judenhasses herbeiführen wird; der Antisemitismus von morgen wird behaupten, die Juden hätten nicht nur von der Präsenz der fremden Großmächte in dieser Region profitiert, sondern hätten sie regelrecht angezettelt und seien folglich für die Konsequenzen verantwortlich.

Den großen Nationen, die es sich leisten können, sich am machtpolitischen Spiel zu beteiligen, fiel es nicht schwer, von König Artus' Tafelrunde an den Pokertisch hinüberzuwechseln; kleine machtlose Nationen aber, die bei diesem Spiel ihre eigenen Einsätze wagen und sich unter die Großen zu mischen versuchen, verlieren dabei meist am Ende alles. Bei dem Versuch, »realistisch« in den Handel um das Öl im Nahen Osten einzusteigen, ähneln die Juden peinlicherweise den Leuten, die einen Hang zum Pferdehandel haben, doch weder Pferd noch Geld besitzen und deshalb beschließen, den Mangel an beidem dadurch wettzumachen, dass sie das eindrucksvolle Geschrei nachahmen, welches derlei lärmende Transaktionen gewöhnlich begleitet.

II.

Grund für den revisionistischen Erdrutsch in der Zionistischen Organisation war eine Verschärfung der politischen Konflikte in den letzten zehn Jahren. Dabei ist keiner dieser Konflikte neu; neu allein ist die Lage, welche die Zionisten zwingt, Antwort auf Fragen zu geben, denen man seit mindestens zwanzig Jahren bewusst aus dem Wege gegangen war. Unter Weizmanns außenpolitischer Führung und teils aufgrund der großartigen Erfolge der Juden Palästinas hatte die Zionistische Organisation eine geniale Fähigkeit entwickelt, Fragen von politischem Gewicht entweder überhaupt nicht oder nur doppeldeutig zu beantworten. Unter Zionismus konnte jeder verstehen, was er wollte; der Akzent wurde – besonders in den europäischen Ländern – auf die rein »ideologischen« Elemente gelegt.

Angesichts der gegenwärtigen Entscheidungen muss diese Ideologie einem neutralen und nicht allzu gut informierten Beobachter wie ein absichtlich verworrenes Gerede erscheinen, das politische Absichten verbergen soll. Eine solche Deutung täte jedoch der Mehrheit der Zionisten unrecht. Tatsache ist, dass die zionistische Ideologie in der Version Herzls eine entschiedene Tendenz zu den später als revisionistisch bezeichneten Einstellungen besaß und sich ihnen nur dadurch entziehen konnte, dass sie vor den realen politischen Problemen, um die es ging, absichtlich die Augen verschloss.

Die wenigen politischen Fragen, die letztlich die Entwicklung der ganzen Bewegung bestimmten, waren leicht auszumachen. Im Vordergrund stand die Frage, welche Art von politischer Körperschaft sich die palästinensische Judenheit geben sollte. Die Revisionisten, die sich mit einer bloßen »nationalen Heimstätte« [2] nicht zufriedengeben wollten, haben sich mit ihrer Forderung nach einem Nationalstaat durchgesetzt. Daraus ergab sich beinahe automatisch die nächste Frage, nämlich welche Beziehung diese Körperschaft zu den Juden in der Diaspora haben sollte.

An dieser Stelle setzt der Konflikt der doppelten Loyalität ein, auf den niemals eine klare Antwort gegeben wurde und der ein unausweichliches Problem für jede nationale Bewegung eines Volkes ist, das in fremden Staaten lebt und nicht bereit ist, seine politischen und Bürgerrechte in diesen Staaten aufzugeben. Präsident der Zionistischen Weltorganisation und der Jewish Agency for Palestine ist seit über zwanzig Jahren ein britischer Untertan, dessen britischer Patriotismus und britische Loyalität sicherlich über jeden Zweifel erhaben sind. Das Problem ist nur, dass schon sein Pass ihn zu einer Theorie der prästabilierten Harmonie von jüdischen und britischen Interessen in Palästina nötigt. Eine solche Harmonie mag es geben oder auch nicht; jedenfalls erinnert einen die Situation sehr lebhaft an ähnliche Theorien der europäischen Assimilationisten. Auch in diesem Punkt hat die Antwort der Revisionisten – jedenfalls ihres extremen Flügels in Amerika, des »Hebrew Committee for National Liberation« – große Aussichten, vom Zionismus akzeptiert zu werden, da sie so gut zu der Ideologie der meisten Zionisten passt und deren gegenwärtige Bedürfnisse hervorragend befriedigt.

Diese Antwort besagt, dass wir es in Palästina mit einer hebräischen Nation und in der Diaspora mit einem jüdischen Volk zu tun haben. Das steht in Einklang mit der alten Theorie, dass nur der Rest zurückkehren werde, und dieser Rest die Elite des jüdischen Volkes sei, von der allein das jüdische Überleben abhängt. Zudem hat es den ungeheuren Vorzug, dass es hervorragend zu dem Bedürfnis passt, den Zionismus für Amerika neu zu formulieren. Hier wird nicht einmal der Schein einer Bereitschaft, nach Palästina zu gehen, aufrechterhalten, sodass die Bewegung hier ihren ursprünglichen Charakter als eine Bewegung, die das Leben der Juden in der Diaspora verändern wollte, verloren hat. In der Tat könnte die Unterscheidung zwischen dem »jüdischen Volk« in Amerika und der »hebräischen Nation« in Palästina und Europa zumindest theoretisch den Loyalitätskonflikt der amerikanischen Juden lösen.

Genauso bedeutsam ist die noch immer offene Frage, was die Juden gegen den Antisemitismus unternehmen sollten – welche Art von Abwehr oder Erklärung die neue nationale Bewegung, die schließlich durch die antijüdische Agitation am Ende des letzten Jahrhunderts hervorgerufen wurde, bieten kann und wird. Seit Herzls Zeiten war die Antwort darauf äußerste Resignation, die offene Hinnahme des Antisemitismus als einer »Tatsache«, daher die »realistische« Bereitschaft, nicht nur mit den Feinden des jüdischen Volkes Geschäfte zu machen, sondern zudem aus der Judenfeindschaft propagandistischen Vorteil zu ziehen. Auch in dieser Hinsicht ist ein Unterschied zwischen den Revisionisten und den allgemeinen Zionisten nur schwer auszumachen. Während die Revisionisten von anderen Zionisten heftig kritisiert wurden, weil sie mit der antisemitischen Vorkriegsregierung Polens über die Evakuierung einer Million polnischer Juden in Verhandlungen getreten waren, um für extreme zionistische Forderungen die Unterstützung Polens vor dem Völkerbund zu erlangen und somit Druck auf die britische Regierung auszuüben, standen die allgemeinen Zionisten ihrerseits in ständigem Kontakt mit der Hitlerregierung in Deutschland wegen der Transferangelegenheit.

Das letzte und gegenwärtig sicherlich bedeutendste Problem ist der jüdisch-arabische Konflikt in Palästina. Die unnachgiebige Haltung der Revisionisten ist allgemein bekannt. Sie haben immer ganz Palästina und Transjordanien beansprucht und als Erste die Umsiedlung der palästinensischen Araber in den Irak befürwortet – ein Vorschlag, der vor einigen Jahren auch in den Kreisen der allgemeinen Zionisten ernsthaft erwogen wurde. Da die jüngste Entschließung der amerikanischen zionistischen Organisation, von der weder die Jewish Agency noch der palästinensische Vaad Leumi[3] sich im Grundsätzlichen unterscheiden, den Arabern außer dem Minderheitenstatus in Palästina oder der freiwilligen Emigration praktisch keine Wahl lässt, hat auch in dieser Frage das revisionistische Prinzip, wenn auch noch nicht die revisionistischen Methoden einen entscheidenden Sieg errungen.

Der einzige deutliche Unterschied zwischen den Revisionisten und den allgemeinen Zionisten liegt heute in ihrer Haltung gegenüber England, und das ist keine grundlegende politische Streitfrage. Mit der entschieden antibritischen Haltung der Revisionisten stimmen zumindest gefühlsmäßig sehr viele Juden Palästinas überein, die ihre Erfahrungen mit der britischen Kolonialverwaltung gemacht haben. Außerdem erfreuen sie sich in dieser Hinsicht der Unterstützung zahlreicher amerikanischer Zionisten, die entweder von dem amerikanischen Misstrauen gegenüber dem britischen Imperialismus beeinflusst sind oder hoffen, dass Amerika und nicht Großbritannien die künftige Großmacht im Nahen Osten sein wird. Das letzte Hindernis für ihren Sieg auf diesem Gebiet ist Weizmann, der von der Englischen Zionistischen Organisation und einer kleinen Minderheit in Palästina unterstützt wird.

III.

Leicht zusammenfassend könnte man sagen, dass die zionistische Bewegung durch zwei typische europäische politische Ideologien des 19. Jahrhunderts ins Leben gerufen wurde – durch Sozialismus und Nationalismus. Lange bevor der Zionismus entstand, hatte die Verschmelzung dieser beiden scheinbar entgegengesetzten Doktrinen stattgefunden, nämlich bei all jenen nationalrevolutionären Bewegungen kleiner europäischer Völker, die gleichermaßen sozial wie national unterdrückt waren. In der zionistischen Bewegung hat sich eine solche Verschmelzung jedoch nie vollzogen. Stattdessen war die Bewegung von Anfang an gespalten zwischen den sozialrevolutionären Strömungen, die in den osteuropäischen Massen entstanden waren, und dem Streben nach nationaler Emanzipation, wie es Herzl und seine Anhänger in Mitteleuropa formuliert hatten. Das Paradoxe an dieser Spaltung war, dass die sozialrevolutionären Strömungen eine tatsächlich durch nationale Unterdrückung hervorgerufene Volksbewegung darstellten, während das durch soziale Diskriminierung entstandene nationale Emanzipationsstreben zum politischen Credo von Intellektuellen wurde.

Die osteuropäische Bewegung hatte lange Zeit eine so starke Affinität zu einem Sozialismus Tolstoi'scher Prägung, dass dieser für ihre Anhänger beinahe zu einer ausschließlichen Ideologie wurde. Die Marxisten unter ihnen glaubten, Palästina sei der ideale Ort, um das jüdische Leben in seinen gesellschaftlichen Aspekten zu »normalisieren«, indem man dort die Bedingungen schuf, die es den Juden gestatteten, an dem alles beherrschenden Klassenkampf teilzunehmen, von dem das Ghettodasein die jüdischen Massen ausgeschlossen hatte. Dadurch sollten sie eine »strategische Basis« für die künftige Beteiligung an der Weltrevolution und der klassenlosen und von Nationen freien Gesellschaft der Zukunft erhalten (Borochov[4]). Diejenigen, die der östlichen Variante des messianischen Traums anhingen, gingen nach Palästina, um durch Arbeit innerhalb eines Kollektivs eine Art persönliche Erlösung zu finden (A. D. Gordon[5]). Von der Schande der kapitalistischen Ausbeutung verschont, konnten sie dort auf Anhieb und aus eigenen Kräften die von ihnen gepredigten Ideale verwirklichen und die neue Gesellschaftsordnung aufbauen, die in den sozialrevolutionären Lehren des Westens nur ein ferner Traum war.

Die sozialistischen Zionisten hatten ihr nationales Ziel erreicht, als sie in Palästina siedelten; darüber hinaus hatten sie keine nationalen Bestrebungen. Sie hatten – so absurd das heute auch klingen mag – nicht den leisesten Verdacht, dass es mit den vorhandenen Einwohnern des verheißenen Landes zu einem nationalen Konflikt kommen könnte; sie verschwendeten nicht einmal einen Gedanken an die Existenz der Araber. Nichts konnte besser den völlig unpolitischen Charakter der neuen Bewegung beweisen als dieses unschuldige Wegsehen. Diese Juden waren sicherlich Rebellen, doch rebellierten sie nicht so sehr gegen die Unterdrückung ihres Volkes als vielmehr gegen die lähmende, erstickende Atmosphäre des jüdischen Ghettolebens auf der einen und die allgemeinen Ungerechtigkeiten des gesellschaftlichen Lebens ihres jeweiligen Landes auf der anderen Seite. Sie hofften, beidem entronnen zu sein, wenn sie sich erst einmal in Palästina niedergelassen hätten, dessen bloßer Name ihnen noch immer heilig und vertraut war – so sehr sie sich von der jüdischen Orthodoxie emanzipiert haben mochten –, sie flüchteten sich nach Palästina, so wie jemand wünschen mag, sich auf den Mond zu flüchten, wo ihm die böse Welt nichts mehr anhaben kann. Ihren Idealen treu, richteten sie sich auf dem Mond ein, und dank der ungewöhnlichen Stärke ihres Glaubens gelang es ihnen, kleine Inseln der Vollkommenheit zu schaffen.

Aus diesen gesellschaftlichen Idealen erwuchsen die Chaluz- und Kibbuz-Bewegung[6]. Deren Angehörige, die in ihren jeweiligen Heimatländern eine winzige Minderheit waren, stellen heute unter den palästinensischen Juden eine kaum größere Minderheit dar. Es ist ihnen aber gelungen, einen neuen Typus des Juden, ja sogar eine neue Art von Aristokratie zu schaffen, mitsamt eigener neugeschaffener Werte: einer genuinen Verachtung von materiellem Reichtum, Ausbeutung und bürgerlichem Lebensstil; einer einmaligen Verknüpfung von Kultur und Arbeit; einer unnachsichtigen Durchsetzung sozialer Gerechtigkeit innerhalb des eigenen kleinen Kreises und einem liebevollen Stolz auf den fruchtbaren Boden, das Werk ihrer eigenen Hände – gekoppelt mit einer erstaunlichen, völligen Abwesenheit jedes Verlangens nach persönlichem Besitz.

So großartig diese Erfolge sind, blieben sie dennoch ohne jeden erkennbaren politischen Einfluss. Die Pioniere waren innerhalb des kleinen Zirkels, in dem sie ihre Ideale für sich verwirklichen konnten, vollkommen zufrieden; von dem allgemeinen Schicksal ihres Volkes unberührt, waren sie an jüdischer oder palästinensischer Politik kaum interessiert, ja sie fühlten sich davon sogar belästigt. Wie alle echten Sektierer bemühten sie sich, Menschen von ihrer Lebensweise zu überzeugen, für ihre Überzeugungen so viele Anhänger wie möglich zu gewinnen und sogar die jüdische Jugend der Diaspora dazu zu erziehen, ihnen zu folgen. Diese Idealisten wurden jedoch, kaum dass sie in Palästina angekommen waren, und einige sogar schon zuvor, im Schutzraum der verschiedenen Jugendbewegungen, selbstzufrieden und kümmerten sich nur noch um die persönliche Verwirklichung erhabener Ideale, ebenso wie ihre Lehrer gleichgültig gegenüber der Welt, die ihrerseits von den Segnungen des Lebens in einem landwirtschaftlichen Kollektiv nichts wissen wollte. In einem gewissen Sinne waren sie für das politische Leben zu anständig, und die besten unter ihnen fürchteten irgendwie, sich die Hände dabei schmutzig zu machen; im Übrigen waren sie aber völlig desinteressiert an allen Ereignissen des jüdischen Lebens außerhalb Palästinas, sofern diese nicht Tausende von Juden als Neueinwanderer ins Land brachten; jeder Jude, der nicht ein potenzieller Einwanderer war, langweilte sie. Die Politik überließen sie deshalb unbesorgt den Politikern – vorausgesetzt, man unterstützte sie mit Geld, mischte sich in ihre soziale Organisation nicht ein und garantierte ihnen einen gewissen Einfluss auf die Erziehung der Jugend.

Nicht einmal die Ereignisse von 1933 weckten ihr politisches Interesse; sie waren so naiv, darin vornehmlich einen von Gott gesandten Anlass für eine Einwanderungswelle nach Palästina zu erblicken, die sie sich nicht erträumt hatten. Als die Zionistische Organisation gegen die spontanen Gefühle des gesamten jüdischen Volkes beschloss, mit Hitler Geschäfte zu machen, deutsche Waren gegen den Besitz deutscher Juden zu tauschen, den palästinensischen Markt mit deutschen Erzeugnissen zu überschwemmen und so den internationalen Boykott von in Deutschland hergestellten Gütern zum Gespött zu machen, stieß sie in der jüdischen nationalen Heimatstätte auf wenig Widerstand, am wenigsten in der eigenen Aristokratie, den sogenannten Kibbuzniks.[7] Auf den Vorwurf, sie handelten mit dem Feind der Juden und der Arbeiterschaft, pflegten diese Palästinenser zu antworten, auch die Sowjetunion habe ihre Handelsvereinbarungen mit Deutschland verlängert. Damit unterstrichen diese Palästinenser erneut, dass sie nur am bestehenden und künftigen Jischuw, der jüdischen Ansiedlung, interessiert waren und dass ihnen nichts daran lag, zu Protagonisten einer weltweiten nationalen Bewegung zu werden.

Diese Zustimmung zu den Transfervereinbarungen zwischen Nazis und Zionisten ist nur ein herausragendes Beispiel unter den zahlreichen Fällen politischen Versagens der Aristokratie der Juden Palästinas. So sehr sie trotz ihrer geringen Zahl die sozialen Wertvorstellungen in Palästina beeinflussten, so wenig machten sie ihre Stärke in der zionistischen Politik geltend. Immer wieder unterwarfen sie sich der [Zionistischen] Organisation, die sie gleichwohl verachteten, so wie sie alle Menschen verachteten, die nicht als Produzenten von ihrer eigenen Hände Arbeit lebten.

So ist es gekommen, dass diese neue Klasse von Juden, die in den sozialen Beziehungen über so reiche neue Erfahrung verfügen, auf dem weiten Gebiet der jüdischen Politik nicht ein einziges frisches Wort, nicht einen einzigen neuen Slogan hervorgebracht haben. Sie entwickelten keine eigenständige Haltung zum politischen Antisemitismus und begnügten sich damit, die alten sozialistischen oder die neuen nationalistischen Banalitäten zu wiederholen, als ginge sie die ganze Sache nichts an. Ohne einen einzigen neuen Lösungsvorschlag für den arabisch-jüdischen Konflikt (der »Zweivölkerstaat« von Hashomer Hazair[8] ist keine Lösung, da er nur infolge einer Lösung des Konflikts realisiert werden könnte), beschränkten sie sich darauf, für oder gegen den Slogan von der jüdischen Arbeiterschaft zu kämpfen. Obwohl vom Hintergrund und von der Ideologie her revolutionär, kam von ihnen nicht die kleinste Kritik an der jüdischen Bourgeoisie außerhalb Palästinas, kein Angriff auf die Rolle des jüdischen Finanzkapitals im politischen Aufbau des jüdischen Lebens. Sie übernahmen sogar die Methode, durch Wohltätigkeitsveranstaltungen Gelder aufzutreiben, wie es ihnen die Organisation beigebracht hatte, wenn sie für diese in Sondermission ins Ausland geschickt wurden. In den stürmischen Konflikten, die heute in Palästina toben, sind die meisten von ihnen zu loyalen Anhängern Ben Gurions geworden, der im Gegensatz zu Weizmann tatsächlich aus ihren Reihen stammt; obwohl viele von ihnen es aus Gewohnheit einfach abgelehnt haben, sich an Abstimmungen zu beteiligen; und nur wenige unter ihnen haben dagegen protestiert, dass unter der Führung von Ben Gurion, dessen revisionistische Neigungen noch 1935 von der palästinensischen Arbeiterbewegung heftig kritisiert wurden, die Zionistische Organisation die Forderung der Revisionisten nach einem jüdischen Staat übernommen hat.

So endete die sozialrevolutionäre jüdische Nationalbewegung, die vor einem halben Jahrhundert mit derart hochfliegenden Idealen begann, dass sie die besonderen Realitäten des Nahen Ostens und die allgemeine Schlechtigkeit der Welt dabei übersah, wie die meisten derartigen Bewegungen bei der eindeutigen Unterstützung nicht nur nationaler, sondern sogar chauvinistischer Forderungen, die sich nicht gegen die Feinde des jüdischen Volkes, sondern gegen seine möglichen Freunde und gegenwärtigen Nachbarn richten.

IV.

Dieser freiwillige und in seinen Konsequenzen tragische Verzicht der Avantgarde des jüdischen Volkes auf politische Führung gab jenen Anhängern der Bewegung den Weg frei, die man zu Recht als politische Zionisten bezeichnen kann. Ihr Zionismus zählt zu jenen politischen Bewegungen des 19. Jahrhunderts, die Ideologien und Weltanschauungen als Schlüssel zur Geschichte im Handgepäck hatten. Der Zionismus erwuchs einst, genau wie seine bekannteren Zeitgenossen – Sozialismus oder Nationalismus –, aus äußerst lebendigen, genuin politischen Leidenschaften, und er teilt mit ihnen das traurige Schicksal, die Bedingungen ihrer politischen Entstehung überlebt zu haben und heute nur noch als lebende Gespenster durch die Ruinen unserer Zeit zu wandeln.

Der Sozialismus – trotz seines materialistischen Aberglaubens und seines naiven atheistischen Dogmatismus einst eine belebende Quelle für die revolutionäre Arbeiterbewegung – belastete die Köpfe und Herzen seiner Anhänger so lange mit der »dialektischen Notwendigkeit«, bis diese bereit waren, sich mit beinahe jeglichen inhumanen Verhältnissen abzufinden. Sie waren dazu bereit, weil einerseits ihr genuines politisches Verlangen nach Gerechtigkeit und Freiheit immer schwächer und andererseits ihr fanatischer Glaube an eine übermenschliche, ewig fortschrittliche Entwicklung immer stärker geworden war. Was den Nationalismus betrifft, so wurde er moralisch fragwürdig und erbittert verteidigt, seit offenbar wurde, dass dieses einstmals großartige revolutionäre Prinzip der nationalen Organisation von Völkern nicht mehr imstande war, innerhalb der nationalen Grenzen tatsächlich die Souveränität des Volkes zu garantieren beziehungsweise über diese Grenzen hinweg ein gerechtes Verhältnis zwischen verschiedenen Völkern herzustellen.

Die Juden bekamen den Druck, der von dieser ganz Europa kennzeichnenden Situation ausging, in Gestalt einer neuen feindseligen Philosophie zu spüren, deren ganze Weltsicht sich um die Rolle der Juden im politischen und sozialen Leben drehte. In einem gewissen Sinne hat der Antisemitismus sowohl den Assimilationismus als auch den Zionismus hervorgebracht; das geht so weit, dass wir von dem großen, sich Jahrzehnte hinziehenden Krieg der Argumente zwischen diesen beiden Richtungen kaum etwas verstehen, wenn wir uns nicht die gängigen Behauptungen des Antisemitismus vor Augen führen.

Damals äußerte sich im Antisemitismus noch ein typischer Konflikt, wie er in einem Nationalstaat unvermeidlich ist, in welchem die grundlegende Identität von Volk, Territorium und Staat notgedrungen gestört wird durch die Anwesenheit einer anderen Nationalität, die in welcher Form auch immer sich ihre Identität erhalten will. Im Rahmen eines Nationalstaats gibt es für Nationalitätenkonflikte nur zwei Lösungsmöglichkeiten: entweder vollständige Assimilation – das heißt tatsächlicher Untergang – oder Emigration. Hätten die Assimilationisten damals lediglich den nationalen Selbstmord des Judentums gepredigt und wären ihnen die Zionisten lediglich mit Vorschlägen für das nationale Überleben entgegengetreten, dann hätten wir es mit einem Kampf um echte, ernste Gegensätze zwischen zwei Fraktionen innerhalb der Judenschaft zu tun gehabt. Stattdessen zogen beide Seiten es vor, dem Problem auszuweichen und jeweils eine »Ideologie« zu entwickeln. Die meisten sogenannten Assimilationisten wollten nie die vollständige Assimilation und den nationalen Selbstmord; sie bildeten sich ein, sie hätten eine ausgezeichnete Überlebensmethode gefunden, indem sie aus der tatsächlichen Geschichte in eine imaginäre Geschichte der Menschheit flüchteten. Ähnlich flüchteten die Zionisten vor den aktuellen Konflikten in die Doktrin, dass der ewige Antisemitismus die Beziehungen zwischen Juden und Nicht-Juden überall und stets beherrsche und das jüdische Volk in erster Linie ihm sein Überleben verdanke. So entledigten sich beide Seiten der mühseligen Aufgabe, den Antisemitismus auf seinem eigenen Feld, dem politischen also, zu bekämpfen, und scheuten sich sogar vor der unangenehmen Aufgabe, seine wirklichen Ursachen zu untersuchen. Die Assimilationisten machten sich an ihr vergebliches Werk, riesige Bibliotheken mit Widerlegungen zu füllen, die nie jemand las – außer vielleicht die Zionisten. Denn diese akzeptierten offenbar die Richtigkeit dieser höchst einfältigen Argumentation, da sie aus jener Propaganda den Schluss zogen, dass jegliches Argumentieren vergeblich sei – angesichts des Niveaus der »Argumente« eine überraschende Schlussfolgerung.

Nun aber stand dem Reden über Allgemeinheiten und der Entwicklung der jeweiligen Ismen nichts mehr im Wege. In der Auseinandersetzung wurden politische Probleme nur dann berührt, wenn die Zionisten behaupteten, die Lösung des jüdischen Problems durch Assimilation bedeute Selbstmord. So richtig das auch war, wünschten oder wagten doch die meisten Assimilationisten nicht, es zu widerlegen. Sie fürchteten sich vor der Kritik von Nicht-Juden, die noch nicht bemerkt hatten, dass auch sie, die Assimilationisten selbst, das Überleben der Juden als Gemeinschaft wünschten und sich tatsächlich mit jüdischer Politik befassten. Wenn die Assimilationisten ihrerseits von der Gefahr der doppelten Loyalität und von der Unmöglichkeit sprachen, deutscher oder französischer Patriot und gleichzeitig Zionist zu sein, dann rührten sie taktlos an ein Problem, an dessen freimütiger Erörterung den Zionisten aus offenkundigen Gründen nicht gelegen war.

V.

So traurig es auch für jeden sein muss, der an das Prinzip der Regierung des Volkes durch das Volk und für das Volk glaubt, Tatsache ist, dass eine politische Geschichte des Zionismus die aus den jüdischen Massen hervorgebrochene genuine nationalrevolutionäre Bewegung ohne Weiteres übergehen könnte. Die politische Geschichte des Zionismus muss sich vornehmlich mit Elementen befassen, die nicht aus dem Volke kamen: Sie muss sich mit Männern befassen, die als Anhänger Theodor Herzls genausowenig an die Regierung durch das Volk glaubten wie dieser – allerdings ist auch richtig, dass sie alle von Herzen gern etwas für das Volk tun wollten. Ihr Vorzug war, dass sie über eine allgemeine europäische Bildung und Orientierung sowie über gewisse Kenntnisse im Umgang mit Regierungen verfügten. Sie bezeichneten sich selbst als politische Zionisten, worin eindeutig ihr besonderes und einseitiges Interesse an außenpolitischen Dingen zum Ausdruck kam.

Im Gegensatz zu ihnen waren die osteuropäischen Anhänger der Bewegung genauso einseitig an innenpolitischen Fragen interessiert.

Erst nachdem Herzl im Jahre 1904 gestorben war und weil seine Vorstöße in die hohe Politik gescheitert waren, wurden diese Männer zu Anhängern von Weizmanns »praktischem« Zionismus, der als Grundlage politischen Erfolgs praktische Errungenschaften in Palästina predigte. Diesem Ansatz sollte damals jedoch ebenfalls recht geringer Erfolg beschieden sein. Vor der Balfour-Deklaration von 1917 konnten angesichts des Fehlens einer politischen Garantie (Herzls berühmte Charter[9]) und angesichts der feindlichen Haltung der türkischen Administration sehr wenige Juden veranlasst werden, sich in Palästina anzusiedeln. Die Deklaration kam nicht aufgrund praktischer Erfolge in Palästina zustande, und das ist auch nie behauptet worden. So wurden die praktischen Zionisten zu »allgemeinen Zionisten« – ein Begriff, der ihre ideologische Überzeugung bezeichnete, die der Philosophie der Assimilation entgegengesetzt war.

Die allgemeinen Zionisten interessierten sich vor allem für das Verhältnis zwischen ihrer Bewegung und den Großmächten sowie für die Propagandaerfolge bei einigen wenigen hochstehenden Persönlichkeiten. Trotz ihrer bürgerlichen Herkunft waren sie hinreichend vorurteilsfrei, um ihren östlichen Brüdern – jenen, die tatsächlich nach Palästina gingen – bei deren sozialen und wirtschaftlichen Experimenten völlig freie Hand zu lassen und lediglich auf Chancengleichheit für kapitalistische Unternehmen und Investitionen zu bestehen. Gerade wegen ihrer völlig verschiedenen Ausrichtungen konnten beide Gruppen ziemlich reibungslos zusammenarbeiten. Beim konkreten Aufbau Palästinas führte diese Zusammenarbeit jedoch zu einer höchst paradoxen Mischung von radikalen Ansätzen und revolutionären Sozialreformen im Inneren und anachronistischen, geradezu reaktionären politischen Vorstellungen im Bereich der Außenpolitik, also im Verhältnis der Juden zu anderen Nationen und Völkern.

Die Männer, die nunmehr die Führung des Zionismus übernahmen, stellten die moralische Aristokratie der westlichen Judenheit dar – genau wie zuvor die Gründer der Kibbuz- und Chaluz-Bewegung für die östliche. Es waren die Besten aus jener neuen jüdischen Intelligenz in Mitteleuropa, deren übelste Vertreter man in den Büros von Ullstein und Mosse in Berlin oder der *Neuen Freien Presse* in Wien antraf. Es war nicht ihre Schuld, dass sie nicht dem Volk angehörten, denn in jenen west- und mitteleuropäischen Ländern gab es ganz einfach kein »jüdisches Volk«. Auch kann man ihnen nicht vorwerfen, dass sie nicht an eine Regierung durch das Volk glaubten, da die mitteleuropäischen Länder, in denen sie geboren und aufgewachsen waren, keine entsprechenden politischen Traditionen besaßen. Diese Länder hatten Judenheiten in einem wenn nicht ökonomischen, so doch sozialen Vakuum leben lassen, sodass diese weder die Nicht-Juden ihrer Umgebung noch ihre Mitjuden jenseits der Grenzen ihrer Heimatländer kannten. Mehr als alles andere waren es ihr moralischer Mut, ihr Sinn für persönliche Würde und für geordnete Lebensverhältnisse, die dazu beitrugen, die neue Lösung der jüdischen Frage unter ihnen zu verbreiten. In ihrem Streben nach persönlicher Rettung aus einem Leben voller hohler Versprechungen – diese Rettung war ihnen wichtiger als der Aufbau Palästinas (wo dieser Typ des europäischen Juden schließlich in nennenswerter Zahl erst nach der Katastrophe von 1933 auftauchte) – ähnelten sie ihren östlichen Brüdern mehr, als sie ahnen konnten. Der Zionismus war für sie, was für jene der Sozialismus gewesen war; für beide war Palästina ein idealer Ort außerhalb der trostlosen Welt, an dem man seine Ideale verwirklichen und eine persönliche Lösung für politische und soziale Konflikte finden konnte. Tatsächlich war es gerade diese Personalisierung politischer Probleme, was den westlichen Zionismus veranlasste, das Chaluziuth-Ideal des Ostens enthusiastisch zu übernehmen. Allerdings mit dem Unterschied, dass dieses Ideal bis zur Machtergreifung Hitlers tatsächlich im Westen keine nennenswerte Rolle spielte. Gewiss wurde es in der zionistischen Jugendbewegung gepredigt, doch teilte diese Bewegung mit den übrigen deutschen Jugendbewegungen vor Hitler das Schicksal, dass ihre Ideale erst im Erwachsenenalter ein Gegenstand nostalgischer Erinnerungen wurden.

Die westlichen Zionisten waren damals also eine kleine Gruppe von Söhnen wohlhabender jüdischer Bürgersfamilien, die sich einen Universitätsbesuch ihrer Kinder leisten konnten. Allein dadurch und ohne besondere Gedanken darauf zu verschwenden, schufen die reichen Juden vor allem in Deutschland und Österreich-Ungarn eine völlig neue Klasse im jüdischen Leben – moderne Intellektuelle, die sich den freien Berufen, der Kunst und Wissenschaft widmeten und weder eine spirituelle noch eine ideologische Beziehung zum Judentum hatten. Sie, »das moderne, gebildete, dem Ghetto entwachsene, des Schacherns entwöhnte Judentum«[10], mussten »ihr Brod und ein bißchen Ehre außerhalb des jüdischen Schachers« (Herzl)[11] finden –; sie allein waren schutzlos dem neuen Judenhass zur Zeit der Jahrhundertwende ausgesetzt. Wollten sie einerseits nicht auf das moralische und intellektuelle Niveau der Ullstein-Mosse-Clique herabsinken und sich andererseits auch nicht als »freischwebende Intellektuelle«[12] (Karl Mannheim) etablieren, dann mussten sie notgedrungen zum jüdischen Leben zurückkehren und inmitten ihres eigenen Volkes einen Platz finden.

Rasch erwies sich jedoch, dass dies fast genauso schwierig war wie die vollständige Assimilation unter Bewahrung der Selbstachtung. Denn im »Haus ihrer Väter« (Herzl) war kein Platz für sie. Die jüdischen Klassen pflegten wie die jüdischen Massen einen durch die endlose Kette familiärer und geschäftlicher Beziehungen gestifteten engen sozialen Zusammenhalt. Diese Beziehungen wurden noch verstärkt durch die Wohltätigkeitsorganisationen, zu der jedes Mitglied der Gemeinschaft, auch wenn es nie im Leben eine Synagoge betreten haben mochte, seinen gebührenden Anteil beisteuerte. Die Wohltätigkeit, dieses Überbleibsel der einstmals autonomen jüdischen Gemeinden, hatte zweihundert Jahre lang genügend Kraft bewiesen, um die Zerstörung des Zusammenhalts des in der ganzen Welt verstreuten jüdischen Volkes zu verhindern. Während sich schon aufgrund familiärer und geschäftlicher Beziehungen die Judenheiten der jeweiligen Länder als enge soziale Gemeinschaften erhalten konnten, hatten es die jüdischen Wohltätigkeitseinrichtungen beinahe geschafft, das Weltjudentum zu einer merkwürdigen Art von politischem Gemeinwesen zu organisieren.

Die neuen jüdischen Intellektuellen waren jedoch in dieser führungslosen, gleichwohl wirkungsvoll funktionierenden Organisation nicht vorgesehen. Gewiss, wenn sie – Herzenswunsch aller jüdischen Eltern – Anwälte oder Ärzte waren, brauchten sie, um leben zu können, noch immer gesellschaftliche Beziehungen zu Juden. Jene aber, die den Beruf des Schriftstellers und Journalisten, des Künstlers oder Wissenschaftlers, des Lehrers oder Beamten – wie es häufig geschah – wählten, waren auf jüdische gesellschaftliche Beziehungen nicht angewiesen, und das jüdische Leben benötigte diese Intellektuellen nicht. Gesellschaftlich waren sie außen vor. Aber wenn sie schon nicht in die soziale Gemeinschaft der emanzipierten Juden vor Ort hineinpassten, so noch viel weniger in das politische Gemeinwesen des wohltätigen Weltjudentums. Denn um als Jude zu gelten, musste man in dieser großen und wahrhaft internationalen Organisation entweder auf der nehmenden oder auf der gebenden Seite sein. Da diese Intellektuellen aber zu arm waren, um Philanthropen zu sein, und zu reich, um Schnorrer zu werden, nahm die Wohltätigkeit von ihnen so wenig Notiz wie sie von der Wohltätigkeit. So waren die Intellektuellen von der einzigen praktischen Form ausgeschlossen, in der das westliche Judentum seine Solidarität mit dem jüdischen Volk bewies. Die Intellektuellen gehörten nicht dazu, weder gesellschaftlich, noch politisch; für sie war kein Platz im Haus ihrer Väter. Um überhaupt Juden zu bleiben, mussten sie ein neues Haus errichten.

In West- und Mitteleuropa sollte der Zionismus also vor allem jenen eine Lösung bieten, die stärker als jede andere Gruppe der Juden assimiliert und sicherlich stärker als ihre Gegenspieler von europäischer Bildung und kulturellen Werten geprägt waren. Gerade weil sie hinreichend assimiliert waren, um die Struktur des modernen Nationalstaats zu erfassen, kannten sie die politische Aktualität des Antisemitismus, auch wenn sie versäumten, ihn zu analysieren, und wünschten, dem jüdischen Volk die gleiche Staatsform zu geben. Die hohlen Wortgefechte zwischen Zionismus und Assimilationismus haben völlig die simple Tatsache verstellt, dass die Zionisten in einem gewissen Sinne die Einzigen waren, die ernsthaft die Assimilation wollten, nämlich die »Normalisierung« des Volkes (»ein Volk wie alle anderen Völker zu sein«), während nach dem Willen der Assimilationisten das jüdische Volk seine einzigartige Position behalten sollte.

In deutlichem Gegensatz zu ihren östlichen Genossen waren diese westlichen Zionisten ganz und gar keine Revolutionäre; weder kritisierten sie die gesellschaftlichen und politischen Verhältnisse ihrer Zeit noch empörten sie sich gegen diese; sie wollten im Gegenteil nur dem eigenen Volk die gleichen Bedingungen schaffen. Herzls Traum war gewissermaßen ein riesiges Umsiedlungsunternehmen, durch welches »das Volk ohne Land« in »das Land ohne Volk« verpflanzt werden sollte; die Leute selbst aber waren für ihn arme, ungebildete und unverantwortliche Massen (ein »unwissendes Kind«[13], wie Bernard Lazare es in seiner Kritik an Herzl formulierte), das von oben geführt und gelenkt werden musste. Von einer wirklichen Volksbewegung hat Herzl nur einmal gesprochen – als er den Rothschilds und anderen Philanthropen einen Schreck einjagen wollte, damit sie ihn unterstützten.

VI.

In dem Jahrzehnt zwischen Herzls Tod und dem Ausbruch des Ersten Weltkriegs hatte der Zionismus keinen größeren politischen Erfolg. In dieser Zeit entwickelte sich der Zionismus immer mehr zu einem, so könnte man sagen, Ausdruck persönlicher Selbstbehauptung – zu einer Art von nahezu religiösem Bekenntnis, das dem Einzelnen dazu verhalf, aufrecht und erhobenen Hauptes zu gehen; den geringen politischen Impetus, den er bis zu Herzls Tod noch hatte, büßte der Zionismus zunehmend ein. Stattdessen entfaltete er – vor allem aufgrund einer völlig akademischen und theoretischen Kritik der innerjüdischen Opposition – die »ideologischen« Elemente von Herzls Schriften. Zu jener Zeit, während der langen Stagnationsjahre der Bewegung, hatten diese Standpunkte nur geringe wirklich praktische Bedeutung, da sie ohnehin jede ernsthafte Auseinandersetzung vermieden. Wenn aber jemals eine im Grunde unpolitische Haltung politische Konsequenzen hatte, so diese.

Die nächstliegende und für die persönlichen Probleme der jüdischen Intellektuellen bedeutendste Frage war die des Antisemitismus. Dieses Phänomen wurde zwar – besonders in seinen eher harmlosen sozialen Aspekten – eingehend beschrieben, aber niemals auf seine politischen Ursachen hin und im Zusammenhang mit der allgemeinen politischen Situation der Zeit untersucht. Antisemitismus galt als natürliche Reaktion eines Volkes gegen ein anderes, so als handele es sich um zwei Natursubstanzen, die durch ein geheimnisvolles Naturgesetz dazu verurteilt sind, einander bis in alle Ewigkeit feindlich gegenüberzustehen.

Diese Einschätzung des Antisemitismus als einer ewigen Erscheinung, die den Gang der jüdischen Geschichte in allen Ländern der Diaspora unausweichlich begleitet, nahm gelegentlich rationalere Formen an, so etwa, wenn sie mithilfe der Kategorien des Nationalstaates interpretiert wurde. Dann konnte der Antisemitismus erscheinen als »ein höchst intensives Randspannungsgefühl«, vergleichbar der »Spannung zwischen den Nationen, [die] deutlich nur an den nationalen Grenzen empfunden [wird], wo die dauernde menschliche Berührung verschiedener Volkselemente den nationalen Kampf immer aufs neue erzeugt« (Kurt Blumenfeld)[14]. Aber selbst diese ins Äußerste getriebene Interpretation, in der zumindest ein Aspekt des Judenhasses zu Recht der nationalen Organisation der Völker zugeschrieben wird, geht noch immer von der Ewigkeit des Antisemitismus in einer ewigen Welt von Nationen aus und verleugnet überdies die jüdische Mitverantwortung für die bestehenden Verhältnisse. Sie schneidet dadurch nicht nur die jüdische Geschichte von der europäischen Geschichte und darüber hinaus von der ganzen übrigen Menschheit ab; sie ignoriert auch die Rolle, welche die europäische Judenheit beim Aufbau und Funktionieren des Nationalstaates spielte, und wird dadurch auf die ebenso willkürliche absurde Annahme reduziert, dass jeder mit Juden zusammenlebende Nicht-Jude zu einem bewussten oder unbewussten Judenhasser werden müsse.

Diese zionistische Haltung zum Antisemitismus – die als vernünftig galt, gerade weil sie irrational war und deshalb etwas Unerklärliches erklärte und die Erklärung dessen, was sich erklären ließ, vermied – führte zu einer sehr gefährlichen Fehleinschätzung der politischen Verhältnisse in den einzelnen Ländern. Antisemitische Parteien und Bewegungen wurden für das genommen, als was sie sich ausgaben; man glaubte, sie verträten tatsächlich die ganze Nation und deshalb lohne es sich nicht, sie zu bekämpfen. Und da das jüdische Volk nach der Art uralter Völker mit ihren ehrwürdigen Traditionen die gesamte Menschheit in sich selbst und die Fremden, in die Juden und die Gojim aufteilte, so wie die Griechen die Welt in Griechen und Barbaroi eingeteilt hatten, war es nur allzu bereit, eine unpolitische und unhistorische Erklärung der ihm entgegengebrachten Feindseligkeit zu akzeptieren. Die Zionisten konnten in ihrer Einschätzung des Antisemitismus ganz einfach auf diese jüdische Tradition zurückgreifen; sie fanden, ob sie sich nun halbwegs mystisch oder, der Zeit folgend, halbwegs wissenschaftlich ausdrückten, kaum ernsthaften Widerspruch, solange sie an diese tief verwurzelte jüdische Haltung appellierten. Sie bestärkten das gefährliche, althergebrachte und tief sitzende Misstrauen der Juden gegenüber den Nicht-Juden.

Nicht minder gefährlich und ganz im Einklang mit dieser allgemeinen Tendenz war der einzige neue geschichtsphilosophische Beitrag, den die Zionisten aus ihren eigenen neuen Erfahrungen beisteuerten: »Die Nation ist eine historische Gruppe von Menschen, die erkennbar zusammengehören und durch einen gemeinsamen Feind zusammengehalten werden« (Herzl)[15] – eine absurde Doktrin, die nur insofern eine Spur von Wahrheit enthielt, als viele Zionisten tatsächlich durch die Feinde des jüdischen Volks überzeugt worden waren, dass sie Juden waren. Daraus folgerten diese Zionisten, dass ohne den Antisemitismus das jüdische Volk in den Ländern der Diaspora nicht überlebt hätte, und dementsprechend waren sie gegen jeden Versuch, den Antisemitismus in großem Stil auszuschalten. Sie erklärten im Gegenteil: Unsere Feinde, die Antisemiten, »werden unsere verlässlichsten Freunde, die antisemitischen Länder unsere Verbündeten« (Herzl)[16]. Das Ergebnis konnte natürlich nur die allergrößte Verwirrung sein, in der niemand mehr zwischen Freund und Feind unterscheiden konnte, in der der Feind zum Freund und der Freund zum heimlichen und deshalb umso gefährlicheren Feind wurde.

Noch bevor die Zionistische Organisation sich auf die schändliche Position einließ, mit jenen Teilen des Judentums, die bereitwillig mit dem Feind verhandelten, gemeinsame Sache zu machen, hatte diese Doktrin einige nicht unbedeutende Konsequenzen.

Eine unmittelbare Konsequenz war die, dass sie ein politisches Verständnis der Rolle, welche die jüdische Plutokratie im Rahmen der Nationalstaaten spielte, sowie deren Auswirkungen auf das Leben der Juden überflüssig machte. Die neue zionistische Definition der Nation als einer Gruppe von Menschen, die durch einen gemeinsamen Feind zusammengehalten wird, verstärkte das bei den Juden weitverbreitete Gefühl, dass »wir alle im gleichen Boot sitzen« – was einfach nicht den Tatsachen entsprach. Deshalb blieben die nur vereinzelten zionistischen Attacken auf die einflussreichen jüdischen Kräfte harmlos und beschränkten sich auf einige böse Bemerkungen über Wohltätigkeit, die Herzl als »Maschinerie« bezeichnet hatte, »um die Schreie der Empörung zu ersticken«. Selbst derart zahme Kritik wurde nach 1929, dem Gründungsjahr der Jewish Agency, zum Schweigen gebracht, als die Zionistische Organisation die Hoffnung auf höhere Einkünfte (die sich nicht erfüllen sollte) gegen die Unabhängigkeit der einzigen großen jüdischen Organisation[17] eintauschte, die nie unter den Einfluss der jüdischen Plutokratie geraten war und es als Einzige je gewagt hatte, die jüdischen Notabeln zu kritisieren. In jenem Jahr wurden die wahrhaft revolutionären Möglichkeiten des Zionismus für das jüdische Leben ein für alle Mal aufgegeben.

Zweitens beeinflusste die neue Doktrin des Nationalismus sehr stark die Haltung der Zionisten gegenüber dem sowjetischen Versuch, den Antisemitismus zu liquidieren, ohne die Juden zu liquidieren. Dies könne, so wurde behauptet, langfristig und sogar kurzfristig nur zum Verschwinden des russischen Judentums führen. Gewiss ist heute kaum noch etwas von ihrer Ablehnung übrig, obwohl sie noch immer eine wenn auch nur untergeordnete Rolle in den Köpfen jener Minderheit spielt, die völlig auf Weizmann festgelegt ist und dementsprechend außer dem britischen jeden fremden Einfluss im Nahen Osten ablehnt. Eher beobachten wir bei den Zionisten der ganzen Welt eine neue Sympathie für Sowjetrussland. Bisher ist sie überwiegend sentimentaler Natur geblieben und bereit, alles Russische zu bewundern; daneben ist aber aus der Enttäuschung über die Versprechungen Großbritanniens eine weitverbreitete, wenn auch noch nicht politisch artikulierte Hoffnung erwachsen, die Sowjetunion werde im Nahen Osten künftig eine aktive Rolle übernehmen. Der Glaube an eine unerschütterliche Freundschaft der UdSSR gegenüber den Juden wäre natürlich nicht minder naiv als der frühere Glaube an England. Das, was für jede politische und nationale Bewegung in unserer Zeit an Russland von höchstem Interesse ist – nämlich die völlig neue und erfolgreiche Lösung von Nationalitätengegensätzen und die neue Form der Organisation verschiedener Völker auf der Grundlage nationaler Gleichheit, ist von Freunden und Feinden gleichermaßen übergangen worden.

Eine dritte politische Konsequenz einer im Grunde unpolitischen Haltung war die Stellung, die Palästina im zionistischen Denken zugewiesen wurde. Ihr klarster Ausdruck findet sich wohl in Weizmanns Ausspruch während der dreißiger Jahre: »Der Aufbau Palästinas ist unsere Antwort auf den Antisemitismus« – dessen Absurdität sich nur wenige Jahre später erwies, als Rommels Armee die Juden Palästinas mit dem gleichen Schicksal bedrohte wie in den europäischen Ländern. Da der Antisemitismus als eine natürliche Begleiterscheinung des Nationalismus betrachtet wurde, ließ er sich nicht, so nahm man an, gegen jenen Teil des Weltjudentums schüren, der als Nationalstaat etabliert war. Mit anderen Worten: Palästina galt als der Ort, der einzige Ort, an dem Juden dem Judenhass entgehen konnten. Dort in Palästina würden sie vor ihren Feinden sicher sein, ja, ihre Feinde würden sich auf wunderbare Weise in ihre Freunde verwandeln.

Dieser Hoffnung, die sich – wenn Ideologien nicht für manche Leute stärker wären als Realitäten – mittlerweile zerschlagen haben müsste, liegt die alte Mentalität versklavter Völker zugrunde, nämlich der Glaube, dass es sich nicht lohne, den Kampf zu erwidern, und dass man, um zu überleben, ausweichen und flüchten müsse. Wie tief diese Überzeugung verankert ist, ließ sich während der ersten Kriegsjahre beobachten, als die Zionistische Organisation nur durch den Druck von Juden in der ganzen Welt veranlasst werden konnte, den Aufbau einer jüdischen Armee zu fordern – und das war in einem Krieg gegen Hitler in der Tat die einzig bedeutende Frage. Weizmann jedoch lehnte es stets ab, daraus eine größere politische Angelegenheit zu machen, sprach abschätzig von einer »sogenannten jüdischen Armee« und akzeptierte nach fünf Kriegsjahren schließlich die »jüdische Brigade«, deren Bedeutung herabzusetzen ein anderer Sprecher der Jewish Agency sich zugleich beeilte. Für sie war die ganze Angelegenheit offenbar eine Prestigefrage der Juden Palästinas. Anscheinend kam es ihnen nie in den Sinn, dass eine frühzeitige, eindeutige und nachweisbare Beteiligung von Juden *als Juden* an diesem Krieg entscheidend dazu beigetragen hätte, das antisemitische Gerede zu verhindern, das bereits vor dem Sieg die Juden als dessen Schmarotzer darstellte.

Ideologisch bedeutsamer war die Tatsache, dass die Zionisten dadurch, wie sie Palästina im künftigen Leben des jüdischen Volkes darstellten, sich vom Schicksal der Juden in der übrigen Welt abkapselten. Ihre Doktrin vom unvermeidlichen Niedergang des jüdischen Lebens in der Galuth, der weltweiten Diaspora, erleichterte es dem Jischuw, der Siedlergemeinschaft in Palästina, ohne große Gewissensbisse eine reservierte Haltung zu entwickeln. Statt sich zur politischen Avantgarde des gesamten jüdischen Volkes zu machen, entwickelten die Juden Palästinas einen Geist der Selbstbezogenheit, auch wenn ihre ausschließliche Beschäftigung mit den eigenen Angelegenheiten verschleiert wurde durch die Bereitschaft, Flüchtlinge aufzunehmen, die ihnen helfen sollten, ein stärkerer Faktor in Palästina zu werden. Hatten die assimilierten Juden des Westens so getan, als wüssten sie nichts von den starken Bindungen, die seit jeher Leningrad mit Warschau, Warschau mit Berlin, beide mit Paris und London und alle zusammen mit New York verknüpften, und hatten sie bisher angenommen, dass die Verhältnisse in den einzelnen Ländern je einmalig und unvergleichlich seien, so tat der Zionismus es ihnen nach, indem er vorgab, in Palästina bestünden besondere Verhältnisse, die mit dem Schicksal der Juden andernorts nichts zu tun hätten, behauptete aber zugleich ganz allgemein, in der ganzen übrigen Welt bestünden widrige Verhältnisse für Juden.

Diese, das Leben der Juden in jeder anderen politischen Form und in jedem anderen Territorium der Erde pessimistisch beurteilende Einschätzung der Zionisten wird offenbar nicht beeinträchtigt durch die Größe Palästinas, eines kleinen Landes, das bestenfalls einigen Millionen aus dem jüdischen Volk eine Heimat geben kann, niemals aber all den Millionen Juden, die noch immer in der ganzen Welt übrigbleiben. Folglich sind nur zwei politische Lösungen denkbar. Die Zionisten argumentierten gewöhnlich, »nur der Rest werde zurückkehren«, die Besten, nur diejenigen, die es verdient hatten, gerettet zu werden; machen wir uns also zur Elite des jüdischen Volkes, und wir werden schließlich die einzigen überlebenden Juden sein; das Einzige, worauf es ankommt, ist unser Überleben; soll die Wohltätigkeit sich der drückenden Not der Massen annehmen, da mischen wir uns nicht ein; uns geht es um die Zukunft einer Nation, nicht um das Schicksal von Einzelnen.

Angesichts der schrecklichen Katastrophe in Europa gibt es aber nur noch wenige Zionisten, die an ihrer früheren Auffassung vom notwendigen Untergang der Galuth-Juden festhalten. Damit hat sich die andere, einst nur von den Revisionisten gepredigte Lösung des Problems durchgesetzt. Jetzt reden sie wie alle extremen Nationalisten. Auf die schwierige Frage, wie für die Juden, die in der Diaspora bleiben, der Zionismus eine Antwort auf den Antisemitismus sein kann, erwidern sie fröhlich: »Die beste Antwort auf den Anti-Semitismus ist der Pan-Semitismus.«

VII.

Während des Ersten Weltkriegs und im Anschluss an ihn nahm die zionistische Haltung gegenüber den Großmächten endgültig Gestalt an. Allerdings hatte es schon kurz nach der Übernahme der politischen Führung durch den westlichen Zweig in den neunziger Jahren bedeutsame Anzeichen dafür gegeben, welchen Weg die neue Nationalbewegung zur Verwirklichung ihrer Ziele wählen würde. Es ist bekannt, dass Herzl in seinen persönlichen Verhandlungen mit Regierungen stets an deren Interesse appellierte, sich der Judenfrage durch die Emigration ihrer Juden zu entledigen. Es ist ebenfalls bekannt, auf welche Weise er stets scheiterte – und zwar aus einem einfachen Grunde: Er war der Einzige, der die antijüdische Agitation für bare Münze nahm. Gerade diejenigen Regierungen, die sich am stärksten an der Judenhetze beteiligten, waren am wenigsten bereit, seinen Vorschlag ernst zu nehmen; sie besaßen kaum Verständnis für einen Mann, der beharrlich an die Spontaneität einer Bewegung glaubte, welche sie selbst geschürt hatten.

Für die Zukunft noch bedeutsamer waren Herzls Verhandlungen mit der türkischen Regierung. Das türkische Reich gehörte zu den auf Unterdrückung beruhenden Vielvölkerstaaten, die bereits zum Untergang verurteilt waren und tatsächlich während des Ersten Weltkriegs verschwanden. An jüdischen Ansiedlungen sollte das türkische Reich aus dem folgenden Grunde interessiert werden: Mit den Juden würde im Nahen Osten ein neuer, durch und durch loyaler Faktor entstehen, und ein zusätzliches loyales Element würde sicherlich dazu beitragen, die größte der Gefahren abzuwenden, welche der [türkischen] Reichsregierung von allen Seiten drohten: die Gefahr eines Aufstandes der Araber. Als Herzl während dieser Verhandlungen Telegramme erhielt, in denen Studenten aus verschiedenen unterdrückten Nationalitäten gegen Vereinbarungen mit einer Regierung protestierten, die gerade Hunderttausende von Armeniern umgebracht hatte, bemerkte er deshalb lediglich: »Das wird mir bei dem Sultan helfen.«[18]

In demselben Geist und einer bereits zur Tradition gewordenen Haltung folgend brachen die zionistischen Anführer noch im Jahre 1913 in der wiedererwachten Hoffnung, den Sultan auf ihre Seite zu ziehen, Verhandlungen mit den Arabern ab. Worauf einer der arabischen Anführer scharf bemerkte: »Gardez-vous bien, Messieurs les Sionistes, un gouvernement passe, mais un peuple reste.« (Für diese und die folgenden Referenzen zu den arabisch-jüdischen Verhandlungen siehe den Artikel von M. Perlmann, »Chapters of Arab-Jewish Diplomacy, 1918–1922«, in *Jewish Social Studies*, April 1944.[19])

Wer Bestürzung empfindet angesichts einer Nationalbewegung, die, nachdem sie mit so viel idealistischem Schwung begann, sich bei der ersten Gelegenheit an die herrschenden Mächte verkaufte; die keine Solidarität mit jenen anderen unterdrückten Völkern empfand, die, wenn auch aus anderen historischen Bedingungen heraus, im Grunde die gleiche Sache verfolgten; die, während der Hoffnungstraum von Freiheit und Gerechtigkeit noch nicht ausgeträumt war, sich schon bemühte, unter Ausnutzung imperialistischer Interessen mit den übelsten Kräften unserer Zeit gemeinsame Sache zu machen – wer darüber Bestürzung empfindet, sollte gerechterweise bedenken, wie außergewöhnlich schwierig die Bedingungen für die Juden waren, die im Unterschied zu anderen Völkern nicht einmal das Territorium besaßen, von dem aus sie ihren Freiheitskampf beginnen konnten. Die Alternative zu jenem Weg, den Herzl vorzeichnete und den Weizmann bis zum bitteren Ende beschritt, hätte darin bestanden, das jüdische Volk zu organisieren, um, gestützt auf eine große revolutionäre Bewegung, zu verhandeln. Das hätte bedeutet, mit allen fortschrittlichen Kräften in Europa ein Bündnis einzugehen, und sicher hätte es große Risiken mit sich gebracht. Der Einzige innerhalb der Zionistischen Organisation, von dem man weiß, dass er diesen Weg jemals in Erwägung gezogen hat, war der große französische Zionist Bernard Lazare, der Freund von Charles Péguy – und er musste sich schon 1899 aus der Organisation zurückziehen. Seither hat kein führender Zionist dem jüdischen Volk die nötige politische Willenskraft zugetraut, sich die Freiheit zu erobern statt zur Freiheit getragen zu werden. Kein offizieller Anführer des Zionismus hat es je gewagt, mit den revolutionären Kräften in Europa gemeinsame Sache zu machen.

Stattdessen bemühten sich die Zionisten weiterhin um den Schutz der Großmächte und versuchten, ihn gegen mögliche Gefälligkeiten einzutauschen. Ihnen war klar, dass sie nur etwas anbieten konnten, was im Interesse der Regierungen war. Die mit Weizmanns unwandelbarer Ergebenheit für die Sache des Britischen

Empire im Nahen Osten verbundene konsequente Unterwerfung unter die britische Politik fiel den Zionisten umso leichter, als sie von den neuen imperialistischen Kräften, die am Werk waren, nicht die geringste Ahnung hatten. Zwar waren diese Kräfte schon seit den achtziger Jahren des letzten Jahrhunderts wirksam gewesen, doch waren sie erst zu Beginn des 20. Jahrhunderts in ihrer ganzen Komplexheit deutlich geworden. Da die Zionisten eine Nationalbewegung vertraten und nur in nationalen Begriffen denken konnten, entging ihnen offenbar, dass der Imperialismus eine die Nation zerstörende Kraft war und es deshalb für ein kleines Volk dem Selbstmord gleichkam, wenn es sich bemühte, sein Verbündeter oder Agent zu werden. Bis heute ist ihnen nicht klar geworden, dass der Schutz durch imperialistische Interessen für ein Volk eine genauso sichere Stütze ist wie das Seil für den Gehenkten. Auf Einwände von Gegnern pflegten die Zionisten zu antworten, dass die britischen und die jüdischen nationalen Interessen zufälligerweise identisch seien und es sich deshalb nicht um Protektion, sondern um ein Bündnis handele. Dabei ist schwerlich zu erkennen, welche nationalen – und nicht imperialen – Interessen England wohl im Nahen Osten haben könnte; dagegen ist es nie schwer gewesen vorherzusagen, dass, solange die Zeit des Messias noch nicht gekommen ist, ein Bündnis zwischen einem Löwen und einem Lamm verheerende Folgen für das Lamm haben kann.

Die Opposition aus den Reihen der Zionisten selbst ist nie stark genug geworden, um die offizielle politische Linie zu ändern; sofern es überhaupt dazu kam, erwies sich jede solche Opposition stets als zögerlich im Handeln und ungeschickt und schwach im Argumentieren, so als seien sie sich ihres Denkens und ihres Bewusstseins nicht sicher. Linke Gruppen wie Hashomer Hazair, die ein radikales Programm für die Weltpolitik haben – so radikal, dass sie bei Beginn dieses Krieges sogar dagegen opponierten, den Kampf aufzunehmen, weil es ein »imperialistischer Krieg« sei –, enthalten sich sogar, wenn es um lebenswichtige Fragen der palästinensischen Außenpolitik geht. Anders gesagt, vermitteln sie gelegentlich – ungeachtet der unzweifelhaften persönlichen Integrität der meisten ihrer Mitglieder – den von linken Gruppen anderer

Länder nur allzu vertrauten Eindruck, dass sie, hinter offiziellen Protesten versteckt, insgeheim erleichtert darüber sind, dass die Mehrheitsparteien die Schmutzarbeit für sie erledigen.

Eine solche, unter linken Gruppen verbreitete und dort mit dem allgemeinen Bankrott des Sozialismus zu erklärende Unsicherheit des Bewusstseins gab es bei den Zionisten schon früher, als die Lage noch anders war, und dies hat andere, besondere Gründe. Seit der Zeit Borochovs, der in der kleinen sektiererischen Gruppe Poale-Zion noch immer Anhänger besitzt, haben die linken Zionisten nie daran gedacht, eine eigene Antwort auf die nationale Frage zu entwickeln, sondern lediglich den offiziellen Zionismus an ihren Sozialismus angehängt. Daraus ist keine Einheit geworden, denn für die inneren Angelegenheiten wird der Sozialismus, für die äußeren Angelegenheiten der nationalistische Zionismus in Anspruch genommen. Das Ergebnis ist die bestehende Situation zwischen Juden und Arabern.

Tatsächlich geht diese Unsicherheit des Bewusstseins auf die Zeit der überraschenden Entdeckung zurück, dass gerade im innenpolitischen Bereich, beim Aufbau Palästinas, Faktoren der Außenpolitik beteiligt waren – durch das Vorhandensein eines »fremden Volkes«. Seit jener Zeit haben die jüdischen Arbeiter – unter dem Vorwand des Klassenkampfs gegen jüdische Plantagenbesitzer, die gewiss aus kapitalistischen Gründen Araber beschäftigten – die arabischen Arbeiter bekämpft. Im Laufe dieses Kampfes, der bis 1936 mehr als alles andere die Atmosphäre Palästinas vergiftete, schenkte niemand den ökonomischen Verhältnissen der Araber Beachtung, die durch den Import jüdischen Kapitals und jüdischer Arbeiter und durch die Industrialisierung des Landes über Nacht in potenzielle Proletarier verwandelt wurden, ohne sonderlich große Aussicht auf entsprechende Arbeitsplätze. Die zionistische Arbeiterbewegung wiederholte stattdessen die richtigen, aber hier völlig unangebrachten Argumente vom feudalen Charakter der arabischen Gesellschaft, dem progressiven Charakter des Kapitalismus und der Tatsache, dass an einer allgemeinen Anhebung des Lebensstandards in Palästina auch die Araber teilhätten. Wie blind Menschen werden können, wenn es um ihre wirklichen oder vermeintlichen Interessen geht, zeigt sich an dem aberwitzigen Slogan, den sie verwendeten; zwar kämpfte die jüdische Arbeiterbewegung ebenso sehr für ihre wirtschaftliche Stellung wie für ihr nationales Ziel, doch war ihr Kampfruf stets »Avodah Ivrith« (hebräische Arbeit); wenn man hinter die Szene blickte, erkannte man, dass ihre Hauptbedrohung nicht so sehr arabische Arbeitskräfte waren, sondern vielmehr »Avodah zolah« (billige Arbeit), die allerdings durch den unorganisierten rückständigen arabischen Arbeiter repräsentiert wurde.

An den Streikposten jüdischer Arbeiter gegen arabische Arbeiter beteiligten sich die linken Gruppen, unter ihnen als bedeutendste Hashomer Hazair, nicht unmittelbar, aber auch sonst taten sie kaum etwas: Sie hielten sich raus. Die daraus entstandenen örtlichen Unruhen, der latente, seit den frühen zwanziger Jahren in Palästina herrschende Bürgerkriegszustand, der immer häufiger von offenen Gewaltausbrüchen unterbrochen wurde, stärkte wiederum die Stellung des offiziellen Zionismus. Je weniger die Judenheit Palästinas unter den Nachbarn Verbündete zu finden vermochten, desto mehr mussten die Zionisten in Großbritannien die große Schutzmacht sehen.

Der Hauptgrund, weshalb die Arbeitspartei und die linken Gruppen dieser Politik zustimmten, ist wiederum, dass sie die allgemeine Einstellung des Zionismus breit akzeptierten. Ausschließlich auf den »besonderen Charakter« der jüdischen Geschichte konzentriert und die Einzigartigkeit der jüdischen politischen Verhältnisse hervorhebend, die mit anderen Faktoren der europäischen Geschichte und Politik vermeintlich in keinem Zusammenhang standen, hatten die Zionisten den Mittelpunkt der Existenz des jüdischen Volks ideologisch außerhalb der europäischen Völker und außerhalb des Schicksals des europäischen Kontinents angesiedelt.

Unter all den Missverständnissen, welche die zionistische Bewegung mitschleppte, weil sie so stark vom Antisemitismus beeinflusst worden war, hatte diese falsche Vorstellung vom nichteuropäischen Charakter der Juden vermutlich die weitestreichenden und schlimmsten Konsequenzen. Die Zionisten haben nicht allein die notwendige Solidarität der europäischen Völker verletzt – notwendig nicht nur für die Schwachen, sondern gleichfalls für die Starken; sie hätten sogar, so unglaublich das klingt, die Juden der einzigen geschichtlichen und kulturellen Heimstätte beraubt, die sie jemals haben können; Palästina und das gesamte Mittelmeerbecken haben nämlich immer im geografischen, historischen, kulturellen, wenn auch nicht zu allen Zeiten im politischen Sinne zum europäischen Kontinent gehört. Damit hätten die Zionisten das jüdische Volk um seinen gerechten Anteil an der Entstehung und Entwicklung dessen gebracht, was wir im Allgemeinen als westliche Kultur bezeichnen. Es gab sogar zahlreiche Bemühungen, die jüdische Geschichte als Geschichte eines asiatischen Volkes zu interpretieren, das durch einen Unglücksfall in eine fremde Gemeinschaft von Nationen und eine fremde Kultur vertrieben wurde, in der es, als ein ewiger Außenseiter geltend, sich nie zu Hause fühlen konnte. (Die Absurdität einer derartigen Argumentation lässt sich schon zeigen, indem man auf das Beispiel des ungarischen Volkes verweist: Die Ungarn stammen aus Asien, sind aber seit der Übernahme des Christentums immer als Mitglieder der europäischen Familie akzeptiert worden.) Dabei ist nie ein ernsthafter Versuch gemacht worden, das jüdische Volk in den Rahmen der asiatischen Politik zu integrieren, denn das konnte nur ein Bündnis mit den nationalrevolutionären Völkern Asiens und eine Beteiligung an ihrem Kampf gegen den Imperialismus bedeuten. Nach der offiziellen Vorstellung des Zionismus scheint das jüdische Volk aus seiner europäischen Vergangenheit herausgerissen zu sein und irgendwie in der Luft zu schweben, während Palästina ein Ort auf dem Mond zu sein scheint, an dem man einen derart wurzellosen Schwebezustand leben kann.

Nur in seiner zionistischen Variante ist ein derart besessener Isolationismus bis zum Äußersten gegangen und hat Europa ganz und gar den Rücken gekehrt. Das ihm zugrunde liegende nationale Denken ist jedoch sehr viel weiter verbreitet, ja, es war sogar die Ideologie der meisten mitteleuropäischen Nationalbewegungen. Es ist nichts anderes als die kritiklose Übernahme eines von Deutschland inspirierten Nationalismus. Diesem zufolge ist die Nation ein ewiger Organismus, das Produkt einer unvermeidlichen natürlichen Entfaltung angeborener Qualitäten; die Völker werden nicht als politische Organisationen, sondern biologisch als übermenschliche Persönlichkeiten betrachtet. In diesem Sinne wird die europäische Geschichte zerlegt in die Geschichten von unzusammenhängenden Organismen, und die großartige französische Idee der Volkssouveränität wird pervertiert zu nationalistischen Ansprüchen auf autarke Existenz. Mit dieser Tradition des nationalistischen Denkens eng verknüpft, hat sich der Zionismus nie sonderlich um die Idee der Volkssouveränität gekümmert, welche die Voraussetzung für die Bildung einer Nation ist; er wollte von Anfang an jene utopische nationalistische Unabhängigkeit.

Eine solche Unabhängigkeit, so glaubte man, könnte die jüdische Nation unter den schützenden Schwingen einer jeden Großmacht erreichen, die stark genug sei, ihr Wachstum zu beschirmen. So paradox es auch klingen mag, war es gerade diese nationalistische Missdeutung von der einer Nation innewohnenden Unabhängigkeit, weshalb die Zionisten die nationale Emanzipation der Juden schließlich vollkommen von den materiellen Interessen einer anderen Nation abhängig machten.

In Wirklichkeit führte das dazu, dass die neue Bewegung ausgerechnet auf die traditionellen Methoden des »shtadlonus«[20] zurückgriff, welche die Zionisten einst aufs Äußerste verachtet und leidenschaftlich denunziert hatten. Nunmehr kannten auch die Zionisten keine bessere politische Wirkungsstätte als die Vorzimmer der Mächtigen und keine solidere Grundlage für Vereinbarungen als ihre guten Dienste im Sinne fremder Interessen. Es geschah im Interesse fremder Mächte, dass man das sogenannte Weizmann-Faisal-Abkommen »bis 1936 in Vergessenheit geraten ließ. Dass dieses stillschweigende Aufgeben mit Rücksicht auf die Besorgnis der Briten erfolgte, versteht sich im Übrigen von selbst.«[21] Als es 1922 erneut zu arabisch-jüdischen Verhandlungen kam, wurde der britische Botschafter in Rom vollständig darüber informiert, mit dem Ergebnis, dass die Briten eine Vertagung erbaten, bis »das Mandat erteilt worden ist«; der jüdische Vertreter Asher Saphir hatte »kaum Zweifel, dass Angehörige einer gewissen politischen

Richtung zu der Auffassung gelangten, es sei nicht im Interesse der friedlichen Verwaltung der Gebiete des Nahen und Mittleren Ostens, wenn die beiden semitischen Rassen [...] erneut auf der Grundlage der Anerkennung jüdischer Rechte in Palästina zusammenarbeiten«[22]. Seit jener Zeit hat die Feindseligkeit der Araber von Jahr zu Jahr zugenommen, und die Juden sind derart hoffnungslos vom Schutz der Briten abhängig geworden, dass man sehr wohl von einem merkwürdigen Fall freiwilliger bedingungsloser Kapitulation sprechen kann.

VIII.

Dies also ist die Tradition, auf die man in Krisen- und Notzeiten wie den unseren zurückgreift; dies sind die politischen Waffen, mit denen man der neuen politischen Situation von morgen begegnet; dies sind die »ideologischen Kategorien«, um die neuen Erfahrungen des jüdischen Volkes nutzbar zu machen. Bisher ist kein neuer Ansatz, keine neue Erkenntnis, keine Neuformulierung des Zionismus oder der Ansprüche des jüdischen Volkes erkennbar. Deshalb können wir nur im Lichte dieser Vergangenheit unter Berücksichtigung dieser Gegenwart die Chancen der Zukunft abwägen.

Allerdings sollte ein neuer Faktor, auch wenn er bisher noch keinen fundamentalen Wandel bewirkt hat, beachtet werden: die enorm gewachsene Bedeutung des amerikanischen Judentums und des amerikanischen Zionismus innerhalb der Zionistischen Weltorganisation. Nie zuvor hat die Judenheit in einem Land eine so große Zahl von Mitgliedern der Zionistischen Organisation und darüber hinaus eine noch größere Zahl von Sympathisanten hervorgebracht. Die Wahlprogramme sowohl der Demokratischen als auch der Republikanischen Partei vom letzten Jahr und die Erklärungen, die sowohl Präsident Roosevelt als auch Gouverneur Dewey zur Wahlkampfzeit abgegeben haben, scheinen tatsächlich zu erweisen, dass die große Mehrheit der wahlberechtigten Juden in Amerika als palästinafreundlich betrachtet wird und dass, sofern es »eine jüdische Wählerschaft« gibt, sie vom Palästina-Programm im gleichen Maße beeinflusst wird wie die polnische Wählerschaft von der amerikanischen Außenpolitik gegenüber Polen und die italienische von den Ereignissen in Italien.

Zwischen dem Zionismus der jüdischen Massen in Amerika und dem Zionismus in den Ländern des alten Kontinents besteht jedoch ein bemerkenswerter Unterschied. Die Männer und Frauen, die hier der Zionistischen Organisation angehören, hätte man in Europa in den sogenannten Komitees für Palästina angetroffen. In diesen Komitees waren diejenigen organisiert, die glaubten, Palästina sei eine gute Lösung für unterdrückte und arme Juden und das allerbeste philanthropische Unternehmen, die jedoch nie daran dachten, dass Palästina eine Lösung für ihre eigenen Probleme sei, von denen sie in der Regel behaupteten, dass es sie überhaupt nicht gab. Gleichzeitig hat die Mehrheit derer, die sich hier in Amerika als Nicht-Zionisten bezeichnen, eine ausgesprochene Tendenz zu dieser Pro-Palästina-Haltung; jedenfalls nehmen sie eine sehr viel positivere und konstruktivere Haltung zum Palästina-Vorhaben und zu den Rechten des jüdischen Volkes als Volk ein als die »Assimilanten« in Europa.

Der Grund dafür liegt in der politischen Struktur der Vereinigten Staaten, die kein Nationalstaat im europäischen Sinne sind. In einem Land, wo so viele nationale Splittergruppen Loyalität gegenüber ihrem Herkunftsland beweisen, ist ein vitales Interesse an Palästina als Heimstätte des jüdischen Volkes nur natürlich und bedarf keiner Entschuldigung. Ein jüdisches Mutterland könnte sogar die Situation der Juden in Amerika eher »normalisieren« und ein gutes Argument gegen den politischen Antisemitismus sein.

Diese mit der Pro-Palästina-Haltung verbundene »Normalisierung« würde jedoch sofort in ihr Gegenteil umschlagen, falls der offiziell verstandene Zionismus bei den amerikanischen Juden Einfluss finden sollte. Sie müssten dann eine wirklich nationale Bewegung in Gang setzen, sie müssten das Ideal der »Chaluziuth« (des Pioniergeistes und der Selbstverwirklichung) wenn nicht tatsächlich praktizieren, so doch zumindest predigen, und sie müssten für jeden Zionisten im Prinzip auf der »Aliyah« (Einwanderung) bestehen. Tatsächlich hat Weizmann vor Kurzem die amerikanischen Juden aufgerufen, sich in Palästina anzusiedeln. Damit würde wegen der multinationalen Zusammensetzung der Vereinigten Staaten das alte Problem der doppelten Loyalität wieder auftauchen, und zwar in schärferer Form als in jedem anderen Land. Gerade weil das amerikanische Gemeinwesen sich eine sehr viel größere Toleranz gegenüber dem Gemeinschaftsleben der zahlreichen Nationalitäten erlauben kann, die zusammen das Leben der amerikanischen Nation ausmachen und bestimmen, könnte dieses Land niemals einer dieser »Splittergruppen« gestatten, eine Bewegung zum Verlassen des amerikanischen Kontinents zu propagieren. Das früher in Diskussionen der europäischen Zionisten geäußerte Argument, dass die europäischen Länder schließlich sehr gut ohne ihre Juden auskommen könnten, während das jüdische Volk seine besten Söhne zurückfordern müsse, kann hier nicht gültig sein. Es würde im Gegenteil einen gefährlichen Präzedenzfall schaffen; es könnte leicht dazu benützt werden, das Gleichgewicht einer Gemeinschaft von Völkern zu stören, die innerhalb der Grenzen der amerikanischen Verfassung und auf dem Boden des amerikanischen Kontinents miteinander auskommen müssen. Dies – die akute Gefahr, die von jeder ausgesprochen nationalen Bewegung für die Verfassung eines Nationalitätenstaates ausgeht – ist der Grund, warum die zionistische Bewegung in Sowjetrussland so entschieden bekämpft worden ist.

Die amerikanischen Zionisten haben vermutlich wegen dieser ihrer Sonderstellung innerhalb der Zionistischen Weltorganisation, derer sie sich vielleicht nicht deutlich, aber doch vage bewusst sind, die ideologische Gesamtorientierung nicht zu beeinflussen versucht. Diese, so meinen sie, sei angemessen für die europäischen Juden, die ja schließlich die Hauptbetroffenen seien. Stattdessen haben die amerikanischen Zionisten ganz einfach den pragmatischen Standpunkt der Palästina-Maximalisten eingenommen und hoffen – wie diese, wenn auch aus vielschichtigeren Gründen –, dass Interesse und Einfluss Amerikas im Nahen Osten zumindest mit denen Englands gleichziehen werden. Damit wären natürlich alle ihre Probleme aufs Beste gelöst. Wenn man den palästinensischen Juden in einem gewissen Maße die Wahrnehmung der amerikanischen Interessen in jenem Teil der Welt anvertrauen könnte, dann würde sich tatsächlich der berühmte Ausspruch von Justice Brandeis erfüllen, dass man ein Zionist sein müsse, um ein vollkommener amerikanischer Patriot zu sein. Und warum sollte dieser glückliche Umstand nicht eintreffen? War es nicht über fünfundzwanzig Jahre lang die Grundlage des britischen Zionismus, dass man ein guter Zionist sein müsse, um ein guter britischer Patriot zu sein, dass man durch die Unterstützung der Balfour-Deklaration eben jene Regierung unterstützte, deren loyaler Untertan man war? Wir sollten uns darauf gefasst machen, dass unter den russischen Juden ein ähnlicher, wenn auch staatlich inspirierter »Zionismus« auftritt, falls (und sobald) Sowjetrussland seine alten Ansprüche in der nahöstlichen Politik wieder anmeldet. Sollte das geschehen, dann wird sich sehr rasch herausstellen, in welchem Umfange der Zionismus die Hypothek der assimiliationistischen Politik geerbt hat.

Man sollte allerdings einräumen, dass, während die Fragen der gegenwärtigen und künftigen Machtpolitik im Nahen Osten heute sehr stark im Vordergrund stehen, die politischen Realitäten und Erfahrungen des jüdischen Volkes sehr in den Hintergrund geraten sind und nur einen allzu geringen Bezug zu den großen Veränderungen in der Welt haben. So vielfältig die neuen Erfahrungen der Judenheit, so gewaltig sind die fundamentalen Veränderungen in der Welt, und deshalb ist die wichtigste, an den Zionismus zu richtende Frage, wie weit er bereit ist, beides in Rechnung zu stellen und dementsprechend zu handeln.

IX.

Die bedeutsamste neue Erfahrung des jüdischen Volkes betrifft wiederum den Antisemitismus. Es ist bekannt, dass der Zionismus die Zukunft der emanzipierten Judenheit stets in düsteren Farben gesehen hat, und gelegentlich rühmen sich Zionisten ihrer Voraussicht. Angesichts des Erdbebens, das die Welt in unserer Zeit erschüttert hat, klingen derartige Voraussagen wie Prophezeiungen eines Sturms im Wasserglas. Zu den ungezügelten Ausbrüchen von Volkshass, die der Zionismus vorhersagte und die in sein allgemeines Misstrauen gegenüber Völkern und sein übermäßiges Vertrauen in Regierungen gut hineinpassten, ist es aber nicht gekommen; vielmehr kam es in einer Reihe von Ländern zu staatlich gelenkten Aktionen, die sich als sehr viel verheerender erwiesen, als es ein Ausbruch von Judenhass beim Volke je gewesen war.

Der springende Punkt ist der, dass man zumindest in Europa entdeckt hat, dass der Antisemitismus die beste politische und nicht bloß demagogische Waffe des Imperialismus ist. Wo immer die Politik sich um den Rassebegriff dreht, werden die Juden im Zentrum der Feindseligkeit stehen. Es würde uns zu weit führen, wollten wir hier den Gründen dieses gänzlich neuen Sachverhalts nachgehen. Eines aber ist sicher. Insofern der Imperialismus in deutlichem Gegensatz zum Nationalismus nicht in begrenzten Territorien, sondern – wie man so sagt – »in Kontinenten« denkt, werden die Juden vor diesem neuen Typus des Antisemitismus nirgendwo in der Welt sicher sein, gewiss nicht in Palästina, das zu den Angelpunkten imperialistischer Interessen gehört. Die Frage, die man heute den Zionisten zu stellen hat, lautet deshalb, welche politische Haltung sie gegenüber einer Feindseligkeit einzunehmen gedenken, die sich nicht so sehr gegen vereinzelte jüdische Individuen, als vielmehr gegen das Volk insgesamt richtet, gleichgültig, wo es gerade lebt.

Eine andere, an die Zionisten zu richtende Frage betrifft die nationale Organisation. Wir haben den katastrophalen Niedergang des nationalstaatlichen Systems in unserer Zeit erlebt. Seit dem Ersten Weltkrieg hat sich unter den europäischen Völkern die neue Auffassung verbreitet, dass der Nationalstaat weder imstande ist, die Existenz der Nation zu schützen, noch fähig, die Souveränität des Volkes zu gewährleisten. Die nationalen Grenzen, einst das Symbol der Sicherheit vor einer Invasion wie vor einer unerwünschten Überflutung mit Ausländern, haben sich mittlerweile als unbrauchbar erwiesen. Während die alten Nationen des Westens entweder von einem Arbeitskräftemangel und dem daraus resultierenden Industrialisierungsrückstand oder von einem Hereinströmen von Ausländern bedroht waren, die sie nicht zu assimilieren vermochten, haben die Länder des Ostens den besten denkbaren Beweis dafür geliefert, dass der Nationalstaat mit einer gemischten Bevölkerung nicht existieren kann.

Allerdings besteht für die Juden nicht der geringste Grund, über den Niedergang des Nationalstaats und des Nationalismus zu jubeln. Zwar können wir die nächsten Etappen der menschlichen Geschichte nicht vorhersagen, doch scheinen die Alternativen klar zu sein. Das erneut auftauchende Problem der politischen Organisation wird man entweder in der Form von Imperien oder in der Form von Föderationen lösen. Die letztere Lösung würde dem jüdischen Volk und anderen kleinen Völkern eine gewisse Chance des Überlebens bieten. Die erstere Lösung dürfte nicht möglich sein, ohne dass als Ersatz für den überlebten Nationalismus, der einst die Menschen zum Handeln bewegte, imperialistische Leidenschaften geschürt werden. Der Himmel möge uns beistehen, wenn das eintrifft.

X.

In diesem allgemeinen Rahmen von Wirklichkeiten und Möglichkeiten schlagen die Zionisten vor, die jüdische Frage mithilfe eines Nationalstaats zu lösen. Dabei wird das Wesensmerkmal eines Nationalstaates, die Souveränität, nicht einmal erhofft. Nehmen wir an, es wäre den Zionisten vor fünfundzwanzig Jahren gelungen, in Palästina ein jüdisches Commonwealth zu schaffen. Was wäre dann geschehen? Wir hätten erlebt, dass die Araber sich gegen die Juden erheben, so wie sich in der Tschechoslowakei die Slowaken gegen die Tschechen und in Jugoslawien die Kroaten gegen die Serben erhoben haben. Und selbst wenn kein einziger Araber in Palästina geblieben wäre, hätte der Mangel an tatsächlicher Souveränität inmitten arabischer Staaten beziehungsweise zwischen Völkern, die dem jüdischen Staat feindlich gesinnt sind, genau das gleiche Ergebnis gehabt.

Die Parole von einem jüdischen Commonwealth oder einem jüdischen Staat bedeutet mit anderen Worten, dass die Juden von Anfang an unter dem Deckmantel der Nation für sich eine »Interessenssphäre« zu bilden beabsichtigen. Sowohl ein binationaler palästinensischer Staat als auch ein jüdisches Commonwealth hätten möglicherweise das Ergebnis einer wirklichen Verständigung mit den Arabern und anderen Mittelmeervölkern sein können. Es ist jedoch eine fantastische Annahme zu glauben, das Pferd von hinten aufzäumen und so vorhandene Konflikte zwischen Völkern lösen zu können. Die Errichtung eines jüdischen Staates innerhalb einer imperialen Interessensphäre wird manchen Zionisten vielleicht als eine ausgezeichnete Lösung erscheinen, anderen dagegen als verzweifelter, aber unvermeidlicher Schritt. Ein Kurs, der langfristig gefährlicher und abenteuerlicher wäre, ist kaum vorstellbar. Es ist in der Tat sehr misslich für ein kleines Volk, ohne eigenes Verschulden im Gebiet einer »Interessensphäre« zu liegen, auch wenn schwer zu erkennen ist, wo es in der wirtschaftlich und politisch klein gewordenen Welt von heute sonst seinen Platz finden könnte. Eine Politik jedoch, die auf die Protektion einer fernen imperialen Macht baut und sich den guten Willen der Nachbarn verscherzt, kann nur auf Torheit beruhen. Es drängt sich die Frage auf, welche Politik der Zionismus künftig gegenüber den Großmächten verfolgen wird und was für ein Programm die Zionisten für die Lösung des arabisch-jüdischen Konflikts anzubieten haben.

In diesem Zusammenhang taucht eine weitere Frage auf. In den optimistischsten Schätzungen hofft man, dass nach dem Kriege mindestens zehn Jahre lang jährlich etwa 100 000 Juden aus Europa nach Palästina einwandern werden. Angenommen, dass sich dies bewerkstelligen lässt, was soll mit jenen geschehen, die nicht zu den ersten Einwanderergruppen gehören? Welchen Status sollen sie in Europa haben? Wie soll ihr soziales, wirtschaftliches und politisches Leben aussehen? Die Zionisten hoffen offenbar, dass der Status quo ante wiederhergestellt wird. Werden in diesem Falle die in ihre Heimat zurückgekehrten Juden nach einer Periode von sagen wir fünf Jahren, die selbst unter den schlimmsten Umständen eine Periode der Normalisierung sein wird, bereit sein, nach Palästina zu gehen? Denn wenn man nicht sofort die europäischen Juden als künftige Bürger des neuen jüdischen Commonwealth reklamiert (von der Frage ihrer Aufnahme ganz zu schweigen), dann wird es zusätzliche Schwierigkeiten bei der Beanspruchung von Mehrheitsrechten in einem Land geben, in dem die Juden ganz eindeutig eine Minderheit sind. Würde andererseits einem solchen

Anspruch stattgegeben, so würde das natürlich die Wiederherstellung des Status quo in Europa ausschließen, und damit würde möglicherweise ein nicht ganz ungefährlicher Präzedenzfall entstehen. Selbst eine auch nur oberflächliche Wiederherstellung des Status quo in Europa wird es nahezu unmöglich machen, das Problem der doppelten Loyalität mit den gleichen nichtssagenden Allgemeinheiten zu vernebeln wie in der guten alten Zeit.

Die letzte Frage schließlich, deren Beantwortung der Zionismus unter dem feierlichen Protest, eine Antwort sei »unter seiner Würde«, bisher erfolgreich ausgewichen ist, betrifft das alte Problem des Verhältnisses zwischen dem angestrebten neuen Staat und der Diaspora. Und dies ist keineswegs nur für die europäischen Juden ein Problem.

Es ist allen Ideologien zum Trotz eine Tatsache, dass der Jischuw bisher nicht nur ein Asyl für verfolgte Juden aus einigen Diasporaländern gewesen ist. Er ist zugleich eine Gemeinschaft, die von anderen Diasporajuden unterstützt werden musste. Ohne den Einfluss und die Mittel vor allem der amerikanischen Juden hätte die Katastrophe in Europa der Judenheit Palästinas sowohl politisch wie ökonomisch den Todesstoß versetzt. Sollte in naher Zukunft – mit oder ohne Teilung Palästinas – ein jüdisches Commonwealth erreicht werden, so wird das dem politischen Einfluss der amerikanischen Juden zu verdanken sein. Dies bräuchte ihren Status als amerikanische Bürger nicht zu berühren, wenn ihr »Heimatland« oder »Mutterland« eine politisch selbstständige Einheit im üblichen Sinne wäre oder wenn ihre Hilfe nur für absehbare Zeit nötig wäre. Sollte aber das jüdische Commonwealth gegen den Willen der Araber und ohne die Unterstützung der Mittelmeervölker proklamiert werden, dann wird nicht nur finanzielle Hilfe, sondern auch politische Unterstützung noch für lange Zeit nötig sein. Das allerdings könnte sich für die Juden dieses Landes als recht schwierig erweisen, die schließlich nicht die Möglichkeit haben, die politischen Geschicke des Nahen Ostens zu lenken. Es könnte sich schließlich als eine Aufgabe erweisen, die das, was sie sich heute vorstellen, und das, was sie morgen zu leisten vermögen, bei Weitem übersteigt.

Dies sind einige der Fragen, vor die der Zionismus in naher und nächster Zukunft gestellt sein wird. Wenn er sie aufrichtig, mit politischer Vernunft und Verantwortungsgefühl beantworten will, wird er seine ganzen obsoleten Doktrinen zu überprüfen haben. Sowohl die Juden zu retten als auch Palästina zu retten wird im 20. Jahrhundert nicht leicht sein; dass es sich mit den Kategorien und Methoden des 19. Jahrhunderts erreichen lässt, erscheint zumindest sehr unwahrscheinlich. Wenn die Zionisten an ihrer sektiererischen Ideologie festhalten und in ihrem kurzsichtigen »Realismus« fortfahren, dann werden sie selbst die geringen Chancen verwirken, die in unserer nicht allzu schönen Welt kleine Völker immer noch haben.

[Deutsche Übersetzung von Hannah Arendt, »Zionism Reconsidered«, in: *The Menorah Journal*, New York 33, 1945, Nr. 2, S. 162–196; die Übersetzung von Friedrich Griese erschien erstmals unter dem Titel »Der Zionismus aus heutiger Sicht« in: Hannah Arendt, *Die verborgene Tradition. Acht Essays*, Frankfurt am Main: Suhrkamp (suhrkamp taschenbuch 303) 1976, S. 127–168. Für den Wiederabdruck im vorliegenden Band wurde die Übersetzung überarbeitet.]

12
Der Judenstaat – Fünfzig Jahre danach

Wohin hat die Politik Herzls geführt?

Wenn man heute Herzls *Judenstaat*[1] wieder liest, dann macht man eine eigentümliche Erfahrung. Man entdeckt, dass jene Dinge, die Herzls eigene Zeitgenossen für utopisch gehalten hätten, tatsächlich nun die Ideologie und die Politik der zionistischen Bewegung bestimmen, während Herzls praktische Vorschläge für den Aufbau einer jüdischen Heimstätte, die vor fünfzig Jahren einen ziemlich realistischen Anstrich hatten, völlig einflusslos geblieben sind.

Letzteres ist umso erstaunlicher, als diese praktischen Vorschläge auch heute überhaupt noch nicht veraltet sind. Herzl schlug eine »Jewish Company«[2] vor, die den Staat vermittels einer »Arbeitshilfe« aufbauen sollte. Damit war gemeint, dass erzwungene ganztägige Arbeit mit almosengleichen, für »lumpige Bettler« bestimmten Tarifen bezahlt werden soll; dass ein »Trucksystem« aus Arbeitstrupps eingeführt wird, die »heeresmässig verfeinert« zusammengezogen werden »von da und dort, wo sie eben verfügbar werden«, und Naturalien statt Löhne erhalten sollen. Herzl war auch entschlossen, jegliche »Opposition« zu unterdrücken, wenn sich die Leute, denen das Land gegeben würde, nicht entsprechend dankbar erweisen sollten. Dies alles klingt nur allzu vertraut. Und es gereicht dem jüdischen Volk nur zur Ehre, dass niemand, soweit ich weiß, diese »realistischen« Vorschläge jemals ernsthaft in Erwägung gezogen hat, und dass die Wirklichkeit Palästinas sich fast als das Gegenteil von Herzls Traum herausgestellt hat.

Wenn die erwähnten Grundzüge in Herzls Programm glücklicherweise in der gegenwärtigen politischen Situation in Palästina auch vollkommen vergessen sind, so sind sie doch aufschlussreich. Denn bei all ihrer Unschuld zeigen sie, zu welcher Kategorie von Politikern in der europäischen Geschichte Herzl gehörte. Als Herzl den *Judenstaat* schrieb, war er tief davon überzeugt, dass er dies unter einer Art höheren Eingebung tat, doch gleichzeitig fürchtete er ernstlich, sich zum Narren zu machen. Diese mit Selbstzweifeln vermischte äußerst hohe Selbsteinschätzung ist eine geläufige Erscheinung: Sie ist gewöhnlich das Kennzeichen für den »Spinner«. Und in gewisser Weise war dieser Wiener, dessen Stil, dessen Gepflogenheiten und Ideale sich kaum von denen seiner weniger bekannten Journalistenkollegen unterschieden, wirklich ein Spinner.

Doch selbst zur Zeit Herzls – das war die Zeit der Dreyfus-Affaire, als die Spinner gerade ihre Karriere in vielen Bewegungen antraten, die außerhalb des Parlaments und der regulären Parteien wirkten – standen diese Art Leute mit den unterschwelligen Strömungen der Geschichte und den tiefen Sehnsüchten der Volksmassen schon in engerer Verbindung als all das gesunde Führungspersonal mit seinen ausgewogenen Ansichten und einer des Verstehens absolut unfähigen Geisteshaltung. Allerorten wurden die Spinner schon prominent – die Antisemiten Stoecker und Ahlwardt in Deutschland, Schönerer und Lueger in Österreich und Drumont und Déroulède in Frankreich.

Herzl schrieb den *Judenstaat* unter dem unmittelbaren und heftigen Ansturm dieser neuen politischen Kräfte. Und er gehörte zu den Ersten, die deren Chancen auf einen endgültigen Erfolg richtig einschätzten. Doch noch viel wichtiger als die Richtigkeit seiner Vorhersage war der Umstand, dass er nicht ganz bar jeder Sympathie für diese neuen Bewegungen war. Als er sagte: »Ich glaube, den Antisemitismus […] zu verstehen«, meinte er damit, dass er nicht nur historische Ursachen und politische Zusammenhänge begriff, sondern dass er auch den Judenhasser bis zu einem gewissen Grad richtig verstand. Zwar zeugten seine häufigen Appelle an »anständige Antisemiten«, sich an der »in ganz kleine Teile zerlegten Geldbeschaffung« des Nationalfonds für die Errichtung eines jüdischen Staates zu beteiligen, nicht gerade von Realismus;

und genauso unrealistisch war er, wenn er sie dazu einlud, »unter Achtung ihrer uns werthvollen Unabhängigkeit gleichsam als [...] Controlsbehörden an das Werk herangezogen [zu] werden«, um den Vermögenstransfer aus der Diaspora in die jüdische Heimat zu überwachen; und häufig versicherte er in aller Unschuld, die Antisemiten seien die besten Freunde der Juden und die antisemitischen Regierungen ihre besten Verbündeten. Aber dieser Glaube an die Antisemiten brachte auf sehr beredte und sehr bewegende Weise zum Ausdruck, wie eng verwandt seine eigene Geistesverfassung mit derjenigen seiner feindseligen Umgebung war und wie sehr er in der »fremden« Welt zu Hause war.

Mit den demagogischen Politikern seiner eigenen wie auch der jüngsten Zeit teilte Herzl sowohl die Verachtung für die Massen als auch eine durchaus echte Affinität zu ihnen. Und wie ebendiese Politiker, so war auch er eher eine Verkörperung als ein Repräsentant der Gesellschaftsschicht, zu der er gehörte. Er hat die neue und ständig anwachsende Schicht der »überall verfolgten mittleren Intelligenz, die wir überproduciren«, nicht bloß geliebt oder sich einfach zu deren Sprecher gemacht; er hat in diesen Intellektuellen nicht bloß die wirklichen Luftmenschen[3] des westlichen Judentums wahrgenommen – das heißt Juden, die trotz ökonomischer Sicherheit weder einen Platz in der jüdischen noch in der nichtjüdischen Gesellschaft fanden und deren persönliche Probleme nur durch eine Neuorientierung des jüdischen Volkes als Ganzem gelöst werden konnten. Herzl selbst war eine Verkörperung dieser jüdischen Intellektuellen, und zwar in dem Sinne, dass alles, was er sagte oder tat, genau das war, was jene gesagt oder getan hätten, wenn sie bei der Enthüllung ihrer allergeheimsten Gedanken genauso viel moralischen Mut an den Tag gelegt hätten.

Einen anderen Charakterzug, den Herzl mit den Führern der neuen antisemitischen Bewegungen teilte, deren Feindschaft ihn so tief beeindruckte, war die wilde Entschlossenheit zum Handeln um jeden Preis – einem Handeln indessen, das sich nach bestimmten angeblich unveränderlichen und unvermeidlichen Gesetzen richten und von unbesiegbaren Naturkräften beflügelt und unterstützt werden sollte. Herzls Überzeugung, dass er im Bunde mit der Geschichte und der Natur war, bewahrte ihn vor dem Verdacht, dass er selbst vielleicht verrückt gewesen sein könnte. Der Antisemitismus war eine überwältigende Macht, und die Juden standen Herzls Meinung nach vor der Wahl, ihn sich entweder zunutze zu machen oder von ihm verschlungen zu werden. Seinen eigenen Worten zufolge war der Antisemitismus als »treibende Kraft« für alle jüdischen Leiden seit der Zerstörung des Tempels verantwortlich und würde die Juden so lange weiterleiden lassen, bis sie gelernt hätten, ihn für ihren eigenen Vorteil auszunutzen. In den Händen eines Fachmannes würde sich diese »treibende Kraft« als heilsamer Faktor im jüdischen Leben erweisen: Sie würde auf die gleiche Weise genutzt wie kochendes Wasser zur Erzeugung von Dampfkraft.

Diese bloße Handlungsentschlossenheit war im jüdischen Leben etwas so überraschend Neues, so Revolutionäres, dass sie sich wie ein Lauffeuer ausbreitete. Herzls fortdauernde Größe rührt genau von diesem Wunsch her, praktisch etwas für die Judenfrage zu tun – von seinem Verlangen, tätig zu werden und das Problem politisch zu lösen.

Im Verlauf ihrer zweitausendjährigen Diaspora haben die Juden nur zweimal den Versuch unternommen, ihre Lage durch direkte politische Aktion zu verändern. Der erste Versuch war die Sabbatai-Zwi-Bewegung, eine mystisch-politische Bewegung zur Erlösung des Judentums, welche das jüdische Mittelalter in einer Katastrophe enden ließ, deren Folgen die jüdischen Einstellungen und Grundüberzeugungen für über zwei Jahrhunderte prägen sollten. Als die Juden sich in der Mitte des 16. Jahrhunderts darauf einrichteten, dem selbst ernannten »Messias« Sabbatai Zwi wieder nach Palästina zu folgen, glaubten sie, dass ihre endzeitliche Hoffnung auf ein messianisches tausendjähriges Reich nun in Erfüllung ginge. Bis zur Zeit von Zwi konnten sie ihre Gemeindeangelegenheiten mit den Mitteln einer Politik regeln, die nur in ihrer Einbildung bestand – mit der Erinnerung an eine weit entlegene Vergangenheit und der Hoffnung auf eine ferne Zukunft. Mit der Sabbatai-Zwi-Bewegung kulminierten diese jahrhundertealten Erinnerungen und Hoffnungen in einem einzigen beglückenden hohen Augenblick.

Dessen katastrophale Nachwirkungen beschlossen – wahrscheinlich endgültig – die Periode, in welcher nur die Religion den Juden einen festen Rahmen bieten konnte, innerhalb dessen es möglich war, ihre politischen, geistlichen und weltlichen Bedürfnisse zu befriedigen. Die damit verbundene Desillusionierung hielt insofern an, als die Religion für die Juden seitdem kein angemessenes Instrument mehr war, um sich mit politischen oder anderen gegenwärtigen Ereignissen auseinanderzusetzen. Ob ein Jude fromm war oder nicht, ob er die Gebote befolgte oder ob er sich außerhalb ihrer Schranken bewegte, von nun an musste er weltliche Ereignisse auf einer säkularen Grundlage beurteilen und weltliche Entscheidungen mit säkularen Begriffen treffen.

Die jüdische Säkularisierung gipfelte schließlich in einem zweiten Versuch, die Diaspora aufzuheben. Dies war der Aufstieg der zionistischen Bewegung.

Allein die Tatsache, dass eine Katastrophe die Juden aus den beiden Extremen von Vergangenheit und Zukunft herausgerissen und sie mitten in die Gegenwart geworfen hatte, bedeutet noch nicht, dass sie nun »realistisch« geworden wären. Dass man der Wirklichkeit ausgesetzt ist, verhilft einem nicht automatisch zu deren Verständnis oder dass man sich in ihr heimisch fühlt. Der Prozess der Verweltlichung machte im Gegenteil die Juden sogar noch weniger »realistisch« – das heißt, sie waren dadurch noch weniger als zuvor in der Lage, die wirkliche Situation zur Kenntnis zu nehmen und sie zu verstehen. Indem die Juden ihren Glauben an einen göttlichen Anfang und an eine Vollendung der Geschichte verloren, büßten sie ihren Wegweiser durch das Gewirr nackter Tatsachen ein; denn wenn man den Menschen aller Mittel beraubt, Ereignisse zu deuten, dann bleibt er ohne jeglichen Wirklichkeitssinn. Die Gegenwart, mit der die Juden nach dem Debakel der Sabbatai-Zwi-Bewegung konfrontiert waren, das war das Chaos einer Welt, deren Lauf keinen Sinn mehr ergab und in welcher folglich die Juden keinen Platz mehr finden konnten.

Das Bedürfnis nach einer Richtschnur oder nach einem Schlüssel zur Geschichte wurde von allen Juden gleichermaßen verspürt. Aber im 19. Jahrhundert war dieses Bedürfnis überhaupt kein spezifisch jüdisches. In diesem Kontext zählt der Zionismus zu den vielen »Ismen« jener Epoche, die alle den Anspruch erhoben, die Wirklichkeit zu erklären und die Zukunft mit dem Hinweis auf eherne Gesetze und Kräfte vorherzusagen. Doch der Fall der Juden lag und liegt immer noch anders. Was sie brauchten, das war nicht nur eine Richtschnur für die Wirklichkeit, sondern die Wirklichkeit selbst; sie bedurften nicht einfach eines Schlüssels zur Geschichte, sondern der geschichtlichen Erfahrung selbst.

Wie ich gerade angedeutet habe, bestand dieses Wirklichkeitsbedürfnis seit dem Zusammenbruch der Sabbatai-Zwi-Bewegung und seitdem die messianische Hoffnung als Lebenselement aus dem Bewusstsein der jüdischen Massen verschwunden war. Doch dieses Bedürfnis machte sich erst am Ende des 19. Jahrhunderts geltend, hauptsächlich wegen zweier völlig verschiedener Faktoren, deren Zusammentreffen dafür sorgte, dass der Zionismus entstand und sich Herzls Ideologie herausbildete.

Der erste dieser beiden Faktoren hatte eigentlich wenig mit jüdischer Geschichte zu tun. Es geschah Ende der achtziger Jahre des letzten Jahrhunderts, dass der Antisemitismus als politische Kraft gleichzeitig in Russland, Deutschland, Österreich und Frankreich hervortrat. Die Pogrome von 1881 in Russland setzten jene große Ost-West-Wanderungsbewegung in Gang, die bis 1933 das Einzelphänomen blieb, welches die moderne jüdische Geschichte vor allem kennzeichnet. Dass der politische Antisemitismus genau zur gleichen Zeit in Mittel- wie in Westeuropa auftauchte und dass er von beträchtlichen Teilen der europäischen Intelligenz unterstützt oder gar angeführt wurde, widerlegte zweifellos die traditionelle liberale Auffassung, dass der Judenhass nur ein Relikt aus dem sogenannten finsteren Mittelalter sei.

Doch für die politische Geschichte des jüdischen Volkes noch wichtiger war die Tatsache, dass – trotz der von den emanzipierten Juden des Westens so heftig zum Ausdruck gebrachten Abneigung gegen die »Ostjuden«[4] – die Westwanderung die beiden Hauptteile der Judenheit zusammenbrachte, die Grundlage für ein neues Zusammengehörigkeitsgefühl – zumindest bei der moralischen Elite – schuf und Ost- wie Westjuden eine gleiche Sicht auf ihre Lage lehrte. Der russische Jude, der auf der Flucht vor Verfolgung nach Deutschland kam, entdeckte, dass die Aufklärung die Glut des heftigen Judenhasses nicht gelöscht hatte, und der deutsche Jude, der die Heimatlosigkeit seines Bruders aus dem Osten sah, fing an, seine eigene Situation in einem anderen Licht zu betrachten.

Der zweite für den Aufstieg des Zionismus verantwortliche Faktor war rein jüdischer Natur – es handelte sich dabei um die Herausbildung einer für die jüdische Gemeinschaft völlig neuen Schicht, die Intellektuellen, zu deren Hauptsprecher Herzl wurde und die er selbst als die Schicht der »mittleren Intelligenzen« bezeichnete. Diese Intellektuellen ähnelten ihren Brüdern in den mehr traditionellen jüdischen Berufszweigen insoweit, als auch sie, was Kultur und Religion betraf, vollkommen entjudaisiert waren. Was sie aber wiederum unterschied, war die Tatsache, dass sie nicht mehr in einem kulturellen Vakuum lebten; sie hatten sich wirklich »assimiliert«, sie waren nicht nur entjudaisiert, sondern auch verwestlicht. Dies führte jedoch nicht zu ihrer gesellschaftlichen Integration. Die nichtjüdische Gesellschaft betrachtete sie nicht als ebenbürtige Mitglieder, und auch innerhalb der jüdischen Gemeinschaft gab es keinen Platz für sie, denn sie passten nicht in deren von Geschäftsbeziehungen und familiären Banden geprägtes Milieu.

Psychologisch hatte diese Situation zur Folge, dass diese jüdischen Intellektuellen zu den geschichtlich ersten Juden wurden, die sich in die politische Begriffswelt des Antisemitismus hineinversetzen konnten, ja dass sie sogar empfänglich gemacht wurden für die tieferen politischen Grundeinstellungen, die unter anderem als Antisemitismus zum Ausdruck kamen.

Die beiden klassischen Pamphlete der zionistischen Literatur, Pinskers *Autoemancipation*[5] und Herzls *Der Judenstaat,* wurden von Angehörigen dieser neuen jüdischen Schicht verfasst. Zum ersten Mal sahen Juden sich selbst als Volk mit den Augen der anderen Nationen: »Für die Lebenden [ist der Jude] ein Todter, für die Eingeborenen ein Fremder, für die Einheimischen ein Landstreicher, für die Besitzenden ein Bettler, für die Armen ein Ausbeuter und

Millionär, für den Patrioten ein Vaterlandsloser, für alle Classen ein verhasster Concurrent« – auf diese typisierende, präzise und nüchterne Weise brachte Pinsker es zum Ausdruck. Herzl wie auch Pinsker identifizierten die Judenfrage in all ihren Aspekten und Zusammenhängen mit der Tatsache des Antisemitismus, den sie sich beide als immer und überall naturwüchsige Reaktion aller Völker auf die bloße Existenz von Juden vorstellten. Wie Pinsker es formulierte, und wie beide glaubten, konnte die Judenfrage nur dadurch gelöst werden, dass man ein Mittel findet, »durch welches jenes exclusive Element dem Völkerverbande derart angepasst werde, dass der Judenfrage der Boden für immer entzogen sei«.

Was den Zionismus immer noch vor der Ideologie der Assimilation auszeichnet, ist die Tatsache, dass er die ganze Frage von Anfang an auf eine politische Ebene hob und die Forderung nach einer »Neuregelung« politisch begründete. Die Verfechter der Assimilation suchten nicht weniger verzweifelt nach einer Neuregelung, aber sie verwendeten ihre Energien auf die Gründung zahlloser Berufsausbildungsvereine für Juden, ohne jedoch über die geringste Macht zu verfügen, Juden zur Änderung der erlernten und ausgeübten Berufe zu zwingen. Die intellektuellen Anhänger der Ideologie der Assimilation vermieden sorgfältig politische Fragen und erfanden die Theorie vom »Salz der Erde«, womit sie sehr deutlich zum Ausdruck brachten, dass sie die simpelste Säkularisierung der religiösen Vorstellung von der jüdischen Auserwähltheit jeder radikalen Neubestimmung der jüdischen Stellung in einer Welt von Nationen vorzögen.

Mit anderen Worten: Der große Vorteil des Denkansatzes der Zionisten bestand darin, dass ihr Wille, die Juden in eine »Nation wie alle anderen Nationen« zu verwandeln, sie davor bewahrte, in jene jüdische Art von Chauvinismus zu verfallen, der wie von selbst durch die Säkularisierung entsteht und dem entjudaisierten Durchschnittsjuden irgendwie als Überzeugung dient, dass er, der zwar nicht mehr an einen Gott glaubt, der erwählt oder verstößt, immer noch eine Art höheres Wesen sei, nämlich das Salz der Erde oder der Motor der Geschichte, einfach weil er zufällig als Jude geboren wurde.

Im zionistischen Willen zum Handeln, im Wunsch, die Wirklichkeit in den Griff zu bekommen, kam ein weiterer Vorzug zum Ausdruck: in diesem Fall gegenüber dem internationalistischen und revolutionären Ansatz in der Judenfrage. Dieser war, genauso wie der assimilatorische Chauvinismus, das Resultat der Säkularisierung religiöser Haltungen. Aber der Anstoß dazu kam nicht von Durchschnittsjuden, sondern eher von einer Elite. Da diese Juden ihre Hoffnung auf ein messianisches tausendjähriges Reich, das die endgültige Versöhnung aller Völker herbeiführen würde, verloren hatten, verlegten sie ihre Erwartungen auf die fortschrittlichen Kräfte der Geschichte, welche die Judenfrage automatisch mit allen anderen Ungerechtigkeiten aus der Welt schaffen würden. Revolutionen der Gesellschaftssysteme anderer Völker würden eine Menschheit ohne Klassen und Nationen schaffen; die Juden samt ihren Problemen würden in dieser neuen Menschheit aufgehen – irgendwie und irgendwann. Was in der Zwischenzeit passierte, war nicht so wichtig; die Juden müssten eben selbstverständlich leiden wie alle anderen verfolgten Klassen und Völker auch.

Der Kampf der Zionisten gegen diese künstliche Selbstlosigkeit, welche nur Argwohn erregen konnte hinsichtlich der letzten Ziele und Motive einer Politik, die vom eigenen Volk verlangte, sich wie Heilige aufzuführen und die Hauptopfer zu bringen – dieser Kampf ist von großer Bedeutung gewesen; denn er versuchte die Juden zu lehren, ihre Probleme durch eigene Anstrengung und nicht mithilfe von anderen zu lösen.

Doch diese Auseinandersetzung spielt in Herzls Vorstellung von Zionismus kaum eine Rolle. Er war von einem blinden Hass gegen alle revolutionären Bewegungen erfüllt und vertraute ebenso blind auf die Güte und Stabilität der Gesellschaft seiner Zeit. Der Aspekt des Zionismus, von dem hier die Rede ist, fand seinen besten Ausdruck in den Schriften des großen französisch-jüdischen Autors Bernard Lazare. Lazare wollte ein Revolutionär in seinem eigenen Volk sein, nicht unter anderen, und er konnte in Herzls Bewegung, die im Grunde reaktionär war, keinen Platz finden.

Doch wenn man Herzls Bewegung als Ganze betrachtet und seine eindeutigen Verdienste innerhalb der gegebenen geschichtlichen Situation abwägt, dann kann man nicht umhin festzustellen, dass der Zionismus dem versteckten Chauvinismus der Assimilationsideologie einen vergleichsweise gesunden Nationalismus und dem offenkundig utopischen Denken jüdischer Radikaler einen relativ vernünftigen Realismus entgegensetzte.

Die eher ideologischen und utopischen Elemente, die sich im *Judenstaat* finden, hatten jedoch langfristig einen größeren Einfluss auf die Texte und die Praxis des Zionismus als die oben dargelegten unleugbaren Errungenschaften. Dem bedingungslosen Wirklichkeitsstreben Herzls lag eine Sichtweise zugrunde, der zufolge die Realität eine unveränderliche und unveränderbare, immer mit sich selbst identische Struktur besaß. Diese Realität bestand für ihn aus nicht viel mehr als einerseits ewig währenden Nationalstaaten, die ein Bollwerk gegen die Juden bildeten, und andererseits den Juden, die in der Zerstreuung und unter ewiger Verfolgung lebten. Andere Dinge spielten keine Rolle: Unterschiede in der Klassenstruktur, Unterschiede zwischen politischen Parteien oder Bewegungen, zwischen verschiedenen Ländern oder verschiedenen Geschichtsepochen existierten für Herzl nicht. Was es allein gab, das waren unveränderliche Volkskörper, die als biologische und auf mysteriöse Weise mit einem ewigen Leben ausgestattete Organismen betrachtet wurden; diese Körper verströmten eine immer gleiche Feindseligkeit gegen die Juden, die jeden Augenblick die Form von Pogromen oder Verfolgung annehmen konnte. Jeder Ausschnitt der Wirklichkeit, der nicht vermittels des Antisemitismus definiert werden konnte, blieb außer Betracht, und jede Gruppe, die nicht eindeutig als antisemitisch eingestuft werden konnte, wurde als politische Kraft nicht ernst genommen.

Aktive jüdische Politik bedeutete für Herzl deshalb, innerhalb der unveränderlichen Struktur dieser Wirklichkeit einen Ort zu finden, an dem Juden vor Hass und möglicher Verfolgung sicher wären. Ein Volk ohne Land müsste also in ein Land ohne Volk entkommen. Dort wären die Juden in der Lage, ungehindert von Beziehungen mit anderen Nationen, ihren eigenen isolierten Organismus zu entwickeln.

Herzl dachte in den Kategorien eines aus deutschen Quellen gespeisten Nationalismus – im Gegensatz zur französischen Variante, die ihre Herkunft aus den politischen Ideen der Französischen Revolution nie ganz hat verleugnen können. Er begriff nicht, dass das Land seiner Träume nicht existierte, dass es keinen Ort auf der Welt gab, wo ein Volk als der organische Nationalkörper, den er sich vorstellte, leben konnte und dass die wirkliche historische Entwicklung einer Nation sich nicht innerhalb eines nach außen abgeschotteten biologischen Ganzen vollzieht. Und selbst wenn es ein Land ohne Volk gegeben hätte und selbst wenn in Palästina seinerseits nicht außenpolitische Probleme aufgetaucht wären, hätte Herzls Sorte politischer Philosophie immer noch für ernstliche Schwierigkeiten in den Beziehungen zwischen dem neuen jüdischen Staat und anderen Nationen gesorgt.

Noch viel unrealistischer doch genauso einflussreich war Herzls Glaube, die Errichtung eines jüdischen Staates würde den Antisemitismus automatisch aus der Welt schaffen. Dieser Glaube rührte daher, dass Herzl von der unbedingten Anständigkeit und Aufrichtigkeit der Antisemiten ausging, in denen er nichts anderes als schlichte und einfache Nationalisten sah. Diese Sichtweise mochte vielleicht vor dem Ende des 19. Jahrhunderts angebracht gewesen sein, als der Antisemitismus mehr oder weniger aus dem Gefühl herrührte, dass die Juden innerhalb jeder existierenden homogenen Gesellschaft Fremde seien. Aber zu Herzls Zeiten war der Antisemitismus bereits in eine politische Waffe neuer Art verwandelt worden und wurde von der neuen Sekte der Rassisten unterstützt, deren Loyalität und Hass nicht an nationalen Grenzen haltmachten.

Der Fehler bei Herzls Auffassung zum Antisemitismus lag in dem Umstand, dass es die Antisemiten, die er im Auge hatte, eigentlich kaum mehr gab – oder wenn, dann waren sie für die antisemitische Politik nicht mehr ausschlaggebend. Die wirklichen Antisemiten waren unanständig geworden und wollten sich die Juden als Sündenböcke für den Fall innenpolitischer Schwierigkeiten halten; oder aber wenn sie »anständig« waren, dann wollten sie die

Juden, wo immer diese auch lebten, ausrotten. Aus diesem Spektrum der beiden verschiedenen Arten von Antisemiten gab es kein Entkommen ins Gelobte Land, »dessen Aufbau«, wie Weizmann sagte, »die Antwort auf den Antisemitismus« sei.

Der Aufbau Palästinas ist in der Tat eine großartige Leistung, die zu einem wichtigen und sogar entscheidenden Argument der jüdischen Ansprüche in Palästina gemacht werden könnte – zumindest zu einem besseren und überzeugenderen als die gegenwärtigen Appelle, die unsere verzweifelte Lage in Europa ins Feld führen und damit das »geringere Unrecht«, das den Arabern angetan werde, rechtfertigen. Doch der Aufbau Palästinas hat wenig mit einer Antwort auf die Antisemiten zu tun; vor allem war er eine »Antwort« auf den geheimen Selbsthass und den Mangel an Selbstvertrauen bei jenen Juden, die bewusst oder unbewusst der antisemitischen Propaganda in Teilen erlegen waren.

Die dritte These in Herzls politischer Philosophie handelt vom jüdischen Staat. Obwohl dieser Gedanke sicherlich für Herzl selbst die kühnste und anziehendste Facette des Ganzen darstellte, war die Forderung nach einem Staat zur Zeit der Erstveröffentlichung des Buches weder doktrinär noch utopisch. Herzls Ansicht nach konnte sich die Wirklichkeit kaum in einer anderen Form als der des Nationalstaats ausdrücken. Tatsächlich war in seiner Epoche der Anspruch auf nationale Selbstbestimmung der Völker eine fast selbstverständliche Frage der Gerechtigkeit, soweit es um die unterdrückten Völker in Europa ging, und von daher war an der Forderung der Juden nach der gleichen Art von Emanzipation und Freiheit nichts Absurdes oder Falsches. Und dass das ganze System von großen und kleinen souveränen Nationalstaaten innerhalb der nächsten fünfzig Jahre unter imperialistischer Ausdehnung und angesichts einer neuen Machtkonstellation zusammenbrechen sollte, das war mehr, als Herzl hätte voraussehen können. Seine Forderung nach einem Staat ist erst durch die neuere zionistische Politik utopisch geworden, die nicht zu einer Zeit nach einem Staat verlangt hat, als ihn vielleicht jeder gewährt hätte, sondern erst dann, als die ganze Idee der nationalen Souveränität zur Farce geworden war.

Wie berechtigt Herzls Forderung nach einem jüdischen Staat zu seiner Zeit auch gewesen sein mag, seine Art und Weise, ihn herbeizuführen, waren von der gleichen Wirklichkeitsferne geprägt, die er auch in anderer Hinsicht an den Tag legte. Der Opportunismus, mit dem er seine Verhandlungen mit diesem Ziel führte, basierte auf einer politischen Vorstellung, der zufolge es zwischen dem Wohl und Wehe der Juden und der anderen Nationen keinerlei Verbindung gab und jüdische Forderungen in keinerlei Beziehungen zu anderen Ereignissen und Entwicklungen standen. Obwohl die Forderung nach einem Staat in seiner Epoche nur auf der Ebene nationaler Selbstbestimmung verstanden werden konnte, hütete sich Herzl sorgfältig davor, die Forderung nach jüdischer Befreiung mit den Ansprüchen anderer Völker zu verknüpfen. Er war sogar bereit, von den Minderheitenproblemen des türkischen Reichs zu profitieren, und bot den Herrschern dieses Reichs jüdische Hilfe bei der Bewältigung dieser Fragen an. In diesem Fall bot Herzl das klassische Beispiel einer Politik, die zwar, um einen »realistischen« Anschein zu erwecken, kaltschnäuzig genug, aber in Wirklichkeit doch völlig utopisch war, weil sie weder die eigene noch die relative Stärke der anderen Partei in Rechnung stellte.

Diese ständigen Fehleinschätzungen, die für die zionistische Politik so typisch wurden, kommen nicht von ungefähr. Da Herzl seinen Antisemitismusbegriff ganz allgemein auf alle nichtjüdischen Völker anwandte, war es den Zionisten von Anfang an unmöglich, nach wirklich loyalen Verbündeten zu suchen. Herzls Auffassung von der Wirklichkeit als einer ewig unveränderten feindlichen Struktur – alle Gojim immerwährend gegen alle Juden – machte die Gleichsetzung von Realismus und Kaltschnäuzigkeit verständlich, weil sich damit jegliche empirische Analyse konkreter politischer Faktoren erübrigte. Alles, was man tun musste, war die »Triebkraft des Antisemitismus« zu nutzen, welcher wie »die Welle der Zukunft«[6] die Juden ins Gelobte Land bringen würde.

Heute ist die Realität zum Albtraum geworden. Wenn man sie mit den Augen Herzls betrachtet, der von außen nach einem Raum innerhalb der Realität suchte, in den die Juden hineinpassten und in welchem sie sich gleichzeitig wieder von der Wirklichkeit abschotten konnten – wenn man die heutige Realität so betrachtet, dann ist sie schrecklicher, als Menschen sich je vorstellen können, und hoffnungsloser, als Menschen je verzweifelt sein können. Nur wenn wir uns endlich selbst einer Welt zugehörig fühlen, in der wir wie alle anderen an einem Kampf gegen eine große und manchmal überwältigende Übermacht teilnehmen – mit einer auch nur geringen Siegeschance und mit wie wenigen Verbündeten auch immer; erst wenn wir den menschlichen Hintergrund erkennen, vor dem die jüngsten Ereignisse stattgefunden haben, und wissen, dass das, was getan wurde, von Menschen getan worden ist, deshalb auch von Menschen verhindert werden kann und muss – erst dann werden wir fähig sein, den Albtraum, in dem die Welt befangen ist, zu beenden. Wenn dieser Zustand isoliert und nur von außen her betrachtet wird – von Leuten, die sich selbst für prinzipiell von der albtraumhaften Welt abgeschnitten halten und von daher auch bereit sind, den Verlauf dieser Welt »realistisch« hinzunehmen –, kann das zur Folge haben, dass jegliches Handeln blockiert wird und wir vollkommen aus der menschlichen Gemeinschaft ausgeschlossen werden.

Herzls Bild vom jüdischen Volk als von einer feindlichen Welt umgeben und durch diese zusammengehalten hat in unseren Tagen die zionistische Bewegung erobert und ist zur allgemeinen Ansicht der jüdischen Massen geworden. Dass niemand von dieser Entwicklung überrascht ist, macht Herzls Bild kein bisschen wahrer – im Gegenteil, es wird dadurch nur noch gefährlicher. Wenn wir tatsächlich überall von offenen und versteckten Feinden umgeben sind, wenn die ganze Welt schließlich gegen uns ist, dann sind wir verloren.

Denn Herzls Ausweg ist nun verschlossen – seine Hoffnung auf eine Flucht aus der Welt und sein naiver Glaube, durch Flucht ließen sich die Dinge befrieden, haben sich als Illusion erwiesen. *Altneuland*[7] ist kein Traumgebilde mehr. Es ist ein äußerst wirklicher Ort geworden, an dem Juden mit Arabern zusammenleben, und zudem ein wichtiger Knotenpunkt weltweiten Kommunikationsgeschehens. Ganz gleich, was es sonst alles ist, jedenfalls ist Palästina weder der Ort, an dem die Juden isoliert leben können, noch ist es das Gelobte Land, wo sie vor dem Antisemitismus sicher wären. Die schlichte Wahrheit lautet, dass Juden den Antisemitismus überall bekämpfen müssen, denn sonst werden sie überall ausgerottet. Obgleich die Zionisten den Antisemitismus nicht mehr als Verbündeten betrachten, scheinen sie jedoch stärker als je davon überzeugt, dass der Kampf dagegen hoffnungslos ist – allein deshalb, weil wir gegen die ganze Welt zu kämpfen hätten.

Die Gefahr der gegenwärtigen Situation – in der Herzls Zionismus ganz selbstverständlich die Richtung der zionistischen Politik bestimmt – liegt in der sich dem gesunden Menschenverstand scheinbar anbietenden Plausibilität, welche die jüngsten Erfahrungen der Juden in Europa Herzls Philosophie verliehen haben. Es steht außer Zweifel, dass heute im Zentrum jüdischer Politik die Überreste der europäischen Judenheit stehen, die sich augenblicklich in den Lagern in Deutschland[8] befinden. Unsere ganze politische Aktivität konzentriert sich auf sie – doch noch viel wichtiger ist die Tatsache, dass unsere ganze politische Perspektive notwendigerweise von ihren Erfahrungen und von unserer Solidarität mit ihnen bestimmt ist.

Jeder Einzelne dieser überlebenden Juden ist der letzte Überlebende einer Familie, jeder Einzelne wurde nur durch ein Wunder gerettet, jeder Einzelne hat die grundlegende Erfahrung des vollständigen Zusammenbruchs der internationalen Solidarität am eigenen Leib verspürt. Von allen Verfolgten wurden nur die Juden für den sicheren Tod ausersehen. Was die Nazis oder die Deutschen taten, war in diesem Zusammenhang nicht entscheidend; entscheidend war, welche Erfahrungen die Juden mit der Mehrheit aller anderen Nationalitäten und selbst mit den politischen Häftlingen in den Konzentrationslagern machten. Die Frage ist dabei nicht, ob die nichtjüdischen Antifaschisten für ihre jüdischen Kameraden mehr hätten tun können, als sie tatsächlich taten – der wesentliche Punkt ist der, dass nur die Juden unausweichlich in die Gaskammern geschickt wurden; und dies reichte aus, eine Trennungslinie zu ziehen, die wahrscheinlich mit dem besten Willen nicht getilgt werden konnte. Für die Juden, die dies erlebt haben, wurden alle Nicht-Juden gleich. Dies ist der Grund für ihr gegenwärtig starkes Verlangen, nach Palästina zu gehen. Nicht, dass sie sich einbildeten, sie seien dort sicher – sie wollen nur unter Juden leben, ganz gleich, was geschieht.

Eine weitere Erfahrung, die ebenfalls von großer Bedeutung für die Zukunft jüdischer Politik ist, rührt von der Erkenntnis her, dass sechs Millionen Juden nicht umgebracht, sondern hilflos in den Tod getrieben worden waren, wie Vieh. Es gibt Berichte, wie Juden versuchten, der Würdelosigkeit dieses Todes durch ihre Haltung und ihr Auftreten etwas entgegenzusetzen, als sie in die Gaskammern abgeführt wurden – sie sangen oder machten trotzige Gesten, um anzudeuten, dass sie ihr Schicksal nicht als das letzte über sie gesprochene Wort akzeptierten.

Was die Überlebenden jetzt vor allem wollen, ist das Recht, in Würde zu sterben – im Fall eines Angriffs mit der Waffe in der Hand. Die jahrhundertealte Hauptsorge des jüdischen Volkes, das Überleben um jeden Preis, ist wahrscheinlich für immer verschwunden. Stattdessen trifft man auf etwas bei Juden vollkommen Neues, auf den Wunsch nach Würde um jeden Preis.

Von welch großem Vorteil diese neue Entwicklung für eine im Wesentlichen gesunde jüdische politische Bewegung auch wäre, sie stellt im gegenwärtigen Rahmen zionistischer Auffassungen doch eine gewisse Gefahr dar. Die nun ihres ursprünglichen Vertrauens in die hilfreiche Natur des Antisemitismus beraubte Lehre Herzls kann selbstmörderische Gesten nur ermutigen, für deren Zwecke sich der natürliche Heroismus von mit dem Tode vertrauten Menschen leicht ausbeuten lässt. Einige zionistische Führer tun so, als ob sie glaubten, die Juden könnten sich in Palästina gegen den Rest der Welt behaupten und in ihrer Alles-oder-nichts-Haltung verharren. Hinter diesem haltlosen Optimismus lauern jedoch eine allgemeine Verzweiflung und eine echte Bereitschaft zum Selbstmord, was äußerst gefährlich werden kann, wenn diese beiden Haltungen Stimmung und Atmosphäre der palästinensischen Politik zunehmend prägen sollten.

In Herzls Zionismus gibt es nichts, was hier als Gegengewicht wirken könnte; im Gegenteil, die utopischen und ideologischen

Elemente, mit denen er den neuen jüdischen Willen zum politischen Handeln ausstaffierte, werden die Juden höchstwahrscheinlich nur ein weiteres Mal aus der Wirklichkeit hinausführen – und damit aus dem Bereich politischen Handelns. Ich weiß nicht – und will auch gar nicht wissen –, was mit den Juden in aller Welt und der jüdischen Geschichte künftig passieren würde, wenn es zu einer Katastrophe in Palästina käme. Parallelen zur Sabbatai-Zwi-Episode erweisen sich jedoch als erschreckend naheliegend.

[Deutsche Übersetzung von Hannah Arendt, »The Jewish State: Fifty Years After. Where Have Herzl's Politics Led?« in: *Commentary* 1, Nr. 7, Mai 1946, S. 1–8; die Übersetzung von Eike Geisel erschien erstmals unter dem Titel »Der Judenstaat. Fünfzig Jahre danach oder: Wohin hat die Politik Herzl geführt?« in: Hannah Arendt, *Die Krise des Zionismus. Essays & Kommentare* 2, hrsg. von Eike Geisel und Klaus Bittermann, aus dem Amerikanischen übersetzt von Eike Geisel, mit einem Nachwort von Henryk M. Broder, Berlin: Edition Tiamat (Critica Diabolis 23), 1989, S. 61–81. Für den Wiederabdruck im vorliegenden Band wurde die Übersetzung überarbeitet; Geisels Anmerkungen sind übernommen und eigene hinzugefügt worden.]

13
Hiobs Misthaufen – Eine Einführung zu Bernard Lazare

Nîmes, die Stadt, in der Bernard Lazare 1865 geboren wurde, ist eine der alten französischen Ansiedlungen im Languedoc, in der jüdische Gemeinschaften ihre Geschichte bis in die Römerzeit zurückverfolgen können. Bernard Lazare stammte aus einer assimilierten sephardischen Familie, die gewisse Traditionen noch einhielt, aber ihren Kindern keine gesonderte jüdische Bildung mitgab. Mit einundzwanzig Jahren ging Bernard Lazare nach Paris, wo sich damals viele talentierte junge Franzosen aus den südlichen Provinzen zusammenfanden. Ein bescheidenes Einkommen seines Vaters, der ein Damenkonfektionsgeschäft besaß, ermöglichte ihm das Studium der Religionsgeschichte.

Bald schon machte Lazare sich in der literarischen Welt einen Namen. Er besuchte die berühmten Dienstagstreffen von Stéphane Mallarmé und schloss sich bald darauf den Symbolisten an. Ab 1890 verfasste er regelmäßig literarische und kulturkritische Beiträge für die *Entretiens politiques et littéraires*, das offizielle Organ der Symbolisten.

Das Paris, in dem seine politische Unterweisung begann, hatte kurz zuvor Boulangers Versuch eines Republiksturzes, den Panamaskandal mitsamt dem Niedergang des Parlamentes sowie den raschen Aufstieg der Sozialistischen Partei miterlebt. Lazare schloss sich einer Gruppe dissidenter sozialistischer Intellektueller an – eine denkwürdige Mischung aus künstlerischem Symbolismus und politischem Anarchismus.

Nichts daran – und tatsächlich nichts in seinen frühen Schriften – bot Anlass zu dem Gedanken, dass sich Lazares Schicksal einmal von dem seines damaligen Intellektuellenkreises unterscheiden würde. Was ihn unterschied und was seine Schriften aus dem Geist seiner Zeit und seines Milieus heraushob, war, dass er schon früh die Bedeutung der jüdischen Frage erkannte und mit beharrlichem Mut diese Erkenntnis zum bestimmenden Fakt seines Lebens machte.

Antisemitische Agitation wurde in der französischen Politik erstmals um 1884 laut. Durch den Panamaskandal, in dem auch viele Juden kompromittiert wurden, avancierte der Antisemitismus für ein Jahrzehnt zu einer ausgewachsenen politischen Bewegung. Zudem verband sich in Frankreich der Antisemitismus mit diversen sozialistischen Strömungen, was für jüdische Intellektuelle wie Bernard Lazare noch bedeutender war, da er in seinen eigenen Kreisen nicht nur vagen antijüdischen Gefühlen begegnete, sondern ausgesprochen antisemitischen Glaubenssätzen.

Seine erste Reaktion auf die Judenfrage war die Entscheidung, den Antisemitismus ernst zu nehmen. 1894 veröffentlichte er eine zweibändige Geschichte des Antisemitismus, *L'Antisémitisme, son histoire et ses causes*. Ausgangspunkt war die Frage: Warum nur haben die Juden seit ihrer Zerstreuung zu allen Zeiten und in allen Ländern eine derart universelle Feindschaft erfahren? Er fand die Antwort in der Ausnahmehaltung der Juden selbst, die um jeden Preis als »Nation unter Nationen« überleben wollten, obwohl sie eine besondere Nation waren, die ihre Nationalität »überlebt und überdauert hatte«[1]. Zu jener Zeit war Lazare noch überzeugt, dass die jüdische Frage, die ja eine nationale Frage war, im allgemeinen Prozess der Entnationalisierung der Nationen von selbst verschwinden werde: Mit der Weiterentwicklung der Idee einer universellen Menschheit würden die Juden aufhören, Juden zu sein, so wie die Franzosen aufhören würden, Franzosen zu sein.

Die Dreyfus-Affaire war für Bernard Lazare – wie für Theodor Herzl – der Wendepunkt. Alfred Dreyfus, ein jüdischer Generalstabsoffizier der französischen Armee, wurde 1894 verhaftet und der Spionage für die Armee des Deutschen Kaiserreichs verdächtigt. Noch im selben Jahr wurde er von einem Militärgericht zu lebenslanger Haft verurteilt und auf die Teufelsinsel vor der Küste von Französisch-Guyana verbannt. Beharrlich hatte Dreyfus von Anfang an seine Unschuld beteuert. Aufgrund bestimmter Entwicklungen im französischen Generalstab geriet das Urteil in Kreisen weit über die Familie Dreyfus hinaus in den Folgemonaten unter Verdacht, bis schließlich offensichtlich wurde, dass dem Prozess und dem Urteil politische Motive zugrunde lagen – als ein Schachzug einerseits gegen die Republik und andererseits für die Etablierung des Antisemitismus als politischer Bewegung. Bernard Lazare, einer der rechtlichen Berater der Familie Dreyfus, war der Erste, der den »Justizirrtum« denunzierte und auf dessen politischer Dimension insistierte. Die Schrift *Une erreur judiciaire. La vérité sur l'affaire Dreyfus,* 1896 veröffentlicht, überzeugte Clemenceau, Zola, diverse Sozialisten – darunter Jean Jaurès – sowie andere Personen nicht nur von der Unschuld Dreyfus', sondern auch von der Existenz einer Verschwörung der Armee gegen die Republik. Von nun an war die Dreyfus-Affaire ein Kampf für Gerechtigkeit und für die Republik und gegen die Armee und die reaktionären antisemitischen Parteien. Durch konzertierte Bemühungen gelang den Dreyfusards schließlich die Annullierung des Urteils und die Revision des Prozesses im Jahr 1899. Im zweiten Prozess sprach das Militärgericht Dreyfus wiederum schuldig, konzedierte »mildernde Umstände« und verurteilte ihn zu zehn Jahren Haft. Kurz darauf wurde er vom Präsidenten der Republik begnadigt. Da seine Familie und seine jüdischen Berater (mit Ausnahme von Lazare) ihm dies nahelegten, akzeptierte Dreyfus die Begnadigung. Dies spaltete die Reihen der Dreyfusards: Jaurès und die Sozialistische Partei ebenso wie die offiziellen Vertreter der französischen Juden wollten die Affaire um jeden Preis beenden und begrüßten die Begnadigung, wohingegen Clemenceau, Zola, Bernard Lazare und einige Intellektuelle aus dem Umkreis von Charles Péguy eine unzweideutige Aufhebung des ursprünglichen Urteils forderten.

Im Jahr 1906, drei Jahre nach Lazares Tod, als Clemenceau Premierminister geworden war, machte das Appellationsgericht – die oberste gerichtliche Instanz Frankreichs – von seiner Machtbefugnis Gebrauch, überprüfte alle bisherigen Gerichtsurteile und annullierte das Urteil des Revisionsprozesses. Und es ging noch einen Schritt weiter. Aus Furcht vor dem Ausgang eines weiteren Revisionsprozesses vor einem Militärgericht sprach das Appellationsgericht – obwohl es nicht autorisiert war, eigene Entscheidungen zu fällen, sondern nur befugt, einen Prozess rückzuverweisen – Dreyfus von allen gegen ihn erhobenen Anklagepunkten frei.

Im Laufe des Kampfes um den Freispruch für Dreyfus lernte Lazare sowohl das jüdische Volk und die französischen Juden kennen als auch die Feinde des jüdischen Volkes. Aus diesen Erfahrungen heraus erkannte er, dass der Zionismus die einzige Lösung der Judenfrage war. Und sein Zionismus hatte starke sozialrevolutionäre Züge, wie man in den abgedruckten Essays sieht.

Bernard Lazares Aktivitäten innerhalb der zionistischen Bewegung waren nur begrenzt. Bis 1899 war der Kampf eines Dreyfusards keine Teilzeitbeschäftigung, zumal wenn man in dieser Bewegung zur Befreiung eines Juden nahezu der einzige Jude war. Seine zahlreichen Artikel erschienen in zwei zionistischen Magazinen: in *Zion*, einer mehrsprachigen Publikation, deren französische Sektion er selbst herausgab, und in *L'Écho sioniste*. Im Jahr 1899 gründete er seine eigene Monatszeitschrift *Le Flambeau*, ein »Organ für zionistisches und soziales Judentum«, von dem nur einige Nummern erschienen.

Das zweite Ereignis in Lazares politischer Entwicklung fand gleichfalls 1899 statt. Ein Jahr zuvor hatte Lazare am Zweiten Zionistischen Weltkongress in Basel teilgenommen, wo Max Nordau ihn als einen der wenigen Juden in Frankreich, der es gewagt hatte, für einen anderen Juden öffentlich einzutreten, sehr herzlich empfangen hatte. Damals war Lazare ins Aktionskomitee gewählt worden. Nun aber trennte er sich von der offiziellen zionistischen Bewegung. In einem offenen Brief an Herzl (veröffentlicht in *Le Flambeau*, 1899) erklärte er seinen Rücktritt vom Zionistischen Aktionskomittee, das, wie er schrieb, »autokratisch« sei und die jüdischen Massen behandele, als seien sie unwissende Kinder.[2] Seine Befürchtungen, die um allgemeine Themen wie »Tendenzen, Prozeduren und Aktionen« kreisten, entstammten der Debatte um eine Jüdische Kolonialbank, wie Herzl sie damals plante und in der

Lazare ein Werkzeug zur Unterdrückung und Entmutigung des jüdischen Volkes erkannte. »Das hatten sie sich nicht träumen lassen – weder die Propheten noch das demütige Volk, das einst die Psalmen schrieb.«

Lazare hatte gehofft, wie er an Herzl schrieb, dass »wenn ich mich von Ihnen trenne, dann bleibe ich dem jüdischen Volk verbunden. [...] Ich werde weiter für seine Freiheit kämpfen, auch wenn meine Mittel sich von den Ihren unterscheiden.« Aber tatsächlich war Lazare nun völlig isoliert, da er sich zuvor bereits von allen anderen jüdischen Organisationen und Institutionen abgewandt hatte. Die wenigen Freunde, die ihm die Treue hielten und unter denen er noch immer einen gewissen Einfluss besaß, gehörten zum nichtjüdischen literarischen Milieu von *Les Cahiers de la Quinzaine*, der einzigen Zeitschrift, die weiterhin Beiträge von ihm veröffentlichte. Dort erschien auch sein langer Artikel über die Lage der Juden in Rumänien.

Bernard Lazare starb 1903 im Alter von achtunddreißig Jahren. Der französische Zionismus verlor in ihm den einzigen Juden von Rang, den er je besaß (so Baruch Hagani in: *Bernard Lazare,* Paris, 1919).

Der einführende Essay dieses Bandes stammt aus dem Buch *Notre Jeunesse* von Charles Péguy und erschien erstmals 1910 in *Les Cahiers de la Quinzaine*. Charles Péguy, der Schriftsteller (1874–1914) und Dichter, gehörte zu jener Generation französischer Intellektueller, für welche die Dreyfus-Affaire die zentrale politische Erfahrung ihres Lebens bedeutete. Péguy wurde Dreyfusard als Sozialist und kämpfte zusammen mit Georges Sorel, Bernard Lazar, und Jean Jaurès für die Rehabilitierung von Dreyfus. Beeinflusst von Bergsons Philosophie und zutiefst desillusioniert ob der Taktiken und Ambiguitäten der französischen Sozialisten in dieser Angelegenheit, wurde er zum erbitterten Gegner jedes offiziellen Sozialismus und gründete im Jahr 1900 seine eigene Zeitschrift, *Les Cahiers de la Quinzaine*, die bis zum Ausbruch des Ersten Weltkriegs das bedeutendste literarische Organ linksorientierter Schriftsteller ohne orthodox-marxistische Orientierung blieb. Romain

Rolland, Georges Sorel, Daniel Halévy und Bernard Lazare erschienen dort Seite an Seite, gelegentlich sogar gemeinsam mit Rosa Luxemburg – nachgedruckt aus deutschen sozialistischen Blättern. In jenen Jahren entwickelte Péguy eine katholisch-sozialistische Philosophie, die allen existierenden sozialen, politischen und religiösen Institutionen äußerst kritisch gegenüberstand und deutliche Züge eines mystischen Nationalismus trug.

Das zentrale Thema von *Notre Jeunesse* ist die Darstellung der politischen und intellektuellen Kontroversen im Umkreis der Dreyfus-Affaire – Kontroversen, in deren Zentrum, so Péguy, die Figur Bernard Lazares stand. In gewisser Weise ist der Essay auch eine Antwort auf einen früheren Versuch von Daniel Halévy *(Apologie pour notre passé)*, die Aktivitäten und Grundüberzeugungen seiner Generation kritisch zu beleuchten.

[Deutsche Erstveröffentlichung des von Hannah Arendt unterzeichneten, doch nicht mit einem Titel versehenen Vorworts zu Bernard Lazare, *Job's Dungheap. Essays on Jewish Nationalism and Social Revolution, with a Portrait of Bernard Lazare by Charles Péguy*, übersetzt von Harry Lorin Binsse, New York: Schocken Books, 1948, S. 5–12; Übersetzung: Marie Luise Knott und Ursula Ludz.]

14
Zur Rettung der jüdischen Heimstätte ist es noch nicht zu spät

Als die Vereinten Nationen am 29. November 1947 der Teilung Palästinas und der Errichtung eines jüdisches Staates zustimmten, ging man davon aus, dass es zur Durchführung dieses Beschlusses keiner äußeren Macht bedürfe.

Die Araber benötigten nicht einmal zwei Monate, um diese Illusion zu zerstören, und die Vereinigten Staaten benötigten weniger als drei Monate, um ihren Standpunkt in der Teilungsfrage zu revidieren, ihre Unterstützung zum Teilungsplan zurückzuziehen und eine Treuhandschaft für Palästina vorzuschlagen. Von allen Mitgliedsstaaten der Vereinten Nationen machten nur die Sowjetunion und deren Satellitenstaaten unmissverständlich klar, dass sie immer noch für die Teilung und für die sofortige Proklamierung eines jüdischen Staates eintraten.

Beide, die Jewish Agency wie das Arab Higher Committee[1], lehnten eine Treuhandschaft unmittelbar ab. Die Juden beriefen sich dabei auf das moralisch legitimierte Recht, an der ursprünglichen Entscheidung der Vereinten Nationen festzuhalten; die Araber beriefen sich auf das gleichfalls moralisch legitimierte Recht, am Völkerbundprinzip der Selbstbestimmung festzuhalten, demzufolge Palästina von seiner gegenwärtigen arabischen Mehrheit regiert werden müsse und den Juden Minderheitenrechte zu gewähren seien. Ferner verkündete die Jewish Agency, unabhängig von jeder UN-Entschließung am 16. Mai einen jüdischen Staat zu proklamieren.[2] Tatsache bleibt indes, dass beides, Treuhandschaft wie Teilung, von einer äußeren Macht durchgesetzt werden muss.

Unter Federführung der Vereinigten Staaten erging in letzter Minute ein Waffenstillstandsappell an beide Seiten, der jedoch binnen zwei Tagen gegenstandslos wurde. Mit diesem Appell war letztmals die Chance gegeben, eine mindestens vorübergehende Intervention von außen zu vermeiden. Der augenblicklichen Lage der Dinge nach zu urteilen, ist keine einzige Lösungsmöglichkeit und kein praktikabler Vorschlag für den Palästinakonflikt in Sicht, nichts, was sich ohne externe Macht durchsetzen ließe.

Der Guerillakrieg der letzten paar Wochen sollte Juden wie Arabern gezeigt haben, wie kostspielig und zerstörerisch der Krieg zu werden verspricht, auf den sie sich eingelassen haben. Die Juden haben jüngst einige anfängliche Erfolge erzielt, die ihre relative Überlegenheit über die gegenwärtigen arabischen Streitkräfte in Palästina unter Beweis stellen. Anstatt aber zumindest lokale Waffenstillstandsvereinbarungen zu treffen, haben die Araber beschlossen, lieber ganze Städte und Dörfer zu evakuieren, als in Gegenden zu verbleiben, die von Juden beherrscht werden. Dieses Verhalten kündet viel wirkungsvoller von der Kompromissfeindschaft der Araber als alle ihre Erklärungen; es ist offenkundig, dass sie sich entschlossen haben, alles auf die Karte der Zeit und auf ihre zahlenmäßige Stärke zu setzen, um einen entscheidenden Sieg zu erringen. Allerdings könnte man von den Juden, die auf einer kleinen Insel inmitten eines arabischen Meeres leben, durchaus erwarten, dass sie aufgrund ihres gegenwärtigen Vorteils die Gelegenheit beim Schopf ergreifen und einen Verhandlungsfrieden anbieten. Denn ihre militärische Situation ist so beschaffen, dass Zeit und zahlenmäßige Stärke notwendigerweise gegen sie arbeiten. Wenn man die objektiven Lebensinteressen der beiden Völker in Betracht zieht, vor allem im Hinblick auf die gegenwärtige Situation und das künftige Wohl des Nahen Ostens, wo ein richtiggehender Krieg unvermeidlich zu einer Einladung für alle Spielarten internationaler Intervention würde, dann ist das gegenwärtige Verlangen der Araber wie der Juden, die Sache um jeden Preis auszufechten, tatsächlich schierer Wahnsinn.

Mit ein Grund für diese unnatürliche, und was das jüdische Volk anbetrifft tragische Entwicklung ist der entscheidende Einstellungswandel innerhalb der jüdischen Öffentlichkeit – eine Veränderung, die mit den verwirrenden Entscheidungen der Großmächte einherging.

Tatsache ist, dass just in dem Augenblick, als der Zionismus innerhalb des jüdischen Volkes seine größten Erfolge verzeichnete, seine Errungenschaften in Palästina den größten Gefahren ausgesetzt waren. Das mag für jene nichts Außergewöhnliches sein, die immer geglaubt haben, dass der Aufbau einer jüdischen Heimstätte die wichtigste – vielleicht die einzig wirkliche – Leistung der Juden in unserem Jahrhundert sei und dass letztlich keiner, der Jude bleiben wollte, den Ereignissen in Palästina gegenüber gleichgültig bleiben könne. Trotz alledem war der Zionismus in Wirklichkeit immer eine umstrittene Sache gewesen, bei der Partei ergriffen wurde; die Jewish Agency war sich trotz ihres Anspruchs, für das ganze jüdische Volk zu sprechen, der Tatsache bewusst, dass sie nur einen Teil davon repräsentierte. Diese Situation hat sich nun über Nacht geändert. Mit Ausnahme einiger weniger unverbesserlicher Antizionisten, die niemand besonders ernst nehmen kann, gibt es nun keine Organisation und fast keinen individuellen Juden mehr, die nicht privat oder öffentlich die Teilung des Landes und die Errichtung eines jüdischen Staates unterstützen.

Jüdische Linksintellektuelle, die vor nicht allzu langer Zeit den Zionismus noch als eine Ideologie für Schwachköpfe abqualifizierten und den Aufbau einer jüdischen Heimstätte für ein hoffnungsloses Unterfangen hielten, das sie in ihrer großen Weisheit schon abgelehnt hatten, ehe es überhaupt in Angriff genommen worden war; jüdische Geschäftsleute, deren Interesse an jüdischer Politik immer von der außerordentlich wichtigen Frage bestimmt gewesen war, wie die Juden aus den Schlagzeilen der Zeitungen herausgehalten werden konnten; jüdische Philanthropen, denen es ein Dorn im Auge war, dass Palästina als ein schrecklich kostspieliges Wohlfahrtsunternehmen anderen »lohnenswerteren« Vorhaben Gelder entzog; die Leser der jiddischsprachigen Presse, die jahrzehntelang ganz ernsthaft, wenn auch naiv, davon überzeugt gewesen waren,

Amerika sei das gelobte Land – alle diese Menschen, von der Bronx über die Park Avenue und Greenwich Village bis nach Brooklyn, eint heute die feste Überzeugung, dass ein jüdischer Staat notwendig sei, dass Amerika das jüdische Volk betrogen habe, dass die vom Irgun und der Stern-Gruppe ausgeübte Schreckensherrschaft mehr oder weniger gerechtfertigt sei und dass Rabbi Silver, David Ben Gurion und Moshe Shertok die wahren, wenn auch ein wenig zu maßvollen Staatsmänner des jüdischen Volkes seien.[3]

In Palästina ist eine Situation entstanden, die dieser wachsenden Einmütigkeit unter amerikanischen Juden sehr ähnelt. Genauso wie der Zionismus unter amerikanischen Juden eine umstrittene Angelegenheit gewesen war, so waren auch das arabische Problem und die Staatsfrage innerhalb der zionistischen Bewegung und in Palästina eine kontroverse Angelegenheit. Dort standen sich scharf voneinander abgegrenzte politische Auffassungen gegenüber: der Chauvinismus der Revisionisten, der gemäßigte Nationalismus der Mehrheitspartei und die vehement antinationalistische, antistaatliche Haltung eines Großteils der Kibbuzbewegung, vor allem des Hashomer Hazair[4]. Von diesen Meinungsverschiedenheiten ist heute kaum etwas geblieben.

Der Hashomer Hazair hat sich mit der Ahdut Ha'avodah zu einer Partei[5] zusammengeschlossen und dabei sein uraltes binationales Programm dem »Fait accompli« der UN-Entscheidung geopfert – der Entscheidung einer Körperschaft nebenbei, für die sie niemals allzu großen Respekt übrig hatten, als diese noch Völkerbund hieß. Die kleine Aliyah Chadashah[6], deren Mitgliedschaft zum größten Teil aus Einwanderern besteht, die in letzter Zeit aus Mitteleuropa gekommen sind, hat noch manches von ihrer alten gemäßigten Haltung bewahrt, auch ihre Sympathien für England. Sie würde gewiss Weizmann den Vorzug vor Ben Gurion geben – doch da Weizmann und die meisten Parteimitglieder sich schon immer auf Teilung und, wie alle anderen, auf das Biltmore-Programm[7] festgelegt hatten, besteht diese Opposition in nicht viel mehr als einer Meinungsverschiedenheit in Personalfragen.

Die allgemeine Stimmungslage des Landes ist außerdem dadurch gekennzeichnet, dass der Terrorismus und das Anwachsen totalitärer Methoden stillschweigend hingenommen und insgeheim gutgeheißen werden; und in der unterschwelligen öffentlichen Meinung, mit der jeder zu rechnen hat, der sich an den Jischuw wenden möchte, gibt es keinerlei nennenswerte Unstimmigkeiten.

Noch viel erstaunlicher als die wachsende Einmütigkeit unter den Juden Palästinas und Amerikas ist die Tatsache, dass beide wesentlich in den folgenden, ziemlich grob dargelegten Thesen übereinstimmen: Jetzt ist der Augenblick für alles oder nichts gekommen, für Sieg oder Niederlage; die Ansprüche von Juden und Arabern sind letztlich unvereinbar, und die ganze Sache kann nur durch eine militärische Entscheidung geregelt werden; die Araber, alle Araber, sind unsere Feinde, und wir akzeptieren diese Tatsache; nur ewiggestrige Liberale glauben an Kompromisse, nur Spießer an Gerechtigkeit, und nur Schlemihle[8] bevorzugen die Wahrheit und setzen auf Verhandlungen anstatt auf Propaganda und Maschinengewehre. Die jüdische Erfahrung der letzten Jahrzehnte – oder der letzten Jahrhunderte, oder der letzten zweitausend Jahre – hat uns schließlich die Augen geöffnet und gelehrt, uns um uns selbst zu kümmern; dies allein ist die Realität, alles andere ist Gefühlsduselei; alle sind gegen uns, Großbritannien ist antisemitisch, die Vereinigten Staaten sind imperialistisch – Russland jedoch könnte für einen gewissen Zeitraum unser Verbündeter sein, denn zufälligerweise stimmen seine Interessen mit den unseren überein; doch letztlich rechnen wir mit niemandem und verlassen uns nur auf uns selbst; mit einem Wort: Wir sind bereit, kämpfend unterzugehen, und betrachten jeden, der sich uns in den Weg stellt, als Verräter, und alles, was uns aufhält, als ein In-den-Rücken-Fallen.

Es wäre leichtfertig, wenn man den engen Zusammenhang leugnete, der zwischen dieser Stimmung der Juden in aller Welt und der jüngsten europäischen Katastrophe besteht. Auf diese Katastrophe folgte schreiendes Unrecht und Gefühllosigkeit gegenüber dem überlebenden Rest, der rücksichtslos in »displaced persons« [DPs] verwandelt wurde. Herausgekommen ist dabei eine erstaunliche und rapide Veränderung dessen, was wir als Nationalcharakter bezeichnen. Nach zweitausend Jahren »Galuth-Mentalität«

hat das jüdische Volk plötzlich damit aufgehört, im Überleben ein höchstes Gut, einen Wert an sich zu sehen, und ist innerhalb weniger Jahre ins andere Extrem verfallen. Jetzt glauben die Juden an den Kampf um jeden Preis und finden, dass »unterzugehen« eine vernünftige politische Vorgehensweise ist.

Einhellige Meinungen sind eine bedrohliche Erscheinung und gehören zu den Kennzeichen unseres modernen Massenzeitalters. Sie zerstören das gesellschaftliche wie das persönliche Leben, das auf der Tatsache beruht, dass wir von Natur aus und von unseren Überzeugungen her verschieden sind. Denn dass wir unterschiedliche Ansichten vertreten und uns bewusst sind, dass andere Leute über dieselbe Sache anders denken als wir, bewahrt uns vor jener gottähnlichen Gewissheit, welche allen Auseinandersetzungen ein Ende bereitet und die gesellschaftlichen Verhältnisse auf die eines Ameisenhaufens reduziert. Jede Einhelligkeit in öffentlichen Meinungen tendiert dazu, Andersdenkende physisch zu beseitigen, denn massenhafte Übereinstimmung ist nicht das Ergebnis einer Übereinkunft, sondern ein Ausdruck von Fanatismus und Hysterie. Im Gegensatz zur Übereinkunft bleibt eine vereinheitlichte Meinung nicht bei irgendwelchen genau definierten Zielen stehen, sondern breitet sich wie eine Infektion auf alle benachbarten Angelegenheiten aus.

So hat die jüdische Einmütigkeit in der Palästinafrage in der jüdischen Öffentlichkeit bereits zu einem vagen und unklaren Meinungsumschwung hin zu prosowjetischen Sympathien geführt, und dieser Umschwung hat selbst Leute erfasst, die mehr als fünfundzwanzig Jahre lang die bolschewistische Politik beständig verurteilt haben. Fast noch bedeutsamer als dieser Stimmungswandel und diese allgemeinen Einstellungsveränderungen sind die Versuche gewesen, einen antiwestlichen und prosowjetischen Kurs in der zionistischen Bewegung selbst zu etablieren. Der Rücktritt von Moshe Sneh, des Organisators der illegalen Einwanderung, der früher eine wichtige Position in der Haganah innehatte, ist in diesem Zusammenhang von Bedeutung; und was man in Amerika von fast jedem Delegierten aus Palästina gelegentlich zu hören bekommt, weist sogar noch stärker in diese Richtung. Im Programm der neuen, aus der Verschmelzung von Hashomer Hazair und Ahdut Ha'avodah hervorgegangenen palästinensischen Linkspartei wurde schließlich schriftlich festgehalten, der Hauptgrund, warum man sich nicht der Mehrheitspartei angeschlossen habe, sei die Absicht, die zionistische Außenpolitik mehr an Russland zu binden als an die westlichen Demokratien.

Die Mentalität, der dieses unrealistische Verständnis russischer Politik entspringt, und die folgenschwere Unterwerfung unter solches Denken haben eine lange Tradition im Zionismus. Wie bei einem Volk ohne politische Erfahrung nur allzu verständlich, hat sich immer eine kindliche Hoffnung erhalten, dass irgendein Großer Bruder auftauchen und sich des jüdischen Volkes annehmen, seine Probleme lösen, es vor den Arabern beschützen und ihm schließlich einen wunderschönen jüdischen Staat mit allem Drum und Dran zum Geschenk machen würde. Diese Rolle nahm in der jüdischen Vorstellung Großbritannien ein – und zwar bis zur Veröffentlichung des Weißbuchs[9]. Wegen dieses naiven Glaubens und einer genauso naiven Unterschätzung der arabischen Kräfteverhältnisse ließen die jüdischen Führer jahrzehntelang eine Gelegenheit nach der anderen verstreichen, um zu einer Verständigung mit den Arabern zu gelangen. Nach dem Ausbruch des Zweiten Weltkriegs und insbesondere nach dem Biltmore-Programm fiel die Rolle des eingebildeten Großen Bruders an die Vereinigten Staaten. Doch es ist sehr rasch klar geworden, dass sich Amerika genausowenig für diese Rolle eignet wie Großbritannien, und so ist Russland nun als einzige Macht übrig geblieben, auf welche törichte Hoffnungen gesetzt werden können. Es ist jedoch bemerkenswert, dass Russland der erste Große Bruder ist, dem sogar die Juden nicht ganz trauen. Zum ersten Mal mischt sich in die jüdischen Hoffnungen ein zynischer Unterton.

Leider rührt dieses gesunde Misstrauen nicht so sehr von bestimmten Zweifeln an der sowjetischen Politik her, sondern eher von einer anderen traditionellen zionistischen Ansicht, die mittlerweile von allen Teilen des jüdischen Volkes Besitz ergriffen hat: von der zynischen und tief verwurzelten Überzeugung, dass alle

Nicht-Juden antisemitisch sind, dass jeder und alles gegen die Juden ist, dass, wie Herzl sagte, die Welt eingeteilt werden kann in »verschämte und unverschämte Antisemiten«[10] und dass die »eigentliche Bedeutung des Zionismus in der Revolte der Juden gegen ihre sinnlose und glücklose Mission liegt, nämlich die Nicht-Juden dazu herauszufordern, grausamer zu sein, als sie es wagen würden, und sie nicht zu zwingen, so freundlich zu sein, wie sie müssten, was darauf hinauslief, dass die zionistische Revolte am Ende das dynamische Bild von der Sendung Israels in veränderter Perspektive wieder reproduzierte« (Benjamin Halpern im *New Leader*, Dezember 1947). Mit anderen Worten: Die generelle Feindseligkeit der Nicht-Juden, eine, wie Herzl dachte, nur gegen die Juden in der Galuth gerichtete Erscheinung, die deshalb auch mit der Normalisierung der Juden in Palästina verschwinden würde, wird jetzt von den Zionisten für eine unabänderliche, ewige Tatsache der jüdischen Geschichte gehalten, die sich unter allen Umständen, selbst in Palästina, wiederholt.

Es ist offenkundig, dass es sich bei dieser Einstellung um blanken rassistischen Chauvinismus handelt, und ebenso offenkundig ist, dass diese Teilung zwischen Juden und allen anderen Völkern – die man als Feinde einstuft – sich nicht von anderen Herrenrassentheorien unterscheidet (selbst wenn die jüdische »Herrenrasse« von ihren Protagonisten nicht zur Eroberung, sondern zum Selbstmord verpflichtet wird). Es ist ebenfalls klar, dass jede Interpretation politischer Sachverhalte, die sich an solchen »Prinzipien« orientiert, den Kontakt zu den Realitäten dieser Welt hoffnungslos verloren hat. Trotzdem ist es eine Tatsache, dass derartige Auffassungen im jüdischen Raum mitunter stillschweigend, mitunter lautstark um sich greifen; und deshalb können jüdische Führer unter dem Beifall ihrer Zuhörerschaft mit Selbstmord drohen, und das schreckliche und unverantwortliche »Dann gehen wir lieber zugrunde« schleicht sich in alle offiziellen jüdischen Verlautbarungen ein, ganz gleich, wie radikal oder wie gemäßigt die Ecke ist, aus der sie kommen.

Jeder Anhänger einer demokratischen Regierungsform weiß, wie wichtig eine loyale Opposition ist. Die Tragödie jüdischer Politik besteht im Augenblick darin, dass sie völlig von der Jewish Agency bestimmt wird und dass es weder in Palästina noch in Amerika eine nennenswerte Opposition gegen sie gibt.

Seit den Tagen der Balfour-Deklaration [11] wurde die loyale Opposition in der zionistischen Politik von den Nicht-Zionisten gebildet (jedenfalls war dies nach 1929 so, als bei Wahlen in der erweiterten Jewish Agency die halbe Exekutive mit Nicht-Zionisten besetzt wurde). Doch praktisch existiert heute die nichtzionistische Opposition nicht mehr. Diese unglückselige Entwicklung wurde von dem Umstand ermutigt, wenn nicht gar verursacht, dass die Vereinigten Staaten und die Vereinten Nationen schließlich eine extremistische jüdische Forderung billigten, welche die Nicht-Zionisten immer für vollkommen unrealistisch gehalten hatten. Als die Großmächte einen jüdischen Staat unterstützten, glaubten sich die Nicht-Zionisten durch die Realität selbst widerlegt. Ihr plötzlicher Bedeutungsverlust und ihre Hilflosigkeit angesichts der richtigen Annahme, dass es sich dabei um eine vollendete Tatsache handelte, waren das Ergebnis einer Haltung, welche die Wirklichkeit immer mit der Summe jener Fakten identifizierte, die von den vorhandenen Mächten, und allein von diesen, geschaffen wurden. Sie hatten mehr an die Balfour-Erklärung geglaubt als an den Wunsch des jüdischen Volkes, eine eigene Heimstätte zu errichten; sie rechneten stärker auf eine britische oder amerikanische Regierung als auf die im Nahen Osten lebenden Völker. Sie hatten sich geweigert, dem Biltmore-Programm zuzustimmen – doch sie akzeptieren es dann, als es von den Vereinigten Staaten und den Vereinten Nationen anerkannt wurde.

Nun, wenn die Nicht-Zionisten in der jüdischen Politik als echte Realisten hätten handeln wollen, dann hätten sie immer darauf bestehen müssen, dass die Anwesenheit der Araber in Palästina die einzige konstante Realität in der ganzen Konstellation war, eine Realität, die durch keinen Beschluss verändert werden konnte, außer vielleicht durch die Entscheidung eines totalitären Staates, der sie dann mit der ihm eigenen rücksichtslosen Gewalt durchsetzt.

Stattdessen verkannten sie die Entscheidungen von Großmächten als ultimative Realitäten, und es fehlte ihnen der Mut, nicht nur die Angehörigen der jüdischen Gemeinschaft, sondern auch ihre jeweiligen Regierungen vor den möglichen Auswirkungen der Teilung des Landes und vor der Errichtung eines jüdischen Staates zu warnen. Es war verhängnisvoll genug, dass keine bedeutende zionistische Partei mehr da war, um sich der Entscheidung vom 29. November entgegenzustellen, als sich die Mehrheit auf einen jüdischen Staat festlegte und die anderen (die Minderheit unter Weizmann) für Teilung votierten; ausgesprochen tragisch war jedoch, dass sich die loyale Opposition der Nicht-Zionisten in diesem äußerst entscheidenden Augenblick in Luft auflöste.

Angesichts der »Verzweiflung und Entschlossenheit« des Jischuw (diese Formulierung gebrauchte kürzlich ein Delegierter aus Palästina) und der Selbstmorddrohungen jüdischer Führer könnte es von Nutzen sein, die Juden und die Welt daran zu erinnern, was hier »untergehen« wird, wenn die allerletzte Tragödie sich in Palästina ereignen sollte.

Palästina und der Aufbau einer jüdischen Heimstätte stellen heute die große Hoffnung und den ganzen Stolz der Juden in aller Welt dar. Was Juden individuell und kollektiv widerfahren würde, wenn diese Hoffnung und dieser Stolz in einer weiteren Katastrophe ausgelöscht werden sollten, lässt sich kaum ausdenken. Sicher ist indes, dass diese Katastrophe zum zentralen Ereignis jüdischer Geschichte würde und möglicherweise die Selbstauflösung des jüdischen Volkes einleitete. Es gibt keinen Juden auf der Welt, dessen Lebensauffassung und dessen Weltsicht durch eine derartige Tragödie nicht radikal verändert würde.

Wenn der Jischuw unterginge, dann würde er die kollektiven Siedlungen, die Kibbuzim – und diese stellen doch das vielleicht vielversprechendste gesellschaftliche Experiment des 20. Jahrhunderts dar – ebenso wie den großartigen Teil der jüdischen Heimstätte mit in den Abgrund reißen.

Hier wurde in vollkommener Freiheit und ohne jegliche Staatseingriffe eine neue Form des Eigentums, ein neuer Bauerntypus, eine neue Art des Familienlebens und der Kindererziehung geschaffen und neue Wege zur Lösung der schwierigen Konflikte zwischen Stadt und Land, zwischen landwirtschaftlicher und industrieller Arbeit beschritten.

Die Menschen im Kibbuz waren von ihrer leisen und wirkungsvollen Revolution zu sehr in Anspruch genommen, um ihrer Stimme in der zionistischen Politik genügend Gehör zu verschaffen. Es ist zwar richtig, dass die Mitglieder des Irgun und der Stern-Gruppe sich nicht aus den Kibbuzim rekrutieren, doch in gleichem Maße ist richtig, dass die Kibbuzim sich dem Terrorismus nicht ernsthaft entgegenstellten.

Gerade diese völlige politische Enthaltsamkeit, dieser Enthusiasmus, diese Konzentration auf unmittelbare Probleme haben es den Kibbuz-Pionieren ermöglicht, unbeeinträchtigt von den eher schädlichen Ideologien unserer Tage mit ihrer Arbeit fortzufahren, neue Gesetze und neue Verhaltensmuster zu schaffen, neue Sitten und neue Werte zu begründen und diese zu institutionalisieren. Der Verlust der Kibbuzim, der Untergang des neuen Menschentypus, die Zerstörung ihrer Institutionen und der Abgrund des Vergessens, in dem die Früchte ihrer Erfahrung versänken – dies wäre einer der schlimmsten Anschläge auf die Hoffnung all jener, und zwar Juden wie Nicht-Juden, die bislang keinen Frieden mit der gegenwärtigen Gesellschaft und ihren Werten gemacht haben und dies auch künftig nicht tun werden. Denn dieses jüdische Experiment in Palästina lässt auf Lösungen hoffen, die nicht nur in Einzelfällen akzeptabel und durchführbar sind, sondern überall für die große Masse der Menschen infrage kommen, deren Würde und Menschlichkeit in unseren Tagen von den Zwängen des modernen Lebens und dessen ungelösten Problemen so sehr bedroht ist.

Auch noch ein anderes Modellbeispiel oder zumindest dessen Möglichkeit würde mit dem Jischuw zugrunde gehen – nämlich die Chance einer engen Zusammenarbeit zwischen zwei Völkern, von denen das eine die fortschrittlichsten Tendenzen der westlichen Zivilisation verkörpert, während das andere ein vormaliges Opfer kolonialer Unterdrückung und Rückständigkeit ist. Auch wenn die Idee der arabisch-jüdischen Zusammenarbeit nie in großem Maßstab verwirklicht wurde und wenn ihre Realisierung heute ferner scheint denn je, so handelt es sich doch dabei um keine idealistische Tagträumerei, sondern um die nüchterne Feststellung, dass ohne sie das ganze jüdische Unternehmen in Palästina zum Scheitern verurteilt ist. Juden und Araber können durch die Umstände gezwungen werden, der Welt zu zeigen, dass es keine Differenzen zwischen zwei Völkern gibt, die nicht überbrückt werden könnten. Wenn ein derartiger Modus Vivendi geschaffen wird, könnte er in der Tat schließlich als Modell dafür dienen, wie man die gefährlichen Tendenzen von ehemals unterdrückten Völkern, sich gegen den Rest der Welt abzuschotten und ihre eigenen nationalistischen Superioritätskomplexe zu entwickeln, bekämpft.

Viele Chancen für eine jüdisch-arabische Freundschaft sind bereits vertan worden, aber keiner dieser Fehlschläge kann an der Grundtatsache etwas ändern, dass die Existenz der Juden in Palästina davon abhängt, diese Freundschaft zu erringen. Überdies liegt für die jahrhundertelang von der offiziellen Geschichte ausgeschlossenen Juden hierbei ein Vorteil in der Tatsache, dass sie keine imperialistische Vergangenheit haben, über die sie hinwegkommen müssen. Sie können auf dem Feld der internationalen Beziehungen immer noch als Avantgarde handeln, auch wenn dies nur in kleinerem, aber doch gültigen Ausmaß geschieht – so wie sie bereits in den Kibbuzim als Avantgarde auf dem Gebiet der gesellschaftlichen Beziehungen hervorgetreten sind, trotz der relativ geringen Anzahl der daran beteiligten Menschen.

Welches Endergebnis ein massiv geführter Krieg zwischen Arabern und Juden haben wird, daran gibt es kaum einen Zweifel. Man kann in vielen Schlachten siegen, ohne den Krieg zu gewinnen. Und bislang hat noch keine richtige Schlacht in Palästina stattgefunden.

Und selbst wenn die Juden den Krieg gewinnen sollten, dann wären an dessen Ende die einzigartigen Chancen und die einzigartigen Errungenschaften des Zionismus in Palästina zerstört. Das Land, das dann entstünde, wäre etwas ganz anderes als der Traum der

Weltjudenheit, der Zionisten wie der Nicht-Zionisten. Die »siegreichen« Juden würden, von einer vollkommen feindlichen arabischen Bevölkerung umgeben, abgeschlossen innerhalb ständig bedrohter Grenzen leben und derartig von physischer Selbstverteidigung in Anspruch genommen sein, dass alle anderen Interessen und Aktivitäten erstickt würden. Das Wachstum einer jüdischen Kultur würde nicht länger das Anliegen des ganzen Volkes sein; gesellschaftliche Experimente müssten als unpraktischer Luxus verworfen werden; politisches Denken würde sich auf Militärstrategie konzentrieren; die Wirtschaftsentwicklung wäre ausschließlich von Kriegsbedürfnissen diktiert. Und dies alles wäre das Schicksal einer nach wie vor sehr kleinen Nation, welche den feindlichen Nachbarn zahlenmäßig stark unterlegen bliebe – ganz unabhängig davon, wie viele Einwanderer sie noch absorbieren und wie weit sie ihre Grenzen ausdehnen könnte (ganz Palästina und Transjordanien lautet die wahnwitzige Forderung der Revisionisten).

Unter solchen Umständen würden die Palästina-Juden (darauf hat Ernst Simon hingewiesen) zu einem jener Kriegerstämme verkommen, über deren Aussichten und deren Bedeutung uns die Geschichte seit den Tagen Spartas zu Genüge unterrichtet hat.[12] Ihre Beziehungen zur Weltjudenheit würden sich problematisch gestalten, da ihre eigenen Verteidigungsinteressen jederzeit mit denen anderer Nationen in Konflikt geraten könnten, in denen eine große Anzahl von Juden lebt. Die Juden Palästinas würden sich schließlich von dem größeren Körper der Weltjudenheit lostrennen und sich in ihrer Isolation zu einem völlig neuen Volk entwickeln. Von daher liegt es auf der Hand, dass ein jüdischer Staat momentan und unter den gegenwärtigen Umständen nur um den Preis der jüdischen Heimstätte errichtet werden kann.

Glücklicherweise sind noch einige Juden übrig geblieben, die in diesen bitteren Tagen gezeigt haben, dass sie über zu viel Vernunft und Verantwortungsgefühl verfügen, um verzweifelten und fanatisierten Massen blindlings hinterherzulaufen. Allem Anschein zum Trotz gibt es immer noch einige Araber, denen die zunehmende faschistische Einfärbung ihrer nationalen Bewegungen Kummer macht.

Bis in die allerjüngste Zeit waren außerdem die palästinensischen Araber am Konflikt mit den Juden relativ unbeteiligt, und der eigentliche Kampf gegen diese ist sogar noch jetzt Sache von sogenannten Freiwilligen aus den Nachbarländern. Doch selbst diese Situation beginnt sich nun zu ändern. Die Evakuierung der arabischen Bevölkerung von Haifa und Tiberias ist das bislang verhängnisvollste Ereignis des ganzen arabisch-jüdischen Krieges. Diese Räumungen hätten nicht ohne sorgfältige Vorbereitung durchgeführt werden können, und es ist kaum anzunehmen, dass es sich hierbei um spontane Aktionen gehandelt hat. Sicher, die arabische Führung hat die palästinensischen Araber heimatlos gemacht, um die muslimische Welt aufzustacheln; aber es ist dennoch sehr zweifelhaft, ob sie es geschafft hätte, Zehntausende von Stadtbewohnern dazu zu überreden, ihre ganze Habe von einem Augenblick auf den anderen zurückzulassen, wenn nicht das Massaker von Deir Yassin[13] die arabische Bevölkerung mit Angst vor den Juden erfüllt hätte. Und ein weiteres Verbrechen, das den Arabern in die Hände spielte, war nur wenige Monate zuvor in Haifa begangen worden, als der Irgun eine Bombe in eine vor der Raffinerie in Haifa wartende Reihe arabischer Arbeiter geworfen hatte, und dabei war dieser Betrieb einer der wenigen Orte, an denen Juden und Araber über Jahre hinweg Seite an Seite miteinander gearbeitet hatten.

Die politische Bedeutung dieser Aktionen, die überhaupt kein militärisches Ziel verfolgten, ist in beiden Fällen nur allzu klar: Sie trafen gezielt jene Orte, wo nachbarschaftliche Beziehungen zwischen Juden und Arabern noch nicht vollständig zerstört waren; es war beabsichtigt, den Zorn des arabischen Volkes anzuheizen, um dadurch die jüdische Führung vor jeglicher Versuchung zu bewahren, in Verhandlungen einzutreten; diese Taten schufen jene Atmosphäre, in der faktisch alle zu Komplizen werden, was immer eine der Grundvoraussetzungen für den Machtaufstieg terroristischer Gruppen ist. Und tatsächlich trat kein leitendes jüdisches Organ auf den Plan, um die Irgun davon abzuhalten, die Politik in die eigenen Hände zu nehmen und allen Arabern im Namen der jüdischen Gemeinschaft den Krieg zu erklären. Auf die lauwarmen

Proteste der Jewish Agency und der Haganah, die ständig hinterherhinkten, folgte zwei Tage später eine Ankündigung aus Tel Aviv, dass der Irgun und die Haganah im Begriff seien, ein Abkommen zu schließen. Auf den von der Haganah zunächst verurteilten Angriff des Irgun auf Jaffa folgte die Vereinbarung eines gemeinsamen Vorgehens und die Entsendung von Haganah-Einheiten nach Jaffa. Dies zeigt, in welchem Ausmaß die politische Initiative derzeit bereits in den Händen von Terroristen liegt.

Die gegenwärtige Exekutive der Jewish Agency und der Va'ad Leumi [14] haben mittlerweile sattsam bewiesen, dass sie entweder nicht gewillt oder unfähig sind, die Terroristen davon abzuhalten, politische Entscheidungen für den ganzen Jischuw zu treffen. Es ist selbst fraglich, ob die Jewish Agency noch in der Lage ist, einen vorübergehenden Waffenstillstand auszuhandeln, denn dessen Durchsetzung würde großenteils von der Zustimmung der extremistischen Gruppen abhängen. Es ist durchaus möglich, dass dies einer der Gründe war, warum Repräsentanten der Agency, die doch die verzweifelte Notlage ihres Volkes kennen, die jüngsten Waffenstillstandsverhandlungen platzen ließen. Sie wollten wahrscheinlich nicht vor aller Welt offenbaren, über wie wenig Durchsetzungskraft und Autorität sie verfügten.

Die Vereinten Nationen und die Vereinigten Staaten haben bislang einfach die gewählten Delegierten des jüdischen und arabischen Volkes akzeptiert, und dies war natürlich die angemessene Haltung. Nach dem Scheitern von Waffenstillstandsverhandlungen scheinen jedoch den Großmächten jetzt nur noch zwei Alternativen geblieben zu sein: entweder das Land (mit der möglichen Ausnahme der heiligen Stätten) in einem Kriegszustand zu belassen, der nicht nur zu einer weiteren Ausrottung von Juden, sondern auch zur Entstehung eines internationalen Konflikts in großem Maßstab führen könnte; oder andernfalls das Land mit fremden Truppen zu besetzen und es ohne allzu große Rücksichtnahme auf Araber und Juden zu regieren. Die zweite Alternative ist eine ausgesprochen imperialistische und würde sehr wahrscheinlich mit einem großen Misserfolg enden, wenn sie nicht von einer totalitären Regierung mit flächendeckendem Polizeiterror durchgeführt würde.

Ein Ausweg aus dieser Zwangslage könnte jedoch gefunden werden, wenn die Vereinten Nationen in dieser beispiellosen Situation den Mut zu einem beispiellosen Schritt aufbrächten und sich an jene jüdischen und arabischen Persönlichkeiten, die wegen ihres Rufes, aufrichtige Verfechter einer arabisch-jüdischen Zusammenarbeit zu sein, gegenwärtig isoliert sind, mit der Bitte wendeten, sie sollten einen Waffenstillstand aushandeln. Die sogenannte Ihud-Gruppe[15] bei den Zionisten wie auch bestimmte hervorragende Nicht-Zionisten sind auf jüdischer Seite eindeutig die Leute, die im Augenblick am ehesten dafür infrage kommen.

Ein derartiger Waffenstillstand oder besser: eine derartige Vorverständigung – die auch noch zwischen nicht akkredierten Parteien ausgehandelt worden wäre – würde den Juden und den Arabern zeigen, dass man es schaffen kann. Wir kennen die sprichwörtliche Unbeständigkeit der Massen; es gibt eine echte Chance für einen raschen und radikalen Stimmungswandel, welcher die Voraussetzung jeder wirklichen Lösung ist.

Eine solche Wendung könnte indes nur eintreten, wenn gleichzeitig von beiden Seiten Zugeständnisse gemacht würden. Das Weißbuch war im Hinblick auf die schreckliche Notlage der DPs ein enormes Hindernis. Solange deren Problem nicht gelöst wird, kann man nicht erwarten, dass sich die Stimmungslage des jüdischen Volkes bessert. Eine unverzügliche, wenn auch zeitlich und zahlenmäßig begrenzte Einreiseerlaubnis für jüdische DPs nach Palästina wie die sofortige Einreiseerlaubnis für jüdische und andere DPs in die Vereinigten Staaten, und zwar außerhalb des Quotensystems, sind Grundvoraussetzungen einer vernünftigen Lösung. Allerdings sollte den palästinensischen Arabern ein genau definierter Anteil an der jüdischen Entwicklung des Landes garantiert werden, das ja unter allen Umständen auch weiterhin ihre gemeinsame Heimstätte bleiben wird. Dies wäre dann nicht unmöglich, wenn die riesigen Summen, die jetzt für Verteidigung und Wiederaufbau ausgegeben werden, stattdessen für die Verwirklichung des Jordan Valley Authority Projects[16] genutzt werden könnten.

Es steht außer Zweifel, dass eine Treuhandschaft, wie sie Präsident Truman vorschlug und der Dr. Magnes[17] zustimmte, die beste Übergangslösung wäre. Sie hätte den Vorteil, dass sie die Errichtung einer Souveränität verhinderte, deren einziges souveränes Recht darin bestünde, Selbstmord zu begehen. Sie würde für eine Abkühlungsperiode sorgen. Sie könnte das Jordan Valley Authority Project als Regierungsunternehmen auf den Weg bringen und könnte für dessen Verwirklichung lokale arabisch-jüdische Komitees unter Aufsicht und unter der Schirmherrschaft einer internationalen Behörde einrichten. Sie könnte Angehörige der jüdischen und arabischen Intelligenz in örtliche und städtische Verwaltungsämter berufen. Und nicht zuletzt würde eine Treuhandschaft über ganz Palästina die Teilung des Landes aufschieben und möglicherweise sogar verhindern.

Es stimmt, dass viele gemäßigte und mit einer guten Portion Goodwill gesegnete Juden geglaubt haben, die Teilung sei vielleicht ein Mittel, den arabisch-jüdischen Konflikt zu lösen. Angesichts der politischen, militärischen und geografischen Realitäten war jedoch diese Einstellung immer ein Stück Wunschdenken. Die Teilung eines derart kleinen Landes hieße bestenfalls, den Konflikt zu zementieren, was bei beiden Völkern zu einer blockierten Entwicklung führen würde; im schlimmsten Fall bedeutete sie eine Übergangsperiode, in welcher beide Parteien sich auf einen weiteren Krieg vorbereiten würden. Der Alternativvorschlag eines föderativen Staates, der jüngst auch von Dr. Magnes gebilligt wurde, ist sehr viel realistischer; trotz des Umstands, dass in ihm die Errichtung einer gemeinsamen Regierung für zwei verschiedene Völker vorgesehen ist, vermeidet er die problematische Mehrheiten-Minderheiten-Konstellation, ein definitionsgemäß unlösbares Problem. Eine föderative Struktur müsste darüber hinaus auf jüdisch-arabische Gemeinderäte gegründet sein, was hieße, dass der jüdisch-arabische Konflikt auf der untersten und meistversprechenden Ebene, auf der Ebene persönlicher Nähe und Nachbarschaft, gelöst werden würde. Ein föderativer Staat könnte schließlich die natürliche Vorstufe einer späteren, umfassenderen föderativen Struktur des Mittleren Ostens und der Mittelmeerregion sein.

Für einen föderativen Staat jedoch, wie ihn der Morrison-Plan[18] vorschlägt, gibt es im Moment keinerlei konkrete politische Chancen. Wie die Dinge im Augenblick liegen, wäre es fast so unklug, einen föderativen Staat über die Köpfe beider Völker hinweg und gegen deren Widerstand zu proklamieren, wie es schon töricht gewesen war, die Teilung zu verkünden. Dies ist gewiss keine Zeit für endgültige Lösungen; jeder einzelne mögliche und praktikable Schritt ist eine vorläufige Bemühung, deren Hauptziel Befriedung heißt und nichts anderes.

Treuhandschaft ist weder eine ideale noch eine ewig währende Lösung. Doch die Politik bietet selten ideale oder ewige Lösungen. Eine Treuhandschaft der Vereinten Nationen könnte nur dann wirksam ausgeübt werden, wenn die USA und Großbritannien bereit sind, dieses Unternehmen, ganz gleich, was geschähe, zu unterstützen. Dies bedeutet jedoch nicht notwendigerweise ein großes militärisches Engagement. Es gibt immer noch eine gute Chance, Polizeikräfte an Ort und Stelle zu rekrutieren für den Fall, dass den gegenwärtigen Ordnungskräften des Arab Higher Comitee und der Jewish Agency die Autorität im Lande streitig gemacht werden sollte. Kleine lokale Einheiten, die sich aus Juden und Arabern zusammensetzen und unter dem Kommando von höheren Offizieren stehen, die aus Mitgliedsländern der Vereinten Nationen kommen, könnten zu einer wichtigen Schule für künftige kooperative Selbstverwaltung werden.

Leider werden solche Vorschläge in einer hysterischen Atmosphäre allzu leicht als »Dolchstöße« oder als unrealistisch abgetan.

Das sind sie nicht; im Gegenteil, nur auf diese Weise kann die Wirklichkeit der jüdischen Heimstätte gerettet werden.

Was auch in dieser festgefahrenen Situation herauskommen mag, die folgenden objektiven Faktoren sollten axiomatische Kriterien zur Beurteilung von gut und schlecht, richtig und falsch sein:

1) Das eigentliche Ziel der Juden in Palästina ist der Aufbau einer jüdischen Heimstätte. Dieses Ziel darf niemals der Pseudosouveränität eines jüdischen Staates geopfert werden.

2) Die Unabhängigkeit Palästinas kann nur auf einer tragfähigen Grundlage jüdisch-arabischer Zusammenarbeit erreicht werden. Solange jüdische wie arabische Führer behaupten, dass es »keine Brücke« zwischen Juden und Arabern gebe (wie Moshe Shertok jüngst sagte[19]), kann das Land nicht der politischen Weisheit seiner eigenen Bewohner überlassen werden.
3) Ausschaltung aller terroristischen Gruppen (und keine Abkommen mit ihnen) und rasche Bestrafung aller terroristischen Taten (und nicht nur Proteste dagegen) werden der einzige gültige Beweis dafür sein, dass das jüdische Volk in Palästina seinen politischen Realitätssinn wiedergewonnen hat und die zionistische Führung wieder genügend Verantwortung besitzt, um mit den Geschicken des Jischuw betraut zu werden.
4) Eine geregelte Einwanderung nach Palästina, zeitlich und zahlenmäßig fixiert, ist das einzige »unhintergehbare Minimum« jüdischer Politik.
5) Örtliche Selbstverwaltung und gemischte jüdisch-arabische Gemeinderäte in Stadt und Land, in kleinem Rahmen, aber doch so zahlreich wie möglich, sind die einzigen realistischen politischen Maßnahmen, die schließlich zur politischen Emanzipation Palästinas führen können.

Es ist noch nicht zu spät.

[Deutsche Übersetzung von Hannah Arendt, »To Save the Jewish Homeland There Is Still Time«, in: *Commentary* 4, Nr. 5, Mai 1948, S. 398–406. Die Übersetzung von Eike Geisel erschien erstmals unter dem Titel »Es ist noch nicht zu spät« in Hannah Arendt, *Die Krise des Zionismus. Essays & Kommentare* 2, hrsg. von Eike Geisel und Klaus Bittermann, Berlin: Edition Tiamat (Critica Diabolis 23), 1989, S. 83–106. Für den Wiederabdruck im vorliegenden Band wurde die Übersetzung überarbeitet.]

15
Frieden oder Waffenstillstand im Nahen Osten?

Frieden* im Nahen Osten ist unerlässlich für den Staat Israel, für das arabische Volk und für die westliche Welt. Anders als ein Waffenstillstand kann Frieden nicht von außen aufgezwungen werden, sondern nur Resultat von Verhandlungen, wechselseitigen Zugeständnissen und schließlichen Vereinbarungen zwischen Juden und Arabern sein.

Die jüdische Ansiedlung in Palästina kann ein sehr wichtiger Faktor in der Entwicklung des Nahen Ostens werden, doch sie wird immer eine vergleichsweise kleine Insel im arabischen Meer bleiben. Selbst im Fall einer jahrelangen maximalen Einwanderung ist das Reservoir an künftigen israelischen Staatsbürgern auf rund zwei Millionen beschränkt – eine Zahl, die sich nur durch katastrophale Ereignisse in den Vereinigten Staaten oder der Sowjetunion wesentlich erhöhen könnte. Da jedoch der Staat Israel – abgesehen von der Unwahrscheinlichkeit einer derartigen Entwicklung – seine ganze Existenz diesen beiden Weltmächten verdankt und sein Überleben, wenn es zu keiner echten jüdisch-arabischen Verständigung kommt, notwendigerweise noch stärker von der Sympathie oder der Unterstützung einer dieser beiden Mächte abhängig ist, würde eine jüdische Katastrophe in den beiden übriggebliebenen Zentren der Weltjudenheit fast unweigerlich zu einer Katastrophe in Israel führen.

---

* Dieser Artikel wurde 1948 auf Vorschlag von Judah L. Magnes geschrieben, dem verstorbenen Präsidenten der Hebräischen Universität in Jerusalem, der nach Beendigung des Ersten Weltkriegs bis zum Tag seines Todes im Oktober 1948 der herausragende jüdische Sprecher für die arabisch-jüdische Verständigung in Palästina war. Er ist seinem Andenken gewidmet.

Die Araber haben dem Aufbau einer jüdischen Heimstätte fast von Anfang an feindselig gegenübergestanden. Der Aufstand von 1921, der Pogrom von 1929 und die Unruhen von 1936 bis 1939 sind die herausragenden Meilensteine in der Geschichte der arabisch-jüdischen Beziehungen unter britischer Herrschaft gewesen. Dass mit der Evakuierung der britischen Truppen der jüdisch-arabische Krieg ausbrach, war bloß folgerichtig; und es ist bemerkenswert, wie wenig die vollendete Tatsache eines Staates Israel und wie wenig jüdische Siege über arabische Armeen die arabische Politik beeinflusst haben. Trotz aller gegenteiligen Hoffnungen sieht es so aus, als ob Gewalt die *einzige* Sprache sei, die die Araber nicht verstehen können.

Im Hinblick auf das arabisch-jüdische Verhältnis haben der Krieg und die israelischen Siege überhaupt nichts verändert oder gelöst. Jede Regelung, der kein echter Frieden zugrunde liegt, wird den Arabern Zeit geben, stärker zu werden, die Rivalitäten zwischen den arabischen Staaten beizulegen und möglicherweise revolutionäre Veränderungen sozialer, ökonomischer und politischer Art einzuleiten. Solche Veränderungen werden sich in der arabischen Welt wahrscheinlich ohnehin vollziehen, aber es ist doch die Frage, ob sie, vom Gedanken der Revanche beflügelt, sich im Sinne einer gemeinsamen Feindschaft gegen Israel kristallisieren werden oder, ausgehend von einem Verständnis gemeinsamer Interessen, im Sinne einer engen wirtschaftlichen und politischen Zusammenarbeit mit den Juden, die das fortschrittlichste und am stärksten vom Westen geprägte Volk in der Region sind. Für die erste Möglichkeit sprechen sowohl die Abneigung der Araber gegen die Aufnahme direkter Friedensgespräche und das (damit einhergehende) Eingeständnis, dass sie einen von einer ausländischen Macht aufgezwungenen Frieden wahrscheinlich vorziehen, als auch die israelische Behandlung des arabischen Flüchtlingsproblems. Doch das Eigeninteresse beider Völker spricht in jeder Hinsicht für die zweite Möglichkeit. Die genannten Gründe allerdings sind schwach in einem Jahrhundert, in dem politische Entscheidungen nicht mehr vom gesunden Menschenverstand geleitet werden und in welchem sich Großmachtrepräsentanten häufig eher wie Spieler denn wie Staatsmänner verhalten.

Diesen allgemeinen Überlegungen muss man noch eine Begleiterscheinung des Mandatssystems hinzufügen: die Erziehung zur Verantwortungslosigkeit. Fünfundzwanzig Jahre lang konnten die beiden Völker Palästinas sich darauf verlassen, dass die britische Regierung für die entsprechende Stabilität der allgemeinen Rahmenbedingungen sorgt, und sie konnten sich hemmungslos alle Arten emotionalen, nationalistischen und illusionären Verhaltens gestatten. Selbst wenn die gelegentlichen Gewaltausbrüche von der jeweiligen Bevölkerung fast einmütig unterstützt wurden – wie zum Beispiel die Unruhen von 1936 bis 1939, denen ein erfolgreicher arabischer Generalstreik vorausging, oder der jüdische Kampf gegen arabische Arbeiter in den Jahren 1934–1935–1936, der praktisch von der gesamten jüdischen Bevölkerung unterstützt wurde – dann führte dies zu nichts Ernsterem als zu einer weiteren Untersuchungskommission oder zu einem weiteren Zug im komplizierten Schachspiel der imperialistischen britischen Politik.

Es ist nur natürlich, dass in einer Atmosphäre, in der nichts eigentlich ernste Folgen hatte, beide Parteien sich immer rücksichtsloser gebärdeten und immer stärker nur ihre eigenen Interessen sahen und die für das Land als Ganzes entscheidenden Umstände aus den Augen verloren. So versäumten es die Araber, das rapide Erstarken der Juden und die weitreichenden Konsequenzen der ökonomischen Entwicklung zur Kenntnis zu nehmen, während die Juden das Erwachen der Kolonialvölker und die neue nationalistische Solidarität in der arabischen Welt vom Irak bis nach Französisch Marokko ignorierten. Beide hatten ihre Aufmerksamkeit voller Hoffnung oder voller Hass so ausschließlich auf die Briten gerichtet, dass sie sich praktisch wechselseitig ignorierten: Die Juden vergaßen, dass die Araber, nicht die Engländer die permanente Realität in der Nahostpolitik waren, und die Araber vergaßen, dass die jüdischen Siedler und nicht die britischen Truppen für immer in Palästina bleiben wollten.

Die Briten ihrerseits waren mit diesem Zustand zufrieden, denn er verhinderte sowohl eine funktionierende Verständigung zwischen Juden und Arabern, die auf eine Rebellion gegen die britische Herrschaft hinausgelaufen wäre, wie einen offenen Konflikt zwischen beiden Parteien, der den Frieden des Landes gefährdet hätte. Es steht außer Zweifel, »dass zwischen den Juden und den Arabern gute Beziehungen hätten hergestellt werden können, wenn die britische Regierung tatkräftig danach gestrebt hätte« (Chaim Weizmann). Doch das britische Interesse an einer arabisch-jüdischen Verständigung erwachte erst, als die Briten die Entscheidung getroffen hatten, das Land zu räumen – eine Entscheidung übrigens, die weder vom jüdischen Terrorismus noch von der Arabischen Liga veranlasst wurde, sondern aus der Aufhebung der britischen Herrschaft in Indien herrührte, die von der Labour-Regierung beschlossen worden war. Seit dieser Zeit sind die Briten ernsthaft an einer arabisch-jüdischen Regelung interessiert und wollen die Balkanisierung der Region verhindern, welche eine dritte Macht zum Eingreifen veranlassen könnte. Doch obwohl die Interessen der Völker des Nahen Ostens in diesem Augenblick sicherlich mit britischen Interessen übereinstimmen, kann die englische Regierung wegen der ganzen bisherigen Politik des britischen Imperialismus keine vernünftige Regelung aushandeln.

Aber die Wahl zwischen echtem Frieden und Waffenstillstand ist keineswegs, und schon gar nicht in erster Linie, eine Frage der Außenpolitik. Die innere Verfassung der arabischen Staaten wie des jüdischen wird davon abhängen. Ein bloßer Waffenstillstand würde den neuen israelischen Staat dazu zwingen, das ganze Volk ständig in Mobilisierungsbereitschaft zu halten; die ständige Drohung einer bewaffneten Intervention würde notwendigerweise die Richtung der ganzen ökonomischen und sozialen Entwicklung bestimmen und möglicherweise zu einer Militärdiktatur führen. Dass kleine, durch und durch militarisierte Nationen kulturell und politisch steril sind, hat die Geschichte zur Genüge bewiesen. Das Beispiel Spartas oder ähnliche Experimente werden wahrscheinlich eine Generation europäischer Juden nicht von dem Versuch abschrecken, die in Hitlers Schlachthöfen erfahrene Erniedrigung mit der im Kampf neu gewonnenen Würde und dem Triumph des Sieges auszulöschen. Trotzdem sollte selbst diese Generation in der Lage sein zu erkennen, dass erst, wenn das Land aufgebaut und die Errichtung der jüdischen Heimstätte abgeschlossen ist, ein unabhängiges Sparta vergleichbares Dasein möglich wird, wovon im Augenblick überhaupt nicht die Rede sein kann. Übermäßige Rüstungsausgaben und Mobilisierungskosten würden nicht nur bedeuten, dass die junge jüdische Volkswirtschaft erstickt wird und die gesellschaftlichen Experimente im Land abgebrochen werden, sondern sie würden auch zu einer wachsenden Abhängigkeit der Bevölkerung von finanzieller und anderer Unterstützung durch die amerikanische Judenheit führen.

Ein Zustand von Weder-Krieg-noch-Frieden wird für die Araber wegen der Stagnation ihres Wirtschaftslebens und wegen der Rückständigkeit ihrer Gesellschaft viel leichter zu ertragen sein. Langfristig braucht jedoch der notleidende, unentwickelte und unorganisierte Nahe Osten Frieden genauso dringend wie die Juden; er braucht die Mitarbeit der Juden, um rasch so stark zu werden, dass dort kein Machtvakuum bestehen bleibt und die Unabhängigkeit gesichert wird. Wenn die arabischen Staaten nicht nur so tun, sondern sich tatsächlich vor einer russischen Aggression fürchten, dann liegt ihre einzige Rettung in einer aufrichtigen Zusammenarbeit mit dem Staat Israel. Das Argument der Araber, sie seien nicht auf jüdische Hilfe angewiesen und zögen es vor, sich langsam und organisch zu entwickeln, anstatt sich von »fremden« westlichen Methoden und Ideen beeinflussen zu lassen, mag in den Ohren einiger Romantiker innerhalb und außerhalb der arabischen Welt attraktiv klingen. Doch die simple Wahrheit lautet hier, dass die Gangart der Weltpolitik ihnen nicht genügend Zeit für eine »organische« Entwicklung lässt; auch wenn sie potenziell stärker sind als die Juden, sind die Araber doch keine Großmacht und auch kaum auf dem Weg, eine zu werden. Die Siege der israelischen Armee sind für sie nicht wegen einer möglichen jüdischen Vorherrschaft so gefährlich, sondern wegen des Machtvakuums, das sie aufgezeigt haben. Wenn die Araber weiterhin so antiwestlich eingestellt sind und wenn sie fortfahren, ihre Energien auf den Kampf gegen den winzigen jüdischen Staat und ihren sterilen Stolz darauf verschwenden, den Nationalcharakter intakt zu halten, dann sind sie von etwas bedroht, was viel schlimmer ist und viel mehr Wirklichkeit besitzt als das Gespenst der jüdischen Vorherrschaft.

Aus dem Blickwinkel der internationalen Politik gesehen, besteht die Gefahr dieses kleinen Krieges zwischen zwei kleinen Völkern darin, dass er unweigerlich die Großmächte zur Einmischung verleitet, was dazu führt, dass gegebene Konflikte zur Explosion kommen, weil sie von Stellvertretern ausgefochten werden können. Für die von den Juden erhobene Beschuldigung einer *anglo*-arabischen Invasion wie für die von den Arabern vorgebrachte Gegenbehauptung einer *russisch*-jüdischen Aggression spricht bislang überhaupt nichts. Dass diese beiden Legenden aber so plausibel klingen und so häufig für bare Münze genommen werden, hat seinen Grund darin, dass in der Tat eine solche Situation entstehen kann.

Außerdem hat der letzte Krieg nur allzu deutlich gezeigt, dass es für mögliche Aggressoren keinen besseren Vorwand gibt und dass ihnen nichts so sehr nützt wie kleinliche nationale Konflikte, die mit chauvinistischer Gewalt ausgefochten werden. Die Völker des Nahen Ostens, die in ihrer Psychologie und politischen Denkweise den kleinen Nationen in Mittel- und Osteuropa auf beunruhigende Weise ähneln, wären gut beraten, wenn sie darüber nachdächten, wie leicht die Letzteren von Stalin wie auch von Hitler erobert wurden, und wenn sie diese Völker mit den glücklicheren kleinen Nationen wie den skandinavischen Ländern und der Schweiz verglichen, die nicht vom Hass verzehrt und nicht von chauvinistischer Leidenschaft zerrissen wurden.

Die Gunst der Stunde für Juden wie für Araber besteht darin, dass Amerika und Großbritannien nicht nur kein Interesse an weiteren Feindseligkeiten haben, sondern dass sie im Gegenteil wirklich darauf bedacht sind, eine echte Befriedung der ganzen Region herbeizuführen. Wenn Juden und Araber sich wechselseitig beschuldigen, sie seien entweder britische oder russische Agenten, dann dient dies nur dazu, die wirklichen Probleme zu verschleiern: die Entschlossenheit der Juden, die nationale Souveränität ohne Rücksicht auf die Interessen der Araber aufrechtzuerhalten und möglicherweise auszudehnen, und die Entschlossenheit der Araber, die jüdischen »Eindringlinge« ohne Rücksicht auf deren Verdienste aus Palästina zu vertreiben. Wenn dieses »unabhängige und souveräne« Gebaren (die während des Krieges vorherrschende Unwilligkeit der Araber, britische Ratschläge anzunehmen, und die bei den Juden anzutreffende Neigung, sich von jedem Vorschlag, den Amerika etwa zur Lösung des arabischen Flüchtlingsproblems macht, unter Druck gesetzt zu sehen) unvermindert anhält, dann wird jegliche Unabhängigkeit und Souveränität verloren gehen. Da eine Treuhandschaft der Vereinten Nationen nicht mehr infrage kommt, blieben bei einer Fortsetzung dieser Sturköpfigkeit nur noch drei verschiedene Arten von Frieden, welche die Welt schließlich dem Nahen Osten willens sein könnte anzubieten: eine Pax Britannica, die im Augenblick sehr unwahrscheinlich ist, eine Pax Americana, die noch unwahrscheinlicher ist, oder eine Pax Moscovita, die leider die einzige aktuelle Gefahr darstellt.

Unvereinbare Ansprüche

Ein guter Friede wird gewöhnlich durch Verhandlungen und Kompromisse erzielt und nicht notwendigerweise durch ein Programm. Gute Beziehungen zwischen Juden und Arabern werden von einer veränderten Einstellung der beiden Parteien zueinander, von einer Veränderung der Atmosphäre in Palästina und im Nahen Osten abhängen und nicht notwendigerweise von einem Patentrezept. Kaum ein Konflikt der Weltgeschichte hat derart viele von außen kommende Programme und Rezepte hervorgerufen, die jedoch allesamt den Beteiligten bislang nicht akzeptabel erschienen. Jeder Vorschlag wurde, kaum war er bekannt geworden, von den Arabern als projüdisch und von den Juden als proarabisch denunziert.

Typisch dafür ist die Aufnahme, die die beiden Friedensvorschläge von Bernadotte[1] gefunden haben. Der erste Bericht, der den Vereinten Nationen vorgelegt wurde, enthielt eine Reihe von Empfehlungen, die im Geiste des UN-Teilungsbeschlusses formuliert waren; sie sahen eine politische Durchsetzung der ökonomischen Zusammenarbeit vermittels einer »koordinierten Außenpolitik« und »gemeinsamer Verteidigungsmaßnahmen« vor und plädierten für Verhandlungen über den Grenzverlauf und über eine eingeschränkte Garantie für die jüdische Einwanderung. Im Gegensatz dazu empfahl der zweite Bericht zwei völlig souveräne und unabhängige, durch neutrale Zonen voneinander getrennte politische Gebilde, die für eine gewisse Zeit von einer UN-Kommission überwacht werden sollten. Die beiden Berichte wurden von beiden Seiten gleichermaßen verurteilt. Dabei wurden die Unterschiede zwischen den Friedensvorschlägen kaum zur Kenntnis genommen, da beide eine Gemeinsamkeit aufwiesen: einerseits die Anerkennung der Existenz eines israelischen Staates und andererseits die Anerkennung der Existenz einer arabischen Bevölkerung in Palästina und im Nahen Osten.

Obwohl keine noch so gute und vernünftige Formel für beide Seiten akzeptabel erscheint, solange die gegenwärtige Stimmung der beiden Völker anhält, ist es durchaus möglich, dass, sobald sich das Klima ändert, noch der kümmerlichste Plan eine ausreichende Verhandlungsgrundlage bieten wird.

Die letzten beiden Jahre werden für viele Jahrzehnte, vielleicht gar Jahrhunderte in der jüdischen Geschichte als besondere herausragen. Selbst wenn sich die Gründung eines jüdischen Staates einschließlich des Ausbruchs des jüdisch-arabischen Kriegs letztlich als eine von vielen Randerscheinungen in der unglückseligen Geschichte eines Landes mit häufig wechselnden Herrschern und vielen Schicksalsschlägen herausstellen sollte, sind doch beide Ereignisse bereits in die jüdische Geschichte als Wendepunkte eingegangen. Die Mehrheit des jüdischen Volkes spürt, dass die Ereignisse der vergangenen Jahre eine engere Beziehung zur Zerstörung des Tempels im Jahre 70 unserer Zeitrechnung und zur messianischen Sehnsucht der zweitausendjährigen Zerstreuung haben, als zum UN-Beschluss von 1947, zur Balfour-Erklärung von 1917 oder gar zu den fünfzig Jahren der Pionierarbeit in Palästina. Jüdische Siege werden nicht im Lichte der gegenwärtigen Realitäten des Nahen Ostens beurteilt, sondern im Licht einer weit zurückliegenden Vergangenheit; der gegenwärtige Krieg erfüllt jeden Juden mit »einer Befriedigung, wie wir sie seit Jahrhunderten, vielleicht seit den Tagen der Makkabäer nicht gekannt haben« (Ben Gurion).

Zweifellos bestärkt der Erfolg dieses Gefühl, den Atem der Geschichte zu verspüren, und diese Entschlossenheit, die jüngsten Ereignisse als ein endgültiges Urteil der Geschichte anzusehen, doch ist der Erfolg keinesfalls die Quelle dieser Stimmung. Die Juden kämpften gegen die britischen Besatzungstruppen und die arabischen Armeen im »Geiste von Masada«, sie waren von dem Schlachtruf »eher gehen wir zugrunde« erfüllt und entschlossen, keinerlei Kompromiss einzugehen, selbst um den Preis nationalen Selbstmords. Heute verweist die israelische Regierung auf vollendete Tatsachen, sie sagt, Macht sei Recht, sie spricht von militärischen Notwendigkeiten, vom Gesetz der Eroberung, wohingegen zwei Jahre zuvor dieselben Leute in der Jewish Agency von der Gerechtigkeit und von der verzweifelten Notlage des jüdischen Volkes redeten. Die palästinensischen Juden setzten alles auf eine Karte – und gewannen.

Gegen die Entschlossenheit der Juden, das Ergebnis als endgültig zu betrachten, setzen die Araber die ebenso entschiedene Sichtweise, es handle sich um ein Intermezzo. Auch hier haben wir es mit einer Entscheidung zu tun, die sich weder aus den Ereignissen herleiten noch im Geringsten durch diese beeinflussen lässt. Niederlagen scheinen die Araber in ihrer Einstellung genauso zu bestärken wie Siege die Juden. Die arabische Politik ist in dieser Hinsicht ganz einfach beschaffen und besteht hauptsächlich aus diplomatischen Erklärungen, mit denen man die Niederlagen abtut und in denen mit unbekümmerter Hartnäckigkeit immer wieder der alte Eigentumsanspruch auf das Land erhoben und die Anerkennung des Staates Israel abgelehnt wird.

Diese wechselseitige Weigerung, den jeweils anderen ernst zu nehmen, ist vielleicht das deutlichste Anzeichen für die beunruhigende Lage. Während des Krieges kam diese Haltung in der gefährlichen Neigung zum Ausdruck, den ganzen Konflikt als eine finstere Verschwörung hinter den Kulissen anzusehen, als eine Auseinandersetzung, in welcher die Araber nicht 700 000 oder 800 000 palästinensischen Juden gegenüberstanden, sondern der überwältigenden Macht des amerikanischen oder/und russischen Imperialismus, während die Juden behaupteten, dass sie weniger gegen die Mitgliedsländer der Arabischen Liga als gegen die ganze Macht des britischen Weltreichs kämpften. Dass die Araber versuchen müssen, eine plausible Erklärung für die Tatsache zu finden, dass sechs arabische Staaten keinen einzigen Sieg über die winzige Streitmacht der palästinensischen Judenheit erringen konnten, und dass die Juden von der Idee ablassen müssen, sie seien dauernd von feindlichen und ihnen zahlenmäßig hoffnungslos überlegenen Nachbarn umringt, ist ziemlich klar. Indes ist Ergebnis einer Propaganda, die (auch wenn eigentlich keines Gedankens würdig) den wirklichen Gegner als eine Art Geisel oder Marionette behandelt, letztlich eine Atmosphäre, in der Verhandlungen unmöglich sind; denn aus welchem Grund soll man Erklärungen und Ansprüche ernst nehmen, wenn man glaubt, dass sie einer Verschwörung dienen?

Diese völlig unwirkliche Situation ist nicht neu. Mehr als fünfundzwanzig Jahre lang haben Juden und Araber absolut unvereinbare Forderungen gegeneinander erhoben. Die Araber gaben den Anspruch auf einen einheitlichen arabischen Staat in Palästina nie auf, wenngleich sie widerwillig den jüdischen Einwohnern gelegentlich auch begrenzte Minderheitenrechte zugestanden. Die Juden weigerten sich – mit Ausnahme der Revisionisten – viele Jahre hindurch, über ihre endgültigen Ziele zu sprechen, teils weil sie die kompromisslose Einstellung der Araber nur allzu gut kannten, teils weil sie ein grenzenloses Vertrauen in die britische Schutzmacht besaßen. Im Biltmore-Programm von 1942 wurden zum ersten Mal die politischen Ziele der Juden offiziell formuliert – ein einheitlicher jüdischer Staat in Palästina, in dem gewisse Minderheitenrechte für die palästinensischen Araber vorgesehen waren, die damals noch immer die Mehrheit der palästinensischen Bevölkerung ausmachten. Zur selben Zeit wurde in der zionistischen Bewegung die Abschiebung der palästinensischen Araber in die Nachbarländer erwogen und offen diskutiert.

Diese Unvereinbarkeit ist jedoch nicht nur eine Frage der Politik. Die Juden sind davon überzeugt und haben mehrfach erklärt, dass die Welt – oder die Geschichte oder eine höhere Moral – ihnen eine Wiedergutmachung für das zweitausendjährige Unrecht schuldet und insbesondere eine Entschädigung für die Katastrophe der europäischen Judenheit, welche ihrer Ansicht nach nicht bloß ein Verbrechen Nazideutschlands, sondern ein Verbrechen der ganzen zivilisierten Welt darstellt. Die Araber ihrerseits halten dagegen, dass zweifaches Unrecht kein Recht ergibt und dass »kein Moralkodex die Verfolgung eines Volkes damit rechtfertigen kann, dass dadurch der Verfolgung des anderen Volkes eine Entschädigung zuteil wird«. Auf derlei Argumente lässt sich keine Antwort finden. Beide Ansprüche sind nationalistisch, weil sie nur im Rahmen des eigenen Volkes und im engen Kontext von dessen eigener Geschichte Sinn ergeben, beide Ansprüche sind legalistisch, weil sie von den konkreten Faktoren der Situation absehen.

Gesellschaftliche und wirtschaftliche Spaltung

Die vollständige Unvereinbarkeit der Ansprüche, die bislang jeden Kompromissversuch und jede Anstrengung hat zunichte werden lassen, einen gemeinsamen Nenner zwischen zwei Völkern zu finden, deren gemeinsame Interessen für alle klar auf der Hand liegen, nur für sie selbst nicht – dieser Zustand ist nur das äußere Zeichen einer tiefer gehenden, ganz realen Unvereinbarkeit. Es ist so unglaublich wie traurig, aber es ist wahr, dass mehr als drei Jahrzehnte enger Nachbarschaft das Gefühl absoluter Fremdheit kaum verändert haben, das anfänglich zwischen Arabern und Juden bestand. Die Art und Weise, wie die Araber diesen Krieg führten, hat besser als alles andere bewiesen, wie wenig sie von der Stärke der Juden und deren Kampfeswillen wussten. Ganz ähnlich verhielt es sich mit den Juden: Die Araber, die sie jahrelang in jeder Stadt, in jedem Dorf und in jedem ländlichen Landesteil trafen, mit denen sie dauernd zu tun und zu schaffen hatten, waren Phantome für sie geblieben – Wesen, die sie nur aus der belanglosen Perspektive der Folklore betrachteten, Objekte nationalistischer Verallgemeinerung oder idealistischer Wunschträume.

Die Unfähigkeit von Juden und Arabern, sich einen unmittelbaren Nachbarn als konkretes menschliches Wesen vorzustellen, hat viele Ursachen. Zu ihnen zählt an erster Stelle die Wirtschaftsstruktur des Landes, in welchem der jüdische und der arabische Sektor gewissermaßen wasserdicht voneinander abgeschottet waren. Die wenigen Ausnahmen, wie etwa gemeinsame Exportorganisationen jüdischer und arabischer Orangenpflanzer und einige Fabriken, die jüdische und auch arabische Arbeitskräfte beschäftigten, bestätigten nur die Regel. Der Aufbau der jüdischen Heimstätte ist zwar das bedeutendste wirtschaftliche Moment in der jüngsten Geschichte des gesamten Nahen Ostens, doch dieser Aufbau beruhte nie auf jüdisch-arabischer Zusammenarbeit, sondern gründete ausschließlich auf dem Unternehmungs- und Pioniergeist der jüdischen Arbeiter und der finanziellen Unterstützung durch das Weltjudentum. Es kann sein, dass die jüdische Volkswirtschaft eines Tages stark, wenn nicht völlig auf die arabischen Märkte im Nahen Osten angewiesen sein wird. Doch dieses Stadium wechselseitiger Abhängigkeit liegt noch in weiter Ferne und wird erst dann erreicht sein, wenn Palästina voll und ganz industrialisiert ist und die arabischen Länder einen Zivilisationsstand erreicht haben, der einen Handel mit hochwertigen Gütern erlaubt, die wahrscheinlich nur von der jüdischen Wirtschaft profitabel hergestellt werden können.

Der Kampf um die politische Souveränität, der notwendigerweise von hohen Rüstungsausgaben und den noch entscheidenderen Verlusten an Arbeitsstunden begleitet war, hat die Entwicklung zur ökonomischen Unabhängigkeit beträchtlich aufgehalten. Solange finanzielle Unterstützung in großem Umfang von außen hereinfließt, wird die jüdisch-arabische Zusammenarbeit wirtschaftlich kaum notwendig sein für den neuen israelischen Staat. Dasselbe galt schon in der Vergangenheit. Die finanzielle Unterstützung durch das Weltjudentum, ohne die das ganze Experiment gescheitert wäre, bedeutete wirtschaftlich, dass die jüdische Ansiedlung sich selbst behaupten konnte, ohne sich viel Gedanken darüber zu machen, was in der sie umgebenden Welt vor sich ging, dass sie kein grundlegendes Interesse – es sei denn aus humanitären Gründen – an der Anhebung des arabischen Lebensstandards hatte und dass Auseinandersetzungen in Wirtschaftsangelegenheiten so ausgetragen werden konnten, als ob das jüdische Nationalheim[2] völlig von seinen Nachbarn isoliert wäre.

Die ökonomische und soziale Isolation hatte natürlich ihre guten wie ihre schlechten Seiten. Der Vorteil bestand darin, dass dadurch solche Experimente wie kollektive und kooperative Siedlungen ermöglicht wurden, dass eine fortgeschrittene und in vieler Hinsicht Erfolg versprechende Wirtschaftsstruktur inmitten einer hoffnungslos elenden und unfruchtbaren Umgebung Fuß fassen konnte. Der wirtschaftliche Nachteil bestand darin, dass das Experiment auf gefährliche Weise einer Treibhauspflanze ähnelte und dass die sozialen und politischen Probleme, die aus der Anwesenheit einer einheimischen Bevölkerung erwuchsen, ohne Rücksicht auf objektive Faktoren gehandhabt werden konnten.

Die organisierte jüdische Arbeiterschaft trug siegreich einen erbarmungslosen Kampf gegen die billige arabische Arbeiterschaft aus; die alteingesessenen Fellachen wurden, selbst wenn sie ihres Bodens nicht durch jüdische Siedlungen beraubt waren, schnell zu einer Art Relikt, zu Menschen, die für die neuen Verhältnisse untauglich und in den modernisierten Strukturen des Landes überflüssig waren. Unter der Führung der jüdischen Arbeiterschaft vollzog sich in Palästina die gleiche industrielle Revolution, der gleiche Wandel von einer mehr oder weniger feudalen zu einer mehr oder weniger kapitalistischen Ordnung, wie hundertfünfzig Jahre zuvor in den europäischen Ländern. Die entscheidende Differenz lag allein darin, dass die industrielle Revolution ihren eigenen und werktätigen vierten Stand, ein einheimisches Proletariat, hervorgebracht und beschäftigt hatte, wohingegen dieselbe Entwicklung in Palästina durch den Import von Arbeitern zustande kam und die einheimische Bevölkerung als potenzielles Proletariat hinterließ, das jedoch keine Hoffnung auf eine Beschäftigung als freie Lohnarbeiter hatte.

Dieses unglückliche potenzielle arabische Proletariat lässt sich weder mit Statistiken über Landverkäufe wegdiskutieren, noch kann man es zahlenmäßig bloß unter dem Aspekt der Verelendung betrachten. Zahlen geben keine Auskunft über die psychologischen Veränderungen der einheimischen Bevölkerung, über den tiefen Groll, den sie gegen einen Zustand hegt, der sie anscheinend unberührt ließ, in Wirklichkeit ihr jedoch die Möglichkeit eines höheren Lebensstandards vor Augen führte, ohne die darin eingeschlossenen Versprechungen je einzulösen. Die Juden brachten etwas Neues ins Land, das durch seine schiere Produktivität bald zum ausschlaggebenden Faktor wurde. Verglichen mit diesem neuen Leben nahm die primitive arabische Wirtschaft eine geisterhafte Existenz an, ihre Rückständigkeit und ihre Unproduktivität schienen nur darauf zu warten, dass eine Katastrophe sie hinwegfegte.

Es war indessen kein Zufall, dass zionistische Funktionäre die Durchsetzung dieser ökonomischen Entwicklung billigten und dass keiner von ihnen je die arabisch-jüdische Zusammenarbeit, wie Judah L. Magnes sagte, »zum Hauptziel der Gesamtpolitik« machte. Der Ausgangspunkt der zionistischen Ideologie, die immerhin mindestens dreißig Jahre älter ist als die Balfour-Erklärung, war nicht die Auseinandersetzung mit den Realitäten in Palästina, sondern das Problem der jüdischen Heimatlosigkeit. Der Gedanke, dass »ein Volk ohne Land ein Land ohne Volk brauchte«, nahm die Köpfe der zionistischen Führer derart in Beschlag, dass sie schlicht die einheimische Bevölkerung übersahen. Das arabische Problem war immer »ein Thema, über das die zionistische Politik den Mantel der Verschwiegenheit breitete« (wie Isaac Epstein das schon 1907 ausgedrückt hat), und zwar lange bevor wirtschaftliche Probleme die zionistische Führung zu einer noch viel wirksameren Vernachlässigung dieser Frage zwangen.

Die Versuchung, das arabische Problem außer Acht zu lassen, war in der Tat groß. Es war schließlich keine geringe Sache, eine städtische Bevölkerung in einem armen, wüstenähnlichen Land anzusiedeln, Tausende junger potenzieller Händler und Intellektueller auf das beschwerliche Leben vorzubereiten und an die Ideen des Pioniertums heranzuführen. Die arabischen Arbeitskräfte waren gefährlich, weil sie billig waren; das jüdische Kapital stand immer in Versuchung, arabische Arbeiter anstelle der teureren und anspruchsbewussteren jüdischen Arbeiter zu beschäftigen. Wie leicht hätte das ganze zionistische Unterfangen in jenen entscheidenden Jahren zu einem Kolonialunternehmen des weißen Mannes verkommen können, das ganz zulasten der Einheimischen ging und auf deren Arbeit basierte! Jüdischer Klassenkampf in Palästina war zum größten Teil ein Kampf gegen arabische Arbeiter. In Palästina antikapitalistisch zu sein bedeutete in der Praxis fast immer, antiarabisch zu sein.

Der soziale Aspekt der jüdisch-arabischen Beziehungen ist von entscheidender Bedeutung, weil durch ihn die einzige Schicht der Bevölkerung, die nicht aus nationalistischen Gründen nach Palästina gekommen war, überzeugt wurde, dass es unmöglich war, sich mit den Arabern zu arrangieren, wenn man nicht nationalen und sozialen Selbstmord begehen wollte. Die plumpe nationalistische Forderung nach »einem Land ohne Volk« schien im Licht praktischer Erfahrungen so fraglos richtig zu sein, dass selbst die idealistischsten Elemente in der jüdischen Arbeiterbewegung sich anfänglich zur Achtlosigkeit und Gleichgültigkeit und später dann zu engstirnigen und rücksichtslosen nationalistischen Einstellungen verleiten ließen.

Die britische Verwaltung, die entsprechend den Mandatsbestimmungen »die Entwicklung von Selbstverwaltungseinrichtungen« vorbereiten sollte, tat nichts, um die beiden Völker einander näherzubringen, und fast gar nichts, um den Lebensstandard der Araber anzuheben. In den zwanziger Jahren war dies vielleicht noch die halbwegs beabsichtigte Politik des divide et impera gewesen; Ende der dreißiger Jahre handelte es sich jedoch um offene Sabotage am jüdischen Nationalheim, in dem die Kolonialverwaltung schon immer eine Gefahr für die imperialistischen Interessen gesehen hatte und dessen Überleben von der Zusammenarbeit mit den Arabern abhing, was die Briten wahrscheinlich besser wussten als die zionistische Führung. Viel schlimmer, wenn auch längst nicht so offenkundig, war indessen die romantische Einstellung der Kolonialbeamtenschaft; alle schwärmten für die Reize des arabischen Lebens, welche doch gerade den sozialen und wirtschaftlichen Fortschritt behinderten. Die städtische jüdische Mittelschicht und insbesondere die Angehörigen der freien Berufe in Jerusalem neigten eine gewisse Zeit dazu, die britische Gesellschaft des Verwaltungspersonals zu imitieren, in deren Kreisen sie verkehrten. Bestenfalls lernten sie hier, wie modisch es war, sich für das volkstümliche Leben der Araber zu interessieren, die noblen Gesten und Sitten der Beduinen zu bewundern und von der Gastlichkeit einer alten Zivilisation angetan zu sein. Was sie dabei übersahen, war die Tatsache, dass die Araber menschliche Wesen wie sie waren und dass es gefährlich sein könnte, nicht damit zu rechnen, dass sie auch ungefähr so handeln und reagieren könnten wie Juden; mit anderen Worten: Wegen der Anwesenheit der Juden im Land war es wahrscheinlich, dass die Beduinen noch dringender nach Land verlangten, um sich fest niederzulassen (ein neuerliches Beispiel der »nomadischen Gesellschaften innewohnenden Tendenz, das unwirtliche und hoffnungslose Hirtendasein zugunsten der Annehmlichkeiten der Landwirtschaft aufzugeben« – H. St. J. B. Philby); dass die Fellachen zum ersten Mal das Bedürfnis nach Maschinen verspürten, mit deren Hilfe man bessere Produkte bei weniger Mühe erhielt; und dass die städtische Bevölkerung nach einem Lebensstandard strebte, den sie vor der Ankunft der Juden kaum gekannt hatte.

Bei den arabischen Massen erwachten der Neid und das Gefühl eines vergeblichen Wettbewerbs erst nach und nach. In ihrer von alters her von Krankheiten und Armut heimgesuchten Lage betrachteten sie die jüdischen Errungenschaften und Gebräuche wie Bilder aus einem Märchen, die genauso schnell und auf wundersame Weise wieder verschwinden würden, wie sie erschienen waren und ihre gewohnte Lebensweise unterbrochen hatten. Dies hatte nichts zu tun mit den gutnachbarschaftlichen Beziehungen, die zwischen jüdischen und arabischen Dörfern bestanden, einem Verhältnis, das lange Zeit eher die Regel als die Ausnahme war, auch die Unruhen von 1936–1939 überlebte und erst unter dem Eindruck des jüdischen Terrorismus in den Jahren 1947 und 1948 beendet wurde. Diese Beziehungen konnten jedoch allein deshalb so leicht zerstört werden, ohne dass dabei den wirtschaftlichen und kommunalen Interessen der Juden Schaden zugefügt worden wäre, weil sie eigentlich nie Konsequenzen hatten, weil es sich dabei immer nur um den einfachen, häufig rührenden Ausdruck mitmenschlicher Nachbarschaftlichkeit gehandelt hatte. Mit Ausnahme der Stadtverwaltung von Haifa war in all diesen Jahren keine einzige gemeinsame Institution, keine einzige gemeinsame politische Körperschaft auf dieser Basis errichtet worden. Es war, als ob die Nachbarn durch eine stille Übereinkunft beschlossen hätten, ihre Lebensweisen seien derart verschieden, dass sie sich überhaupt nichts zu sagen hätten, dass es außer ihrer gegenseitigen menschlichen Neugier nichts von gemeinsamem Interesse gäbe. Keine noch so gutnachbarschaftliche Beziehungen konnten etwas an der Tatsache ändern, dass die Juden die Araber bestenfalls als interessantes Beispiel volkstümlichen Lebens ansahen und schlimmstenfalls als ein rückständiges Volk, das nicht zählte, und dass die Araber das ganze jüdische Projekt bestenfalls als ein märchenhaftes Zwischenspiel betrachteten und schlimmstenfalls als ein illegales Unternehmen, das eines Tages zum Raub und zur Plünderung freigegeben sein würde.

Die Einzigartigkeit des Landes

Während die Stimmung im Lande nur allzu typisch war, nämlich ganz dem kämpferischen Chauvinismus und fanatischen Provinzialismus anderer kleiner Nationen glich, waren die tatsächlichen Errungenschaften der Juden in Palästina in vieler Hinsicht einzigartig. Was sich in Palästina tat, war nicht leicht zu beurteilen und zu bewerten: Es war außerordentlich verschieden von allem, was in der Vergangenheit geschehen war.

Der Aufbau des jüdischen Nationalheims war kein koloniales Unternehmen, bei dem Europäer kamen, um fremde Reichtümer auf Kosten und mithilfe der einheimischen Arbeitskräfte auszubeuten. Palästina war und ist ein armes Land, und wenn es irgendwelche Reichtümer besitzt, dann sind sie ausschließlich das Produkt jüdischer Arbeit; sollten die Juden je aus dem Land vertrieben werden, dann wird es aller Wahrscheinlichkeit nach auch diese Reichtümer nicht mehr geben. Ausbeutung und Raub, die beide für die »ursprüngliche Akkumulation« in allen imperialistischen Unternehmen so charakteristisch sind, gab es entweder überhaupt nicht, oder sie spielten eine untergeordnete Rolle. Wenn amerikanisches und europäisches Kapital reichlich ins Land floss, dann kam es nicht als Dividenden bringendes Kapital abwesender Aktionäre, sondern in der Form von »Spendengeldern«, welche die Empfänger nach eigenem Gutdünken verwenden konnten. Dieses Geld wurde zum Erwerb und zur Nationalisierung des Bodens benutzt, für die Errichtung von Kollektivsiedlungen, für langfristige

Darlehen an Landwirtschafts- und Arbeitergenossenschaften, für das Sozial- und Gesundheitswesen, für kostenlose Bildung und Erziehung für alle und ganz allgemein für den Aufbau einer Wirtschaft mit einem ausgesprochen sozialistischen Charakter. Durch diese Bemühungen wurde das Land innerhalb von dreißig Jahren vollständig verändert, so als hätte man es auf einen anderen Kontinent verpflanzt, und dies geschah ohne Eroberung und ohne den Versuch, die Einheimischen auszurotten.

Man hat das Palästina-Experiment häufig als künstlich bezeichnet, und es stimmt, dass alles, was mit dem Aufbau eines jüdischen Nationalheims zusammenhing – die zionistische Bewegung genauso wie die Realitäten in Palästina –, sozusagen nicht in der Natur der Sache gelegen und nicht dem normalen Lauf der Dinge entsprochen hat. Keinerlei ökonomische Notwendigkeit veranlassten die Juden, in jenen entscheidenden Jahren nach Palästina zu gehen, als die Einwanderung nach Amerika der natürliche Ausweg aus Elend und Verfolgung war; für den Kapitalexport war dieses Land nicht attraktiv, und es bot sich auch nicht für die Lösung von Bevölkerungsproblemen an. Die landwirtschaftlichen Kollektivsiedlungen, Rückgrat der palästinensischen Gesellschaft und Ausdruck des Pioniergeistes, kann man sicherlich nicht durch Nützlichkeitserwägungen erklären. Die Kultivierung des Bodens, die Gründung einer Hebräischen Universität, die Errichtung von großen Gesundheitszentren, all dies waren »künstliche« Entwicklungen, die vom Ausland unterstützt und in einem Unternehmungsgeist begonnen wurden, für den Gewinn- und Verlustrechnungen keine Rolle spielten.

Einer Generation, die im blinden Glauben an den notwendigen Gang der Dinge – der Geschichte, der Ökonomie, der Gesellschaft oder der Natur – erzogen worden war, fiel es schwer zu verstehen, dass ebendiese Künstlichkeit den jüdischen Errungenschaften in Palästina ihre menschliche Bedeutung verlieh. Das Problem lag darin, dass Zionisten wie Antizionisten der Meinung waren, der künstliche Charakter des Unternehmens sei eher zu tadeln als zu loben. Die Zionisten versuchten deshalb, den Aufbau des jüdischen Nationalheims als die einzig mögliche Antwort auf einen angeblich ewigen Antisemitismus darzustellen, die Errichtung von Kollektivsiedlungen als die einzige Lösung der Schwierigkeiten jüdischer Landarbeiter, die Gründung der Gesundheitszentren und der Hebräischen Universität als im nationalen Interesse liegend. Jede dieser Erklärungen enthält einen Teil Wahrheit und geht doch gleichzeitig irgendwie an der Sache vorbei. Die Herausforderungen [challenges] gab es alle, doch keine der Erwiderungen [responses] darauf war »natürlich«. Entscheidend war doch, dass die Erwiderungen von sehr viel dauerhafterem menschlichen und politischen Wert waren als die Herausforderungen und dass nur durch ideologische Verzerrungen der Eindruck entstand, als hätten diese Herausforderungen – nämlich Antisemitismus, Armut und Heimatlosigkeit – aus sich heraus etwas geschaffen.

Politisch gesehen war Palästina ein britisches Mandat, das heißt, es besaß eine Regierungsform, die angeblich nur für rückständige Gebiete gedacht war, in denen Völker die elementaren Regeln der Selbstverwaltung noch nicht gelernt hatten. Die Juden errichteten jedoch unter den nicht allzu wohlwollenden Augen des britischen Treuhänders eine Art Staat innerhalb eines nicht existierenden Staates, der in vieler Hinsicht moderner war als die fortgeschrittensten Regierungsformen der westlichen Welt. Diese inoffizielle jüdische Regierung wurde nur an der Oberfläche von der Jewish Agency, der anerkannten politischen Körperschaft des Weltzionismus, oder vom Va'ad Leumi, der offiziellen Vertretung der palästinensischen Juden, repräsentiert. Was tatsächlich den jüdischen Sektor des Landes viel wirksamer beherrschte als die beiden erwähnten Organe und im täglichen Leben sehr viel entscheidender war als die britische Verwaltung, das war die Histadruth, die palästinensischen Gewerkschaften, in denen die überwältigende Mehrheit der jüdischen Arbeitskräfte, das heißt die Mehrheit der Bevölkerung, organisiert war. Die Gewerkschaften griffen nicht nur in all jene Bereiche ein, die normalerweise von einer Stadtverwaltung oder einer Landesregierung geregelt werden, sondern auch in eine ganze Reihe von Tätigkeiten, die in anderen Ländern die Domäne des freien Unternehmertums sind. Alle möglichen Funktionsbereiche: Verwaltung, Einwanderung, Verteidigung, Erziehung, Gesundheit, Sozialwesen, öffentliche Arbeiten, Kommunikationswesen und so weiter, wurden aufgrund der Initiative und unter der Führung der Histadruth entwickelt, die gleichzeitig zum größten Einzelunternehmer des Landes heranwuchs. Dies erklärt auch die wundersame Tatsache, dass die bloße Ausrufung jüdischer Selbstverwaltung schließlich ausreichte, um einen Staatsapparat ins Leben zu rufen. Die gegenwärtige israelische Regierung ist, wenn auch dem Äußeren nach eine Koalition, tatsächlich eine Regierung der Histadruth.

Obwohl die jüdischen Arbeiter und Bauern sich der Einzigartigkeit ihrer Errungenschaften gefühlsmäßig bewusst waren, was sich in einer neuen Form von Würde und Stolz ausdrückte, erkannten weder sie noch ihre Anführer die Hauptzüge des neuen Experiments in voller Klarheit. So konnte die zionistische Führung über Jahrzehnte hinweg von der natürlichen Übereinstimmung zwischen jüdischen Interessen und dem britischen Imperialismus reden, womit sie nur bewies, wie wenig sie sich selbst verstand. Denn während sie so redete, baute sie ein Land auf, das wirtschaftlich derart unabhängig von Großbritannien war, dass es weder in das Empire noch in das Commonwealth passte; und sie erzog das Volk auf eine Weise, dass es unmöglich für die politischen Pläne des Imperialismus taugte, denn es war weder eine Nation von Herren noch eine von Untertanen.

Wenn dies rechtzeitig erkannt worden wäre, hätte es dem israelischen Staat außerordentlich viel Achtung eingebracht und gereichte ihm sicher noch heute zum Vorteil. Aber selbst heute erkennt dies niemand. Zur Verteidigung ihrer nationalistischen Aggressivität beruft sich die israelische Führung immer noch auf alte Gemeinplätze wie: »Kein Volk erhält etwas geschenkt, am wenigsten die Freiheit, sondern muss dafür kämpfen«, und beweist damit, wie wenig sie verstanden hat, dass das ganze jüdische Unternehmen in Palästina ein ausgezeichneter Hinweis darauf ist, dass einiges sich in der Welt verändert hat und dass man ein Land erobern kann, indem man dessen Wüsten in blühendes Land verwandelt.

Ideologische Erklärungen sind Deutungen, die nicht der Realität entsprechen, sondern irgendwelchen verborgenen Interessen oder Motiven dienen. Das soll nicht heißen, dass Ideologien in der Politik wirkungslos sind; im Gegenteil, von der ganzen Dynamik und vom Fanatismus, den sie auslösen, werden realistischere Überlegungen häufig erdrückt. In diesem Sinn bestand das Missgeschick beim Aufbau des Nationalheims der Juden fast von Anfang an darin, dass er mit einer mitteleuropäischen Ideologie einherging, mit Nationalismus und Stammesdenken bei den Juden, und mit einer aus Oxford herrührenden Kolonialromantik bei den Arabern. Aus ideologischen Gründen übersahen die Juden die Araber; das Land, in dem diese lebten, hätte menschenleer sein müssen, um in die eigenen vorgefertigten Ideen von der nationalen Emanzipation zu passen. Wegen ihrer romantischen Einstellung oder weil sie vollkommen unfähig waren zu verstehen, was wirklich vor sich ging, hielten die Araber die Juden entweder für altmodische Eindringlinge oder neumodische Werkzeuge des Imperialismus.

Die von Briten inspirierte romantische Verklärung der Armut, das »Evangelium der Kargheit« (T. E. Lawrence), vermengte sich nur zu gut mit dem neuen Nationalbewusstsein der Araber und deren altem Stolz, dem zufolge man sich lieber bestechen als helfen lässt. Die neue nationalistische Beharrlichkeit, mit der man auf Souveränität bestand – eine Haltung, die noch durch den älteren Wunsch, in Ruhe gelassen zu werden, bestärkt wurde – diente nur dazu, einige herrschende Familien zur Ausbeutung zu ermuntern und die Entwicklung der Region zu verhindern. In ihrer blinden ideologischen Feindschaft gegen die westliche Zivilisation – einer Feindschaft, die ironischerweise hauptsächlich aus westlichen Quellen gespeist war – konnten die Araber nicht erkennen, dass eine Modernisierung dieser Region in jedem Fall stattfinden würde und dass es sehr viel klüger wäre, ein Bündnis mit den Juden einzugehen, die naturgemäß die allgemeinen Interessen des Nahen Ostens teilten, als sich mit einer fernen Großmacht zu verbünden, die andersartige Interessen hätte und sie notwendigerweise als ein untergebenes Volk betrachten würde.

Die nicht-nationalistische Tradition

Vor diesem ideologischen Denkhintergrund gewinnen die wenigen Protagonisten einer jüdisch-arabischen Zusammenarbeit ihr wahres Format. Sie zählen derart wenige Köpfe, dass man sie kaum als eine wirkliche Oppositionskraft bezeichnen kann; sie sind so von den Massen und den propagandistischen Massenmedien isoliert, dass man sie häufig ignorierte oder ihre Wirkung mit der sie diskreditierenden Lobeshymne erstickte, sie seien »Idealisten« oder »Propheten«, also unpraktische Menschen. Trotz alledem begründeten sie auf jüdischer wie auf arabischer Seite eine klar erkennbare Tradition. Ihre Art, an das Palästinaproblem heranzugehen, beginnt zumindest mit den objektiven Realitäten der Situation.

Da gewöhnlich behauptet wird, die arabische Seite habe einem jüdischen Nationalheim in Palästina keinerlei Wohlwollen entgegengebracht und jüdische Verfechter der arabisch-jüdischen Verständigung könnten niemals einen einzigen Araber von Rang beibringen, der bereit wäre, mit ihnen zusammenzuarbeiten, sollen hier einige wenige Beispiele arabischer Initiativen erwähnt werden, mit denen der Versuch unternommen wurde, eine wie immer geartete Form jüdisch-arabischer Übereinkunft zustande zu bringen. Da gab es 1913 in Damaskus das Vorbereitungstreffen zionistischer und arabischer Führer für eine arabisch-jüdische Konferenz im Libanon. In jener Zeit befand sich der gesamte Nahe Osten noch unter türkischer Herrschaft, und die Araber spürten, dass sie als unterdrücktes Volk sehr viel mit den osteuropäischen Teilen des jüdischen Volkes gemein hatten. Es gab dann den berühmten Freundschaftsvertrag von 1919 zwischen König Faisal von Syrien und Chaim Weizmann, den beide Seiten in Vergessenheit geraten ließen. Danach gab es 1922 die jüdisch-arabische Konferenz in Kairo, wo die Araber sich bereit zeigten, einer von der Wirtschaftskapazität Palästinas abhängigen jüdischen Einwanderung zuzustimmen.

Es gab Verhandlungen zwischen Judah L. Magnes (über die die Jewish Agency unterrichtet wurde) und dem Arabischen Hohen Komitee Palästinas[3], die Ende 1936 stattfanden, unmittelbar nach dem Ausbruch der arabischen Unruhen. Einige Jahre später kam es zu unverbindlichen Konsultationen zwischen führenden Ägyptern und den Juden. »Die Ägypter«, berichtet Weizmann in seiner Autobiografie, »waren mit dem Fortschritt bei uns vertraut und von ihm beeindruckt und machten den Vorschlag, dass sie in Zukunft vielleicht dabei helfen könnten, die Kluft zwischen uns und den Arabern Palästinas zu überbrücken. Sie gingen davon aus, dass »England das Weißbuch[4] [...] durchsetzen würde, doch dessen Auswirkungen abgeschwächt, vielleicht sogar für null und nichtig erklärt werden könnten, wenn die Juden sich zur Zusammenarbeit mit Ägypten bereit zeigten.«

Und schließlich erklärte Azzam Bey, der damalige Sekretär der Arabischen Liga, noch 1945, dass die Araber bereit seien, »mit weitreichenden Zugeständnissen zur Erfüllung des jüdischen Wunsches beizutragen, Palästina zur geistigen und sogar zur materiellen Heimat zu machen«. Sicherlich fanden solche Araber genauso wenig Unterstützung bei den arabischen Massen wie ihre jüdischen Gegenüber. Doch wer weiß, was geschehen wäre, wenn ihre zögernden und vorsichtigen Bemühungen auf der anderen Seite der Barrikade eine wohlwollendere Aufnahme gefunden hätten? Diese Araber waren bei ihren eigenen Leuten ja diskreditiert, als sich herausstellte, dass die Juden sie entweder ignorierten (wie das mit der Erklärung von Azzam Bey geschah) oder die Verhandlungen sofort dann abbrachen, als bei ihnen die Hoffnung keimte, Unterstützung durch eine auswärtige Macht zu finden (1913 war dies die türkische Regierung und 1922 die britische), und als sie im Großen und Ganzen die Lösung des Problems von den Briten abhängig machten, die natürlich »dessen Schwierigkeiten unüberwindlich fanden« (Chaim Weizmann). Auf die gleiche Weise kamen die jüdischen Vertreter der arabisch-jüdischen Verständigung in Misskredit, als ihre fairen und maßvollen Forderungen verzerrt dargestellt und ausgenutzt wurden, wie das 1936 mit den Bemühungen der Gruppe um Magnes geschah.

Die Notwendigkeit einer jüdisch-arabischen Verständigung lässt sich anhand objektiver Faktoren nachweisen; deren Möglichkeit hingegen ist fast ausschließlich eine Frage subjektiver politischer Klugheit und entsprechender Persönlichkeiten. Die Notwendigkeit gründet auf ökonomischen, militärischen und geografischen Erwägungen, und sie wird möglicherweise erst spürbar, wenn es schon zu spät ist. Die Möglichkeit indessen ist eine Sache der unmittelbaren Gegenwart und hängt an der Frage, ob auf beiden Seiten genügend staatsmännische Fähigkeiten vorhanden sind, um die Richtung langfristig notwendiger Entwicklungen vorherzusehen und sie in konstruktive politische Institutionen zu lenken.

Es ist eines der hoffnungsvollsten Anzeichen für die aktuelle Möglichkeit einer gemeinsamen arabisch-jüdischen Politik, dass kürzlich erst deren Grundzüge wenigstens von einem prominenten Araber, von Charles Malik, dem libanesischen Vertreter bei den Vereinten Nationen, und einem prominenten palästinensischen Juden, von Judah L. Magnes, dem verstorbenen Präsidenten der Hebräischen Universität und Vorsitzenden der Gruppe Ihud (Einheit) in Palästina, in sehr überzeugenden Begriffen formuliert worden sind.

Die Rede, in der Dr. Malik am 28. Mai 1948 vor dem Sicherheitsrat der Vereinten Nationen über die Vorrangigkeit einer jüdisch-arabischen Übereinkunft vor allen anderen Lösungen des Palästinaproblems sprach, verdient nicht nur Beachtung, weil er gelassen und deutlich auf Frieden und auf den Realitäten des Nahen Ostens beharrte, sondern auch weil diese Rede bei Major Aubrey Eban, dem Delegierten der Jewish Agency, ein »wohlwollendes Echo« fand.

Dr. Malik wandte sich an den Sicherheitsrat und warnte die Großmächte vor einer Politik des Fait accompli. »Die eigentliche Aufgabe globaler Staatskunst« sei es, so sagte er, »den Juden und den Arabern dabei zu helfen, nicht für immer einander entfremdet zu sein«. Man würde den Juden einen ganz schlechten Dienst erweisen, wenn man einem jüdischen Staat aufgrund erfolgreicher Manipulation des internationalen Apparates ein falsches Sicherheitsgefühl gäbe; denn dies würde die Juden von der Grundsatzaufgabe ablenken: von der Herbeiführung einer »vernünftigen, machbaren, gerechten und bleibenden Verständigung mit den Arabern«.

Dr. Maliks Worte klingen wie ein spätes Echo auf Martin Bubers (des Philosophen der Hebräischen Universität) weiter zurückliegende Verurteilung des zionistischen Biltmore-Programms, das, wie er gesagt hatte, »das Ziel der Minderheit billigt, das Land mittels internationaler Manöver zu ›erobern‹«. Doch die Erklärung, die Dr. Magnes 1946, als das Einwanderungsverbot des Weißbuchs für Juden noch in Kraft war, vor dem anglo-amerikanischen Untersuchungskomitee zur Sachlage und zu den Bedingungen einer arabisch-jüdischen Zusammenarbeit abgab, las sich wie ein vorweggenommenes Echo der jüdischen Seite auf die arabischen Anforderungen: »Unsere Sicht der Dinge gründet auf zwei Annahmen; erstens, dass jüdisch-arabische Zusammenarbeit nicht nur unbedingt notwendig, sondern auch möglich ist. Die Alternative dazu heißt Krieg.«

Dr. Magnes stellte fest, dass Palästina ein heiliges Land dreier monotheistischer Religionen sei. Die Araber besäßen ein natürliches Recht auf das Land, die Juden historische Rechte, und beide Rechte seien gleichermaßen gültig. Von daher sei Palästina bereits ein binationaler Staat. Dies hieße politische Gleichheit für die Araber und rechtfertige die zahlenmäßige Gleichheit der Juden, also das Recht auf Einwanderung nach Palästina. Dr. Magnes glaubte nicht, dass alle Juden mit seinem Vorschlag zufrieden wären, doch er dachte, dass viele ihn akzeptieren würden, da sie den jüdischen Staat vor allem deshalb wollten, weil sie einen Ort suchten, an den sie auswandern konnten. Er drängte auf die Notwendigkeit einer Revision der gesamten Staatskonzeption. Den Arabern gegenüber argumentierte er, dass eine souveräne Unabhängigkeit im winzigen Palästina unmöglich sei. Er rief dazu auf, dass Palästina sich an einer regionalen Nahostföderation beteiligen solle, diese sei eine praktische Notwendigkeit wie auch eine weitere Absicherung für die Araber. »Was für ein Segen für die Menschheit wäre es, wenn die Juden und Araber Palästinas freundschaftlich und partnerschaftlich dafür kämpften, aus diesem Heiligen Land eine blühende, friedliche Schweiz zu machen, die mitten auf dem alten Verbindungsweg zwischen Ost und West liegt. Diese Entwicklung hätte unabsehbare politische und geistige Auswirkungen auf den ganzen Nahen Osten und weit darüber hinaus. Ein binationales Palästina könnte zum Leuchtfeuer des Friedens in der Welt werden.«

Die Hebräische Universität und die Kollektivsiedlungen

Wenn Nationalismus nichts Schlimmeres wäre als der Stolz, den ein Volk auf herausragende und einzigartige Leistungen verspürt, dann wäre der jüdische Nationalismus von zwei Institutionen im jüdischen Nationalheim genährt worden: von der Hebräischen Universität und den Kollektivsiedlungen. Beide haben ihre Wurzeln in nicht-nationalistischen und schon immer bestehenden Richtungen der jüdischen Tradition – in der allgemeinen Verbreitung und der herrschenden Bedeutung des Lernens sowie in einem leidenschaftlichen Drang nach Gerechtigkeit. Hier begann etwas, worauf die wahren Liberalen aller Länder und Nationalitäten gehofft hatten für den Fall, dass man dem jüdischen Volk mit seiner eigentümlichen Tradition und seiner besonderen geschichtlichen Erfahrung Freiheit und kulturelle Autonomie gäbe – eine Hoffnung, die niemand besser zum Ausdruck gebracht hat als Woodrow Wilson, der »nicht bloß zur Wiedergeburt des jüdischen Volkes« aufrief, »sondern auch zur Geburt neuer Ideale, zur Schaffung neuer ethischer Werte, neuer Vorstellungen von sozialer Gerechtigkeit, die aus diesem Land und aus diesem Volk als ein Segen für die ganze Menschheit hervorsprießen sollen – aus einem Land und aus einem Volk, dessen Gesetzgeber und Propheten [...] jene Wahrheiten aussprachen, die durch alle Zeiten hallen« (zitiert nach Selig Adler, »The Palestine Question in the Wilson Era«, in: *Jewish Social Studies,* Oktober 1948).

Diese beiden Einrichtungen, die Kibbuzim (Kollektivsiedlungen) und die Hebräische Universität, unterstützten und inspirierten die nicht-nationalistische, antichauvinistische Opposition im Zionismus. Die Universität sollte in diesem besonderen jüdischen Land den Universalismus des Judentums repräsentieren. Sie war nicht einfach als die Universität Palästinas gedacht, sondern als die Universität des jüdischen Volkes.

Es ist äußerst bezeichnend, dass die Sprecher, die am konsequentesten und deutlichsten für jüdisch-arabische Verständigung eintraten, von der Hebräischen Universität kamen. Die beiden Gruppen, die eine Zusammenarbeit mit den Arabern zum Eckpfeiler ihrer politischen Philosophie machten, der Brit Shalom (Friedensbund) in den zwanziger Jahren und der Ihud (Einheit) in den vierziger Jahren, beide gegründet und geprägt von Judah L. Magnes, dem Mitbegründer der Hebräischen Universität, deren Präsident er seit 1925[5] war – diese beiden Gruppen waren nicht einfach Ausdruck von Verdauungsschwierigkeiten, die westlich gebildete Intellektuelle mit den primitiven Parolen eines balkanisierten Nationalismus hatten. Von Anfang an gab es nämlich im Zionismus zwei Richtungen, die nur in der Frage der Notwendigkeit einer jüdischen Heimstätte übereinstimmten.

Die siegreiche Richtung, nämlich die Tradition Herzls, bezog ihren Hauptantrieb aus der Auffassung, der Antisemitismus sei in allen Ländern der jüdischen Zerstreuung eine »ewig währende« Erscheinung. Diese Richtung war stark beeinflusst von anderen kleineren Befreiungsbewegungen des 19. Jahrhunderts und behauptete, dass jüdisches Überleben in keinem anderen Land als Palästina und unter keinen anderen Umständen als in einem voll entwickelten souveränen jüdischen Staat möglich sei. Die andere Richtung, die auf Ahad Ha'am zurückgeht, sah in Palästina das kulturelle Zentrum, von welchem Impulse zur geistigen Entwicklung aller Juden anderer Länder ausgehen würden, und nicht ein Land, das ethnische Homogenität und nationale Souveränität bräuchte. Schon in den neunziger Jahren des letzten Jahrhunderts wies Ahad Ha'am immer wieder auf die Anwesenheit einer einheimischen arabischen Bevölkerung in Palästina und auf die Notwendigkeit von Frieden hin. Seine Anhänger hatten nie das Ziel, »Palästina so jüdisch [zu machen,] wie England englisch ist« (in Weizmanns Worten), sondern sie glaubten, dass die Errichtung eines Zentrums der Gelehrsamkeit für die junge Erneuerungsbewegung wichtiger sei als die Gründung eines Staates. Die wichtigste Errungenschaft der von Herzl geprägten Richtung ist der jüdische Staat; seine Entstehung kostete den Preis eines arabisch-jüdischen Krieges, wie Ahad Ha'am um die Jahrhundertwende befürchtete und wovor Judah L. Magnes mehr als fünfundzwanzig Jahre lang warnte. Die Haupterrungenschaft der von Ahad Ha'am geprägten Tradition ist die Hebräische Universität.

Ein anderer Teil der Bewegung – der zwar vom Zionismus Ahad Ha'ams beeinflusst war, aber nicht seiner Richtung angehörte, sondern vom osteuropäischen Sozialismus her kam – führte letztlich zur Gründung von Kollektivsiedlungen. Diese neue Form der Landwirtschaft, des gesellschaftlichen Lebens und der genossenschaftlichen Organisation der Arbeit wurde zur volkswirtschaftlichen Hauptstütze der jüdischen Heimstätte. Der sehnliche Wunsch, eine neue Art von Gesellschaft aufzubauen, in der es keine Ausbeutung des Menschen durch den Menschen gäbe, war viel ausschlaggebender für die Mobilisierung der besten Elemente des osteuropäischen Judentums – das heißt für die Schaffung jenes gewaltigen revolutionären Ferments im Zionismus, ohne welches kein einziges Stück Land bestellt und keine einzige Straße gebaut worden wäre – als die Herzl'schen Analysen der jüdischen Assimilation oder als Jabotinskys Propaganda für einen jüdischen Staat oder als der Aufruf der Kulturzionisten zur Erneuerung der religiösen Werte des Judentums.

In den ländlichen Kollektivsiedlungen wurde ein uralter jüdischer Traum verwirklicht: Es entstand, wenn auch in kleinem Maßstab, eine auf Gerechtigkeit und absoluter Gleichheit gegründete Gesellschaft, in der Profitmotive überhaupt keine Rolle spielten. Die größte Errungenschaft dieser Siedlungen bestand in der Schaffung eines neuen Menschentypus und einer neuen gesellschaftlichen Elite; hier wurde eine neue Aristokratie geboren, die sich in ihren Gewohnheiten, ihrem Verhalten, ihren Werten und ihrer ganzen Lebensart außerordentlich von den jüdischen Massen im Lande wie von den Juden außerhalb Palästinas unterschied und deren Führungsanspruch in moralischen und gesellschaftlichen Fragen von der Bevölkerung eindeutig anerkannt wurde. Völlig frei und durch keinerlei Regierung behindert, wurde hier eine neue Eigentumsform, ein neuer Typus des Bauern, eine neue Art Familienleben und Kindererziehung geschaffen, und es wurden neue Wege gefunden, um an die schwierigen Konflikte zwischen Stadt und Land, zwischen landwirtschaftlicher und industrieller Arbeit heranzugehen. Genauso wie dem Universalismus von Lehren und Lernen an der Hebräischen Universität zugetraut werden konnte, dass er für feste Beziehungen zwischen dem jüdischen Nationalheim, der Weltjudenheit und der internationalen Gelehrtenwelt sorgte, so konnte man sich darauf verlassen, dass die Kollektivsiedlungen den Zionismus in der höchsten Tradition des Judentums bewahrten, dessen »Prinzipien die Schaffung einer sichtbaren, realen Gesellschaft verlangen, die auf Gerechtigkeit und Barmherzigkeit gegründet ist« (Martin Buber). Gleichzeitig sind diese Experimente Hoffnungsträger; sie zeigen Lösungen, die eines Tages für die große Masse derjenigen Menschen, deren Würde und Menschsein derzeit von den Standards einer wettbewerbs- und gewinnorientierten Gesellschaft so schrecklich bedroht wird, überall annehmbar und anwendbar werden mögen.

Die einzigen größeren Gruppen, die sich jemals aktiv für eine jüdisch-arabische Freundschaft einsetzten und diese propagierten, kamen aus dieser kollektiven Siedlerbewegung. Es war eine der größten Tragödien für den neuen Staat Israel, dass diese sozialistischen Elemente, vor allem der Hashomer Hatza'ir, ihr binationales Programm dem Fait accompli des UN-Teilungsbeschlusses geopfert haben.

Die Ergebnisse des Krieges

Von den Stimmen der Vernunft, der Verständigung und des Kompromisses unbeeinflusst, ließ man die Dinge ihren Lauf nehmen. Mehr als fünfundzwanzig Jahre lang hatten Dr. Magnes und die kleine Schar seiner Anhänger in Palästina und innerhalb der zionistischen Bewegung vorausgesagt, dass es entweder eine jüdisch-arabische Zusammenarbeit oder Krieg gäbe, und dann gab es Krieg; dass es entweder ein binationales Palästina oder die Herrschaft eines Volkes über ein anderes geben könne, und dann kam es zur Flucht von mehr als 500000 Arabern aus israelisch beherrschtem Gebiet; dass die britische Weißbuch-Politik mit ihrem Einwanderungsverbot während der Jahre der jüdischen Katastrophe in Europa unverzüglich annulliert werden müsste, damit die Juden nicht alles riskieren würden, allein um der Einwanderung willen einen Staat zu bekommen, und da auf britischer Seite niemand zu irgendeinem Zugeständnis bereit war, steht nun als Tatsache fest, dass die Juden einen souveränen Staat bekommen haben.

Ebenso und trotz des großen Eindrucks, den Dr. Maliks Rede bei seinen Kollegen im UN-Sicherheitsrat hinterlassen hat, ist nicht nur die ganze Politik Israels, sondern auch die der UNO und der Vereinigten Staaten eine Politik der vollendeten Tatsachen. Nach außen sieht es zwar so aus, als hätten die Streitkräfte Israels den Fait accompli geschaffen, vor dem Dr. Malik so beredt gewarnt hatte. Doch wer würde bezweifeln, dass ohne die Unterstützung der Vereinigten Staaten und des amerikanischen Judentums noch so viele Siege nicht ausgereicht hätten, um Israels Existenz zu sichern?

Wenn man die Kosten berechnen will, welche den Völkern des Nahen Ostens durch die Ereignisse des vergangenen Jahres entstanden sind, dann kommt man der Wirklichkeit nicht dadurch am nächsten, dass man die Opfer, die ökonomischen Verluste, die Kriegszerstörungen oder militärischen Siege auflistet, sondern dass man die politischen Veränderungen untersucht, deren hervorstechendste darin liegt, eine neue Kategorie von Heimatlosen: die arabischen Flüchtlinge, geschaffen zu haben. Diese Flüchtlinge stellen ein gefährliches Potenzial für eine Vertriebenenbewegung dar, die über alle arabischen Länder verstreut ist, wo sie leicht zum sichtbaren Bindeglied werden könnte. Aber noch viel schlimmer ist Folgendes: Unabhängig davon, wie ihr Exodus aus Palästina zustande kam (als eine Folge arabischer Gräuelpropaganda oder wirklicher Gräuel oder aufgrund einer Mixtur von beidem), hat die während des Krieges von zionistischen Plänen für einen umfassenden Bevölkerungstransfer vorbereitete Flucht der Araber aus Palästina, auf welche die Weigerung Israels folgte, die Flüchtlinge in ihre Heimat zurückkehren zu lassen, schließlich die alte Behauptung der Araber über den Zionismus wahr werden lassen: Die Juden strebten bloß danach, die Araber aus ihren Häusern zu vertreiben. Der Stolz der jüdischen Heimstätte, nämlich dass sie nicht auf Ausbeutung gegründet worden war, verwandelte sich, als es zur entscheidenden Prüfung kam, in einen Fluch: Die Flucht der Araber wäre nicht möglich gewesen und auch nicht von den Juden gutgeheißen worden, wenn beide in einer gemeinsamen Wirtschaftsordnung gelebt hätten. Die arabischen Reaktionäre im Nahen Osten und ihre britischen Schutzherren behielten schließlich Recht: Sie waren immer der Meinung gewesen, die Juden seien »nicht deshalb gefährlich, weil sie die Fellachen ausbeuten, sondern deshalb, weil sie sie nicht ausbeuten« (Chaim Weizmann).

Liberale in allen Ländern waren erschrocken von der Gefühllosigkeit und der selbstgefälligen Art, mit der sich eine Regierung von humanitären Erwägungen verabschiedete, deren Vertreter noch vor einem Jahr ihre eigene Sache mit rein humanitären Gründen vertreten hatten und die in einer Bewegung groß geworden waren, die seit mehr als fünfzig Jahren ihre Ansprüche ausschließlich auf Gerechtigkeit gegründet hatte. Nur eine einzige Stimme erhob sich schließlich, um gegen die Behandlung des arabischen Flüchtlingsproblems durch Israel zu protestieren, die Stimme von Judah L. Magnes, der im Oktober 1948 in einem Leserbrief an die Zeitschrift *Commentary* schrieb:

> »Mir scheint, dass jeder Versuch, einer so ungeheuren menschlichen Situation anders zu begegnen als von einem humanen, moralischen Standpunkt aus, uns in zweifelhafte Gefilde führen wird. [...] Wenn die palästinensischen Araber ihr Zuhause ›freiwillig‹ unter dem Eindruck arabischer Propaganda und in durchaus echter Panik verließen, dann darf man dabei nicht vergessen, dass das durchschlagendste Argument in dieser Propaganda die Furcht vor einer Wiederholung der von der Irgun-Stern-Gruppe in Deir Yassin begangenen Gräuel war, als die führenden jüdischen Organe entweder unfähig oder nicht willens waren, diese Tat zu verhindern oder die Schuldigen zu bestrafen. Es ist bedauerlich, dass dieselben Leute, die als Hauptargument für die Masseneinwanderung nach Palästina die Tragödie der jüdischen DPs ins Feld führen konnten, nun, soweit man weiß, bereit sind, an der Schaffung einer weiteren Klasse von DPs im Heiligen Land mitzuwirken.«

Dr. Magnes spürte die ganze Tragweite von Aktionen, mit denen der alte stolze Anspruch des zionistischen Pioniertums eingebüßt wurde, nämlich dass es sich dabei um das einzige Kolonialunternehmen in der Geschichte handelte, welches nicht mit blutigen Händen dastand. Er begründete seinen Protest mit ausschließlich humanitären Argumenten und setzte sich damit ganz ungeschützt einem altbekannten Angriff aus – dem Vorwurf der edelmütigen Moral in politischen Dingen, wo angeblich nur Vorteil und Erfolg zählen. Die alte jüdische Legende von den sechsunddreißig unbekannten Gerechten, die immer da sind und ohne deren Anwesenheit die Welt in Scherben fiele, sagt letztlich darüber etwas aus, wie notwendig solch »edelmütiges« Verhalten beim normalen Gang der Dinge ist. In einer Welt wie der unseren, in welcher die Politik in einigen Ländern es längst nicht mehr bei anrüchigen Seitensprüngen belässt, sondern eine neue Stufe der Kriminalität erklommen hat, hat jedoch die kompromisslose Moralität plötzlich ihre alte Funktion, bloß die Welt zusammenzuhalten, verändert und ist zum einzigen Mittel geworden, mit dem die eigentliche Realität – im Gegensatz zur von Verbrechen entstellten und im Grunde nur kurzlebigen Faktizität – erkannt und planvoll gestaltet werden kann. Nur diejenigen, die noch in der Lage sind, sich nicht von den Nebelschwaden beirren zu lassen, die aus dem Nichts fruchtloser Gewalt hervortreten und sich wieder dorthin verflüchtigen, können mit so gewichtigen Dingen wie den ständigen Interessen und der Frage des politischen Überlebens einer Nation betraut werden.

Föderation oder Balkanisierung?

Die wirklichen Ziele einer nicht-nationalistischen Politik im Nahen Osten und insbesondere in Palästina sind einfach beschaffen und an einer Hand abzuzählen. Nationalistisches Beharren auf absoluter Souveränität kann in solch kleinen Ländern wie Palästina, Syrien, Libanon, Irak, Transjordanien, Saudi-Arabien und Ägypten nur zu einer Balkanisierung der gesamten Region und zu deren Verwandlung in ein Schlachtfeld für die widerstreitenden Interessen der Großmächte führen, was zum Schaden für alle echten nationalen Interessen wäre.

Langfristig gesehen besteht die einzige Alternative zur Balkanisierung in einer regionalen Föderation, die Magnes (in einem Artikel in *Foreign Affairs*) schon 1943 vorgeschlagen hat und die jüngst Major Aubrey Eban, der israelische Vertreter bei der UNO, zu einem zwar fernen, aber doch wünschenswerten Ziel erklärte. Während der ursprüngliche Vorschlag von Dr. Magnes nur jene Länder einschloss, die mit den Friedensverträgen von 1919 voneinander getrennt worden waren, aber doch vorher ein zusammenhängendes Ganzes unter türkischer Herrschaft gebildet hatten, nämlich Palästina, Transjordanien, Libanon und Syrien, zielten die Vorstellungen von Aubrey Eban (die er 1948 in einem Artikel in *Commentary* publizierte) auf die Schaffung einer »Nahost-Liga« ab, »die all die unterschiedlichen Nationalitäten der Region einschließt, wobei jede von ihnen innerhalb ihres eigenen Hoheitsgebiets frei schalten und walten kann, aber doch alle für das Wohl der ganzen Region zusammenarbeiten«. Eine Föderation, die Eban zufolge möglicherweise »die Türkei, den christlichen Libanon, Israel und den Iran als Partner der arabischen Welt in einer Liga des Nichtangriffs, der gegenseitigen Verteidigung und wirtschaftlichen Zusammenarbeit« zusammenschlösse, besitzt den großen Vorteil, dass sie mehr als zwei Völker, mehr als Juden und Araber enthielte und von daher die jüdischen Befürchtungen ausräumen würde, den Arabern gegenüber in der Minderheit zu sein.

Die beste Aussicht, solcher Föderation ein Stück näher zu kommen, läge noch immer in der Schaffung einer palästinensischen Konföderation, wie sie Dr. Magnes und der Ihud vorschlugen, nachdem die Teilung des Landes und ein souveräner jüdischer Staat vollendete Tatsachen geworden waren. »Konföderation« verweist auf zwei unabhängige politische Einheiten – im Unterschied zu einem föderativen System, das üblicherweise als »mehrfache Regierung in einem einzigen Staat« *(Encyclopedia of the Social Sciences)* betrachtet wird, und damit könnte durchaus auch ein Modell für die schwierigen Beziehungen zwischen dem muslimischen Syrien und dem christlichen Libanon geschaffen werden. Wenn solche kleinen föderativen Strukturen erst einmal vorhanden sind, dann hat auch Major Ebans Nahost-Liga eine viel größere Chance, verwirklicht zu werden. Mit dem Benelux-Abkommen [von 1944] wurde das erste hoffnungsvolle Zeichen für ein letzten Endes föderatives Europa gesetzt, und genauso könnte der Abschluss eines langfristigen Abkommens zwischen zwei Völkern des Nahen Ostens über Verteidigung, Außenpolitik und Wirtschaftsentwicklung als Modell für die ganze Region dienen.

Ein wesentlicher Vorzug föderativer (oder konföderativer) Lösungsvorschläge für das Palästinaproblem hat darin bestanden, dass die gemäßigteren arabischen Staatsmänner (insbesondere aus dem Libanon) ihnen zustimmten. Der Plan für einen föderativen [konföderalen] Staat wurde 1947 im Palästina-Sonderausschuss der Vereinten Nationen nur von einer Minderheit eingebracht, nämlich von den Delegierten Indiens, des Irans und Jugoslawiens, aber es besteht kein Zweifel, dass dieser sehr gut als Basis für einen Kompromiss jüdischer und arabischer Ansprüche hätte dienen können. Die Ihud-Gruppe stimmte damals praktisch dem Bericht der Minderheit zu; sie befand sich in grundsätzlicher Übereinstimmung mit den Prinzipien, die im folgenden Satz am besten zum Ausdruck gebracht wurden: »Der föderative Staat ist die konstruktivste und dynamischste Lösung, weil durch ihn eine resignative Haltung in der Frage, ob Juden und Araber fähig seien, in gemeinsamem Interesse zusammenzuarbeiten, vermieden wird und weil durch ihn eine realistische und dynamische Einstellung begünstigt wird, nämlich die Auffassung, dass der Wille zur Zusammenarbeit unter veränderten Bedingungen entwickelt werden kann.« Mr. Camille Chamoun, der Vertreter des Libanons, sprach am 29. November 1947 vor der Vollversammlung der Vereinten Nationen und unternahm in seiner Rede den verzweifelten Versuch, an ebendem Tag, an dem die Teilung beschlossen wurde, eine Kompromissformel zu finden; er verlangte noch einmal, es solle ein unabhängiger Staat Palästina »auf einer föderativen Grundlage gebildet werden und [...] eine Bundesregierung und Kantonsregierungen der jüdischen und arabischen Kantone« umfassen. Wie Dr. Magnes bei der Erläuterung seines Plans für eine Konföderation Palästinas, so beschwor auch er die Verfassung der Vereinigten Staaten von Amerika als Modell für die künftige Verfassung des neuen Staates.

Der Plan für ein konföderiertes Palästina mit Jerusalem als gemeinsamer Hauptstadt war nicht mehr und nicht weniger als der einzig mögliche Weg, den von einer Wirtschaftseinheit ausgehenden UN-Teilungsbeschluss umzusetzen. Der rein ökonomische Ansatz der Vereinten Nationen wäre ohnehin in Schwierigkeiten geraten, denn – wie Major Eban zu Recht betonte – »die wechselseitige wirtschaftliche Abhängigkeit in ganz Palästina wurde von der Vollversammlung sehr überschätzt«. Es wären außerdem die gleichen Probleme entstanden wie beim Europäischen Wiederaufbauprogramm, das ebenfalls von der Voraussetzung ausging, eine wirtschaftliche Zusammenarbeit sei auch ohne politische Umsetzung möglich. Die immanenten Schwierigkeiten solch einer ökonomischen Herangehensweise wurden jedoch mit dem Ausbruch des Krieges gegenstandslos; was vorher ein Problem war, war nun gänzlich unmöglich, denn ein Krieg kann zunächst einmal nur durch politische Maßnahmen beendet werden. Darüber hinaus hat der Krieg alle jüdisch-arabischen Wirtschaftssektoren zerstört, und mit der Vertreibung fast aller Araber aus den von Israel gehaltenen Gebieten wurde die ganz schmale gemeinsame Wirtschaftsbasis beseitigt, auf welcher die Hoffnungen für eine künftige Entwicklung gemeinsamer Wirtschaftsinteressen geruht hatten.

Ein offenkundiger Mangel bei unserer Argumentation für den Frieden und gegen einen prekären Waffenstillstand, für eine Konföderation und gegen eine Balkanisierung besteht tatsächlich darin, dass diese sich kaum auf so etwas wie wirtschaftliche Notwendigkeiten stützen kann. Wenn man eine korrekte Einschätzung der Auswirkungen des Krieges auf die israelische Wirtschaft vornehmen möchte, dann kann man nicht einfach die atemberaubenden Verluste an Arbeitsstunden und die Zerstörungen an Eigentum zusammenzählen, die Israel erlitten hat. Dagegen steht ein ganz erheblicher Zuwachs an Einkünften aus »Spenden«, die ohne die Errichtung eines Staates und der gegenwärtig enormen Einwanderung, zwei unmittelbaren Ursachen für den jüdisch-arabischen Krieg, niemals aufgebracht worden wären. Da die jüdische Wirtschaft Palästinas bei Investitionen sowieso weitgehend von Schenkungen abhängig war, ist es durchaus möglich, dass die Gewinne durch die Nothilfeleistungen die Kriegsverluste mehr als wettmachen.

Eine Befriedung der Region könnte ohne Weiteres mehr dividendenträchtiges Investitionskapital des amerikanischen Judentums anziehen und sogar internationale Kredite ins Land bringen. Doch dies würde automatisch die israelischen Einnahmen an Geld, das keine Dividende abwirft, verringern. Auf den ersten Blick scheint eine derartige Entwicklung zu einer gesünderen Wirtschaft und zu größerer politischer Unabhängigkeit zu führen. Tatsächlich könnte es aber bedeuten, dass die verfügbaren Mittel stark reduziert werden und dass die Einmischung von außen zunimmt, und zwar aus dem einfachen Grund, dass die Kapitalanleger sich wahrscheinlich mehr geschäftsmäßig und weniger idealistisch verhalten als Personen, die bloß spenden.

Doch selbst wenn wir annehmen, dass die amerikanische Judenheit nach der Katastrophe in Europa nicht durch Kriegsnot und Siege hätte angespornt werden müssen, Unterstützung in einer Höhe von einhundertfünfzig Millionen Dollar aufzubringen, überwiegen wahrscheinlich die wirtschaftlichen Vorteile durch den Krieg dessen Verluste. An erster Stelle stehen die deutlichen Gewinne, die von der Flucht der Araber aus dem israelisch besetzten Gebiet herrühren. Diese Evakuierung von fast fünfzig Prozent der Landesbevölkerung hat keinerlei Störungen im jüdischen Wirtschaftsleben verursacht, denn dieser Wirtschaftssektor war fast vollständig gegen die Umgebung isoliert aufgebaut worden. Doch ein viel wichtigerer Faktor als diese mit einer schweren politischen und moralischen Hypothek belasteten Gewinne ist in diesem Zusammenhang die Einwanderung. Die Neueinwanderer, die man teilweise in den verlassenen Anwesen der arabischen Flüchtlinge unterbringt, wurden dringend für Wiederaufbaumaßnahmen und für den Ausgleich des Verlusts an Arbeitskräften benötigt, der durch die Mobilisierung entstanden war; sie sind nicht nur eine wirtschaftliche Bürde für das Land, sondern sie stellen auch dessen sichersten Aktivposten dar. Der Zufluss von amerikanischem Geld, das hauptsächlich für die Wiederansiedlung von DPs aufgebracht und verwendet wurde, könnte in Verbindung mit dem Zustrom von Arbeitskräften die israelische Wirtschaft auf ungefähr die gleiche Art, nur in größerem Maßstab, stimulieren, wie zehn Jahre zuvor amerikanisches Geld und die Einwanderung von Jugendlichen (die Jugend-Alijah) zur Vergrößerung und Modernisierung der Kollektivsiedlungen beigetragen hatte.

Wirtschaftliche Notwendigkeit spielt auch in der Argumentation für eine Konföderation keine Rolle. So wie die Dinge heute liegen, ist der israelische Staat nicht nur eine jüdische Insel im arabischen Meer und ein vom Westen geprägter industrialisierter Vorposten in der Wüste einer stagnierenden Wirtschaft: Er ist auch ein Produzent von Gütern, für die in seiner unmittelbaren Nachbarschaft keine Nachfrage besteht. Zweifellos wird sich diese Situation irgendwann in der Zukunft ändern, doch keiner weiß, wie nah oder wie fern diese Zukunft liegt. Im Augenblick jedenfalls könnte eine Föderation sich kaum auf bestehende wirtschaftliche Gegebenheiten, auf eine funktionsfähige wechselseitige Abhängigkeit stützen. Sie könnte nur dann zu einer funktionierenden Einrichtung werden, wenn – so die Worte von Dr. Magnes – »die wissenschaftlichen Fähigkeiten und die Organisationskraft der Juden, vielleicht das Kapital, vielleicht die Erfahrung des Westens, derer viele Länder in diesem Teil der Welt bedürfen, zum Wohl der gesamten Region zur Verfügung gestellt« würden.

Ein derartiges Unternehmen verlangt großen Weitblick und sogar Opfer, die aber leichter zu ertragen wären, wenn der Transfer von jüdischem Pionierwissen und Kapital in arabische Länder mit einer Art Abkommen über die Wiederansiedlung arabischer DPs verknüpft wäre. Ohne eine solche Modernisierung des Nahen Ostens wird Israel in wirtschaftlicher Isolation verbleiben, es werden ihm die notwendigen Voraussetzungen für einen normalen Austausch seiner Produkte fehlen, und es wird sogar noch abhängiger von äußerer Hilfe werden, als es schon ist. Es sprach nie und spricht nie gegen die großen Errungenschaften des jüdischen Nationalheims, dass sie »künstlich« waren, dass sie nicht ökonomischen Gesetzen und Notwendigkeiten gehorchten, sondern dem politischen Willen des jüdischen Volkes entsprangen. Doch es wäre eine Tragödie, wenn ihr Volk nach der Errichtung dieses Heims oder dieses Staates damit fortführe, sich auf »Wunder« zu verlassen, und unfähig wäre, sich an objektiven Notwendigkeiten zu orientieren, selbst wenn diese langfristiger Natur sind. Spendengelder in großen Mengen können nur in Notlagen mobilisiert werden, so wie während der jüngsten Katastrophe in Europa oder während des arabisch-jüdischen Krieges; wenn die israelische Regierung es nicht schafft, von solchen Geldern wirtschaftlich unabhängig zu werden, dann wird sie sich bald in der nicht beneidenswerten Lage befinden, gezwungenermaßen selbst Notstandssituationen neu herbeizuführen, das heißt, eine aggressive und expansionistische Politik zu betreiben. Die Extremisten begreifen die Situation ganz gut, wenn sie eine künstliche Verlängerung des Kriegs propagieren, der ihnen zufolge niemals vor der Eroberung von ganz Palästina und Transjordanien hätte beendet werden dürfen.

Mit anderen Worten, die Alternative zwischen Föderation und Balkanisierung ist politisch. Nicht dass wild gewordener Nationalismus eine gemeinsame Wirtschaftsordnung auseinandergerissen hätte, ist das Problem, sondern dass berechtigte nationale Aspirationen sich zu einem solch wilden Nationalismus entwickeln konnten, weil sie nicht von ökonomischen Interessen im Zaum gehalten werden. Eine Nahost-Föderation hätte die Aufgabe, eine allen gemeinsame Wirtschaftsstruktur zu schaffen, sie müsste für ökonomische und politische Zusammenarbeit sorgen und dafür, dass die wirtschaftlichen und sozialen Errungenschaften der Juden integriert werden. Eine Balkanisierung würde den neuen jüdischen Pionier und Arbeiter noch weiter isolieren, und diese haben doch einen Weg gefunden, um Handarbeit mit einem höheren kulturellen Leben zu verbinden, und haben ein neues menschliches Element ins moderne Leben eingebracht. Gemeinsam mit den in der Hebräischen Universität repräsentierten Erben des universalistischen Geistes im Judentum wären sie die ersten Opfer einer langen Periode militärischer Unsicherheit und nationalistischer Aggressivität.

Aber nur die ersten Opfer. Denn ohne das kulturelle und soziale Hinterland[6] Jerusalems und der Kollektivsiedlungen könnte aus Tel Aviv über Nacht eine levantinische Stadt werden. Eine Art Balkan-Chauvinismus könnte die religiöse Vorstellung vom auserwählten Volk benutzen und deren Bedeutung auf das Niveau hoffnungsloser Primitivität herunterbringen. Die Geburt einer Nation inmitten unseres Jahrhunderts mag ein großes Ereignis sein; dass sie ein gefährliches ist, steht fest. Nationale Souveränität, die so lange das Symbol freier, nationaler Entwicklung gewesen war, ist zur größten Gefahr für das nationale Überleben kleiner Nationen geworden. Angesichts der internationalen Situation und der geografischen Lage Palästinas ist es unwahrscheinlich, dass das jüdische und arabische Volk eine Ausnahme von dieser Regel darstellen werden.

[Deutsche Übersetzung von Hannah Arendt, »Peace or Armistice in the Near East?«, in: *The Review of Politics* 17, 1950, Nr. 8, S. 808–819. Die Übersetzung von Eike Geisel erschien erstmals unter dem Titel »Frieden oder Waffenstillstand im Nahen Osten?«, in: *Die Krise des Zionismus. Essays & Kommentare 2*, hrsg. von Eike Geisel und Klaus Bittermann, Berlin: Tiamat (Critica Diabolis 23), 1989, S. 117–166. Für den Wiederabdruck im vorliegenden Band wurde sie überarbeitet.

Der Text hat außer der anfänglichen Widmung keine Fußnoten; die Anmerkungen der Herausgeber Geisel und Bittermann in der deutschen Erstveröffentlichung wurden nicht übernommen.]

III

Zur Erforschung des Holocaust

16
Die Saat einer faschistischen Internationale

I.

Überall wird der Faschismus kurzerhand mit der Bemerkung abgetan, außer dem Antisemitisms werde nichts von ihm übrig bleiben. Und was den Antisemitismus betrifft, so hat sich ja die ganze Welt, die Juden eingeschlossen, schon lange mit ihm abgefunden, weshalb jeder, der sich heute ernstlich darüber Sorgen macht, einen etwas lächerlichen Eindruck erweckt. Indessen kann kein Zweifel daran bestehen, dass der Antisemitismus das charakteristische Merkmal war, welchem die faschistische Bewegung ihre internationale Anziehungskraft und Mitläufer in jedem Land und jeder Klasse verdankte. Als globale Verschwörung gründete der Faschismus im Wesentlichen auf dem Antisemitismus. Wenn also jemand sagt, dass der Antisemitismus das einzige Überbleibsel des Faschismus sein werde, dann bedeutet dies nicht mehr und nicht weniger, als dass das, worauf sich die faschistische Propaganda hauptsächlich stützte, und eines der wichtigsten Prinzipien faschistischer politischer Organisation überleben wird.

Die jüdische Gegenpropaganda hat einen äußerst zweifelhaften Erfolg damit errungen, dass sie die Antisemiten als bloße Spinner entlarvt und den Antisemitismus auf die banale Ebene eines nicht weiter diskussionswürdigen Vorurteils reduziert hat. Dies hatte zur Folge, dass die Juden sich nie – nicht einmal dann, als sie schon tödlich getroffen waren – bewusst wurden, dass sie mitten ins Sturmzentrum der politischen Gefahren unserer Zeit hineingezogen wurden. Auch Nicht-Juden glauben deshalb immer noch, dass ein paar mitfühlende Worte für die Auseinandersetzung mit dem Antisemitismus ausreichten. Beide, Juden wie Nicht-Juden, bringen unbeirrbar die moderne Version des Antisemitismus mit der bloßen Diskriminierung von Minderheiten durcheinander und werden nicht einmal durch die Überlegung zur Vernunft gebracht, dass der Antisemitismus am erschreckendsten in einem Land ausbrach, in dem Juden vergleichsweise wenig diskriminiert wurden, während er in anderen Ländern mit stärkerer gesellschaftlicher Diskriminierung (wie zum Beispiel in den Vereinigten Staaten) sich nicht zu einer beachtlichen politischen Bewegung entwickeln konnte.

Tatsächlich ist der Antisemitismus eine der gefährlichsten politischen Bewegungen unserer Zeit. Der Kampf gegen ihn gehört zu den lebenswichtigsten Aufgaben der Demokratien, und wenn er überlebt, dann liegt darin eines der bedeutsamsten Anzeichen für künftige Bedrohungen. Um ihn richtig beurteilen zu können, sollte man sich ins Gedächtnis rufen, dass sich in den achtziger Jahren des vorigen Jahrhunderts die ersten antisemitischen Parteien – im Unterschied zur Praxis aller anderen rechtsgerichteten Parteien – auf internationaler Ebene zusammengeschlossen haben. Mit anderen Worten, der moderne Antisemitismus war nie bloß eine Angelegenheit des extremen Nationalismus: Von Anfang an wurde er als Internationale betrieben. Das Lehrbuch dieser Internationale waren nach dem letzten Krieg die *Protokolle der Weisen von Zion*[1] – ein Text, der in jedem Land verbreitet und gelesen wurde, egal ob es dort viele, wenige oder überhaupt keine Juden gab. So ließ, um ein kaum zur Kenntnis genommenes Beispiel zu erwähnen, Franco die *Protokolle* während des Spanischen Bürgerkriegs übersetzen, obgleich Spanien aus Mangel an Juden kein jüdisches Problem für sich reklamieren konnte.

Die wiederholten Nachweise, dass es sich bei den *Protokollen* um eine Fälschung handelt, wie auch die unermüdlichen Enthüllungen ihrer wirklichen Entstehung, sind ziemlich irrelevant. Es ist von weitaus größerem Nutzen und von größerer Wichtigkeit, dass man an den *Protokollen* nicht das erklärt, was offenkundig, sondern was mysteriös ist – vor allem, weshalb man ihnen trotz der offensichtlichen Tatsache, dass es sich um eine Fälschung handelt, weiterhin glaubt. Hier und nur hier allein liegt der Schlüssel zu der Frage, die allem Anschein nach niemand mehr stellt, warum die Juden der Funke waren, an dem sich der Nazismus entzündete, und warum der Antisemitismus der Kern war, um den herum sich die faschistische Bewegung in der ganzen Welt kristallisierte. Dass die *Protokolle* selbst in Ländern Bedeutung gewannen, in denen von einem richtigen jüdischen Problem gar keine Rede sein konnte, beweist, wie recht Alexander Stein mit seiner wissenschaftlichen Abhandlung über *Adolf Hitler – Schüler der ›Weisen von Zion‹* hatte, einer Veröffentlichung, die in den dreißiger Jahren nicht auf das geringste Echo stieß. Seine These ist, dass die Organisation der angeblichen »Weisen von Zion« ein Modell war, dem die faschistische Organisation nacheiferte, und dass die *Protokolle* all die Grundsätze enthielten, die sich der Faschismus aneignete, um die Macht zu erringen. Das Geheimnis für den Erfolg dieser Fälschung war also in erster Linie nicht der Judenhass, sondern viel eher die grenzenlose Bewunderung, die der Raffinesse einer vorgeblich jüdischen Technik globaler Organisation galt.

Lässt man den billigen Machiavellismus der *Protokolle* einmal außer Acht, dann besteht ihr wesentlicher Grundzug politisch gesprochen darin, dass sie prinzipiell antinational sind; dass sie zeigen, wie die Nation und der Nationalstaat unterwandert werden können; dass sie sich nicht mit der Eroberung eines bestimmten Landes zufriedengeben, sondern auf die Eroberung und Herrschaft der ganzen Welt zielen; und schließlich, dass die darin beschriebene internationale Weltverschwörung eine ethnische und rassistische Grundlage hat, die es Menschen ohne Staat oder Territorium ermöglicht, die ganze Welt mit den Mitteln und Methoden einer Geheimgesellschaft zu beherrschen.

Um zu glauben, dass Juden tatsächlich derart raffiniert vorgegangen sind (es gibt viele Menschen, die immer noch an die eigentliche Wahrheit der *Protokolle* glauben, selbst wenn sie eingestehen, dass es sich um eine Fälschung handelt), braucht man über Juden nicht mehr zu wissen oder sollte man nicht mehr wissen, als dass sie es, zerstreut in alle Himmelsrichtungen, fertiggebracht haben, sich zweitausend Jahre hindurch ohne Staat und ohne Territorium als ethnisches Ganzes zu erhalten; dass sie in dieser ganzen Zeit durch persönliche Einflussnahme eine alles andere als unbedeutende Rolle in den Regierungen der Nationalstaaten gespielt haben und dass sie durch geschäftliche, familiäre und philanthropische Beziehungen international miteinander verbunden sind. Völkern, die an Politik gewöhnt sind, fällt es schwer zu verstehen, dass eine so große politische Machtchance tatsächlich nie, nicht einmal ansatzweise mit der Absicht genutzt worden sein sollte, sich zu verteidigen. (Wie schwer es fällt, dies zu verstehen, kann jeder Jude begreifen, wenn er Benjamin Disraeli aufmerksam liest. Disraeli war einer der ersten kultivierten Europäer, der an eine Art jüdischer Geheimgesellschaft in der Weltpolitik glaubte – und auch noch stolz darauf war.[2]) Diese paar Tatsachen, die auch diejenigen kennen, die nie wirklich einen Juden zu Gesicht bekommen haben, reichen aus, um dem Bild, das von den *Protokollen* gezeichnet wird, beträchtliche Plausibilität zu verleihen; jedenfalls so viel, dass es darüber hinaus zur Nachahmung reizt, zum imaginären Wettkampf um die Weltherrschaft – ausgerechnet mit den Juden.

Ein noch gewichtigeres Element als die Plausibilität ihres Bildes von den Juden ist der außergewöhnliche Umstand, dass die *Protokolle* auf ihre eigene verrückte Weise jedes wesentliche politische Problem unserer Zeit anschneiden. Ihr durchweg antinationaler Tenor und ihre quasi-anarchistische Ablehnung des Staates korrespondieren auf höchst beeindruckende Weise mit wichtigen modernen Entwicklungen. Indem die *Protokolle* vorführen, wie der Nationalstaat unterminiert werden kann, zeigen sie ganz offen, dass sie ihn für einen Koloss auf tönernen Füßen halten, für eine überholte Form politischer Machtkonzentration. Damit bringen sie auf ihre eigene vulgäre Weise zum Ausdruck, was imperialistische Staatsmänner und Parteien schon seit dem Ende des letzten Jahrhunderts unermüdlich mit nationalistischer Phraseologie zu überdecken glaubten: dass die nationale Souveränität kein taugliches Konzept der Politik mehr ist, da es keine politische Organisation mehr gibt, die ein souveränes Volk innerhalb nationaler Grenzen vertreten oder verteidigen kann. Deshalb führt der »Nationalstaat«, der seine eigentlichen Grundlagen eingebüßt hat, das Leben eines wandelnden Leichnams, dessen unechte Existenz dadurch künstlich verlängert wird, dass man ihm immer wieder eine Dosis imperialistischer Expansion verabreicht.

Die chronische Krise des Nationalstaats wurde unmittelbar nach dem Ende des Ersten Weltkriegs akut. Der unverkennbare Fehlschlag beim Versuch, Ost- und Südosteuropa mit ihren gemischten Bevölkerungen nach dem Modell westlicher Nationalstaaten zu reorganisieren, war ein Faktor, der erheblich dazu beigetragen hat. Je mehr der Nationalstaat an Prestige verlor, umso stärker wuchs das allgemeine Interesse an den *Protokollen.* In den zwanziger Jahren begannen die Massen, sich besonders von allen diesen antinationalen Bewegungen angezogen zu fühlen. Der Umstand, dass die faschistischen wie die kommunistischen Bewegungen in den dreißiger Jahren in allen Ländern, mit Ausnahme von Deutschland, der Sowjetunion und Italien, als fünfte Kolonnen, als Avantgarde der Außenpolitik fremder Mächte gebrandmarkt wurden, hat ihrer Sache nicht geschadet, sondern im Gegenteil eher genützt. Die Massen wussten sehr wohl über die Natur und die Absichten dieser Bewegungen Bescheid; doch trotzdem glaubte niemand mehr an nationale Souveränität, und man neigte dazu, der unverhohlenen antinationalen Propaganda der neuen Internationalen den Vorzug zu geben vor einem antiquierten Nationalismus, den man für scheinheilig und gleichzeitig für schwach hielt.

Das Motiv der Weltverschwörung in den *Protokollen* entsprach damals – wie heute auch noch – der veränderten Machtsituation, in der die letzten Jahrzehnte über Politik gemacht wurde. Es gibt nicht mehr irgendwelche Mächte, sondern Weltmächte, nicht mehr Machtpolitik, sondern Weltpolitik. Seit einem Jahrhundert sind dies die Bedingungen des modernen politischen Lebens – Bedingungen allerdings, auf welche die westliche Zivilisation bislang keine angemessene Antwort gefunden hat. In einer Zeit, in der nur Fachleuten umfassende, zwangsläufig weltweite Informationen zur Verfügung stehen und in der Staatsmänner keinen anderen Zugang zur Weltpolitik gefunden haben als die Sackgasse des Imperialismus, wenden sich die anderen, die die weltweite Abhängigkeit aller untereinander vage verspüren, aber unfähig sind, die Funktionsweise dieser universalen Beziehungen zu durchdringen, fast wie von selbst der höchst simplen Annahme einer Weltverschwörung und einer globalen Geheimorganisation zu. Wenn sie dann aufgefordert werden, sich einer anderen, angeblich geheimen, in Wirklichkeit doch nicht ganz konspirativen Weltorganisation anzuschließen, stößt sie diese Idee nicht im Geringsten ab – sie sehen darin nicht einmal etwas Außergewöhnliches. Sie sind offensichtlich der Meinung, dass dies der einzige Weg sei, wie man politisch aktiv werden könne.

Schließlich muss man noch darauf hinweisen, dass die Vorstellung einer weltweiten Organisation, deren Angehörige ein über den ganzen Globus zerstreutes ethnisches Ganzes bilden, sich nicht nur für die jüdische Situation eignet. Solange das jüdische Schicksal ein einzigartiges Kuriosum war, verließ sich der Antisemitismus auf die aus dem 19. Jahrhundert vertrauten Argumente gegen den Eindringling und beschränkte sich auf die allgemeine Fremdenangst. Gleichzeitig war auch kein anderes Volk sehr daran interessiert, Spekulationen darüber anzustellen, wie es gerade die Juden zuwege gebracht hätten, ohne Staat und ohne Territorium zu überleben. Das von den Juden demonstrierte Beispiel, dass die Nationalität, dass die Bindung an ein Volk, das über keine politische Organisation verfügt, auch ohne Staat und eigenes Territorium aufrechterhalten werden kann, hatte sich jedoch nach dem Krieg, der die Frage der Minderheiten und Staatenlosen hinterließ, bei fast allen europäischen Völkern wiederholt. Sie sind deshalb sogar noch mehr bereit als früher, jene Methoden zu akzeptieren, die angeblich das jüdische Volk zweitausend Jahre hindurch erhalten haben. Es ist kein Zufall, dass die Nazis gerade unter den Deutschen im Ausland eine so starke Gefolgschaft hatten und dass die besonders typischen Phrasen der Ideologie des Nationalsozialismus als internationale Bewegung von den Auslandsdeutschen[3] stammen.

II.

Erst wenn man den Faschismus als eine gegen die Nation gerichtete internationale Bewegung begriffen hat, wird verständlich, warum die Nazis, die, was das Wohl ihres Volkes anbelangte, weder von nationalen Gefühlsregungen noch von menschlichen Skrupeln geplagt wurden, sondern mit beispielloser Kaltblütigkeit handelten, ihr Land in ein Chaos stürzen ließen. Die deutsche Nation ist ein Trümmerhaufen. Sie ging mit ihrem zwölfjährigen Terrorregime zugrunde, dessen politischer Apparat reibungslos bis zur letzten Minute funktioniert hat. Die Demarkationslinie, die Europa in den nächsten Jahrzehnten und vielleicht noch darüber hinaus schärfer durchteilen wird als alle nationalen Grenzen der Vergangenheit, geht genau mitten durch Deutschland.

Die Weltöffentlichkeit kann diesen selbst inszenierten Ruin nicht begreifen. Er kann nur teilweise durch die oft genug angeprangerten nihilistischen Tendenzen des Nazismus erklärt werden, durch dessen Götterdämmerungsideologie[4], die in zahllosen Variationen für den Fall der Niederlage eine verheerende Katastrophe voraussagt. Nicht erklärt wird damit, warum die Nazis anscheinend in keinem Land so gewütet haben wie in Deutschland selbst. Es sieht so aus, als hätten sie ihre Terrormaschinerie und vermittels dieser ihren – militärisch betrachtet – völlig nutzlosen Widerstand nur allein deshalb aufrechterhalten, um jede Gelegenheit wahrzunehmen, die vollständige Zerstörung heraufzubeschwören. So richtig es auch sein mag, in den rein destruktiven Tendenzen des Faschismus eine der Haupttriebkräfte der Bewegung zu sehen, es wäre auf gefährliche Weise irreführend, diese destruktiven Impulse so zu interpretieren, als ob sie in einem theatralischen, gegen die Bewegung als solche gerichteten Selbstmordverlangen kulminierten. Die Nazis hatten vielleicht vor, Deutschland völlig zu zerstören, sie hatten vielleicht damit gerechnet, den ganzen Kontinent verarmen zu lassen, indem sie die deutsche Industrie ruinierten; sie hoffen vielleicht darauf, den Alliierten ein unregierbares Chaos zu hinterlassen, für das diese dann die Verantwortung übernehmen müssten – doch eines haben sie mit Sicherheit nie gewünscht: die Liquidation der faschistischen Bewegung.*

Es besteht kein Zweifel an der Ansicht der Nazis, dass eine bloße *Niederlage* Deutschlands gleichbedeutend mit dem Zusammenbruch der faschistischen Bewegung wäre; andererseits jedoch bietet die gründliche *Zerstörung* Deutschlands dem Faschismus Gelegenheit, das Ergebnis dieses Krieges in eine bloß temporäre Niederlage der Bewegung zu verdrehen. Das heißt, die Nazis haben Deutschland der Zukunft des Faschismus als Opfer dargebracht – aber es bleibt natürlich die Frage, ob sich dieses Opfer langfristig »auszahlt«. Alle Diskussionen und Konflikte zwischen der Partei und dem Oberkommando, zwischen der Gestapo und der Wehrmacht, zwischen den Vertretern der sogenannten herrschenden Klassen und den wirklichen Machthabern in der Parteibürokratie, drehten sich um nichts anderes als um dieses Opfer – das für die politischen Strategen der Nazis eine ganz selbstverständliche Notwendigkeit darstellte, während es umgekehrt für die militärischen und industriellen Mitläufer völlig unvorstellbar war.

Wie man auch immer die Chancen dieser Politik für das Überleben der faschistischen Internationale bemessen möchte, es wurde unmittelbar nach der Bekanntgabe von Hitlers Tod klar, dass der Zusammenbruch Deutschlands, das heißt die Zerstörung des stärksten Machtzentrums der faschistischen Bewegung, keinesfalls mit dem Verschwinden des Faschismus aus der internationalen Poli-

---

* Kurz vor der deutschen Niederlage erschienen Berichte, in denen es hieß, dass neue und unbekannte Personen für die Organisation und Leitung einer faschistischen Untergrundbewegung ausgewählt worden seien. Es scheint durchaus möglich, dass Himmler und einige seiner engsten Mitarbeiter gehofft hatten, sie könnten untertauchen, die illegale Führung aufrechterhalten und Hitler zum Märtyrer erklären. Jedenfalls deutet die rasche Abfolge, in der prominente Führungsfiguren des Partei- und Polizeiapparats von den Alliierten gefangen genommen wurden, darauf hin, dass irgendetwas an ihrem Plan schiefging. Die Ereignisse der letzten Wochen [vor Kriegsende] sind noch nicht aufgeklärt und werden es vielleicht auch nie. Die plausibelste Erklärung jedoch befindet sich in einem Bericht über die letzte Zusammenkunft, die Hitler vor seinem Tod abhielt; während dieser Sitzung soll er behauptet haben, dass man den SS-Truppen nicht mehr trauen könne.

tik identisch war. Von den gegenwärtigen Machtverhältnissen keineswegs entmutigt, drückte die irische Regierung der (nicht mehr existierenden) deutschen Regierung ihr Beileid aus, und Portugal ordnete sogar zwei Tage Staatstrauer an, was selbst unter normalen Umständen ein ungewöhnlicher Schritt gewesen wäre. Was an der Haltung dieser »Neutralen« so verblüfft, ist die Tatsache, dass sie es zu einer Zeit, da anscheinend nichts so sehr geschätzt wird wie brutale Gewalt und der bloße Erfolg, gewagt haben, den großen Siegermächten so ungeniert entgegenzutreten. De Valera[5] und Salazar[6] sind keine idealistischen Spinner. Sie schätzen die Situation nur etwas anders ein und halten Macht nicht einfach für identisch mit militärischer Stärke und industrieller Kapazität. Sie spekulieren darauf, dass der Nazismus und alle mit ihm verbundenen ideologischen Begriffe nur eine Schlacht, aber nicht den Krieg verloren haben. Und da sie aus Erfahrung wissen, dass sie es mit einer internationalen Bewegung zu tun haben, halten sie die Zerstörung Deutschlands nicht für einen entscheidenden Schlag.

III.

Viel zu wenig Aufmerksamkeit wurde bislang einem Kennzeichen faschistischer Propaganda gewidmet, nämlich der Tatsache, dass diese sich nicht mit der Lüge begnügte, sondern es ganz bewusst darauf anlegte, ihre Lügen in die Wirklichkeit umzusetzen. So hat *Das Schwarze Korps*[7] etliche Jahre vor Kriegsausbruch eingeräumt, man glaube im Ausland der Behauptung der Nazis nicht recht, dass alle Juden heimatlose Bettler seien, die ihr Dasein nur als Parasiten des Wirtschaftslebens anderer Länder fristen könnten; doch die öffentliche Meinung des Auslands, so prophezeite das Blatt, bekäme in ein paar Jahren Gelegenheit, sich selbst von dieser Tatsache zu überzeugen, dann nämlich, wenn die deutschen Juden wie Bettlerpack über die Grenzen getrieben würden. Auf eine solche Fabrikation von gelogener Wirklichkeit war niemand vorbereitet. Das Wesensmerkmal faschistischer Propaganda bestand nie in ihren Lügen, denn die Lüge gehörte mehr oder weniger schon immer und überall zur Propaganda. Wesentlich an ihr war, dass sie die uralte vorurteilsvolle abendländische Neigung, Wirklichkeit und Wahrheit durcheinanderzubringen, ausnutzte, und das »wahr« machte, was bislang nur als Lüge bezeichnet werden konnte. Dies ist der Grund, der jede argumentative Auseinandersetzung mit Faschisten – die sogenannte Gegenpropaganda – so äußerst sinnlos macht; es ist, als ob man mit einem potenziellen Mörder diskutierte, ob sein künftiges Opfer tot oder lebendig sei, und man dabei vollkommen vergäße, dass Menschen töten können und dass der Mörder, indem er die fragliche Person umbrächte, ohne Weiteres den Beweis dafür erbringen könnte.

Dies war der Geist, in welchem die Nazis Deutschland zerstörten – sie wollten recht behalten; und dieser Aktivposten könnte sich für ihre Zukunft als äußerst wertvoll erweisen. Sie zerstörten Deutschland, um zu zeigen, dass sie recht mit der Behauptung hatten, das deutsche Volk kämpfe um seine ureigene Existenz, was am Anfang die pure Lüge war. Sie richteten ein Chaos an, um zu beweisen, dass sie recht hatten, wenn sie sagten, Europa habe nur die Alternative zwischen Naziherrschaft und Chaos. Sie zogen den Krieg in die Länge, bis die Russen tatsächlich an der Elbe und an der Adria standen, wie um ihren Lügen von der bolschewistischen Gefahr post facto eine Basis in der Wirklichkeit zu verschaffen. Und nun hoffen sie natürlich, dass in Bälde, wenn die Völker der Welt das Ausmaß der europäischen Katastrophe wirklich begreifen, sich ihre Politik als vollständig gerechtfertigt erweisen wird.

Wenn der Nationalsozialismus seinem Wesen nach wirklich eine deutsche nationale Bewegung wäre – wie etwa der italienische Faschismus in seinem ersten Jahrzehnt, dann würde er mit solchen Beweisen und Argumenten wenig erreichen. Denn in diesem Fall zählte allein der Erfolg, und als nationale Bewegung war er ein überwältigender Fehlschlag. Die Nazis wussten dies selbst ganz gut und haben sich deshalb vor mehreren Monaten aus dem Regierungsapparat zurückgezogen; sie haben die Partei wieder vom Staat getrennt und sich dabei von all jenen nationalistisch-chauvinistischen Elementen befreit, die sich ihnen teils aus opportunistischen Gründen und teils aufgrund eines Missverständnisses angeschlossen hatten. Die Nazis wissen jedoch auch, dass der Einfluss dieser Gruppen, selbst wenn die Alliierten so töricht sein sollten, sich mit neuen Darlans[8] abzugeben, ganz unerheblich bliebe aus dem einfachen Grund, weil es die deutsche Nation nicht mehr gibt.

Eigentlich handelte es sich bei der nationalsozialistischen Partei seit Ende der zwanziger Jahre nicht mehr um eine rein deutsche Partei, sondern um eine internationale Organisation, deren Hauptquartier in Deutschland lag. Als Ergebnis des Kriegs hat sie ihre strategische Basis und die Operationsmöglichkeiten eines bestimmten Staatsapparates verloren. Dieser Verlust eines nationalen Zentrums wirkt sich jedoch auf die Fortsetzung der faschistischen Internationale nicht bloß nachteilig aus. Von jeder nationalen Bindung und den damit verknüpften unvermeidlichen auswärtigen Fragen befreit, können die Nazis in der Nachkriegszeit noch einmal den Versuch unternehmen, endlich jene wahre und unverfälschte, über den ganzen Erdball verteilte Geheimgesellschaft aufzubauen, die ihnen immer als erstrebenswertes Organisationsmodell vorgeschwebt hat.

Die tatsächliche Existenz einer Kommunistischen Internationale, deren Macht zunimmt, wird ihnen dabei sehr behilflich sein. Sie argumentieren schon lange – und in den vergangenen Monaten war ihre Propaganda ausschließlich damit beschäftigt –, dass es sich dabei um nichts anderes als um die jüdische Weltverschwörung der Weisen von Zion handelt. Es wird viele geben, die sie davon überzeugen können, dass man dieser globalen Bedrohung nur begegnen kann, indem man sich auf die gleiche Art organisiert. Die Gefahr einer derartigen Entwicklung wird in dem Maße steigen, wie die Demokratien fortfahren, nach rein nationalen Vorstellungen zu handeln, auf jegliche ideologische Strategie für Krieg und Frieden zu verzichten und damit den Eindruck zu erwecken, dass sie, im Unterschied zu den ideologischen Internationalen, nur die unmittelbaren Interessen bestimmter Völker repräsentieren.

Bei diesem Unterfangen, das weitaus gefährlicher ist als eine bloße Untergrundbewegung mit rein deutschem Charakter, kommt dem Faschismus die rassistische Ideologie, die in der Vergangenheit nur von den Nazis entwickelt wurde, höchst gelegen. Es zeigt sich schon ganz deutlich, dass es ungelöste Kolonialprobleme geben wird, und dass die Konflikte zwischen weißen und farbigen Völkern, die sogenannten Rassenkonflikte, die daraus resultieren, künftig sogar noch viel akuter werden. Außerdem wird der Wettstreit zwischen den imperialistischen Nationen weiterhin die internationale Szene prägen. In diesem Kontext könnten die Faschisten, die selbst in ihrer deutschen Version die Herrenrasse niemals mit irgendeiner Nationalität identifiziert, sondern ganz allgemein von »Ariern« gesprochen haben, sich leicht zu Protagonisten einer Strategie der weißen Vorherrschaft emporschwingen und wären in der Lage, jede Gruppierung zu übertrumpfen, die sich nicht bedingungslos für die gleichen Rechte aller Völker einsetzt.

Antijüdische Propaganda wird mit Sicherheit einer der Hauptanziehungspunkte des Faschismus bleiben. Die entsetzlichen Verluste unter den Juden in Europa haben einen anderen Aspekt der Situation aus unserem Blickfeld verdrängt: Das jüdische Volk wird, obwohl zahlenmäßig geschwächt, geografisch viel weiter zerstreut als früher aus dem Krieg hervorgehen. Im Unterschied zur Epoche vor 1933 gibt es fast keinen Fleck auf der Erde mehr, wo nicht Juden in größerer oder kleinerer Anzahl leben, mehr oder weniger misstrauisch beäugt von der nichtjüdischen Umgebung.

Als Gegenstück zu einer arischen faschistischen Internationale sind die Juden, die man sich als die ethnischen Repräsentanten der Kommunistischen Internationale vorstellt, heute vielleicht sogar noch nützlicher als früher. Dies gilt insbesondere für Südamerika, dessen starke faschistische Bewegungen zur Genüge bekannt sind.

In Europa stehen die Chancen für eine faschistische internationale Organisation, die nicht durch Probleme staatlicher oder territorialer Art gebunden ist, sogar noch besser. Die sogenannte Flüchtlingsbevölkerung, ein Produkt der Revolutionen und Kriege der letzten beiden Jahrzehnte, erhält täglich Zuwachs. Vertrieben aus Gebieten, in die sie nicht zurückkehren können oder wollen, haben diese Opfer unserer Zeit sich schon selbst als nationale Splittergruppen in allen europäischen Ländern niedergelassen. Die Restauration des europäischen Nationalstaatensystems bedeutet für sie eine Rechtlosigkeit, verglichen mit der die Proletarier des 19. Jahrhunderts einen privilegierten Status innehatten. Sie hätten die wahre Vorhut einer europäischen Bewegung werden können – und viele von ihnen spielten in der Tat eine führende Rolle in der Résistance; doch sie können auch leicht zur Beute anderer Ideologien werden, wenn man an sie mit internationalem Vokabular appelliert. Ein einschlägiger Fall sind die 250000 polnischen Soldaten, denen man den prekären Status von Söldnern angeboten hat, die unter britischem Kommando bei der Besetzung von Deutschland dienen.[9]

Auch ohne diese relativ neuen Probleme wäre eine »Restauration« äußerst gefährlich. Schon haben in all den Gebieten, die nicht unmittelbar unter russischem Einfluss stehen, die Kräfte von gestern sich mehr oder weniger ungestört wieder selbst in den Sattel gehoben. Diese Restauration, die – insbesondere in Frankreich – mithilfe einer verstärkten nationalistischen und chauvinistischen Propaganda vor sich geht, steht in scharfem Gegensatz zu den Tendenzen und Hoffnungen der Widerstandsbewegungen, die authentische europäische Bewegungen waren. Die Hoffnungen und Ziele sind nicht vergessen, obgleich sie für eine Weile in den Hintergrund gedrängt wurden durch den Anbruch der Befreiung und durch das Elend des tagtäglichen Lebens. Jedem, der sich mit den europäischen Verhältnissen beschäftigte, auch den zahlreichen amerikanischen Korrespondenten, war bei Kriegsbeginn klar, dass kein Volk in Europa bereit war, wegen eines nationalen Konflikts in den Krieg zu ziehen. Das Wiederaufleben von territorialen Streitigkeiten mag den obsiegenden Regierungen kurzfristige Prestigegewinne verschaffen und den Eindruck erwecken, dass der europäische Nationalismus früherer Zeiten, der allein eine sichere Grundlage für eine Restauration bieten könnte, wieder zum Leben erweckt worden sei. Es wird sich jedoch bald klar herausstellen, dass all dies bloß ein kurzlebiger Bluff ist, auf den hin sich die Nationen dann mit durch Verbitterung gedoppeltem Fanatismus jenen Ideologien zuwenden werden, die mit angeblich internationalen Lösungen aufwarten können, das heißt dem Faschismus und dem Kommunismus.

Unter diesen Umständen könnte es sich als Vorteil für die Nazis erweisen, überall in Europa auf einmal operieren zu können, ohne an ein bestimmtes Land gebunden und auf eine bestimmte Regierung angewiesen zu sein. Da sie sich nicht mehr um das Wohl und Wehe einer Nation sorgen, könnten sie sich umso rascher das Erscheinungsbild einer genuin europäischen Bewegung zulegen. Es besteht die Gefahr, dass der Nazismus sich erfolgreich als Erbe der europäischen Widerstandsbewegungen ausgeben könnte, wenn er deren Slogan von einer europäischen Föderation übernimmt und für seine eigenen Zwecke ausbeutet. Man sollte nicht vergessen, dass der Slogan von einem vereinten Europa sich sogar dann noch als erfolgreichste Propagandawaffe der Nazis erwies, als unmissverständlich klar war, dass es sich dabei nur um ein von den Deutschen beherrschtes Europa handeln würde. Im ausgelaugten und von nationalistischen Regierungen zerrissenen Nachkriegseuropa wird dieser Slogan kaum an Kraft einbüßen. Unter diesen Umständen könnte der intereuropäische Faschismus dann für sich in Anspruch nehmen, dass er sich ganz aufrichtig um das von nationalistischen Regierungen zerrissene Europa sorge.

Dies sind, ganz allgemein, die Gefahren von morgen. Es steht außer Frage: Dieses eine Mal wurde der Faschismus besiegt, aber wir haben noch lange nicht das Erzübel unserer Zeit ausgerottet. Denn dessen Wurzeln sind stark, und sie heißen – Antisemitismus, Rassismus, Imperialismus.

[Deutsche Übersetzung von Hannah Arendt, »The Seeds of a Fascist International«, in: *Jewish Frontier* 12, Nr. 6 (124), Juni 1945, S. 12–16. Die Übersetzung von Eike Geisel erschien erstmals unter dem Titel »Antisemitismus und faschistische Internationale«, in: Hannah Arendt, *Nach Auschwitz. Essays & Kommentare* 1, hrsg. von Eike Geisel und Klaus Bittermann, Berlin: Edition Tiamat (Critica Diabolis 21), S. 31–48. Für den Wiederabdruck im vorliegenden Band wurde die Übersetzung überarbeitet.]

17
Das Bild der Hölle*

»Von den Juden als den formellen Anklägern des deutschen Volkes vor der Richterbank der zivilisierten Welt kann eigentlich verlangt werden, dass sie eine Anklageschrift vorlegen. Dies ist leicht getan. […] Das Blut von Hitlers Opfern schreit aus der Erde. Sinn und Zweck unserer Schrift ist es, diesem Schrei Gehör zu verschaffen.«

Doch wenn die Autoren des *Black Book* [*Schwarzbuch*] glaubten, die Geschichte des letzten Jahrzehnts wäre leicht zu erzählen, dann unterliegen sie einem bedauerlichen Irrtum. Die Unbeholfenheit ihres Buches belegt dies trotz aller guten Absichten zur Genüge. Es geht dabei aber nicht einfach nur um eine Frage technischer Fähigkeiten. Das Material hätte zwar besser angeordnet, der Stil weniger journalistisch sein können, und man hätte die Quellen wissenschaftlicher auswählen müssen. Aber derartige Verbesserungen hätten die Kluft zwischen den eigentlichen Fakten und deren möglicher politischer Nutzanwendung sogar noch offenkundiger zutage treten lassen. Missglückt ist das *Schwarzbuch* deshalb, weil dessen Autoren sich im Chaos der Einzelheiten verloren haben und unfähig waren, die Natur der Tatsachen, mit denen sie konfrontiert waren, zu verstehen oder deutlich zu machen.

---

* Besprechung der beiden folgenden Bücher: *The Black Book. The Nazi Crime Against the Jewish People,* compiled and edited by the World Jewish Congress, the Jewish Anti-Fascist Committee, the Vaad Leumi, and the American Committee of Jewish Writers, Artists and Scientists, New York: Duell, Sloan and Pearce, 1946; Max Weinreich, *Hitlers Professors,* New York: Yiddish Scientific Institute, 1946. – [Zusatz Hrsg.: Beide Werke sind, soweit bekannt, nicht auf Deutsch erschienen.]

Die Tatsachen sehen folgendermaßen aus: Sechs Millionen Juden, sechs Millionen menschliche Wesen, wurden hilflos und meist ahnungslos in den Tod getrieben. Die dabei angewandte Methode war schrittweise verstärkter Terror. Am Anfang standen kalkulierte Missachtung, Beraubung und Schande, und da starben die körperlich Schwachen zusammen mit denen, die stark und widerspenstig genug waren, sich das Leben zu nehmen. Darauf folgte totales Aushungern, verbunden mit Zwangsarbeit, und da starben die Menschen zu Tausenden in unterschiedlichen, ihrem Durchhaltevermögen entsprechenden Zeitabständen. Zuletzt kamen die Todesfabriken, und da starben alle gemeinsam, die Jungen und die Alten, die Schwachen und die Starken, die Kranken und die Gesunden; sie starben nicht als Menschen, nicht als Männer und Frauen, Kinder und Erwachsene, Jungen und Mädchen, nicht als gute oder schlechte, schöne oder hässliche Menschen – sondern sie wurden auf den kleinsten gemeinsamen Nenner organischen Lebens zurückgeführt und in den finstersten und tiefsten Abgrund ursprünglicher Gleichheit hinuntergestoßen, wie Vieh, wie Materie, wie Dinge, die weder einen Leib noch eine Seele, ja nicht einmal ein Gesicht besaßen, dem der Tod sein Siegel aufdrücken konnte.

In dieser ungeheuerlichen Gleichheit ohne Brüderlichkeit oder Menschlichkeit – einer Gleichheit, an der Katzen und Hunde hätten beteiligt sein können –, erblicken wir wie in einem Spiegel das Bild der Hölle.

Die abartige Schlechtigkeit jener, die eine solche Gleichheit errichtet haben, *übersteigt das menschliche Begriffsvermögen.* Doch genau so abartig und außerhalb der Reichweite menschlicher Gerichtsbarkeit ist die Unschuld jener, die in dieser Gleichheit gestorben sind. Die Gaskammer war mehr, als irgendjemand je hätte verdienen können, und vor ihr war der schlimmste Verbrecher so unschuldig wie ein neugeborenes Kind. Die Ungeheuerlichkeit dieser Unschuld wird auch durch Redensarten wie etwa, dass es besser sei, Böses zu leiden, als Böses zu tun, um keinen Deut erträglicher. Entscheidend war weniger, dass diejenigen, die ein Zufall der Geburt zum Tode verdammte, bis zum letzten Augenblick genauso reibungslos gehorchten und funktionierten wie jene, die ein Zufall der Geburt zum Leben verdammte (was so bekannt ist, dass es keinen Sinn hat, es zu verbergen). Vielmehr war, darüber hinausgehend, entscheidend, dass Unschuld und Schuld kein Ergebnis menschlichen Handelns mehr waren; dass kein mögliches menschliches Verbrechen mit dieser Strafe, keine vorstellbare Sünde mit dieser Hölle hätte kommensurabel sein können, in welcher Heilige und Sünder gleichermaßen auf den Status möglicher Leichname herabgestuft wurden. War jemand erst einmal in den Todesfabriken angelangt, dann wurde alles zu einem Zufall, über welchen weder die Gepeinigten noch die Peiniger irgendeine Kontrolle hatten. Und in mehr als einem Fall gehörten diejenigen, die an einem Tag noch zu den Peinigern zählten, am nächsten Tag schon zu den Gepeinigten.

Die Menschheitsgeschichte kennt keine Geschichte, die zu berichten schwieriger wäre. Die ungeheuerliche Gleichheit in der Unschuld, die das unausweichliche Leitmotiv[1] darin bildet, zerstört die eigentliche Grundlage, auf der Geschichte hervorgebracht wird, das heißt unsere Fähigkeit, ein Ereignis zu verstehen, unabhängig davon, wie weit wir davon entfernt sind.

Der Bann wird erst dann gebrochen, wenn wir zur Geschichte des jüdischen Widerstands und zum Kampf des Warschauer Ghettos kommen. Das *Schwarzbuch* beschäftigt sich mit diesen Ereignissen jedoch noch unzulänglicher als mit den anderen und widmet dem Ghettokampf bloß neun schlecht geschriebene Seiten, auf denen nicht einmal Shlomo Mendelsohns meisterhafte Analyse dieses Ereignisses, die im *Menorah Journal* (Spring 1944) erschien,[2] erwähnt wird. Eine wie auch immer geartete Chronik, die sechs Millionen tote Menschen in ein politisches Argument verwandelt, ist undenkbar. Die Nazis haben mit ihrem Versuch, eine Schlechtigkeit jenseits des Lasters zu fabrizieren, nichts anderes geschaffen als eine Unschuld jenseits der Tugend. Eine derartige Unschuld und eine derartige Schlechtigkeit haben keinerlei Bedeutung für jene Wirklichkeit, in der es Politik gibt.

Doch der Politik der Nazis, welche sich in der verlogenen Welt der Propaganda bestens verwirklicht, leistet solche Fabrikation einen guten Dienst. Hätten die Nazis sich damit begnügt, eine Anklageschrift gegen die Juden zu verfassen und die Auffassung zu propagieren, dass es minderwertige und höherwertige Völker gibt, dann hätten sie es kaum geschafft, den gesunden Menschenverstand davon zu überzeugen, dass die Juden Untermenschen seien. Lügen allein, das reichte nicht aus. Damit man ihnen glaubte, mussten die Nazis die Wirklichkeit selbst fabrizieren und die Juden wie Untermenschen *aussehen* lassen. So kommt es, dass selbst heute noch der gesunde Menschenverstand auf die Gräuelfilme mit: »Aber sehen sie nicht aus wie Kriminelle?« reagiert. Oder dass Leute, da sie unfähig sind, eine Unschuld jenseits von Tugend und Laster zu erfassen, sagen: »Was für schreckliche Dinge müssen diese Juden angestellt haben, dass die Deutschen ihnen dies antaten!«

Wenn nun die Autoren des *Schwarzbuchs* seitens der absolut unschuldigen Juden eine Anklageschrift gegen die absolut schuldigen Deutschen vorlegen, dann übersehen sie den Umstand, dass sie nicht über die Macht verfügen, die ganze deutsche Nation so schuldig *aussehen* zu lassen, wie die Nazis die Juden *aussehen* ließen – und Gott bewahre uns davor, dass irgendjemand jemals wieder eine derartige Macht besitzt! Denn solche Unterscheidungen einzuführen und aufrechtzuerhalten, das hieße, eine permanente Hölle auf Erden einzurichten. Ohne eine solche Macht, ohne die Mittel, eine falsche Wirklichkeit mittels einer Lügenideologie zu fabrizieren, erreichen Propaganda und öffentlichkeitswirksame Äußerungen von der Art, wie sie in diesem Buch enthalten sind, nur, dass eine wahre Geschichte unglaubwürdig klingt. Und der Rechenschaftsbericht wird in dem Maße unglaubwürdig, wie die Grässlichkeit der geschilderten Ereignisse zunimmt. Dergestalt als Propaganda dargeboten, taugt die ganze Geschichte nicht nur nicht als politisches Argument – sie klingt nicht einmal wahr.

Politisch gesprochen stellten die Todesfabriken ein »Verbrechen gegen die Menschheit« dar, verübt an den Körpern des jüdischen Volkes; und wäre die Naziherrschaft nicht zerschlagen worden, dann hätten die Todesfabriken die Leiber einer ganzen Anzahl anderer Völker verschlungen (es steht fest, dass Zigeuner zusammen mit Juden aus mehr oder weniger denselben ideologischen Gründen vernichtet wurden). Das jüdische Volk ist in der Tat berechtigt, diese Anklageschrift gegen die Deutschen aufzusetzen, vorausgesetzt, es vergisst nicht, dass es in diesem Fall für alle Völker der Erde spricht. So notwendig die Bestrafung der Schuldigen ist, so notwendig ist es, daran zu erinnern, dass es keine Strafe gibt, die ihren Verbrechen angemessen wäre. Die Todesstrafe für Göring ist fast ein Witz, und wie alle seine Mitangeklagten in Nürnberg weiß er, dass wir nicht mehr tun können, als ihn ein wenig früher sterben zu lassen, als er das ohnehin täte.

Von der Unschuld jenseits der Tugend und der Schuld jenseits des Lasters, von einer Hölle, in der alle Juden notwendigerweise engelsgleich und alle Deutschen notwendigerweise teuflisch waren, müssen wir in die Wirklichkeit der Politik zurückkehren. Die wirkliche Geschichte dieser von den Nazis konstruierten Hölle wird dringend für die Zukunft benötigt. Nicht allein deshalb, weil diese Tatsachen die Luft, die wir atmen, verändert und vergiftet haben; nicht nur weil sie des Nachts in unseren Träumen hausen und unsere Gedanken während des Tages durchdringen – sondern auch deshalb, weil sie zur grundlegenden Erfahrung und zum elementaren Leid unserer Zeit geworden sind. Nur von dieser Grundlage aus, auf der eine neue Kenntnis des Menschen beruhen wird, können unsere neuen Einsichten, unsere neuen Erinnerungen und unsere neuen Taten ihren Ausgang nehmen. Diejenigen, die sich vielleicht eines Tages stark genug fühlen, um die ganze Geschichte zu erzählen, werden indes erkennen müssen, dass die Geschichte *an sich* nichts als Trauer und Verzweiflung auslösen kann – Argumente für einen bestimmten politischen Zweck liefert sie am allerwenigsten.

Nur der gemeinsame Gegenstand rechtfertigt es, dass Max Weinreichs Buch hier zusammen mit dem *Schwarzbuch* besprochen wird. Sein Buch besitzt all die Qualitäten, die dem anderen so eklatant abgehen, und mit seinen Schlussfolgerungen und seiner aufrichtigen Darlegung der Tatsachen stellt es das beste einführende Werk in das Wesen des Naziterrors dar, das ich bislang gelesen habe.

Es ist nüchtern geschrieben, und ihm liegt Expertenwissen über den organisatorischen Aufbau der Nazimaschinerie zugrunde; der größere Teil handelt von den Schritten, in denen die Nazis ihr »wissenschaftlich« geplantes Programm durchführten. Viele Dokumente, die das Yiddish Scientific Institute mit Geschick für sein Archiv erworben hat, werden reproduziert und außerdem korrekt bewertet. Die Liste der deutschen Wissenschaftler, die mit Hitler kollaboriert haben, ist jedoch nicht vollständig; viel mehr Namen, vor allem aus den Geisteswissenschaften, hätten hinzugefügt werden können. Aber selbst so, wie es ist, stellt das Buch ein gutes Gewächs dar, dem man Ergänzungen und Zusätze aufpropfen kann. Gleiches gilt für die Kurzbibliografien im Index. Dass Dr. Weinreich von vielen bislang unbekannten, »streng geheimen« Dokumenten sowie neu gefundenem Quellenmaterial fasziniert ist, kann man verstehen, doch er hat es darüber versäumt, den leichter zugänglichen Quellen und Büchern genügend Aufmerksamkeit zu schenken.

Es handelt sich bei dieser Unterlassung um mehr als eine bloß technische Frage des Vorgehens. Die Hauptthese Dr. Weinreichs besagt, dass »die deutsche Wissenschaft die Ideen und Techniken lieferte, die zur Durchführung und Rechtfertigung eines beispiellosen Mordens führten«. Dies ist eine äußerst strittige Feststellung. Es stimmt, dass einige hervorragende Wissenschaftler sich besonders hervortaten und die Nazis tatkräftiger unterstützten als die Mehrheit der deutschen Professoren, die auf die neue Linie einschwenkten, einfach um ihren Job zu behalten. Und einige wenige jener herausragenden Wissenschaftler taten ihr Äußerstes, um den Nazis Ideen und Methoden zu liefern: Zur Prominenz unter ihnen zählten der Jurist Carl Schmitt, der Theologe Gerhard Kittel, der Soziologe Hans Freyer, der Historiker Walter Frank (ehemaliger Direktor des Reichsinstituts zur Erforschung der Judenfrage[3] in München) und der Existenzphilosoph Martin Heidegger. Diese Namen gehen jedoch in der Fülle des Materials unter, welches Dr. Weinreich über weniger bekannte Professoren und Wissenschaftler mit schlechtem Ruf präsentiert. Außerdem hätte nur eine sorgfältige und vollständige Bibliografie aller Veröffentlichungen dieser Wissenschaftler aus der Zeit vor Hitler ihre tatsächliche Stellung in der Welt der Wissenschaft aufzeigen können. (Es fällt besonders auf, dass die Bücher Walter Franks über die Stoecker-Bewegung und die Dritte Republik[4] fehlen – zwei Veröffentlichungen, die schon vor Hitler eine starke antisemitische Ausrichtung aufwiesen).

Es stimmt auch, und Dr. Weinreich besteht zu Recht auf diesem Punkt, dass Hitler eine seiner entscheidenden Einsichten in das Wesen moderner Propaganda an den Tag legte, als er nach »wissenschaftlichen« Argumenten verlangte und es ablehnte, sich der üblichen verrückten Behauptungen der traditionellen antisemitischen Propaganda zu bedienen. Der Grund für diese überraschende Hinwendung zur »Wissenschaftlichkeit« ist ganz einfach, sie lässt sich mit ebendem Beispiel erklären, das Hitler selbst in *Mein Kampf* anführt. Er fängt dort mit der Bemerkung an, dass der Werbefachmann, der eine neue Seifenmarke anpreist, schlechte Arbeit verrichtete, wenn er zugäbe, dass noch andere gute Seifen auf dem Markt sind. Es liegt, wie jeder Geschäftsmann weiß, auf der Hand, dass man die gewöhnliche Behauptung »Meine Seife ist besser als irgendeine andere Seife der Welt« stark aufbessern kann, wenn man eine kleine Drohung hinzufügt, etwa: »Wenn Sie meine Seife nicht benutzen, dann bekommen Sie keinen Ehemann, sondern Pickel.« Und was tut man, solange man nicht allen Mädchen, die diese bestimmte Seife nicht benutzen wollen, den Mann wegnehmen kann? Man untermauert eben seine Behauptung »wissenschaftlich«. Doch wenn man einmal die Macht errungen hat und alle Mädchen, die die falsche Seifenmarke benutzen, von jungen Männern fernhalten oder – noch besser – die Seifenherstellung monopolisieren kann, dann braucht man keine »Wissenschaftlichkeit« mehr.

Während es also völlig der Wahrheit entspricht, dass eine ganze Anzahl ehrenwehrter deutscher Professoren den Nazis ihre Dienste angeboten haben, stimmt doch gleichermaßen, dass die Nazis deren »Ideen« nicht nutzten, und das war für diese Herren ein ziemlicher Schock. Die Nazis hatten ihre eigenen Ideen; was sie benötigten, das waren Techniken und Techniker, die überhaupt keine Ideen hatten oder von Anfang an in Nazivorstellungen geschult worden waren. Die ersten Wissenschaftler, die von den Nazis als relativ unwichtig links liegen gelassen wurden, waren altmodische Nationalisten wie etwa Heidegger, dessen Begeisterung für das Dritte Reich nur noch von seiner himmelschreienden Ignoranz bei dem, was er von sich gab, übertroffen wurde. Nachdem Heidegger den Nazismus bei der Elite an den Universitäten salonfähig gemacht hatte, übernahm Alfred Bäumler, ein ziemlich bekannter Scharlatan aus der Zeit vor Hitler, dessen Rolle und heimste alle Ehren ein. Die Letzten, die bei den Nazis in Ungnade fielen, waren wie Walter Frank Leute, die zwar schon vor Hitlers Machtübernahme Antisemiten gewesen waren, aber es dennoch irgendwie schafften, an Restbeständen von Wissenschaft festzuhalten. Anfang der vierziger Jahre musste Frank die Stellung dem berüchtigten Alfred Rosenberg überlassen, dessen *Mythus des Zwanzigsten Jahrhunderts* klarstellte, dass sein Autor mit »Gelehrsamkeit« auch nicht das Geringste zu schaffen hatte. Die Nazis haben nämlich aller Wahrscheinlichkeit nach Frank gerade deshalb misstraut, weil er *kein* Scharlatan war.

Die einzige Wissenschaft, der die Nazis anscheinend bis zu einem gewissen Grad getraut haben, war die »Rassenkunde«, die bekanntlich nie über das Stadium eines reichlich primitiven Aberglaubens hinausgelangt ist. Doch selbst die »Rassenkundler« hatten es ziemlich schwer unter den Nazis, denn zuerst sollten sie die Minderwertigkeit aller Semiten nachweisen, hauptsächlich der Juden; dann den hohen Stand aller Semiten, hauptsächlich der Araber (die Juden gehörten nun als »Mischrasse« nicht zu den Semiten) – und schließlich mussten sie wegen japanischer Empfindlichkeiten ihre Lieblingsidee von der »arischen« Überlegenheit fallen lassen. Interessanter jedoch als alle diese »Forschungsergebnisse«, die sich entsprechend den politischen Erfordernissen änderten, war die unveränderliche Fügsamkeit jener »Wissenschaftler«. Und um das Bild abzurunden, muss man darauf hinweisen, wie überaus leicht es den siegreichen Alliierten fiel, deutsche Spitzenwissenschaftler, die den Schlüssel zu wichtigen militärischen Erfindungen in Händen gehalten und mit mehr oder weniger großer Hingabe für deutsche Kriegsanstrengungen gearbeitet hatten, dazu zu überreden, ihren Arbeitsplatz in das Land des Feindes zu verlegen.

Dr. Weinreichs Buch erweist diesen Professoren zu viel der Ehre, indem es sie zu ernst nimmt. Ihre Schande ist viel trivialer, und ihre Schuld bestand kaum darin, »Ideen« gehabt zu haben. Es ist eine Tatsache, dass keiner der erstklassigen deutschen Wissenschaftler je eine einflussreiche Position erreicht hat, doch dies heißt nicht, dass sie es nicht versucht hätten. Die Mehrheit von ihnen war dann sogar ziemlich bald einigermaßen unangenehm berührt von der ausgesprochenen Vulgarität der Repräsentanten des Naziregimes, nicht allerdings von deren Verbrechen. Wer einen wirklichen Eindruck vom Habitus des deutschen Durchschnittsprofessors unter Hitler gewinnen möchte, der sollte in der Aprilausgabe der *Review of Politics* (1946) die aufrichtige Beichte von Gerhard Ritter[5], einem Geschichtsprofessor aus Freiburg, nachlesen. Dieser antinazistische Professor hielt seine wahren Ansichten so geheim und wusste so wenig Bescheid über das, was vor sich ging, dass er das Gefühl hatte, dass »das Räderwerk des Hitlerreichs […] nicht so exakt ineinander [griff]«. Und er war derart vom »höheren Geistesleben« beansprucht, derart damit beschäftigt, »den unvermeidlichen Schaden nicht zu groß werden zu lassen«, derart von seinen Chancen überzeugt, »unabhängige Meinungen über historisch-politische Fragen […] in Schriften und Vorträgen […] zu äußern«, obwohl »für den […] Gelehrten […] ganz bestimmte, unüberschreitbare Grenzen der Lehrfreiheit bestanden«, dass die Gestapo zu seiner eigenen Überraschung beschloss, ihn für die Propaganda im Ausland zu verwenden. …

Einer der schrecklichsten Aspekte des Terrors der Gegenwart besteht darin, dass er, unabhängig von seinen Motiven und seinen Endzielen, ausnahmslos im Gewand einer zwingenden logischen Schlussfolgerung auftritt, die auf der Grundlage irgendeiner Ideologie oder Theorie gezogen wurde. In weit geringerem Umfang konnte man dieses Phänomen schon im Zusammenhang mit der Liquidierung der Antistalinisten in Russland beobachten – eine Entwicklung, die Stalin selbst 1930 vorausgesagt und gerechtfertigt hat. Weil Parteien nichts anderes als der Ausdruck von Klasseninteressen seien, so argumentierte er damals, könnten Fraktionen innerhalb der Kommunistischen Partei unmöglich etwas anderes sein als der Ausdruck von Interessen der »absterbenden Klassen« in der Sowjetunion oder der ausländischen Bourgeoisie. Die offenkundige Schlussfolgerung daraus lautete, dass man mit diesen Fraktionen wie mit einer feindlichen Klasse oder wie mit Verrätern umgehen musste. Das Problem ist natürlich, dass niemand außer Stalin weiß, was die »wahren Interessen des Proletariats« sind. Doch es gibt auch noch eine unfehlbare Lehre über den Geschichtsverlauf und die Entstehung menschlicher Anschauungen, die sich jeder, der nicht gerade ein Schwachkopf ist, aneignen kann, also warum dann nicht auch Stalin? Schließlich ist er im Besitz der Macht. Der Ausdruck »absterbende Klassen« macht das Argument sogar noch überzeugender, denn in ihm klingt der historische Fortschritt an, dessen Gesetzmäßigkeit zufolge die Menschen nur das tun, was ohnehin geschehen würde. Der Punkt, auf den es hier ankommt, ist nicht, ob es sich dabei noch um den wahren Marxismus oder um den wahren Leninismus handelt, sondern es geht um die Tatsache, dass Terror als eine logische, selbstverständliche Schlussfolgerung aus einer pseudowissenschaftlichen Hypothese erscheint.

Diese »Wissenschaftlichkeit« ist in der Tat das allen totalitären Regimes unserer Zeit gemeinsame Merkmal. Aber es handelt sich dabei um nichts anderes, als dass eine allein von Menschen erzeugte – hauptsächlich destruktive – Macht mit höheren Weihen versehen wird, von denen sie ihre absolute Gewalt herleitet, die nicht infrage gestellt werden darf. Die nazistische Version dieser Art von Macht ist gründlicher und schrecklicher als die marxistische oder pseudomarxistische, denn sie schreibt der Natur die Rolle zu, die der Marxismus der Geschichte zumisst. Während Grundlage und Quelle von Geschichte immer noch der Mensch ist, scheinen Quelle und Grundlage von Natur überhaupt nichts zu sein oder nur in deren eigenen Gesetzen und Abläufen zu bestehen. Die nazistische Interpretation dieser Gesetze gipfelt in der Tautologie, dass die Schwachen dazu neigen zu sterben und die Starken dazu zu leben. Indem wir die Schwachen töten, gehorchen wir nur den Gesetzen der Natur, die »auf Seiten der Starken, Guten und Siegreichen ist«. Und Himmler pflegte hinzuzufügen: »Man mag dies grausam nennen, aber die Natur ist grausam.« Indem man die Schwachen und Hilflosen umbringt, beweist man ja gerade, dass man zu den Starken gehört. Ein ganz wichtiges Nebenprodukt dieses Schlussfolgerns ist, dass sie den Menschen die Möglichkeit nimmt, über Sieg und Niederlage zu entscheiden, und jeden Widerstand gegen den Urteilsspruch der Wirklichkeit per definitionem hoffnungslos macht, da man nicht mehr gegen Menschen, sondern gegen die Geschichte oder gegen die Natur kämpft – und damit wird der Wirklichkeit der Macht selbst noch ein Aberglauben an die Ewigkeit dieser Macht hinzugefügt.

Eine allgemeine Atmosphäre von »Wissenschaftlichkeit« dieser Art, verknüpft mit einer leistungsfähigen modernen Technik, war genau, was die Nazis für ihre Todesfabriken brauchten – nicht Wissenschaft an sich. Scharlatane, die ernsthaft glaubten, der Wille der Natur sei der Wille Gottes, und die sich im Bunde fühlten mit übermenschlichen und unwiderstehlichen Mächten, haben den Zwecken der Nazis am besten gedient – nicht wirkliche Wissenschaftler; und dabei spielt es keine Rolle, wie wenig Mut diese Wissenschaftler aufgebracht haben und wie sehr sie sich zu Hitler hingezogen fühlen mochten.

Doch weder Wissenschaft, schon gar nicht »Wissenschaftlichkeit«, weder Wissenschaftler noch Scharlatane lieferten die Ideen und Techniken, mit denen die Todesfabriken betrieben wurden. Diese Ideen stammten von Politikern, die die Machtpolitik ernst nahmen, und die Techniken kamen von modernen Männern aus dem Mob [6], die vor keiner Konsequenz zurückschreckten.

[Deutsche Übersetzung von Hannah Arendt, »The Image of Hell«, in: *Commentary* 2, 1946, Nr. 3, S. 291–295. Die Übersetzung von Eike Geisel erschien erstmals in Hannah Arendt, *Nach Auschwitz. Essays & Kommentare 1*, hrsg. von Eike Geisel und Klaus Bittermann, Berlin: Edition Tiamat (Critica Diabolis 21), 1989, S. 49–62. Für den Wiederabdruck im vorliegenden Band wurde die Übersetzung überarbeitet.]

18
Sozialwissenschaftliche Methoden und die Erforschung der Konzentrationslager

Jede Wissenschaft gründet notwendigerweise auf einigen unausgesprochenen und axiomatischen Grundannahmen, die nur dann freigelegt und zur Explosion gebracht werden, wenn gänzlich unerwartete Phänomene auftreten, die sich mit dem vorhandenen Begriffssystem nicht mehr verstehen lassen. Auch die Sozialwissenschaften mit ihren während der letzten hundert Jahre entwickelten Methoden bilden von dieser Regel keine Ausnahme. In dieser Abhandlung soll die These erläutert werden, dass die Einrichtung der Konzentrations- und Vernichtungslager, das heißt die inneren Verhältnisse dieser Lager wie ihre Funktion im Terrorapparat totalitärer Regime, sich höchstwahrscheinlich als jenes unerwartete Phänomen erweist – als jener Stolperstein, der eine der gegenwärtigen Gesellschaft und Politik angemessene Sicht der Dinge blockiert und Sozialwissenschaftler wie Historiker dazu nötigt, ihre bislang nicht infrage gestellten Grundannahmen über den Lauf der Welt und über das menschliche Verhalten zu überdenken.

Die Schwierigkeiten bei der Beschäftigung mit dem Gegenstand sind offenkundig: Schon die bloße Aufzählung von Fakten klingt in den Ohren von anderen »überspannt und unglaubwürdig«[1], und

---

[1] »Gäbe ich diese Schreckensdinge in meinen eigenen Worten wieder, dann würden Sie mich für überspannt und unglaubwürdig halten«, sagte Richter Robert H. Jackson in seiner Eröffnungsrede beim Nürnberger Prozess. Vgl. *Nazi Conspiracy and Aggression,* Washington 1946, Bd. 1, S. 140.

aus den Berichten von ehemaligen Häftlingen geht hervor, dass sie es während ihrer Haftzeit »nie ganz geschafft haben«, sich selbst zu überzeugen, »dass all dies Wirklichkeit war, was da tatsächlich geschah, und nicht irgendein Alptraum«[2]. Vor allem aber irritiert, dass der gesunde Menschenverstand vor dem Gegenstand versagt, denn weder die Einrichtung der Lager selbst und was innerhalb ihrer streng bewachten Grenzen vor sich ging noch deren politische Rolle ergeben irgendeinen Sinn. Wenn man annimmt, dass die meisten unserer Handlungen utilitaristischer Natur sind und dass unsere bösen Taten aus »übertriebenem« Egoismus resultieren, dann entzieht diese spezifische Einrichtung totalitärer Herrschaft sich menschlichem Verständnis. Wenn man jedoch andererseits von allen gewohnten Maßstäben abstrahiert und nur die wahnwitzigen ideologischen Behauptungen des Rassismus in ihrer logischen Reinheit betrachtet, dann hat die Ausrottungspolitik der Nazis fast allzu viel Sinn. Dem von ihnen angerichteten Grauen liegt die gleiche unbeugsame Logik zugrunde, welche auch die Sichtweise von Paranoikern bestimmt, in deren Systemen alles mit absoluter Notwendigkeit folgt, wenn einmal die erste irrsinnige Prämisse akzeptiert worden ist. Der Irrsinn solcher Systeme besteht natürlich nicht nur in ihrer Ausgangsprämisse, sondern vor allem in der ehernen Logik, die sich durchsetzt, und zwar ohne Rücksicht auf die Tatsachen und ohne Rücksicht auf die Wirklichkeit – eine Wirklichkeit, die uns lehrt, dass es in dem, was wir tun, keine absolute Vollkommenheit geben kann. Mit anderen Worten, nicht allein der nicht-utilitaristische Charakter der Lager selbst; nicht allein die Sinnlosigkeit, vollkommen unschuldige Menschen zu »bestrafen«, das gravierende Versäumnis, sie in einer Verfassung zu halten, die eine profitable Ausbeutung ermöglichte, und die Tatsache, dass es überflüssig ist, völlig gefügige Menschenmassen in Angst und Schrecken zu versetzen – nicht all dies macht den unverwechselbaren und so verstörenden Charakter dieser Institutio-

---

[2] Vgl. Bruno Bettelheims Bericht »On Dachau and Buchenwald«, in: *Nazi Conspiracy*, Bd. 7, S. 824. – [Zusatz Übers.: Bruno Bettelheim, *Erziehung zum Überleben*, Stuttgart 1980, S. 23.]

nen aus, sondern es ist vor allem deren geradezu anti-utilitaristische Funktion, nämlich der Umstand, dass nicht einmal vordringlichste militärische Erfordernisse diese »Bevölkerungspolitik« beeinträchtigen durften. Mitunter hatte es den Anschein, als sei es den Nazis wichtiger, die Vernichtungsfabriken in Betrieb zu halten, als den Krieg zu gewinnen.[3]

In diesem Zusammenhang gewinnt das zur Charakterisierung von totalitärem Terror verwendete Adjektiv »beispiellos« [unprecedented[4]] seine volle Bedeutung. Der Weg zur totalen Beherrschung durchläuft viele Zwischenstationen, die vergleichsweise normal und noch verstehbar sind. Einen Angriffskrieg wird man wohl kaum als beispiellos bezeichnen; auch das Niedermetzeln feindlicher Zivilbevölkerungen oder gar eines vermeintlich feindlich gesonnenen Volkes ist, wenn man die blutigen Zeugnisse der Geschichte betrachtet, nichts Außergewöhnliches; überall in Amerika, Australien und Afrika wurden im Zuge der Kolonisierung und dem Vormarsch der Siedler Eingeborene ausgerottet; Sklaverei ist eine der ältesten Einrichtungen der Menschheit, und Staatssklaven, die zur Ausführung öffentlicher Arbeiten eingesetzt wurden, stellten einen der Hauptpfeiler des Römischen Imperiums dar. Sogar das aus der Geschichte politischer Träume wohlbekannte Streben nach Weltherrschaft ist kein Monopol totalitärer Regime, man kann diesen Wunsch immer noch aus einer maßlos übertriebenen Gier nach Macht erklären. So kriminell und scheußlich diese verschiedenen Aspekte totalitärer Herrschaft auch sind, sie haben eines gemeinsam, was sie von dem Phänomen unterscheidet, mit dem wir es hier zu tun haben: Im Unterschied zu den Konzentrationslagern sind sie an einen erklärten Zweck gebunden, sie gereichen den Herrschenden zum Vorteil, wie der gewöhnliche Raub dem

---

3 Im März 1943 notiert Goebbels in seinem Tagebuch: »Der Führer ist glücklich, [...] dass die Juden [...] aus Berlin evakuiert worden sind. Er hat recht, wenn er sagt, dass der Krieg uns die Lösung einer ganzen Reihe von Problemen ermöglicht hätte, die in normalen Zeiten niemals hätten gelöst werden können. Die Juden werden sicherlich die Verlierer in diesem Krieg sein, komme was da wolle.« *The Goebbels Diaries,* hrsg. von Louis P. Lochner, New York 1948, S. 314.

4 Robert H. Jackson, a. a. O., Bd. 2, S. 3.

Räuber. Die Motive dabei sind klar und die Mittel im Hinblick auf den Zweck tauglich, das heißt nützlich in der gängigen Bedeutung des Wortes. Die außergewöhnliche Schwierigkeit, die beim Versuch entsteht, die Institution der Konzentrationslager zu verstehen und in die Menschheitsgeschichte einzuordnen, kommt genau daher, dass dieses Nützlichkeitskriterium fehlt. Gerade diese Leerstelle ist mehr als alles andere für die merkwürdige Atmosphäre der Irrealität verantwortlich, welche diese Einrichtung und alles, was damit zusammenhängt, umgibt.

Um den Unterschied zwischen dem Fassbaren und dem Unfassbaren genauer zu verstehen, das heißt den Unterschied zwischen den Daten, die mit unseren gängigen Forschungsmethoden und sozialwissenschaftlichen Theorien bearbeitet werden können, und jenen, die dieses ganze Bezugssystem sprengen, sollte man sich die verschiedenen Stadien noch einmal ins Gedächtnis rufen, die der nationalsozialistische Antisemitismus durchlaufen hat, vom Aufstieg Hitlers zur Macht 1933 bis zur Errichtung der Todesfabriken inmitten des Krieges. Der Antisemitismus selbst hat eine derart lange und blutige Chronik vorzuweisen, dass allein schon die Tatsache, dass die Todesfabriken hauptsächlich mit jüdischem »Material« beschickt wurden, die Einzigartigkeit dieser »Maßnahme« etwas in den Hintergrund gedrängt hat. Der nazistische Antisemitismus zeichnete sich ohnehin durch einen absoluten Mangel an Originalität aus; es gab kein einziges Element, weder auf der ideologischen noch auf der propagandistischen Ebene, das nicht auf frühere Bewegungen zurückgeführt werden könnte und das, ehe es die Nazis überhaupt gab, nicht bereits als Klischee in der judenfeindlichen Literatur vorhanden gewesen wäre. Die antijüdische Gesetzgebung im Hitlerdeutschland der dreißiger Jahre, die mit dem Erlass der Nürnberger Gesetze 1935 einen Höhepunkt erreichte, war, wenn man auf die Ereignisse des 19. und 20. Jahrhunderts zurückblickt, sicherlich eine neue Erscheinung; aber sie war nichts Neues, da sie das erklärte Ziel antisemitischer Parteien in ganz Europa darstellte und Teil der älteren jüdischen Geschichte war. Mit der rücksichtslosen Verdrängung der Juden aus der deutschen Wirtschaft zwischen 1936 und 1938 und den Pogromen im

November 1938 bewegte sich die Politik immer noch im Rahmen dessen, was bei der Machtergreifung einer antisemitischen Partei in Europa zu erwarten gewesen wäre. Der nächste Schritt, nämlich die Errichtung von Ghettos in Osteuropa, wo man alle Juden in den ersten Kriegsjahren zusammendrängte, konnte einen aufmerksamen Beobachter der Entwicklung schwerlich überraschen. Das waren scheußliche und verbrecherische, aber völlig zweckrationale Handlungen. Die antijüdische Gesetzgebung in Deutschland zielte darauf ab, populäre Forderungen zu befriedigen, die Ausschaltung der Juden aus überbesetzten Berufszweigen schien einer Generation äußerst unterbeschäftigter Intellektueller Platz zu machen; die erzwungene Emigration, die nach 1938 von nacktem Raub begleitet wurde, war eine kalkulierte Maßnahme, um den Antisemitismus in der ganzen Welt zu entfachen, worauf eine Mitteilung des deutschen Außenministeriums an alle Dienststellen im Ausland ganz treffend hinwies[5]; das Zusammenpferchen der Juden in osteuropäischen Ghettos und die nachfolgende Verteilung ihrer Habe unter der einheimischen Bevölkerung schien ein ausgezeichneter politischer Einfall zu sein, um die breiten antisemitischen Bevölkerungsschichten in den osteuropäischen Ländern zu gewinnen, sie über den Verlust ihrer politischen Unabhängigkeit hinwegzutrösten und sie durch das Beispiel eines Volkes einzuschüchtern, das ein weit schlimmeres Schicksal erlitt als sie selbst. Was man

---

[5] Im Rundschreiben des Außenministeriums an alle deutschen Dienststellen im Ausland vom Januar 1939 über »Die Judenfrage als Faktor der deutschen Außenpolitik im Jahr 1938« heißt es: »Die Auswanderung von nur rund 100 000 Juden hat schon gereicht, das Interesse, wenn nicht gar das Verständnis für die jüdische Gefahr in vielen Ländern zu wecken. Wir können davon ausgehen, dass die Judenfrage sich hier zu einem Problem der internationalen Politik ausweiten wird, wenn eine größere Anzahl Juden aus Deutschland, Polen, Ungarn und Rumänien in Bewegung gebracht werden [...] Deutschland ist sehr daran interessiert, die Zerstreuung des Judentums aufrechtzuerhalten [...] der Zustrom von Juden in alle Teile der Welt beschwört die Opposition der einheimischen Bevölkerung herauf und stellt damit die beste Propaganda für die deutsche Judenpolitik dar [...] Je ärmer der einwandernde Jude ist und je mehr er dem Aufnahmeland zur Last fällt, desto heftiger wird dieses Land reagieren.« Vgl. *Nazi Conspiracy,* Bd. 6, S. 87 ff.

während des Krieges zusätzlich zu diesen Maßnahmen erwarten konnte, waren einerseits Hungersrationen, andererseits Zwangsarbeit; man nahm an, dass im Fall eines Sieges alle diese Maßnahmen sich als Vorbereitungen auf das angekündigte Projekt der Errichtung eines jüdischen Reservats in Madagaskar herausstellen würden.[6] Fest steht, dass derartige Maßnahmen (und nicht etwa Tötungsfabriken) nicht nur von der Außenwelt und vom jüdischen Volk selbst erwartet wurden, sondern auch von den höchsten deutschen Beamten in der Verwaltung der besetzten Ostgebiete, auch von den Militärs, ja sogar von hochrangigen Funktionären in der Nazipartei.[7]

---

[6] Dieses Projekt wurde von den Nazis bei Kriegsbeginn propagiert. Alfred Rosenberg kündigte in einer Rede am 15. Januar 1939 an, die Nazis forderten, dass »jene Völker, die den Juden wohlgesonnen sind, so gut wie alle westlichen Demokratien, die über so viel Raum verfügen [...] ein Gebiet außerhalb von Palästina für die Juden bereitstellen, selbstverständlich um dort ein jüdisches Reservat und nicht einen jüdischen Staat zu errichten«. Vgl. *Nazi Conspiracy,* Bd. 6, S. 93.

[7] Es ist sehr interessant, in den in *Nazi Conspiracy* und *Trial of the Major War Criminals* (Nürnberg 1947) abgedruckten Nazidokumenten nachzulesen, wie wenige Personen selbst in der NSDAP auf die Ausrottungspolitik vorbereitet gewesen waren. Die Vernichtungsmaßnahmen wurden auf Veranlassung von Himmler und Hitler immer von SS-Truppen durchgeführt, gegen den Protest von zivilen und militärischen Dienststellen. Alfred Rosenberg, dem die Verwaltung der besetzten russischen Gebiete unterstand, beschwerte sich 1942 darüber, dass »neue Generalbevollmächtigte [d. h. SS-Offiziere] sich um die Durchführung von direkten Aktionen in den besetzten Ostgebieten kümmerten und dabei jene Amtsträger übergingen, die vom Führer persönlich eingesetzt worden waren [d. h. Nazibeamte, die nicht der SS angehörten]«; vgl. *Nazi Conspiracy,* Bd. 4, S. 65 ff. – Berichte über die Verhältnisse in der Ukraine im Herbst 1942 (vgl. *Nazi Conspiracy,* Bd. 3, S. 83 ff.) zeigen eindeutig, dass weder die Wehrmacht noch Rosenberg Klarheit über die Entvölkerungspläne von Hitler und Himmler besaßen. Selbst im September 1943, als schon die meisten Parteifunktionäre nicht mehr zu widersprechen wagten, erlaubte sich Hans Frank, der Generalgouverneur von Polen, während einer Sitzung des Kriegswirtschaftsstabes und des Verteidigungsausschusses folgende Bemerkung [im Oiginal zitiert in deutscher Sprache]: »Sie kennen ja die törichte Einstellung der Minderwertigkeit der uns unterworfenen Völker, und zwar in einem Augenblick, in welchem die Arbeitskraft dieser Völker eine der wesentlichsten Potenzen unseres Siegringens darstellt.« Vgl. *Trial of the Major War Criminals*, Bd. 29, S. 672.

Weder das Schicksal der europäischen Judenheit noch die Errichtung von Tötungsfabriken kann vollständig unter Hinweis auf den Antisemitismus erklärt werden. Beides liegt jenseits antisemitischer Gedankengänge und jenseits der politischen, sozialen und ökonomischen Motive, wie sie die Propaganda antisemitischer Bewegungen prägen. Der Antisemitismus hat nur den Boden dafür bereitet, die Ausrottung ganzer Völker mit dem jüdischen Volk zu beginnen. Man weiß heute, dass im Vernichtungsprogramm von Hitler auch die Liquidation großer Teile des deutschen Volkes vorgesehen war.[8]

Bei den Nazis, besser gesagt bei jenem Teil der Nazipartei, der unter der Anleitung von Himmler und mit der Hilfe der SS-Truppen tatsächlich mit der Vernichtungspolitik begann, bestand keinerlei Zweifel daran, dass sie mit ihren Taten vollkommen neues Terrain betreten hatten; sie wussten, dass sie etwas taten, was ihnen nicht einmal ihre schlimmsten Feinde zutrauten. Und sie waren überzeugt, dass eine der größten Chancen für den Erfolg dieses Unterfangens gerade in der äußersten Unwahrscheinlichkeit lag, dass irgendwer in der Welt es für wahr halten könnte.[9] Denn die Wahrheit war, dass im Unterschied zu allen anderen antijüdischen Maßnahmen, die einen gewissen Sinn hatten und ihren Urhebern irgendwie zu nutzen schienen, die Gaskammern niemandem nutzten. Die

---

8 Im Verlauf einer Diskussion in Hitlers Hauptquartier über die Maßnahmen, die nach Kriegsende getroffen werden sollten, schlug Hitler die Einführung eines Reichsgesundheitsgesetzes vor: »Nach einer staatlichen Röntgenuntersuchung soll der Führer eine Liste erhalten, auf der alle Kranken, besonders die Lungen- und Herzkranken erfasst sind. Auf der Grundlage des neuen Reichsgesundheitsgesetzes [...] werden diese Familien aus der Öffentlichkeit verschwinden und dürfen auch keine Kinder mehr bekommen. Was mit diesen Familien dann geschieht, ist künftigen Führerbefehlen vorbehalten.« Vgl. *Nazi* Conspiracy, Bd. 7, S. 175 (ohne Datum).

9 »Man muss sich nur einmal vorstellen, diese Berichte würden der Gegenseite bekannt und von ihr ausgeschlachtet. Aller Wahrscheinlichkeit nach wäre eine derartige Propaganda wirkungslos, und zwar allein deshalb, weil Leute, die davon hören oder darüber etwas lesen, ganz einfach nicht bereit sind, es zu glauben.« Aus einem Geheimbericht über die Tötung von 5000 Juden im Juni 1943. Vgl. *Nazi Conspiracy*, Bd. 1, S. 1001.

Deportationen, die während einer Periode akuter Transportmittelknappheit durchgeführt wurden, wie die Errichtung kostspieliger Fabriken, dazu die für Kriegsanstrengungen blockierten Arbeitskräfte und nicht zuletzt die weithin demoralisierende Wirkung auf das deutsche Militär wie auf die Bevölkerung der besetzten Gebiete – dies alles wirkte sich verheerend auf die Kriegsführung im Osten aus, worauf militärische Stellen ebenso wie gegen SS-Truppen protestierende Nazifunktionäre wiederholt hinwiesen.[10] Derartige Einwände wurden indessen nicht einfach von jenen übersehen, die sich selbst das Kommando über die Massenvernichtung übertragen hatten. Selbst Himmler wusste, dass er ausgerechnet in Zeiten eines kritischen Arbeitskräftemangels eine große Menge an Arbeitern beseitigte, die man zumindest hätte sich zu Tode arbeiten lassen können, anstatt sie umzubringen, ohne jeglichen Nutzen aus ihnen zu ziehen. Doch die Dienststelle Himmlers gab einen Erlass nach dem anderen heraus, in welchem die Militärkommandeure wie auch die Funktionäre in der Parteihierarchie darauf hingewiesen wurden, dass weder ökonomische noch militärische Erwägungen das Vernichtungsprogramm beeinträchtigen dürften.[11]

---

[10] Man muss erwähnen, dass die Militärs nicht so häufig und nicht so heftig protestierten wie alte Parteimitglieder. 1942 stellte Hans Frank emphatisch fest, dass die Verantwortung für die Ausrottung der Juden »höheren Orts« liege. Und er fuhr fort: »Ich konnte neulich nachweisen, [...] dass [die Unterbrechung eines großen Bauvorhabens] nicht passiert wäre, wenn die vielen tausend Juden, die dort gearbeitet haben, nicht deportiert worden wären.« 1944 beschwert er sich nochmals und fügt hinzu: »Wenn wir den Krieg gewonnen haben, dann kann man meinetwegen Hackfleisch aus den Polen, den Ukrainern und allen anderen machen, die sich hier herumtreiben [...]« (*Nazi Conspiracy*, Bd. 4, S. 902 und S. 917). Während einer offiziellen Zusammenkunft in Warschau im Januar 1943 brachte Staatssekretär Krüger die Sorge der Besatzungsstreitkräfte zum Ausdruck: »Die Polen sagen: Nach der Vernichtung der Juden wird man die gleichen Methoden anwenden, um die Polen aus dem Land zu schaffen und dann wie die Juden zu liquidieren.« Dass dies in der Tat der nächste vorgesehene Schritt war, geht aus einer Rede Himmlers vom März 1942 in Krakau hervor. Vgl. ebda. Bd. 4, S. 916, und Bd. 3, S. 640 ff.

[11] Dass »wirtschaftliche Gesichtspunkte bei der Lösung des [Juden-]Problems gänzlich unberücksichtigt bleiben sollten«, musste von 1941 an immer wiederholt werden. Ebda., Bd. 6, S. 402.

Im Rahmen des totalitären Terrors erscheinen die Vernichtungslager als die konsequenteste Form der Konzentrationslager. Die Vernichtung widerfährt menschlichen Wesen, die für alle praktischen Belange bereits »tot« sind. Konzentrationslager gab es, lange bevor der Totalitarismus aus ihnen die zentrale Herrschaftsinstitution machte,[12] und ihr eigentümlicher Charakter bestand immer schon darin, dass sie keine Einrichtungen zur Strafverbüßung und ihre Insassen keines Verbrechens beschuldigt waren. Im Großen und Ganzen waren diese Lager vorgesehen, »unerwünschte Elemente« aufzunehmen, das heißt Personen, die aus dem einen oder anderen Grund ihrer juristischen Person beraubt waren und denen man den legalen Status innerhalb der Rechtsordnung des Landes, in dem sie gerade lebten, aberkannt hatte. Zwar wurden die Konzentrationslager totalitärer Prägung zunächst für Leute errichtet, die ein »Verbrechen« begangen hatten, nämlich das Verbrechen, gegen die herrschende Macht in Opposition zu stehen, aber die Zunahme der Lager korrespondierte mit der Abnahme politischer Opposition, und sie wuchsen in dem Maße, in dem das Reservoir an echten Regimegegnern sich erschöpfte. Die frühen Nazilager waren schlimm, aber man konnte ihre Einrichtung noch nachvollziehen: Sie wurden von der SA mit bestialischen Methoden betrieben und hatten den offenkundigen Zweck, Angst und Schrecken zu verbreiten, herausragende politische Persönlichkeiten zu töten, die Opposition ihrer Führer zu berauben, deren mögliche Nachfolger ein für allemal abzuschrecken und das Verlangen der SA-Männer zu befriedigen, sich nicht nur an ihren unmittelbaren Gegnern, sondern auch an den Angehörigen der oberen Klassen zu rächen. In dieser Hinsicht war der SA-Terror eindeutig ein Kompromiss zwischen dem Regime, das zu diesem Zeitpunkt seine potenten Gönner in der Industrie nicht verlieren wollte, und der Bewegung, der eine wirkliche Revolution in Aussicht gestellt worden war. Doch im Januar 1934 war, zumindest nach Meinung der Gestapo und hochrangiger Nazifunktionäre, die antinazisti-

---

[12] Konzentrationslager tauchten erstmals im Burenkrieg auf, die Idee der »Schutzhaft« zuerst in Indien und Südafrika.

sche Opposition völlig zum Erliegen gekommen.[13] 1936 hatte das neue Regime die Sympathien der überwältigenden Mehrheit der Bevölkerung gewonnen: Die Arbeitslosigkeit war beseitigt, der Lebensstandard der unteren Klassen stieg ständig an, und damit hatte sich der entscheidende soziale Konfliktstoff mehr oder weniger in Luft aufgelöst. Die Folge davon war, dass die Zahl der Lagerhäftlinge einen einmaligen Tiefstand erreichte, aus dem einfachen Grund, dass es keine aktiven oder verdächtigen Regimegegner mehr gab, die in »Schutzhaft« hätten genommen werden können.

Erst nach 1936, das heißt nach der inneren Befriedung, wurde die Nazibewegung innen- und außenpolitisch radikaler und aggressiver. Je weniger Feinde der Nazismus innerhalb Deutschlands hatte und je mehr Freunde er im Ausland gewann, desto unnachgiebiger und extremer wurde sein »revolutionäres Prinzip«[14]. Der neuerliche Anstieg der Konzentrationslager begann 1938 mit der Massenverhaftung aller männlichen deutschen Juden während der Novemberpogrome; diese Entwicklung war jedoch von Himmler bereits 1937 bei einer Rede vor hohen Reichswehroffizieren angekündigt worden, als er erklärte, dass man »im Kriegsfall mit einem vierten Schauplatz, dem Inland«, rechnen müsse.[15] Für derlei »Befürchtungen« bot die Wirklichkeit nicht den geringsten Anlass, und niemand wusste dies besser als der Chef der deutschen Poli-

---

[13] 1934 wollte Reichsinnenminister Wilhelm Frick, ein altgedientes Parteimitglied, eine Verordnung erlassen, »die besagte, dass ›in Anbetracht‹ der ›Stabilisierung der nationalen Lage‹ und ›um Missbräuche bei der Verhängung von Schutzhaft zu verringern [...] der Reichsminister entschieden hat‹, Einschränkungen bei der Anwendung der Schutzhaft vorzunehmen.« Vgl. *Nazi Conspiracy*, Bd. 2, S. 259, und Bd. 7, S. 1099. Dieser Erlass wurde nie veröffentlicht, und die Anwendung der »Schutzhaft« nahm 1934 enorm zu. Einer eidesstattlichen Aussage von Rudolf Diels zufolge, dem ehemaligen Chef der politischen Polizei und 1933 amtierenden Chef der Gestapo, hatte sich die politische Lage im Januar 1934 völlig stabilisiert. Ebda., Bd. 5, S. 205.

[14] So formulierte es Wilhelm Stuckert, Staatssekretär im Innenministerium. Ebda., Bd. 8, S. 738.

[15] Vgl. Heinrich Himmler, »On Organization and Obligation of the SS and the Police«, in: *»Nationalpolitischer Lehrgang der Wehrmacht vom 15. bis 23. Januar 1937* (nur für den Dienstgebrauch in der Wehrmacht). Übersetzung in: *Nazi Conspiracy*, Bd. 4, S. 616 ff.

zei. Als der Krieg dann ein Jahr später ausbrach, ließ er diese an den Haaren herbeigezogene Behauptung umstandslos fallen und betraute nicht etwa SS-Truppenverbände mit Polizeiaufgaben innerhalb Deutschlands, sondern schickte sie sofort nach dem erfolgreichen Abschluss der Kriegshandlungen in die Ostgebiete, wo sie die Besetzung der besiegten Länder übernehmen sollten. Als die Partei später entschied, die alleinige Kontrolle über die ganze Wehrmacht zu übernehmen, schickte Himmler seine SS-Verbände ohne Umschweife an die Front.

Die Hauptaufgabe der SS bestand jedoch immer, selbst während des Krieges, in der Kontrolle und Verwaltung der Konzentrationslager, aus denen man die SA vollständig entfernt hatte. (Nur in den letzten Kriegsjahren spielte die SA nochmals eine etwas bescheidene Rolle im Lagerwesen, aber zu diesem Zeitpunkt waren die SA-Einheiten der SS untergeordnet.) Was uns als neues und auf den ersten Blick unbegreifliches Phänomen irritiert, das ist eben dieser Typus von Konzentrationslager und nicht dessen anfängliche Form.

Nur ein Bruchteil der Insassen dieser neuen Lager, in der Regel Überlebende aus deren Frühzeit, konnte als Regimegegner gelten. Größer war der Anteil von Kriminellen, die nach der Verbüßung ihrer normalen Haftzeit in die Lager geschickt wurden, und von sogenannten asozialen Elementen, Homosexuellen, Landstreichern, Arbeitsscheuen und dergleichen. Jedoch die überwältigende Mehrheit, die Masse der Lagerinsassen, war aus der Sicht des Regimes vollkommen unschuldig, in jeder Beziehung harmlos und hatte sich weder einer politischen Überzeugung noch einer kriminellen Handlung schuldig gemacht.

Eine zweite Besonderheit der Lager, die unter der Herrschaft von Himmler und der SS errichtet wurden, war ihr permanenter Charakter. Im Vergleich mit Buchenwald, wo 1944 mehr als 80000 Häftlinge untergebracht waren, sind alle früheren Lager bedeutungslos.[16] Und noch offenkundiger ist der permanente Charakter

---

[16] Die nachfolgende Übersicht zeigt den Anstieg der Häftlingszahl und die Todesrate im Konzentrationslager Buchenwald von 1937 bis 1945. Sie wurde aus ▸

der Gaskammern, deren kostspieliger Apparat die Jagd nach neuem »Menschenmaterial« zur Fabrikation von Leichen fast zu einer Notwendigkeit machte.

Von großer Bedeutung für die Entwicklung der Gesellschaft im Konzentrationslager war der neue Typus der Lagerverwaltung. Die frühere Grausamkeit der SA-Einheiten, die sich austoben und nach Belieben töten konnten, wurde nun ersetzt durch eine regulierte Todesrate[17] und eine präzise organisierte Folter, bei der es

---

▸ verschiedenen Tabellen zusammengestellt, die man in *Nazi Conspiracy*, Bd. 4, S. 800 ff., findet.

Jahr	Zugänge	Lagerstärke *Hochstand*	*Tiefstand*	Tote(2)	Selbstmorde
1937	2912	2561	929	48	–
1938	20122(1)	18105	2633	771	11
1939	9553	12775	5392	1235	3
1940	2525	10956	7383	1772	11
1941	5896	7911	6785	1522	17
1942	14111(3)	10075	7601	2898	3
1943	42172	37319	11275(4)	3516	2
1944	97866	84505	41240	8644	46
1945	42823(5)	86232	21000(6)	13056	16

(1) Hierbei handelt es sich natürlich zumeist um Juden.
(2) Die Gesamtzahl der Todesfälle liegt sicherlich sehr viel höher und wird auf ungefähr 50000 geschätzt.
(3) Diese Zahl verweist auf den Zustrom aus den besetzten Ostgebieten.
(4) Die Differenz zwischen Zugängen und Lagerstärke bzw. zwischen Hoch- und Tiefstand zeigt nicht mehr an, dass Personen entlassen, sondern dass sie in andere KZ oder in Vernichtungslager weitertransportiert wurden.
(5) Nur in den ersten drei Monaten von 1945.
(6) Lagerstärke bei der Befreiung.

[17] Bei dem Folgenden handelt es sich um den Auszug eines Briefes, den das SS-Wirtschaftsverwaltungshauptamt an alle Lagerkommandanten richtete: »[...] eine Zusammenstellung der gegenwärtigen Zu- und Abgänge in allen Konzentrationslagern [...] ergibt, dass von 136000 Zugängen ungefähr 70000 verstorben sind. Bei einer derart hohen Sterberate kann die Häftlingszahl nie auf den vom Reichs- ▸

nicht so sehr darauf ankam, den Tod sofort herbeizuführen, als das Opfer in einen permanenten Zustand des Sterbens zu versetzen. Weite Bereiche der Binnenverwaltung des Lagers wurden den Häftlingen übertragen, die nun ihre Mithäftlinge meist auf dieselbe Art misshandeln mussten, wie es die SS tat. Als sich das System im Lauf der Zeit eingespielt hatte, wurden Folter und Misshandlung immer mehr zum Privileg der sogenannten Kapos. Diese Entwicklung war weder zufällig, noch war sie auf die wachsende Größe der Lager zurückzuführen. In einer Reihe von Fällen wurde die SS im Lager ausdrücklich angewiesen, Hinrichtungen nur durch Häftlinge vornehmen zu lassen. In ähnlicher Weise wurde der Massenmord, ob durch Vergasen oder, in gewöhnlichen Lagern, durch Massenhinrichtungen, weitgehend mechanisiert.[18] Das Ergebnis war, dass die Bevölkerung in den SS-Lagern sehr viel länger am Leben blieb als in den früheren Lagern; man hat den Eindruck, dass es nur dann zu einer neuen Terrorwelle oder zu Massendeportationen in die Vernichtungslager kam, wenn neuer Nachschub zugesichert war.

Die Verwaltung wurde in die Hände der Kriminellen gelegt, die die unangefochtene Lageraristokratie bildeten, bis Anfang der vierziger Jahre Himmler widerwillig äußerem Druck nachgab und die Lager zur Ausbeutung der Arbeitskraft öffnete. Jetzt stiegen die politischen Gefangenen, meist alteingesessene Häftlinge, zur Lagerelite auf, denn die SS hatte bald erkannt, dass eine organisierte Arbeitsleistung unter dem chaotischen Regime der Kriminellenaristokratie nicht durchsetzbar war. In keinem einzigen Fall wurde die Lagerverwaltung der größten und harmlosesten Gruppe der vollkommen unschuldigen Häftlingen übertragen. Diese Kategorie von Insassen befand sich im Gegenteil immer auf der untersten

▸ führer SS angeordneten Stand gebracht werden […] Der Reichsführer hat angeordnet, dass die Sterberate unbedingt reduziert werden muss […]« Ebda., Bd. 4, Anhang II.

[18] Ernest Feder berichtet in seinem »Essai sur la psychologie de la terreur« (in: *Synthèses,* Brüssel 1946) von einem Befehl der SS, täglich 700 russische Kriegsgefangene so zu töten, dass ohne Sicht auf die Opfer durch ein Loch zu schießen gewesen sei.

Stufe in der Lagerhierarchie, sie erlitt die schwersten Verluste durch Deportationen und war den Grausamkeiten am meisten ausgesetzt. Mit anderen Worten: Man war im Konzentrationslager sehr viel sicherer, wenn man ein Mörder oder ein Kommunist war als bloß ein Jude, ein Pole oder ein Ukrainer.

Ein weitverbreitetes Vorurteil besteht in der Vorstellung, die SS sei eine negative Auslese von Kriminellen gewesen, ein Verein von Sadisten und Halbverrückten, was allenfalls auf die früheren SA-Einheiten zutrifft, die sich in der Regel freiwillig zum Dienst im Konzentrationslager gemeldet hatten. Alle Tatsachen sprechen dafür, dass die diensttuenden SS-Männer völlig normal waren; sie wurden nach den unwahrscheinlichsten Kriterien ausgewählt,[19] von denen jedoch keines die Auswahl besonders gewalttätiger oder sadistischer Personen vorschrieb. Außerdem wurde die Lagerverwaltung so gehandhabt, dass ohne jeden Zweifel die Häftlinge die gleichen »Pflichten« innerhalb dieses Systems erfüllen konnten wie ihre Bewacher.

Es ist kaum nachvollziehbar, und man macht sich nur unter Grausen eine Vorstellung davon, wie total die Lager von der Außenwelt isoliert waren: so als wären sie und ihre Insassen nicht mehr Teil dieser Welt. Diese Isolation, die schon für frühere Formen von Konzentrationslagern charakteristisch war und unter totalitären Regimes nur perfektioniert wurde, kann man nicht mit der Isolation von Gefängnissen, Ghettos oder Arbeitslagern vergleichen. Gefängnisse sind nie völlig aus der gesellschaftlichen Umgebung herausgetrennt, denn sie bilden einen wichtigen, zu ihr gehörigen Teil und sind deren Gesetzen und Kontrollen unterworfen. Durch Zwangsarbeit oder andere Formen der Sklaverei wird kein absoluter Trennungs-

---

[19] Himmler (a. a. O.) beschrieb die Auswahlmethoden folgendermaßen: »Ich habe keine Personen angenommen, die kleiner als 1,70 Meter waren, […] weil ich wusste, dass Menschen ab einer gewissen Größe auch bis zu einem gewissen Grad über die gewünschte Abstammung verfügen.« Er ließ sich auch Fotografien von den Bewerbern geben, die ihre Vorfahren bis zurück ins Jahr 1750 nachweisen mussten; sie durften keine politisch übel beleumundeten Verwandten haben, mussten sich »aus eigenen Mitteln schwarze Hosen und Stiefel beschaffen« und mussten schließlich persönlich vor einer Rassenkommission erscheinen.

strich zur Gesellschaft gezogen; schon allein über die Arbeit findet immer noch eine Berührung mit der Außenwelt statt, aus der Sklaven tatsächlich ja auch nie ausgestoßen wurden. Die von den Nazis errichteten Ghettos sind ähnlich isoliert wie die Konzentrationslager; doch in ihnen wurden Familien und nicht Einzelpersonen abgesondert, sodass eine Art geschlossene Gesellschaft entstand und der Anschein eines normalen Lebens gewahrt blieb; es waren genügend soziale Beziehungen vorhanden, sodass man sich zumindest einbilden konnte, man sei und gehöre zusammen.

Nichts davon trifft auf die Konzentrationslager zu. Vom Augenblick seiner Verhaftung an sollte niemand draußen je wieder etwas vom Häftling hören, so als wäre er vom Erdboden verschluckt; nicht einmal für tot wurde er erklärt. Früher war es die Regel, dass die SA die Angehörigen vom Tod eines Konzentrationslagerhäftlings benachrichtigte, indem sie den Zinksarg oder eine Urne schickte; jetzt bestand die strikte Anordnung, »Dritte sind über den Verbleib des Häftlings im ungewissen zu lassen [...] Dies heißt auch, dass die Angehörigen nichts davon erfahren, wenn solche Häftlinge in Konzentrationslagern sterben.«[20]

Zum obersten Ziel totalitärer Regierungen gehört nicht nur das offen eingestandene, langfristige Streben nach Weltherrschaft, sondern auch der nie zugegebene, jedoch sofort unternommene Versuch der totalen Beherrschung des Menschen. Die Konzentrationslager sind die Laboratorien für das Experiment der totalen Beherrschung, denn wegen der Beschaffenheit der menschlichen Natur kann dieses Ziel nur unter den extremen Bedingungen einer von Menschen geschaffenen Hölle erreicht werden. Die totale Beherrschung ist dann erreicht, wenn die menschliche Person, die immer eine ganz eigene Mischung aus spontanem und bedingtem Verhalten darstellt, in ein völlig konditioniertes Wesen transformiert wor-

---

[20] *Nazi Conspiracy*, Bd. 7, S. 84 ff. Eine der vielen Anordnungen, mit denen Auskünfte über den Verbleib von Häftlingen verboten wurden, enthielt folgende Erklärung: »Der Abschreckungseffekt dieser Maßnahmen liegt a) darin, dass man den Angeklagten spurlos verschwinden lassen kann, und b) darin, dass keinerlei Auskunft über seinen Verbleib und sein Schicksal gegeben wird.« Ebda., Bd. 1., S. 146.

den ist, dessen Reaktionen selbst dann genau vorausberechnet werden können, wenn es in den sicheren Tod geführt wird. Diese Desintegration der Persönlichkeit wird schrittweise vollzogen, und mit der willkürlichen Verhaftung fängt es an. Hierbei wird die juristische Person zerstört, nicht durch die Ungerechtigkeit der Verhaftung, sondern weil diese Verhaftung in überhaupt keinem Zusammenhang mit den Handlungen oder Meinungen der betreffenden Person steht. Der zweite Schritt ist die Zerstörung der moralischen Person. Diese Zerstörung wird dadurch erreicht, dass die Konzentrationslager von der übrigen Welt völlig abgeschnitten werden – ein Umstand, der Märtyrertum sinnlos, leer und lächerlich macht. Der letzte Schritt ist die Zerstörung der Individualität, was vor allem durch permanente und systematisch organisierte Folter besorgt wird. Das Endergebnis ist die Reduktion menschlicher Wesen auf den kleinsten gemeinsamen Nenner von »identischen Reaktionen«.

Mit einer solchen Gesellschaft menschlicher Wesen, die, jedes auf einer anderen Stufe, dabei sind, verlässliche Reaktionsbündel zu werden, müssen sich die Sozialwissenschaften auseinandersetzen, wenn sie die sozialen Verhältnisse der Lager untersuchen wollen. In dieser Atmosphäre verschmelzen Kriminelle, politische Gegner und »unschuldige« Menschen, herrschende Klassen steigen auf und gehen wieder unter, interne Hierarchien entstehen und verschwinden wieder, Feindschaft gegen die SS-Bewacher und die Lagerverwaltung macht der Mittäterschaft Platz, die Insassen assimilieren sich den Lebensauffassungen ihrer Verfolger, obgleich Letztere kaum den Versuch machen, sie zu indoktrinieren.[21] Die von den Häftlingen so heftig empfundene Unwirklichkeit, die das höllische Experiment umgibt und Bewacher, aber auch Häftlinge vergessen lässt, dass ein Mord begangen wird, wenn einer oder viele getötet werden, erschwert eine wissenschaftliche Untersuchung dieser Einrichtung ebenso sehr wie deren nicht-utilitaristischer Charakter. Nur Menschen, die aus irgendeinem Grund kein Interesse an der Selbsterhaltung mehr haben und den gesunden

---

[21] Unter Himmlers Regime war »jegliche Form von ideologischer Unterweisung« ausdrücklich verboten.

Menschenverstand über Bord geworfen haben, konnten sich mit einem derartigen Fanatismus auf pseudowissenschaftliche Überzeugungen (die Gesetze des Lebens oder der Natur) stürzen, der im Hinblick auf die unmittelbaren praktischen Ziele (nämlich den Krieg zu gewinnen oder Arbeitskräfte auszubeuten) ganz offensichtlich selbstzerstörerisch war. »Normale Menschen wissen nicht, dass alles möglich ist«,[22] sagte einer der Überlebenden von Buchenwald. Sozialwissenschaftler, also normale Menschen, werden große Schwierigkeiten haben, wenn sie verstehen wollen, dass die Grenzen, von denen man annimmt, sie gehörten zur menschlichen Bedingtheit, durchbrochen werden können; dass Verhaltensmuster und Motive, die man gewöhnlich nicht der Psychologie einer bestimmten Nation oder Klasse in einem bestimmten historischen Augenblick, sondern der menschlichen Psychologie ganz allgemein zuschreibt, aufgehoben werden oder nur noch eine ganz zweitrangige Rolle spielen; dass objektive Notwendigkeiten, die man als wichtigen Teil der Realität zu sehen gewohnt ist und an die sich anzupassen bloß eine Frage elementarer Vernunft zu sein scheint, ganz außer Acht gelassen werden können. Von außen betrachtet, scheinen beide, Opfer und Verfolger, verrückt zu sein, und das Lagerleben erinnert den Betrachter an nichts so sehr wie an ein Irrenhaus. Der gesunde Menschenverstand, für dessen Nützlichkeitsdenken stets das Gute als auch das Böse Sinn hat, wird durch nichts so sehr beleidigt wie durch die vollkommene Sinnlosigkeit einer Welt, in der Strafe den Unschuldigen mehr ereilt als den Verbrecher, in welcher Arbeit sich nicht in Produkten vergegenständlicht, ja, in der dies nicht einmal intendiert ist, und in welcher sich Verbrechen nicht auszahlen und von den Urhebern auch nicht einmal mit diesem Vorsatz begangen werden. Denn einen Gewinn, der erwartungsgemäß erst in Jahrhunderten erzielt wird,[23]

---

[22] David Rousset, *The Other Kingdom*, New York 1947.

[23] Es war Himmlers Spezialität, in Jahrhunderten zu denken. Er erwartete, dass sich die Ergebnisse des Krieges »erst in Jahrhunderten« in Form eines »Germanischen Weltreiches« auszahlten (vgl. seine Rede vom April 1943 in Krakau, in: *Nazi Conspiracy*, Bd. 4, S. 572 ff.); als man ihm den »beklagenswerten Verlust von Arbeitskräften« mitteilte, der durch den Tod »Dutzender und Hunderter« ▸

den kann man schwerlich als Anreiz bezeichnen, schon gar nicht in einer außergewöhnlichen militärischen Notlage.

Die Tatsache, dass das ganze Vernichtungsprogramm mithilfe einer wahnwitzigen Logik von den Prämissen des Rassismus abgeleitet werden konnte, macht alles noch verwirrender, denn der ideologische Übersinn, der über einer Welt von fabrizierter Sinnlosigkeit gleichsam inthronisiert wird, erklärt »alles« und damit nichts. Doch es bestehen kaum Zweifel daran, dass die Urheber dieser beispiellosen Verbrechen diese im Namen ihrer Ideologie begangen haben, von der sie glaubten, sie sei durch die Wissenschaft, die Erfahrung und die Gesetze des Lebens bewiesen.

Wenn man sich mit den zahlreichen Berichten von Überlebenden beschäftigt, die mit bemerkenswerter Monotonie immer von den gleichen Schrecken und den gleichen Reaktionen »berichten, aber nichts vermitteln«[24], dann ist man fast versucht, eine Liste der Phänomene aufzustellen, die nicht in die allgemeinsten Vorstellungen passen, welche wir vom menschlichen Dasein und Verhalten besitzen. Wir wissen nicht und können deshalb nur Vermutungen darüber anstellen, warum gerade die Kriminellen den desintegrierenden Einflüssen des Lagerlebens länger widerstanden haben als andere Häftlingsgruppen und warum die Unschuldigen in allen Fällen jenen Tendenzen am ehesten erlegen sind.[25] Anscheinend war es in

▸ von Häftlingen verursacht wurde, betonte er, dass man dieses »Denken in Generationen nicht bereuen wird« (vgl. seine Ansprache vor SS-Generalmajoren im Oktober 1943 in Posen, ebda., Bd. 4, S. 558 ff.). Bei der Ausbildung der SS-Truppen wurden ähnliche Argumente verwandt: »Alltagsprobleme gehen uns nichts an … wir sind nur an ideologischen Fragen interessiert, deren Bedeutung nach Jahrzehnten und Jahrhunderten gerechnet wird, damit der einzelne Mann … weiß, dass er für eine große Aufgabe arbeitet, wie sie nur alle 2000 Jahre vorkommt.« (Vgl. seine bereits zitierte Rede von 1937.)

24 Vgl. den Sammelband mit Berichten von Überlebenden polnischer und sowjetischer Konzentrationslager *The Dark Side of the Moon,* New York 1947. – [Zusatz Hrsg.: Diesen Band hat Hannah Arendt in *Jewish Frontier* 14, 1947, Nr. 7, S. 23–26, besprochen. Titel der Besprechung: »The Hole of Oblivion«.]

25 Diese Tatsache wird in vielen veröffentlichten Berichten hervorgehoben. Besonders Bruno Bettelheim hat sich damit auseinandergesetzt in »Behavior in Extreme Situations« *(Journal of Abnormal and Social Psychology,* Vol. 38, 1943 [dt.: »Individuelles und Massenverhalten in Extremsituationen«, in: *Erziehung* ▸

einer solchen Extremsituation für das Individuum wichtiger, dass es seine Leiden als Strafe für ein tatsächlich begangenes Verbrechen oder als ein wirkliches Vergehen gegen das herrschende Regime verstehen konnte, als mit einem sogenannten guten Gewissen herumzulaufen. Die Täter andererseits zeigten nach Kriegsende, als bei Prozessen ein bisschen Selbstbezichtigung doch hätte hilfreich sein können, nicht einmal die Spur von Reue; sie versicherten beständig, die Verantwortung für die Verbrechen liege bei übergeordneten Instanzen. Dies Verhalten scheint darauf hinzuweisen, dass die Furcht vor Verantwortung nicht nur stärker ist als das Gewissen, sondern unter bestimmten Umständen auch stärker als die Angst vor dem Tod. Wir wissen, dass die Konzentrationslager als Laboratorien dienen sollten, um Menschen in Reaktionsbündel zu verwandeln, damit sie sich wie Pawlow'sche Hunde verhielten und ihnen jegliche spontane Regung ausgetrieben war; aber wir können nur vermuten, wie weit dies alles gegenwärtig möglich ist und was mit dem gesellschaftlichen und individuellen Verhalten des Menschen geschehen könnte, wenn dieser Prozess einmal bis zu den Grenzen des Möglichen fortgeführt werden sollte – die schreckliche Fügsamkeit, mit der alle Menschen im Lager in den sicheren Tod gegangen sind, und die erstaunlich geringe Selbstmordrate sind jedenfalls furchterregende Anzeichen.[26] Wir wissen von der allgemeinen Atmosphäre der Unwirklichkeit, von der die Überlebenden so übereinstimmend berichten; aber wir können vorerst nur vermuten, in welcher Form sich menschliches Leben abspielen wird, wenn es so eingerichtet ist, als ereignete es sich auf einem anderen Stern.

▸ *zum Überleben*, S. 58 ff. – Übers.]). Bettelheim unterscheidet die Selbstachtung der Kriminellen und politischen Häftlinge vom mangelnden Selbstwertgefühl derjenigen, die sich überhaupt nichts hatten zuschulden kommen lassen. Letztere »waren am wenigsten in der Lage, dem Anfangsschock zu widerstehen«, und die Ersten, deren Persönlichkeit sich veränderte. Bettelheim irrt jedoch, wenn er dies der Mittelschichtherkunft der »Unschuldigen« – damals meist Juden – zuschreibt; man weiß aus anderen Berichten, vor allem auch aus der Sowjetunion, dass die Desintegration der Persönlichkeit von »Unschuldigen« der Unterklasse sich genauso schnell vollzog.

26 Auf diesen Aspekt wird besonders bei David Rousset, *Les Jours de notre mort*, Paris 1947, hingewiesen.

Ist schon unser gemeiner Verstand überfordert, sich mit Taten zu befassen, die weder aus Leidenschaft noch wegen eines Vorteils begangen werden, so erst recht unsere Ethik angesichts von Verbrechen, die mit den Zehn Geboten nicht vorhersehbar waren. Es ist sinnlos, einen Menschen wegen Mordes zu hängen, der an der Fabrikation von Leichen teilgenommen hat (obwohl man sicher keine andere Wahl hat). Hier handelt es sich um Verbrechen, denen keine Strafe je entspricht, denn jedes Strafmaß ist durch die Todesstrafe begrenzt.

Die größte Gefahr beim Versuch, die jüngste Geschichte plausibel zu erklären, liegt in der allzu verständlichen Neigung des Historikers, Analogien zu ziehen. Man muss jedoch begreifen, dass Hitler kein Dschingis Khan und nicht schlimmer als irgendein anderer großer Verbrecher war, sondern absolut anders. Das Beispiellose ist weder der Mord an sich noch die Zahl der Opfer, ja nicht einmal »die Anzahl der Personen, die sich zusammengetan haben, um die Verbrechen zu begehen«[27]. Vielmehr sind es der ideologische Unsinn, der sie verursachte, die Mechanisierung bei ihrer Ausführung und die sorgfältige und kalkulierte Errichtung einer Welt, in der nur noch gestorben wurde, in der es keinen, aber auch gar keinen Sinn mehr gab.

[Deutsche Übersetzung von Hannah Arendt, »Social Science Techniques and the Study of Concentraton Camps«, in: *Jewish Social Studies* 12, 1950, Nr. 1, S. 232–247. Die Übersetzung von Eike Geisel erschien erstmals unter dem Titel »Die vollendete Sinnlosigkeit« in: Hannah Arendt, *Nach Auschwitz. Essays & Kommentare 1*, hrsg. von Eike Geisel und Klaus Bittermann, Berlin: Tiamat (Critica Diabolis 21), 1989, S. 7–30. Für den Wiederabdruck im vorliegenden Band wurde die Übersetzung überarbeitet – alle wörtlichen Zitate aus Nazidokumenten, die Arendt englischsprachigen Veröffentlichungen entnahm, wurden hier, wenn nicht anders angegeben, rückübersetzt, entsprechen also nicht unbedingt dem deutschen Originaltext.]

[27] Robert H. Jackson, *Nazi Conspiracy*, a. a. O., Bd. 2, S. 3.

19
Die Vernichtung von sechs Millionen. Warum hat die Welt geschwiegen?

Beitrag zum Jewish World Symposium

A. *Hitler mordete, und die Welt schwieg. Kann man aus dem anhaltenden Schweigen und dem Wiederauftauchen des Neonazismus schließen, dass die Nazibarbarei im europäischen Humanismus wurzelt?*

B. *Sind die Gründe für die Hilflosigkeit der jüdischen Massen, die in ihre Ermordung getrieben wurden, ebenso wie die Hilflosigkeit der jüdischen Führung – in Palästina wie in der Diaspora, vor und während der Katastrophe – subjektiver oder objektiver Natur?*

Diese Fragen stellten wir der Historikerin Dr. Hannah Arendt, deren Buch Eichmann in Jerusalem *weltweit einen Sturm auslöste; ferner dem britischen Historiker Professor Arnold J. Toynbee, Verfasser von* A Study of History *[dt.:* Der Gang der Weltgeschichte*], Dr. Nahum Goldmann, dem Präsidenten der Zionistischen Weltorganisation [WZO], dem berühmten französisch-jüdischen Schriftsteller André Maurois, und dem Botschafter Yaacov Herzog [aus dem israelischen Außenministerium], dem Sohn des verstorbenen Oberrabbiners von Israel.*

[Red. The Jewish World, *New York]*

A.: Die Welt hat nicht geschwiegen; aber abgesehen davon, dass sie nicht schwieg, hat die Welt nichts getan.

1938, Jahre, bevor das Morden begann, hatte die Welt, zum Beispiel England und Amerika, fast einhellig mit »Entsetzen und Entrüstung« (Alan Bullock) auf die Novemberpogrome [in Deutschland] reagiert. Doch die administrativen Maßnahmen ihrer Einwanderungsbehörden widersprachen alle europäischen und die meisten überseeischen Länder den eigenen verbalen Anschuldigungen; denn ihre Politik bestätigte – weniger in Worten als in ihren Taten – den nazistischen Antisemitismus. All jene, welche die Nazis entrechtet hatten, waren fortan überall rechtlos. Antisemitismus war weder der einzige noch der entscheidende Grund für diese Entwicklung; die politische Struktur des europäischen Nationalstaats war nicht in der Lage, größere Gruppen von Fremden zu assimilieren, und sein Rechtssystem hatte keine Voraussetzungen zum Umgang mit dem Phänomen der Staatenlosigkeit. Die einfache Tatsache, dass alle Flüchtlinge aus Nazi-Territorien per definitionem »unerwünscht« waren, war für die psychologische Vorbereitung des Holocaust von großer Bedeutung.

Das Morden ereignete sich inmitten eines Kriegs, dessen Ausgang jahrelang, gelinde gesagt, ungewiss war. Verständlicherweise erfolgte eine Reaktion erst spät, und zwar erst 1943, als der Sieg nicht zuletzt durch die Moskauer Erklärung zur Gewissheit wurde, in der auch erstmals von »ungeheuerlichen Verbrechen« die Rede war. Etwa zur selben Zeit wurden die ersten Vorbereitungen für die »Kriegsverbrecher«-Prozesse getroffen, und als politisches Kriegsziel wurde – anders als 1941 in der Atlantik-Charta – nun »bedingungslose Kapitulation« festgelegt. Hier war politisches Handeln gefragt, nicht mehr nur verbale Anschuldigungen; da es seit dem Altertum keinen vorsätzlichen Ausrottungsversuch eines ganzen Volkes gegeben hatte, ist es schwer, die Reaktion der Welt auf die Ermordung der jüdischen Bevölkerung mit Reaktionen auf ähnliche Gräueltaten in Kriegszeiten zu vergleichen. Die nächstliegende Analogie ist das Massaker der Türken an den Armeniern im Ersten Weltkrieg, bei dem 600 000 Menschen ermordet wurden – eine sehr hohe Zahl, wenn man den Unterschied in den angewandten Techniken bedenkt, und es ist fraglos, dass in unserem Fall die Reaktion »der Welt« in beidem – in Worten wie in Taten – stärker ausfiel. Dennoch ist es wahr, dass die Alliierten, abgesehen von der Vorbereitung des bevorstehenden Sieges, nichts unternahmen, um das Morden zu stoppen: Weder bombardierten sie die Todeslager noch deren Zufahrtswege; und die neutralen Mächte unternahmen, von einigen wenigen Ausnahmen abgesehen, noch weniger als nichts: Sie taten alles, um ihre Grenzen so hermetisch wie möglich gegen all jene abzuriegeln, die zu entkommen versuchten.

Bevor wir irgendwelche allgemeinen Schlüsse über den »europäischen Humanismus« ziehen, sollten wir uns einige Fakten ansehen. *Erstens* waren die Anschuldigungen falsch und blieben wirkungslos, da sie die Juden nicht beim Namen nannten, obwohl jedermann wusste, dass Juden – ungeachtet ihrer Nationalität und ihres Bekenntnisses – umgebracht wurden. Grund hierfür war, dass nicht nur die Machthaber, sondern die öffentliche Meinung ganz allgemein – inklusive großer Teile der jüdischen öffentlichen Meinung – in der fantastischen Illusion lebte, es sei ein Zugeständnis an Hitler, wenn man einen Juden einen Juden und einen Spaten einen Spaten nenne. Hier handelt es sich nicht um ein Versagen des europäischen Humanismus, sondern um eines des europäischen Liberalismus (den Sozialismus nicht ausgeschlossen) – seines Widerwillens, den Realitäten ins Auge zu sehen, und seiner Tendenz, sich angesichts von (nackten) Tatsachen in ein Narrenparadies fixer Ideologien zu flüchten. *Zweitens* besteht, solange wir die Ursache für das Versäumnis der Alliierten, auf militärischer Ebene einzugreifen, noch nicht kennen, kein Zweifel daran, dass ein fatales Missverständnis zu den relevanten Faktoren gehörte: Da das Morden im Rahmen eines Krieges stattfand und von Menschen in Uniform durchgeführt wurde, betrachtete man es als Teil der Kriegshandlungen – als »Kriegsverbrechen« im authentischen Sinne des Wortes, also als einen Exzess, der im Streben nach Sieg die Regeln überschritt. Der beste Weg, so das Argument, um diese Kriegsexzesse zu beenden, war es, den Krieg zu beenden. Dass diese Massaker nicht den geringsten Zusammenhang mit den militärischen

Operationen hatten, war schon damals offensichtlich, doch man begriff es nicht, und die Tatsache, dass die Nürnberger Prozesse wie alle weiteren Nachkriegsprozesse diese Mordaktionen unter die »Kriegsverbrechen« rechneten – trotz des neuen Konzepts der »Verbrechen gegen die Menschheit« – zeigt, wie plausibel dieses Argument während des Krieges geklungen haben muss. Es scheint, als habe die Welt zwei Jahrzehnte gebraucht, um zu begreifen, was tatsächlich in diesen wenigen Jahren geschah und auf welche verheerende Weise fast alle Beteiligten, und gewiss alle, die höhere Ämter bekleideten, nicht verstanden, was sich ereignete, obwohl sie alle faktischen Gegebenheiten kannten.

Der letzte Satz impliziert, dass ich Ihre Äußerung über das »anhaltende Schweigen« nicht teile. Im Gegenteil: Ein Studium der im letzten Jahrzehnt veröffentlichten Literatur, ja, allein ein kurzer Blick auf die Bestsellerlisten der jüngsten Zeit – ob Grass und Hochhuth in Deutschland, Schwarz-Bart in Frankreich, Shirer in Amerika, das Anne-Frank-Tagebuch in aller Welt – beweist, dass wenige Fragen so sehr im Mittelpunkt des weltweiten Interesses und der Aufmerksamkeit stehen wie die: »Hitler mordete, und die Welt hat nichts getan.« Öffentliche Anschuldigungen auf Regierungsebene sind in den meisten Ländern außerhalb der arabischen Welt längst selbstverständlich geworden. Dennoch setzen sich die Vergangenheit und die damaligen katastrophalen Versäumnisse bedrohlich fort, denn immer noch herrscht ein Missverhältnis zwischen Wort und Tat. Über das »Verbrechen gegen die Menschheit« sind inzwischen Millionen Wörter geschrieben und gesprochen worden, und dennoch gibt es keine Anzeichen dafür, dass wir der Gründung eines Internationalen Strafgerichtshofs näher gekommen wären, wo die Menschheit, die eigentliche Klägerin, diejenigen, die gegen die Humanitas verstoßen haben, vor Gericht bringen kann. Oder nehmen wir Deutschland, wo die Menschen uns weiterhin versichern, wie schuldig sie sich »fühlen«, und wo nichtsdestotrotz in allen NS-Prozessen die überführten Mörder glimpflich davonkommen, während ehemalige prominente Nazis weiterhin höchste Ämter bekleiden und die jüngsten öffentlichen Meinungsumfragen zeigen, dass etwa vierzig Prozent der Bevölkerung gegen alle diese Prozesse sind und weitere vierzig Prozent lieber nichts darüber wissen wollen. Dieses Versagen im Handeln ist gefährlich genug, aber ich glaube nicht, dass dies mit einem »Wiederauftauchen des Neonazismus« – von dem ich weder in Europa noch in Amerika ernsthafte Anzeichen sehen kann – zusammenhängt. (Ich nehme an, Sie denken an Nassers Ägypten.)

Worin aber besteht dann der Zusammenhang zwischen »nazistischer Barbarei« und »europäischem Humanismus«? Die Nazis waren – leider – keine »Barbaren«, und ich vermute deshalb, dass Ihre Frage sich darauf bezieht, dass es in der Nazi-Bürokratie Hölderlin lesende Massenmörder mit akademischen Titeln gegeben hat. Aber ist es tatsächlich ein Argument gegen Hölderlin oder Beethoven, wenn diese von den Leitern der Einsatzgruppen[1] gelesen, gehört und vielleicht sogar geschätzt wurden? Was beweist es für oder gegen die griechische Kultur, wenn ein bekannter Gräzist in Deutschland es fertigbrachte, das Horst-Wessel-Lied[2] ins Altgriechische zu übersetzen – um seine treue Gefolgschaft für das neue Regime unter Beweis zu stellen?

Dennoch will ich nicht leugnen, dass es eine Bedeutung hat, dass fast die gesamte Intelligenzija in Deutschland und ein Großteil ebendieser Intelligenzija in anderen Ländern mit enormer Leichtigkeit zu NS-Kampfgefährten und mitunter auch zu Mittätern gemacht werden konnten. Doch dafür kann man schwerlich die Inhalte des »europäischen Humanismus« – welcher Art auch immer – verantwortlich machen; es spricht weniger gegen irgendwelche Ideen, Vorstellungen oder auch Ideologien als vielmehr gegen jene neue Schicht von Intellektuellen, die als Literaten und Bürokraten, als Gelehrte und Wissenschaftler ebenso wie als Kritiker und Unterhaltungsproduzenten von allen zeitgenössischen Gesellschaften so dringend gebraucht werden, dass sie mehr und mehr zur »herrschenden Klasse« werden. Diesbezüglich haben wir tatsächlich jeden Grund zur Sorge, weil die Intellektuellen in letzter Zeit mehr als einmal eine hohe Anfälligkeit für die jeweilige »öffentliche Meinung« bewiesen haben und weniger als fast alle anderen sozialen Gruppen imstande sind, sich selbst ein Urteil zu bilden.

Zu guter Letzt ist da noch ein weiterer Aspekt Ihrer Frage, den Sie nicht erwähnen, den ich aber andeuten will, weil er mir in diesem Zusammenhang wesentlich erscheint. Der europäische Humanismus – weit davon entfernt, »die Wurzel des Nazismus« zu sein – war auf den Nazismus oder irgendeine andere Form totalitärer Herrschaft so wenig vorbereitet, dass wir uns bei dem Versuch, dieses Phänomen zu verstehen und damit zurechtzukommen, weder auf seine Begriffe noch auf überlieferte Metaphern stützen können. Und so qualvoll die notwendige Neubewertung unserer geistigen Gewohnheiten auch ist, so sehr stellt die derzeitige Lage, das ist gewiss, eine Bedrohung für den »Humanismus« in all seinen Spielarten dar – er ist in Gefahr, *irrelevant* zu werden.

B.: Die jüdischen Massen im nazibesetzten Europa waren objektiv hilflos.

In dem Moment, da die Juden eingesperrt waren und in den Tod geschickt wurden, verhielten sie sich wie alle anderen Gruppen unter solchen Umständen. Viele Berichte aus den Konzentrationslagern sowie den Todeszentren, wo natürlich nicht nur Juden umgebracht wurden, betonen die Gräuel, mitansehen zu müssen, wie »diese Prozessionen von menschlichen Lebewesen wie Strohpuppen in den Tod gingen«. (Ich zitierte bewusst aus David Roussets Bericht aus Buchenwald, wo das jüdische Schicksal nicht im Mittelpunkt steht.[3])

Es gibt mehrere Faktoren, die uns helfen können, diese Apathie zu erklären. *Zuallererst* sei das simple und oft unterschlagene Faktum genannt, dass es Dinge gibt, die bedeutend schrecklicher sind als der Tod, dass es einen großen Unterschied gibt zwischen einem langsamen und qualvollen Tod und einem relativ schnellen und simplen Tod vor dem Exekutionskommando oder in der Gaskammer. *Zweitens* gibt es das, was der polnische Dichter Tadeusz Borowski in seinem Bericht über seine Zeit in Auschwitz folgendermaßen in Worte fasste: »Noch nie war die Hoffnung stärker als der Mensch, aber noch nie hat sie so viel Böses heraufbeschworen wie in diesem Krieg, wie in diesem Lager. Man hat uns nicht gelehrt, die Hoffnung aufzugeben. Deswegen sterben wir im Gas.«[4] Wenn die *Hoffnung stärker ist als der Mensch*, bedeutet dies, dass sie das zutiefst Menschliche im Menschen zerstört. Und vielleicht ist es die völlige Unschuld all derer, die in diese Maschinerie gerieten, die das Menschliche noch stärker zerstörte, zumal sie selbst in den Augen ihrer Verfolger unschuldig waren. Ihre Apathie war in höchstem Maße eine automatische, fast physische Antwort auf die Herausforderung der *absoluten Sinnlosigkeit*.

Die jüdische Führung innerhalb Europas war objektiv gesehen kaum weniger hilflos als die jüdischen Massen. Und damit wäre auch schon alles über sie gesagt, wenn sie diese Hilflosigkeit erkannt und ihre Posten aufgegeben hätten. Objektiv gesagt gab es kaum mehr als drei Möglichkeiten: sich die Ohnmacht einzugestehen und den Menschen zu sagen, dass alles verloren ist, »sauve qui peut«; oder ihre Schützlinge auf ihre Reise nach Osten zu begleiten und deren Schicksal zu teilen; oder, wie es besonders in Frankreich geschah, unter dem Deckmantel des nazikontrollierten Judenrats, Untergrundarbeit zu betreiben und zu versuchen, Juden zur Flucht zu verhelfen. Wo immer die Juden, sei es aufgrund ihrer Anzahl, sei es aufgrund geografischer Gegebenheiten, nicht auf der Stelle getötet werden konnten – also überall außer in Sowjetrussland –, wurde die jüdische Führung, statt lediglich hilflos zu sein, zu einem wichtigen Faktor in der Vernichtungsbürokratie. Um nur aus einem der zahlreich vorhandenen Dokumente zu zitieren: »Mithilfe der Judenräte gingen die Deportationen aus [holländischen] Provinzen ohne Schwierigkeit voran.«

Kommen wir nun, zum Schluss, zu der Lage in Palästina und in der Diaspora: Es ist oft gesagt worden, dass die jüdischen Führungen es hier versäumt hätten, Not und Elend der europäischen Juden in ihrer ganzen Dramatik zu beschreiben, dass sie in ihren Verhandlungen mit den Alliierten nicht beharrlich, nicht erfinderisch oder nicht mutig genug gewesen seien, und ich habe nicht vor, dies zu widerlegen. Dennoch glaubte ich damals und tendiere noch heute zu dieser Annahme, dass unter den gegebenen Umständen nur eine »Normalisierung« der jüdischen Position geholfen hätte – also eine tatsächliche Kriegserklärung, die Aufstellung einer jüdischen Armee aus palästinensischen und staatenlosen Juden der ganzen Welt und die Anerkennung des jüdischen Volkes als kriegsführend. Es ist bekannt, dass Juden, die den Status von Kriegsteilnehmern genossen, gerettet wurden – amerikanische und englische Juden in zivilen Internierungslagern, jüdische Kriegsgefangene aus allen Alliierten-Armeen, sogar aus der besiegten französischen Armee. (Die einzige Ausnahme war die Rote Armee. Russland hatte die Genfer Konvention nie unterschrieben.)

Ob dies ein Hirngespinst war oder nicht, kann nur beurteilen, wer die Dokumente in den Archiven der Jewish Agency for Palestine sowie Englands und der USA studiert hat, doch diese Archive sind bis heute nicht zugänglich.

[Deutsche Erstveröffentlichung von Hannah Arendts Beitrag zum Jewish World Symposium »The Destruction of Six Million. Why Did the World Remain Silent?« in: *The Jewish World, An Independent Illustrated Monthly Magazine* (hrsg. von der American Jewish Community, Inc., New York), Vol. II, No. 11, September 1964, S. 42, 86 und 90; zuvor in hebräischer Übersetzung in: *Maariv*, 17. Juli 1964, S. 7. Übersetzung des englischen Originals ins Deutsche: Anja Schlögel und Marie Luise Knott.]

20
Der Auschwitzprozess in Frankfurt am Main (1963–1965) – Einleitung zu Bernd Naumanns Buch

I.

Unter den ungefähr zweitausend SS-Männern, die zwischen 1940 und 1945 in Auschwitz Dienst taten und von denen noch viele am Leben sein müssten, sind »eine Handvoll unerträglicher Fälle« ausgewählt und des Mordes angeklagt worden. Diese Straftat war das einzige Delikt, das nicht unter das Gesetz über die Verjährung fiel, als im Dezember 1963 der Frankfurter Auschwitzprozess begann. Die Ermittlungen zum Auschwitzkomplex hatten viele Jahre gedauert, es waren Dokumente, die, wie das Gericht urteilte, »nicht sehr ergiebig« waren, gesammelt, eintausendreihundert Zeugen vernommen worden – und weitere Auschwitzprozesse sollten folgen. (Nur ein einziger Folgeprozess hat bislang stattgefunden. Dieses zweite Verfahren wurde im Dezember 1965 eröffnet; einer der Angeklagten, Gerhard Neubert, gehörte ursprünglich zu den Angeklagten im ersten Prozess. Im Gegensatz zum ersten Prozess wurde über den zweiten in der Presse derart wenig berichtet, dass es einiger »Nachforschungen« bedurfte, um festzustellen, ob er überhaupt stattgefunden hatte.) Doch wie es die Staatsanwaltschaft in Frankfurt ausgedrückt hat: *»Die Mehrheit des deutschen Volkes will heute keine Prozesse gegen NS-Gewaltverbrecher mehr führen.«*

Die zwanzig Monate währende Konfrontation mit den ungeheuerlichen Taten und dem grotesk reuelosen, aggressiven Verhalten der Angeklagten, denen es mehr als einmal fast gelang, den Prozess in eine Farce zu verwandeln – all dies hatte keinen Einfluss auf das öffentliche Meinungsklima, obgleich in deutschen Zeitungen und im Rundfunk ausführlich über den Prozessverlauf berichtet wurde. (Bernd Naumanns äußerst aufmerksame Reportagen, die zuerst in der *Frankfurter Allgemeine Zeitung* erschienen, waren die solidesten Berichte.) Wie dieses Klima beschaffen war, das wurde während des Auschwitzprozesses deutlich, als in den ersten Monaten des Jahres 1965 hitzige Debatten über den Vorschlag, die Verjährung für Naziverbrechen zu verlängern, geführt wurden, als sogar der Bonner Justizminister Bucher dafür plädierte, die »Mörder unter uns« in Frieden zu lassen. Doch bei diesen »unerträglichen Fällen« der »Strafsache gegen Mulka u. a.«, wie der Auschwitzprozess offiziell hieß, handelte es sich nicht um Schreibtischtäter. Von wenigen Ausnahmen abgesehen, waren sie nicht einmal »Regimetäter«, die Befehle ausgeführt hatten. Sie waren eher die Parasiten und Nutznießer eines verbrecherischen Systems, das den Massenmord, die Vernichtung von Millionen Menschen, zur Gesetzespflicht erhoben hatte. Was diesen Punkt angeht, so gehört zu den vielen furchtbaren Wahrheiten, mit denen uns das Buch konfrontiert, die verwirrende Tatsache, dass die öffentliche Meinung in Deutschland die Enthüllungen des Auschwitzprozesses überleben konnte.

Denn das, was die Mehrheit denkt und wünscht, macht die öffentliche Meinung aus, selbst wenn es aus den öffentlichen Kommunikationskanälen – Presse, Radio und Fernsehen – ganz anders tönt. Es handelt sich dabei um den bekannten Unterschied von »le pays réel« und der veröffentlichten Meinung; und wenn diese Differenz sich einmal zu einer Kluft ausgeweitet hat, dann wird sie zum Anzeichen einer klar vorhandenen Gefährdung des politischen Gemeinwesens. Genau diese Art öffentliche Meinung, die alles durchdringen kann und doch nur selten öffentlich wird, enthüllte der Frankfurter Prozess in ihrer wirklichen Stärke und ganzen Tragweite. Sie manifestierte sich im Verhalten der Angeklagten – in ihrer lachenden und grinsenden Unverschämtheit gegenüber der Staatsanwaltschaft und gegenüber den Zeugen, in ihrer mangelhaften Achtung des Gerichts, in den »verachtungsvollen und bedrohlichen« Blicken, die sie dem Publikum in den seltenen Augenblicken, in denen Laute des Entsetzens hörbar wurden, zuwarfen. Nur einmal ist eine einsame Stimme zu vernehmen, die darauf mit »Warum bringt ihr es nicht hinter euch und schlagt ihn tot«? reagiert. Sie manifestierte sich im Verhalten der Anwälte, welche die Richter beständig daran erinnerten, sie sollten keine Rücksicht nehmen auf das, »was man von uns im Ausland oder sonst wo denken mag«, und immer wieder andeuteten, dass nicht deutsche Gerechtigkeitssehnsucht, sondern die vom Verlangen der Opfer nach »Vergeltung« und »Rache« beeinflusste Weltmeinung die wahre Ursache für die gegenwärtigen Schwierigkeiten ihrer Klienten sei. Ausländische Journalisten, jedoch kein deutscher Reporter, soviel ich weiß, waren schockiert darüber, dass »diejenigen Angeklagten, die immer noch zu Hause leben, in ihren Gemeinden keineswegs geächtet wurden«.* Naumann berichtet von einem Vorfall, bei dem zwei Angeklagte am uniformierten Wachmann außerhalb des Gebäudes vorübergingen und ihn mit einem herzlichen »Frohes Fest« grüßten, worauf dieser den Gruß mit »Frohe Ostern« erwiderte. War dies die vox populi?

Es lag natürlich an diesem öffentlichen Meinungsklima, dass die Angeklagten jahrelang ein normales Leben unter ihrem eigenen Namen führen konnten, ehe sie angeklagt wurden. Wie Boger, der Schlimmste unter ihnen – der Lagerexperte für »verschärfte Verhöre« mithilfe der »Boger-Schaukel«, seiner »Sprech-« oder »Schreibmaschine« – bemerkte, hatten diese Jahre »gezeigt, dass die Deutschen zusammenhielten, denn sie kannten mich alle«. Die meisten von ihnen lebten friedlich dahin, wenn sie nicht das Pech hatten, von einem Überlebenden erkannt und entweder beim Internationalen Auschwitzkomitee in Wien angezeigt zu werden oder bei der Zentralen Stelle zur Verfolgung nationalsozialistischer

---

* Sybille Bedford in: *The Observer*, London, 5. Januar 1964. – [Zusatz Hrsg.: Zu S. Bedford siehe die EN 12 zum vorliegenden Text.]

Gewaltverbrechen in der Bundesrepublik[1], die Ende 1958 mit der Sammlung von Material für Verfahren gegen Naziverbrecher vor verschiedenen Gerichten begonnen hatte. Doch selbst dieser Umstand bedeutete kein allzu großes Risiko, denn die Landesjustizverwaltungen zeichneten sich – mit Ausnahme von Frankfurt, wo Dr. Fritz Bauer, ein deutscher Jude, Generalstaatsanwalt war – bei der Verfolgung der Verbrechen nicht gerade durch Eifer aus, und deutsche Zeugen verweigerten hartnäckig ihre Mitwirkung.

Wer also dann waren die Zeugen in Frankfurt? Das Gericht hatte sie, Juden und Nicht-Juden, aus vielen Ländern einbestellt, aus Russland, Polen, Österreich, Ostdeutschland, Israel und aus Amerika. Nur wenige Zeugen, die in Westdeutschland wohnten, waren Juden; bei den meisten handelte es sich entweder um ehemalige SS-Angehörige, die riskierten, selbst angeklagt zu werden (das Gericht vernahm eine ganze Reihe solcher Fälle und ließ einen dieser Zeugen verhaften) oder um ehemalige politische Häftlinge, die für die in Frankfurt von einem Herrn der IG-Farben repräsentierte »Mehrheit des deutschen Volkes« ohnehin »zumeist asoziale Elemente« waren. Wie sich herausstellte, wurde diese Auffassung nun auch von einigen ehemaligen Häftlingen geteilt: »Die SS-Leute wurden ja infiziert« von den Häftlingen; nicht die Bewacher, sondern die Häftlinge »waren Bestien in Menschengestalt«. Die Brutalität der Bewacher sei verständlich, denn ihre Opfer, insbesondere »die galizischen Juden seien sehr undiszipliniert gewesen«; und die SS sei »schlimm« geworden unter dem Einfluss der Kapos, der sogenannten Funktionshäftlinge. Doch selbst jene deutschen Zeugen, die sich mit derlei Reden zurückhielten, waren nicht bereit, vor Gericht das zu wiederholen, was sie in den Voruntersuchungen zu Protokoll gegeben hatten: Sie widerriefen ihre Zeugenaussage, erinnerten sich nicht daran oder behaupteten, sie seien unter Druck gesetzt worden (was sicherlich nicht stimmt); sie seien vielleicht betrunken gewesen, vielleicht hätten sie auch die Unwahrheit gesagt – so ging es in eintöniger Wiederholung fort. Die Diskrepanzen sind himmelschreiend, irritierend und peinlich, und man spürt, dass dahinter die öffentliche Meinung steht, mit welcher die Zeugen nicht konfrontiert waren, als sie »in camera«

aussagten. Fast jeder Einzelne von ihnen würde eher zugeben, ein Lügner zu sein, als zu riskieren, dass seine Nachbarn in der Zeitung lesen könnten, er gehöre nicht zu den Deutschen, die »zusammenhalten«.

Die Richter befanden sich wirklich in einem Dilemma bei diesem Verfahren, in dem »ausschließlich nur Zeugenaussagen zur Verfügung stehen«, die selbst im günstigsten Fall notorisch unzuverlässig sind. Das schwache Glied in der Beweiserhebung bei diesem Verfahren war jedoch kaum der Mangel an objektiven »unwiderlegbaren« Beweisen – den »kleinen Mosaiksteinchen« wie Fingerabdrücken, Fußspuren, Obduktionsberichten über die Todesursache und dergleichen, noch waren es die unvermeidlichen Gedächtnislücken der Zeugen, die über Daten und Einzelheiten von Ereignissen aussagten, die über zwanzig Jahre zurücklagen, oder gar die fast unwiderstehliche Versuchung des Zeugen, »Dinge, die ihm von anderen in diesem Milieu sehr drastisch erzählt wurden, als eigenes Erlebnis aufzufassen«. Das schwache Glied war eher die fantastische Diskrepanz zwischen den Aussagen der meisten deutschen Zeugen bei der Voruntersuchung und ihren Aussagen vor Gericht; der gerechtfertigte Verdacht, dass die Aussagen der polnischen Zeugen von einer polnischen Regierungsbehörde für die Verfolgung von Naziverbrechen in Warschau präpariert worden waren; die weniger gerechtfertigte Vermutung, dass die Aussagen einiger jüdischer Zeugen vom Internationalen Auschwitzkomitee in Wien hätten manipuliert sein können; die unvermeidliche Aufrufung von ehemaligen Kapos in den Zeugenstand, von Spitzeln und Ukrainern, die »mit der Gestapo im Lager unter einer Decke steckten«; schließlich die betrübliche Tatsache, dass die glaubwürdigste Kategorie von Zeugen, nämlich die Überlebenden, aus zwei sehr verschiedenen Gruppen bestanden – aus denjenigen, die durch einen schieren Glücksfall überlebt hatten, was hieß, dass sie in der Lagerverwaltung, in der Krankenabteilung oder in der Küche tätig gewesen waren, und aus denjenigen, die, wie es einer von ihnen ausdrückte, sofort verstanden hatten, dass »nur ein paar gerettet werden konnten, und zu denen wollte ich gehören«.

Das Gericht unter Vorsitz des fähigen und besonnenen Richters Hans Hofmeyer bemühte sich, alle politischen Fragen auszuklammern – »Nicht stand für das Gericht die politische Schuld, die moralische und die ethische Schuld im Mittelpunkt seiner Prüfung« – und das wirklich außergewöhnliche Verfahren wie »einen normalen Strafprozess, mag er auch einen Hintergrund haben, wie er wolle«, zu führen. Jedoch kam der politische Hintergrund der Vergangenheit wie der Gegenwart – nämlich die legal sanktionierte verbrecherische Staatsordnung des Dritten Reiches, dessen Nachfolgerin die Bundesrepublik ist, und die gegenwärtigen Auffassungen der Mehrheit des deutschen Volkes über diese Vergangenheit – sachlich wie juristisch in jeder einzelnen Sitzung spürbar zum Ausdruck.

Noch hervorstechender als diese Diskrepanzen zwischen den Zeugenaussagen bei der Voruntersuchung und denen vor Gericht war die Tatsache – und diese lässt sich nicht anders erklären als durch die öffentliche Meinung außerhalb des Gerichtssaals –, dass mit den Aussagen der Angeklagten genau dasselbe passieren sollte. Sicherlich war diesen Leuten von ihren Verteidigern jetzt gesagt worden, der sicherste Weg sei, einfach alles abzustreiten und nicht im Geringsten auf Glaubwürdigkeit zu achten: »Keiner hat hier was gemacht«, sagte Richter Hofmeyer. »Der Kommandant war nicht da, der Schutzhaftlagerführer war nur so anwesend, der Beauftragte der Politischen Abteilung kam nur mit den Listen, der andere kam nur mit den Schlüsseln.« Dies erklärt, warum es eine »Mauer des Schweigens« gab und warum die Angeklagten hartnäckig, wenn auch nicht in sich stimmig, logen; denn viele von ihnen waren einfach nicht intelligent genug, um schlüssig zu denken. (In Deutschland sagen Angeklagte nicht unter Eid aus.) Es erklärt auch, warum Kaduk – ein ehemaliger Fleischer und verschlagener, primitiver und brutaler Kerl, der nach seiner Identifizierung durch einen früheren Häftling von einem sowjetischen Militärtribunal zum Tode verurteilt und 1956 begnadigt worden war – sich vor Gericht nicht wie bei der Vorermittlung damit brüstet, er sei »ein scharfer Hund [...] nicht der Typ, der darunter zusammenbricht« gewesen oder es bedauert, dass er den polnischen Präsidenten Cyrankiewicz nur geschlagen, aber nicht umgebracht habe.

(Unmittelbar nach dem Krieg konnte man solche Prahlereien noch vor Gericht hören. Naumann erwähnt den Sachsenhausen-Prozess von 1947 vor einem alliierten Militärgericht, bei dem ein Angeklagter stolz verkünden konnte, dass die anderen Bewacher vielleicht »außergewöhnlich brutal« gewesen seien, »aber mir konnten sie nicht das Wasser reichen«.) Wahrscheinlich auch auf Anraten ihrer Verteidiger konnten die Angeklagten, die sich vor dem Untersuchungsrichter ganz offen gegenseitig beschuldigt hatten und über die Unschuldsbeteuerungen ihrer Kollegen »nur lachen« konnten, vor Gericht »sich anscheinend an diesen Teil ihrer Aussage nicht mehr erinnern«. Dies alles ist nichts anderes, als was man von Mördern erwarten konnte, die zu allerletzt an das dachten, was Richter Hofmeyer »Sühne« nannte.

Man erfährt wenig über die gerichtlichen Voruntersuchungen, doch was man erfährt, scheint darauf hinzudeuten, dass die erwähnten Diskrepanzen nicht nur bei den Aussagen zu finden sind, sondern dass sie genauso in der allgemeinen Einstellung und im Verhalten auftreten. Das herausragende Beispiel für diesen eher grundsätzlichen Aspekt – und vielleicht das interessanteste psychologische Phänomen, das während des Prozesses zutage trat – ist der Fall Pery Broad. Er ist einer der jüngsten Angeklagten und schrieb kurz nach Kriegsende für die britischen Besatzungsbehörden einen ausgezeichneten, völlig glaubwürdigen Bericht über das Lager Auschwitz. Der Broad-Bericht, eine trockene, objektive und sachliche Schilderung, liest sich, als wäre der Autor ein Engländer, der es versteht, seine Empörung hinter einer Fassade äußerster Nüchternheit zu verbergen. Es besteht jedoch kein Zweifel daran, dass Broad, der beim Spiel mit der »Boger-Schaukel« mitgemacht hatte, von einem Zeugen als »klug, intelligent und raffiniert« beschrieben wurde, bei den Häftlingen als der »Tod in weißen Handschuhen« bekannt gewesen war und sich »über alles zu amüsieren [schien], was in Auschwitz vor sich ging« – dass dieser Broad den Bericht allein und freiwillig verfasst hatte. Und noch weniger zweifelhaft ist, dass er sein Tun jetzt sehr bedauert. Während der polizeilichen Vorermittlungen war er »gesprächig«, gab zu, mindestens einen Häftling erschossen zu haben (»ich weiß nicht mit Sicherheit, ob die Person, die ich erschossen habe, nicht eine Frau war«)[2], und sagte, er fühle sich durch die Verhaftung »erleichtert«. Der Richter nannte ihn eine »schillernde« Persönlichkeit, doch das besagt wenig und könnte, wenn auch auf einer ganz anderen Ebene, genauso gut auf den brutalen Kaduk zutreffen, der von den Patienten in einem West-Berliner Krankenhaus, wo er als Pfleger arbeitete, Papa Kaduk gerufen wurde. Diese scheinbar unerklärlichen Verhaltensunterschiede, die am deutlichsten im Fall Pery Broad hervortreten – zuerst in Auschwitz, dann vor den britischen Besatzungsbehörden, danach vor dem Vernehmungsbeamten und schließlich wieder mitten unter seinen alten »Kameraden« vor Gericht –, müssen mit dem Auftreten von Naziverbrechern vor nichtdeutschen Gerichten verglichen werden. Im Verlauf der Frankfurter Verhandlung ergab sich kaum eine Gelegenheit, aus nichtdeutschen Gerichtsverfahren zu zitieren, es sei denn, es wurden für das Protokoll Erklärungen von Verstorbenen verlesen, deren Aussagen die Angeklagten beschuldigten. Dies war der Fall mit der Aussage von Dr. Fritz Klein, einem Sanitätsoffizier in Auschwitz, der unmittelbar nach der Niederlage im Mai 1945 von britischen Untersuchungsbeamten vernommen worden war und vor seiner Hinrichtung ein Schuldgeständnis unterzeichnet hatte: »Ich sehe ein, dass ich für die Tötung Tausender, vor allem in Auschwitz, verantwortlich bin, ebenso wie alle anderen, von oben herunter.«

Der entscheidende Punkt ist hier der, dass die Angeklagten in Frankfurt, wie übrigens fast alle anderen Naziverbrecher auch, nicht nur aus Gründen des Selbstschutzes so auftraten, sondern auch eine bemerkenswerte Tendenz zur Anpassung an ihre jeweilige Umgebung an den Tag legten, das heißt die Eigenschaft, sich sozusagen im Nu »gleichzuschalten«. Es sieht so aus, als seien sie nicht für Autorität und Furcht empfänglich geworden, sondern als hätten sie ein feines Gespür für das jeweils vorherrschende Meinungsklima entwickelt. (Diese Atmosphäre kam in den einsamen Konfrontationen mit den Vernehmungsbeamten nicht zum Tragen. In Frankfurt und in Ludwigsburg, dem Sitz der Zentralen Stelle für die Verfolgung von nationalsozialistischen Gewaltverbrechen, wo einige der Angeklagten zuerst vernommen worden waren, traten die betreffenden Beamten ganz eindeutig für die Durchführung dieser Prozesse ein.) Dass Broad, der seinen zwanzig Jahre zurückliegenden Bericht für die britischen Besatzungsbehörden mit einer Art Loblied auf England und Amerika beschloss, zum herausragenden Beispiel für diese Einfühlsamkeit wurde, liegt weniger an seinem zweifelhaften Charakter, sondern ganz schlicht daran, dass er der intelligenteste dieses Vereins war und sich am besten auszudrücken wusste.

Nur einer der Angeklagten, der Arzt Dr. Lucas, zeigt keine offene Missachtung des Gerichts, er lacht nicht, er beleidigt keine Zeugen, er verlangt nicht, dass die Nebenkläger sich entschuldigen und versucht nicht, mit den anderen Späße zu treiben. Man versteht eigentlich überhaupt nicht, was er hier zu suchen hat, denn er scheint das genaue Gegenteil eines »unerträglichen Falles« zu sein. Er verbrachte nur einige Monate in Auschwitz und wird von zahlreichen Zeugen seiner Güte und seiner verzweifelten Hilfsbemühungen wegen gelobt; er ist auch der Einzige, der zustimmt, das Gericht zum Lokaltermin in Auschwitz zu begleiten, und es klingt völlig überzeugend, wenn er in seinem Schlusswort erwähnt, dass er über seine Erlebnisse in Konzentrations- und Vernichtungslagern »niemals hinwegkommen werde«, dass er, wie viele Zeugen bestätigten, versucht habe, »möglichst vielen jüdischen Häftlingen das Leben zu erhalten. Aber heute wie damals bewegt mich die Frage: Und die anderen?« Seine Mitangeklagten bringen durch ihr Verhalten zum Ausdruck, was Baretzki – im Lager hauptsächlich dafür berüchtigt, dass er Häftlinge mit einem einzigen Handkantenschlag tötete –, dumm, wie er war, ganz offen aussprach: *»Wenn ich heute etwas sagen würde, wer weiß, wenn morgen alles anders wird, dann könnte man mich erschießen.«*

Es ist nämlich so, dass keiner der Angeklagten, mit Ausnahme von Dr. Lucas, die Verhandlungen vor dem Schwurgericht Frankfurt sehr ernst nimmt. Der Urteilsspruch wird nicht für das letzte Wort der Geschichte oder der Gerechtigkeit gehalten. Und angesichts der deutschen Rechtsprechung und des öffentlichen Meinungsklimas fällt es schwer zu behaupten, dass sie damit gänzlich unrecht hätten. Das letzte Wort in Frankfurt war ein Urteilsspruch, mit dem siebzehn der Angeklagten zu langjährigen – sieben zu lebenslänglichen – Zuchthausstrafen verurteilt und drei freigesprochen wurden. Aber nur zwei Urteile, zwei Freisprüche, sind wirksam geworden. In Deutschland muss der Angeklagte das Urteil entweder akzeptieren oder bei einer höheren Instanz Revision einlegen; natürlich hat die Verteidigung Letzteres in all den Fällen getan, die nicht mit einem Freispruch endeten. Der Weg der Berufung steht auch der Staatsanwaltschaft offen, und sie hat in zehn Fällen Revision eingelegt, zu denen auch der Freispruch von Dr. Schatz gehört. Wenn die Berufung eingelegt ist, wird der Verurteilte auf freien Fuß gesetzt, bis die Revisionsinstanz entschieden hat, es sei denn, der Richter erwirkt eine neuerliche Vollzugsanordnung, was in allen Fällen für die nächsten sechs Monate geschah. Seither ist jedoch ein ganzes Jahr verstrichen, und bislang haben noch keine Revisionsverhandlungen stattgefunden, nicht einmal ein Termin wurde dafür angesetzt. Ich weiß nicht, ob neue Vollzugsanordnungen ausgestellt worden sind oder ob die Angeklagten, mit Ausnahme derer, die wegen anderer Vergehen im Gefängnis sitzen, nach Hause gegangen sind. Jedenfalls ist der Fall nicht abgeschlossen.

Boger lächelte, als er hörte, dass die Staatsanwaltschaft lebenslänglich beantragt hatte. Was ging in seinem Kopf vor? Dachte er an die Berufung oder an eine mögliche Amnestie für alle Naziverbrecher, an sein Alter (er ist aber erst sechzig und augenscheinlich bei guter Gesundheit) oder vielleicht daran, dass »morgen alles anders wird«?

II.

Es wäre ziemlich unfair, der »Mehrheit des deutschen Volkes« ihr mangelndes Interesse an Gerichtsverfahren gegen Naziverbrecher vorzuwerfen, ohne über die Verhältnisse der Adenauer-Ära zu sprechen. Es ist ein offenes Geheimnis, dass die westdeutschen Verwaltungsbehörden auf allen Ebenen mit ehemaligen Nazis durchsetzt sind. Hans Globke wurde zuerst durch seinen infamen Kommentar zu den Nürnberger Gesetzen und dann als enger Berater Adenauers bekannt; sein Name ist zum Symbol für einen Zustand geworden, welcher dem Ansehen und der Stellung der Bundesrepublik mehr geschadet hat als alles andere. Die durch diese Situation geschaffenen Tatsachen – nicht die offiziellen Verlautbarungen oder die öffentlichen Organe der Kommunikation – haben das Meinungsklima im »pays réel« geschaffen, und es verwundert unter diesen Umständen nicht, dass die öffentliche Meinung lautet: *Die kleinen Fische fängt man, die großen machen weiter Karriere.*

Denn es stimmt wirklich, dass die Angeklagten in Frankfurt, wenn man die Nazihierarchie zugrunde legt, kleine Fische waren. Der höchste SS-Offiziersrang, den Mulka, Adjutant des Lagerkommandanten Höß, Höcker, Adjutant von Höß' Nachfolger Richard Baer, und der ehemalige Schutzhaftlagerführer Hofmann innehatten, war der eines Hauptsturmführers. Auch innerhalb der deutschen Gesellschaft waren sie kleine Fische. Die Hälfte von ihnen kam aus der Arbeiterklasse, hatte acht Jahre eine Volksschule durchlaufen und dann als Lohnarbeiter gearbeitet; von den zehn anderen gehörten nur fünf zur Mittelschicht – der Arzt, die zwei Zahnärzte und die beiden Geschäftsleute Mulka und Capesius, während die anderen fünf eher zur unteren Mittelschicht zählten. Außerdem haben vier von ihnen anscheinend Vorstrafen aufzuweisen: Mulka 1920, weil er Geld unterschlagen hatte; Boger 1940, als er bei der Kriminalpolizei arbeitete, wegen Abtreibung; Bischoff (der während des Prozesses verstarb) und Dr. Schatz waren 1934 beziehungsweise 1937 aus unbekannten, aber sicher nicht aus politischen Gründen aus der Nazipartei ausgeschlossen worden. Sie waren in jeder Hinsicht, selbst im Hinblick auf das Strafregister, kleine Fische. Und soweit es den Prozess betrifft, muss man sich vor Augen halten, dass sich keiner von ihnen freiwillig zum Dienst in Auschwitz beworben hatte oder gar in der Lage dazu gewesen war. Sie können im Wesentlichen auch nicht für das im Lager verübte Hauptverbrechen, für die Vernichtung von Millionen Menschen durch Gas, verantwortlich gemacht werden; denn die Entscheidung, das Verbrechen des Völkermords zu begehen, war in der Tat, wie die Verteidigung sagte, »unwiderruflich durch einen Befehl Hitlers getroffen worden« und wurde mit peinlicher Sorgfalt von Schreibtischmördern in höheren Positionen ausgeführt, die sich dabei nicht die Hände schmutzig machen mussten.

Von der »hohlen Rhetorik« abgesehen, plädierte die Verteidigung seltsam widersprüchlich und gründete ihre Theorie des kleinen Mannes auf zwei Argumente: Erstens seien die Angeklagten zu ihren Taten *gezwungen* worden und keinesfalls in der Lage gewesen zu erkennen, dass es sich dabei um kriminelle Vergehen gehandelt habe. Doch wenn sie ihr Handeln nicht für falsch gehalten hatten (und es stellte sich heraus, dass die meisten nie einen Gedanken an diese Frage verschwendet hatten), warum war es dann notwendig gewesen, sie zu zwingen? Das zweite Argument der Verteidigung besagte, dass die Selektion von gesunden Menschen auf der Rampe in Wirklichkeit eine Rettungssoperation gewesen sei, denn andernfalls »wären alle Ankommenden vernichtet worden«. Doch wenn man diesen unhaltbaren Einwand beiseitelässt, erhebt sich die Frage, ob denn nicht auch die Selektionen auf Befehl von oben durchgeführt wurden? Und wie war es möglich, den Angeklagten *positiv anzurechnen*, dass sie Befehlen gehorchten, wenn ebendieser Gehorsam ihre wesentliche, ja einzige Rechtfertigung war?

Indes ist die Theorie des kleinen Mannes nicht ganz ohne Aussagewert, wenn man sie auf dem Hintergrund des öffentlichen Lebens in der Bundesrepublik betrachtet. Der brutale Kaduk fasst es folgendermaßen zusammen: »Es geht nicht um die Tat, die wir begangen haben, sondern um die Herren, die uns ins Unglück gestürzt haben. Die meisten gehen noch frei herum, wie der Globke. Das tut einem weh.« Und bei anderer Gelegenheit sagt er: »Nun müssen wir alles ausbaden. Den Letzten beißen die Hunde, nicht wahr.« Der gleiche Ton wurde von Hofmann angeschlagen, der zwei Jahre vor dem Auschwitzprozess wegen zweier in Dachau begangener Morde (zu zweimal lebenslänglich Zuchthaus) verurteilt worden war und der, wie Höß sagte, »wirkliche Macht im Lager ausübte«, obgleich er seiner eigenen Aussage zufolge nichts anderes getan hatte als »einen Kinderspielplatz [...] mit Sand für die Kleinen zum Spielen« einzurichten. Hofmann ruft: »Aber wo sind die Herren, die da oben standen? Die waren die Schuldigen, die am

Schreibtisch saßen und telefonierten«. Und er erwähnt Namen – nicht Hitler, Himmler, Heydrich oder Eichmann, sondern die höheren Tiere in Auschwitz wie Höß und Aumeier (ein Vorgänger im Amt des Schutzhaftführers) und Schwarz[3]. Die Antwort auf seine Frage fällt leicht: Sie sind alle tot, und dies bedeutet für einen Menschen seiner Geisteshaltung, dass sie den »kleinen Mann« im Stich gelassen haben, dass sie sich wie Feiglinge ihrer Verantwortung für ihn entzogen haben, indem sie sich hängen ließen oder Selbstmord begingen.

Diese Frage ist jedoch nicht so einfach zu klären, insbesondere nicht in Frankfurt, wo das Gericht ehemalige Abteilungsleiter des Reichssicherheitshauptamtes[4] als Zeugen geladen hatte, Mitarbeiter einer Behörde, die unter anderem für die Organisierung der in Auschwitz durchgeführten »Endlösung der Judenfrage« zuständig war. Wenn man ihre ehemaligen, den militärischen entsprechenden SS-Ränge heranzieht, dann rangierten diese Herren weit über den Angeklagten; sie besaßen eher den Rang eines Obersten und Generals als den eines Hauptmanns, Leutnants oder Unteroffiziers. Bernd Naumann, der klugerweise sich fast völlig jeder Analyse und jeden Kommentars enthält und den Leser damit umso direkter mit den Originaldialogen des großen Verhandlungsdramas konfrontiert, hielt das Thema des kleinen Mannes doch für wichtig genug, um eine seiner seltenen Anmerkungen hinzuzufügen. Angesichts dieser Zeugen fand er, dass die Angeklagten »genug Anlass [haben], darüber nachzudenken, wie glatt doch manchem der ›hohen Herren‹, denen sie willfährig, aber auch unter erpresserischem Zwang dienten, wie ohne allen Seelenskrupel solchen Männern die Rückkehr aus der fernen Welt des braunen germanischen Heldenlebens in die heutigen Niederungen biederer Bürgerlichkeit gelang« und wie »der Herrenmensch von damals, für das niedere Auschwitz-Personal einst im SS-Olymp residierend, gemessen und erhobenen Hauptes den Saal verlässt«.[5] Und was soll eigentlich ein Angeklagter – oder in diesem Zusammenhang jedermann – davon denken, wenn er in der *Süddeutschen Zeitung*, einer der besten deutschen Tageszeitungen, liest, dass ein ehemaliger Ankläger an einem der »Sondergerichte« der Nazis, ein Mann, der

1941 einen jener Zeitung zufolge offen »totalitären und antisemitischen« Gesetzeskommentar verfasst hatte, heute »seinen Lebensunterhalt als Richter am Bundesverfassungsgericht in Karlsruhe verdient«?* [6]

Und wenn jemand glauben sollte, dass diese »großen Männer« groß genug gewesen wären, einen Gesinnungswandel vorzunehmen, während die »kleinen Leute« eben auch kleine Geister und zu einer so heroischen Umstülpung ihres Innenlebens nicht fähig gewesen wären, der sollte dies Buch lesen, dann weiß er es besser. Sicherlich gab es einige – zum Beispiel Erwin Schulz, den ehemaligen Leiter eines Einsatzkommandos [7], der ehrlich und mit einem Anflug des Bedauerns bezeugte, dass er damals »nicht das Gefühl [hatte], dass es sich um ein ausgesprochenes Unrecht handelte«, wenn Frauen und Kinder erschossen wurden, »damit dem deutschen Volk keine Rächer entstünden«, und der sich erfolgreich um seine Entbindung von solchen Aufgaben bemüht hatte, nachdem er in Berlin eine Abänderung des Befehls zu erreichen versucht hatte. Sehr viel typischer hingegen ist der Rechtsanwalt Emil Finnberg (ein ehemaliger Gerichtsoffizier hinter der Ostfront), der Himmler immer noch zustimmend zitiert und nicht ganz ohne Stolz verkündet: »Führerbefehle waren für mich Gesetz.« Ein weiteres Beispiel ist der ehemalige Professor und Leiter der Anatomie an der Universität Münster (ihm wurden die akademischen Titel aberkannt), der ohne ein einziges Wort des Bedauerns aussagte, wie er die Opfer für den Angeklagten Klehr selektierte, der sie dann mit Phenoleinspritzungen ins Herz tötete. Er fand es »menschlich verständlich«, dass die Mörder Sonderrationen benötigten, und zweifellos hätte er mit seinem ehemaligen »Assistenten« übereingestimmt, der zugab, Häftlinge »abgespritzt« zu haben und dies im selben Atemzug rechtfertigte: »Auf deutsch gesagt waren es ja keine Kranken mehr, sondern schon halbe Tote«! (Selbst diese schreckliche Bemerkung stellte sich als Untertreibung, ja eigentlich als Lüge heraus, denn zahlreiche völlig gesunde Kinder wurden auf diese Weise getötet.) Schließlich (doch der Leser kann leicht mehr Beispiele in diesem

* Vgl. *The Economist*, London, 23. Juli 1966.

Buch finden) gibt es noch den Verteidiger von Wilhelm Boger, der sich in seinem Schlussplädoyer »darüber wundert, dass ›ernsthafte Menschen [sic!] über die Boger-Schaukel schreiben‹, die er [...] für das ›einzig wirksame Mittel der körperlichen Einwirkung [hält], das einzige, worauf Menschen reagieren‹«.

So also sieht der Standpunkt der Angeklagten und ihrer Verteidiger aus. Nachdem ihr anfänglicher Versuch, »aus Auschwitz eine Idylle zu machen [...] soweit es das Personal und dessen Verhalten betrifft«, fehlgeschlagen war und ein Zeuge nach dem anderen, ein Dokument nach dem anderen den Beweis erbrachte, dass sie nicht im Lager gewesen sein konnten, ohne etwas zu tun, ohne etwas zu bemerken, ohne zu wissen, was da vor sich ging (Höcker, der Adjutant des Lagerkommandanten Baer, hatte »von den Gaskammern überhaupt nichts gewusst«, bis er viel später gerüchteweise davon hörte), erklären sie dem Gericht, weshalb sie »hier sitzen«: Erstens, weil »die Zeugen nur aus Rache aussagen« (»Warum können die Juden nicht so anständig sein und die Wahrheit sagen? Aber offensichtlich wollen sie das nicht.«); zweitens, weil sie als »Soldaten« Befehle ausgeführt und »nicht nach Recht und Unrecht gefragt« hätten; und drittens, weil man die kleinen Leute als Sündenböcke für die hohen Tiere bräuchte (weshalb sie »heute so verbittert« sind).

Alle Nachkriegsprozesse gegen Naziverbrecher, angefangen vom Nürnberger Prozess gegen die Hauptkriegsverbrecher über den Eichmann-Prozess in Jerusalem bis zum Frankfurter Auschwitzprozess, taten sich juristisch und moralisch sehr schwer bei der Festlegung von Verantwortlichkeiten und bei der rechtlichen Bestimmung des Schuldumfangs. Die öffentliche Meinung wie die Ansicht von Juristen tendierten von Anfang an dazu, die Schreibtischtäter – deren wichtigste Werkzeuge Schreibmaschinen, Telefone und Fernschreiber waren – für schuldiger zu halten als jene, die tatsächlich die Vernichtungsmaschinerie bedienten, das Gasgranulat in die Kammern geworfen, die Maschinengewehre bei den Massakern an Zivilisten abgefeuert haben oder mit der Verbrennung der Leichenberge beschäftigt waren. Beim Prozess gegen Adolf Eichmann, den Schreibttischtäter par excellence, erklärte das

Gericht, dass der »Grad der Verantwortung in dem Maße zunimmt, wie man sich von der Person entfernt, welche die tödliche Waffe eigenhändig benutzt«[8]. Wenn man das Verfahren in Jerusalem verfolgt hat, dann ist man mehr als geneigt, dieser Ansicht zuzustimmen. Der Frankfurter Prozess, der sich in vieler Hinsicht wie eine in höchstem Maße erforderliche Ergänzung zum Prozess in Jerusalem liest, wird bei vielen Zweifel an Dingen hervorrufen, die sie für beinahe selbstverständlich gehalten hatten. Was diese Prozesse enthüllt haben, das ist nicht nur die komplizierte Frage der persönlichen Verantwortung, sondern die offen zutage liegende kriminelle Schuld; und die Gesichter derjenigen, die ihr Bestes oder eher das Schlimmste taten, um verbrecherischen Befehlen zu gehorchen, unterscheiden sich immer noch sehr von jenen, die in einem gesetzlich abgesicherten Verbrechersystem weniger gehorchten, als dass sie mit ihren dem Tod geweihten Opfern nach eigenem Belieben verfuhren. Die Angeklagten räumten dies gelegentlich auf ihre primitive Art ein: »Aber die da oben [haben] es leicht gehabt, Befehle herauszugeben, dass keine Häftlinge geschlagen werden dürften.« Doch die Verteidiger eines Mannes behandelten den Fall, als hätten sie es auch hier mit Schreibtischtätern oder mit »Soldaten« zu tun, die ihren Vorgesetzten gehorcht hatten. Darin bestand die große Lüge bei ihrer Darlegung der Fälle. Die Anklage der Staatsanwaltschaft lautete auf »Mord und Beihilfe zum Mord in *Einzelfällen«* in Verbindung mit »Massenmord und Beihilfe zum Massenmord« – das war eine Anklage wegen zweier völlig verschiedener Verbrechen.

III.

Wie viel Schaden die Gerechtigkeit unvermeidlich nahm und nehmen musste, weil die Trennungslinie zwischen diesen beiden unterschiedlichen Verbrechen verwischt wurde, begreift man erst am Ende dieses Buchs, wenn Richter Hofmeyer am 182. Verhandlungstag die Urteile verkündet und die Urteilsbegründung verliest. Das Gericht, so hieß es darin, sei nicht mit der Institution Auschwitz befasst gewesen, sondern nur mit der »Strafsache gegen

Mulka und andere«, mit der Schuld oder Unschuld der Angeklagten. »Allein die Erforschung der Wahrheit [hat] im Mittelpunkt dieses Verfahrens gestanden«, hieß es in der Urteilsbegründung, doch da die Erwägungen des Gerichts ihre Grenze an den im deutschen Strafgesetzbuch von 1871 festgelegten Begriffen für kriminelle Schuld hatten, war es, wie Bernd Naumann sagt, fast selbstverständlich, dass die Wahrheit »Richtern und Geschworenen verschlossen [blieb], jedenfalls die ganze Wahrheit«[9]. Denn in dem nahezu hundert Jahre alten Strafgesetzbuch gab es keinen Artikel, der den organisierten, vom Staat angeordneten Mord abdeckte, keinen Paragrafen, der sich auf die Vernichtung ganzer Völker als Teil demografischer Politik bezog, keinen Artikel, der auf den »Regimetäter« zutraf oder auf die Alltagsverhältnisse unter einer kriminellen Regierung, einem »Verbrecherstaat«, wie Karl Jaspers ihn genannt hat – ganz abgesehen von den Umständen in einem Vernichtungslager, wo jeder Ankömmling dem Tod geweiht war, indem er entweder sofort vergast oder ein paar Monate später durch Arbeit umgebracht wurde. Im Broad-Bericht heißt es: »Höchstens 10 bis 15 Prozent eines jeden Transportes blieben durchschnittlich als Arbeitsfähige am Leben«[10], und die Lebenserwartung dieser selektierten Männer und Frauen betrug ungefähr drei Monate. Was man sich rückblickend nur äußerst schwer vorstellen kann, ist diese ständig gegenwärtige Atmosphäre gewaltsamen Todes; nicht einmal auf dem Schlachtfeld ist der Tod so gewiss und das Leben so von Wundern abhängig. (Und selbst die unteren Ränge der Wachmannschaften waren nie frei von Furcht; sie hielten es, wie Broad sagte, durchaus für möglich, dass sie, »um das Geheimnis zu wahren [...] wohl als letzte in die Gaskammern marschieren [...] Es ist bezeichnend, dass jeder es als eine Selbstverständlichkeit ansah, dass Himmler die zu einem solchen Schritt notwendige Charakterlosigkeit und Brutalität aufbrachte.« Broad vergaß allerdings zu erwähnen, dass sie diese Gefahr immer noch für weniger bedrohlich als die Situation an der Ostfront hielten, denn es besteht kaum ein Zweifel daran, dass sich viele von ihnen freiwillig vom Lager zum Fronteinsatz hätten versetzen lassen können.)

Woran das alte Strafgesetzbuch also völlig vorbeiging, war nichts Geringeres als die Alltagswirklichkeit von Nazideutschland im Allgemeinen und von Auschwitz im Besonderen. Insofern die Anklage auf Massenmord lautete, stimmte die Annahme des Gerichts, dass es sich »um einen normalen Strafprozess [handelt], mag er auch einen Hintergrund haben, wie er wolle«, einfach nicht mit den Tatsachen überein. Verglichen mit normalen Verfahren, konnte hier nur alles auf den Kopf gestellt werden: So konnte beispielsweise ein Mann, der den Tod von Tausenden verursacht hatte, weil seine Arbeit darin bestand, das Gasgranulat in die Kammern zu werfen, eines geringeren Verbrechens schuldig sein als ein anderer, der »nur« Hunderte getötet, dies aber aus eigenem Antrieb und mit niedrigen Beweggründen getan hatte. Der Hintergrund war der Verwaltungsmassenmord, der in einem gigantischen Ausmaß mit den Mitteln der Massenproduktion durchgeführt wurde – nämlich als Massenproduktion von Leichen. »Massenmord und Beihilfe zum Massenmord« war eine Anklage, die gegen jeden einzelnen SS-Mann, der irgendwann in einem der Vernichtungslager Dienst getan hatte, erhoben werden könnte und sollte, und genauso gegen viele andere, die niemals ein Lager betreten hatten. Von diesem Standpunkt aus, der von der Anklage geteilt wurde, hatte der Zeuge Dr. Heinrich Dürmayer, ein Anwalt und Hofrat aus Wien, ganz recht, als er auf die Notwendigkeit einer Umkehr des normalen Gerichtsverfahrens hinwies, nämlich dass die Angeklagten unter diesen Umständen so lange als schuldig gelten sollten, bis sie das Gegenteil bewiesen: *»Ich war der festen Überzeugung, diese Menschen müssten ihre Unschuld nachweisen.«* Ebenso konnten Personen, die »nur« bei den Routinearbeiten der Vernichtung teilgenommen hatten, unmöglich der »Handvoll unerträgliche Fälle« zugerechnet werden. Im Milieu von Auschwitz gab es tatsächlich »keinen, der dort nicht schuldig war«, wie der Zeuge aussagte; und dies hieß für den Zweck des Verfahrens ganz eindeutig, dass »unerträgliche« Schuld mit ziemlich ungewöhnlichen und in keinem Strafgesetzbuch vorhandenen Maßstäben gemessen werden musste.

Gegen alle derartigen Argumente kam vom Gericht folgender Einwand: »[Dem] Kernbereich des Rechts war auch der Nationalsozialismus unterworfen.« Man könnte meinen, das Gericht wollte uns daran erinnern, dass die Nazis nie irgendwelche Anstalten unternahmen, das Strafgesetzbuch umzuschreiben, wie sie es auch unterließen, die Weimarer Verfassung abzuschaffen. Doch dies war nur eine scheinbare Nachlässigkeit; denn der totalitäre Herrscher begreift rasch, dass alle Gesetze einschließlich derer, die er selbst erlässt, seiner ansonsten schrankenlosen Macht gewisse Grenzen setzen werden. Deshalb war in Deutschland der *Wille* des Führers *Quelle* des Rechts und der Befehl des Führers gültiges Gesetz. Was konnte schrankenloser sein als der Wille eines Menschen und willkürlicher als ein Befehl, der nur durch ein »Ich will« gerechtfertigt war? In Frankfurt jedenfalls liefen die unrealistischen Annahmen des Gerichts auf das unerquickliche Ergebnis hinaus, dass das Hauptargument der Verteidigung, »ein Staat könne unmöglich bestrafen, was er in einer anderen Geschichtsphase befohlen habe«, beträchtlich an Plausibilität gewann, insbesondere da auch das Gericht der diesem Argument zugrunde liegenden These einer »Kontinuität in der Identität« des deutschen Staates vom Bismarck-Reich bis zur Bonner Regierung zustimmte.

Mehr noch, wenn es diese Kontinuität der staatlichen Institutionen wirklich gibt – und tatsächlich trifft dies ja auf den Hauptteil der Beamtenschaft zu, welcher von den Nazis »gleichgeschaltet« werden konnte und welchen Adenauer ohne viel Federlesens erneut wieder einsetzte –, wie verhält es sich dann mit den Justizbehörden? Wäre es dann nicht, wie Dr. Laternser, der bei Weitem intelligenteste Anwalt der Verteidigung, ausführte, die Pflicht der Staatsanwaltschaft gewesen, »gegen flagrante Rechtsbrüche, wie gegen die Zerstörung jüdischer Geschäfte und Wohnungen im November 1938, die Tötung der Geisteskranken [1939 und 1940, H. A.] und schließlich die Ermordung der Juden [einzuschreiten]? Sie wusste doch damals schon – oder nicht?, dass es sich dabei um Verbrechen handelte. Welcher Richter oder Staatsanwalt hat damals protestiert oder gar seinen Dienst verlassen?« Diese Fragen blieben unbeantwortet, was darauf hinweist, wie prekär die rechtlichen Grundlagen des Verfahrens waren. In krassem Gegensatz zu den juristischen Annahmen und Theorien hat jeder einzelne Nachkriegsprozess gegen Nazis bewiesen, dass bei den Verbrechen ein totales Zusammenwirken aller Staatsorgane, des gesamten öffentlichen Dienstes und aller in der Öffentlichkeit bekannten hochrangigen Personen aus der Wirtschaft stattfand – und damit, so sollte man hoffen, offengelegt, dass es keine »kontinuierliche Identität« gibt. Dr. Laternser klagte auch die Alliierten an, »dass sie die Chance, nach dem Krieg einen endgültigen Maßstab für das Recht der Zukunft zu setzen, vertan und damit der Verwilderung der Rechtsverhältnisse Vorschub geleistet hätten«. Niemand, der mit dem Nürnberger Prozess vertraut ist, wird dies bestreiten. Aber warum erhebt Dr. Laternser dieselbe Anklage nicht gegen die Bundesrepublik, die doch offenkundig ein sehr viel unmittelbareres Interesse daran haben müsste, die Sachlage zu korrigieren? Liegt es nicht auf der Hand, dass das ganze Gerede über »Vergangenheitsbewältigung« nur hohle Rhetorik bleibt, solange die Regierung sich nicht mit den tatsächlichen Straftaten ihrer Vorgängerin auseinandersetzt? Stattdessen, so stellte sich in Frankfurt heraus, war eine Entscheidung über die Rechtswidrigkeit des infamen Kommissarbefehls, auf dessen Grundlage unzählige russische Gefangene bei der Ankunft in Auschwitz umgebracht wurden, »vom Bundesgerichtshof noch nicht ergangen«, obwohl dasselbe Gericht die Rechtswidrigkeit der Judenvernichtung »unter Berufung auf das Naturrecht« festgestellt hat – eine Lösung, die übrigens unabhängig von den hier angestellten Überlegungen, auch nicht sehr befriedigend ist. (Das Problem des Kommissarbefehls scheint darin zu bestehen, dass er nicht eindeutig genug auf Hitler zurückzuführen ist, sondern direkt vom Oberkommando der Wehrmacht erging; die Häftlinge »brachten eine Karteikarte mit, die den Vermerk trug ›Gemäß OKW-Befehl [...]‹«. Wurde deshalb der Angeklagte Breitwieser vom Gericht mit der Begründung freigesprochen, der Zeuge Petzold habe nicht die Wahrheit gesagt? Ohne dabei zu erwähnen, dass ein anderer Zeuge, Eugenius Motz, Breitwieser beschuldigt hatte, Zyklon B bei den ersten Vergasungsversuchen an sowjetischen Offizieren und Kommissaren ausprobiert zu haben?) Für die Verteidigung stellt die Entscheidung des obersten deutschen Gerichts jedenfalls nichts anderes als *»gegenwär-*

tige Rechtsauffassung« dar, und es besteht kaum ein Zweifel daran, dass sich diese Anwälte damit in Übereinstimmung befinden mit »der Mehrheit des deutschen Volkes« – und vielleicht auch mit ihren Kollegen in der Juristenschaft.

Vom Verfahrensverlauf her gesehen war es die Anklage wegen »Massenmordes und Beihilfe zum Massenmord«, welche dazu angetan war, den problematischen »Hintergrund« ungelöster Rechtsfragen und das Fehlen »gültiger Maßstäbe« bei der Aburteilung ins Blickfeld zu rücken, und somit verhinderte, dass das Verfahren, wie Generalstaatsanwalt Bauer gehofft hatte, ein »ganz einfacher Fall« wurde. Denn was die Angeklagten, ihre Person und ihre Taten betraf, handelte es sich in der Tat um einen »ganz einfachen Fall«, denn nahezu alle Grausamkeiten, derer sie durch die Zeugen beschuldigt wurden, waren nicht durch Befehle von oben, das heißt durch Befehle der Schreibtischmörder gedeckt oder durch Befehle des eigentlichen Initiators, der eigentlichen Initiatoren der »Endlösung«. Keine hochrangige Person hat sich je mit Anweisungen für solche »Einzelheiten« wie die »Hasenjagd«, die »Boger-Schaukel«, den »Sport«, die Bunker, die »Stehzellen«, die »Schwarze Wand« oder das »Mützenschießen« abgegeben. Niemand hatte den Befehl erlassen, dass Kinder als Zielscheiben in die Luft geworfen oder lebendig ins Feuer geschmissen oder mit dem Kopf gegen Wände geschleudert werden sollten; es hatte keinen Befehl gegeben, demzufolge Menschen zu Tode getrampelt oder zum Gegenstand mörderischen »Sports« werden sollten, wozu die Tötung mit einem einzigen Handkantenschlag gehörte. Niemand hatte sie angewiesen, die Selektionen auf der Rampe »wie in einem gemütlichen Familienbetrieb« durchzuführen und sich danach damit zu brüsten, »was sie diesem abgenommen hätten und was jenem. ›Wie eine Jagdgesellschaft, die von der Jagd zurückkommt und sich Details erzählt.‹« Sie waren nicht nach Auschwitz geschickt worden, um reich zu werden oder dort ihren »Spaß« zu haben. So wurde die bei allen Verfahren gegen Naziverbrechen getroffene zweifelhafte juristische Entscheidung, dass es sich dabei um »normale Strafprozesse« gehandelt habe und dass die Angeklagten sich nicht von anderen Kriminellen unterschieden auf einmal wahr – und vielleicht wahrer, als irgendjemand gern wissen wollte. Zahllose Einzelverbrechen, von denen eines schrecklicher war als das andere, schufen und umgaben die Atmosphäre, in der das gigantische Verbrechen der Vernichtung stattfand. Und genau diese »Umstände« – wenn das, was in keiner Sprache ausgedrückt werden kann, so heißen soll – sowie die »kleinen Leute«, die dafür verantwortlich und mitschuldig sind, wurden im Auschwitzprozess voll ausgeleuchtet, nicht das Staatsverbrechen und nicht die Herren in »gehobenen« Positionen. Im Unterschied zum Prozess in Jerusalem, wo Eichmann aufgrund unwiderlegbarer dokumentarischer Beweise und eigener Eingeständnisse verurteilt werden konnte, kam es hier auf die Aussage jedes einzelnen Zeugen an, da diese Männer – und nicht die Schreibtischtäter – die Einzigen waren, denen die Opfer gegenüberstanden und die sie kannten, die Einzigen, die für sie zählten.

Selbst das ansonsten ziemlich haltlose Argument der »Kontinuität in der Identität« des deutschen Staates konnte man, wenn auch mit einigem Vorbehalt, bei diesen Fällen ins Feld führen. Denn es stimmte, dass die Angeklagten, wie das Gericht im Falle des Funktionshäftlings Bednarek ausführte, nicht nur »die Menschen auf Befehl getötet, sondern im *Gegensatz zu dem Befehl gehandelt [haben],* wonach im Lager kein Häftling umgebracht werden sollte« – die Vergasung natürlich ausgenommen; Tatsache war, dass die meisten dieser Fälle selbst von einem Nazi- oder SS-Gericht hätten verfolgt werden können, auch wenn dies nicht oft vorkam. So war etwa der ehemalige Leiter der Politischen Abteilung in Auschwitz, ein gewisser Grabner, 1944 vor einem SS-Gericht angeklagt worden, »willkürlich 2000 Häftlinge zur Exekution aussortiert zu haben«, und zwei ehemalige SS-Richter, Konrad Morgen und Gerhard Wiebeck, die beide heute als Anwälte praktizieren, sagten als Zeugen aus, die SS habe »Korruptionsdelikte und außerhalb der Generallinie liegende Handlungen der SS, zum Beispiel eigenmächtige Tötungen« untersucht, was dann zu Mordanklagen vor SS-Gerichten geführt habe. Staatsanwalt Vogel machte darauf aufmerksam, »dass Himmler auch angeordnet hatte, ohne seinen ausdrücklichen Befehl seien Häftlinge weder zu schlagen noch zu liquidieren«, was ihn jedoch nicht davon abhielt, »einige Male die Lager zu besuchen und dem Vollzug der Prügelstrafe an Frauen beizuwohnen«.

Dass definitive Maßstäbe zur Beurteilung der in diesen außergewöhnlichen und schrecklichen Verhältnissen verübten Verbrechen fehlen, wird auf schmerzliche Weise deutlich am Urteil, welches das Gericht gegen Dr. Franz Lucas fällte. Drei Jahre und drei Monate Zuchthaus – die Mindeststrafe – für einen Mann, der immer »von seinen Kameraden gemieden wurde« und nun ganz offen von den Angeklagten, die ansonsten ganz geflissentlich wechselseitige Anschuldigungen vermeiden (nur einmal widersprechen sie sich, und vor Gericht ziehen sie die beschuldigenden Aussagen aus ihrer Voruntersuchung zurück), angegriffen wird: »Wenn er hier sagt, dass er Leuten geholfen hat, das war vielleicht 1945, da hat er sich eine Rückfahrkarte besorgt.« Der springende Punkt ist, dass dies doppelt falsch ist: Dr. Lucas hatte vom Anfang bis zum Ende Menschen geholfen; und er spielte sich nicht nur nicht als »Retter« auf – ganz im Gegensatz zu den meisten anderen Angeklagten, sondern weigerte sich auch beständig, die Zeugen zu erkennen, die zu seinen Gunsten aussagten, und sich an die von ihnen berichteten Vorfälle zu erinnern. Mit seinen Kollegen aus den Reihen der Häftlinge, die er mit ihrem richtigen Titel ansprach, hatte er über die sanitären Verhältnisse diskutiert; er hatte sogar aus der SS-Apotheke gestohlen, für »die Häftlinge [...] von seinem eigenen Geld Lebensmittel gekauft« und seine Rationen mit ihnen geteilt; »er war der einzige Arzt, der uns als Menschen behandelt hat«; »er hat uns nicht als unwürdige Menschen betrachtet«; er gab den Ärzten unter den Häftlingen den Rat »einige Kameradinnen vor der Gaskammer zu retten«. Und als Resümee: »Wir waren ganz verzweifelt, als Dr. Lucas weg war. Als Dr. Lucas bei uns war, da waren wir so fröhlich. Wirklich, wir haben wieder das Lachen gelernt.« Und Dr. Lucas sagt: »Ich habe den Namen der Zeugin bisher nicht gekannt.« Ganz bestimmt könnte keiner der Freigesprochenen, keiner der Verteidiger und keiner der »hohen Herren«, die ungeschoren davonkamen und hier als Zeugen aussagten, Dr. Lucas das Wasser reichen. Doch das Gericht, das an seine gesetzlichen Voraussetzungen gebunden war, konnte nicht anders, als die Mindeststrafe über diesen Mann zu verhängen, obwohl die Richter genau wussten, dass Dr. Lucas, wie es ein Zeuge formulierte, »dort überhaupt nicht hingehörte. Er war zu gut.« Selbst die Staatsanwaltschaft wollte ihn nicht »mit den anderen in einen Topf werfen«. Es stimmt, dass Dr. Lucas auf der Rampe war und die Arbeitsfähigen selektiert hat, aber man hatte ihn dorthin beordert, weil er im Verdacht der »Häftlingsbegünstigung« stand und weil man ihm gesagt hatte, er würde »auf der Stelle verhaftet«, wenn er sich weigerte, dem Befehl zu gehorchen. Von daher lautete die Anklage auf »Massenmord oder Beihilfe zum Massenmord«. Als Dr. Lucas zum ersten Mal mit seinen Lageraufgaben konfrontiert gewesen war, hatte er um Rat nachgesucht: Sein Bischof sagte ihm, »unmoralische Befehle dürften nicht befolgt werden, doch gehe dies nicht so weit, dass man sein eigenes Leben gefährden müsste«; ein hoher Jurist rechtfertigte die Schrecklichkeiten mit dem Krieg. Keiner dieser beiden Ratschläge war sehr hilfreich. Aber wir wollen einmal annehmen, er hätte die Häftlinge gefragt, was er tun sollte. Hätten diese ihn nicht gebeten, zu bleiben und den Preis der Teilnahme an den Selektionen auf der Rampe zu zahlen, welche ein alltägliches Ereignis, sozusagen ein Routineschrecken waren, um sie vor dem schwachsinnigen, teuflischen Einfallsreichtum all der anderen zu schützen?

IV.

Wenn man die Prozessakten liest, muss man immer im Auge behalten, dass Auschwitz für *Verwaltungs*massenmorde errichtet worden ist, die nach den strengsten Vorschriften und Anweisungen durchgeführt werden mussten. Diese Vorschriften und Anweisungen wurden von den Schreibtischtätern festgelegt und schienen – so war es wahrscheinlich gedacht – Einzelinitiativen jeder Art, ob zum Guten oder zum Schlechten, auszuschließen. Die Vernichtung von Millionen sollte planmäßig wie eine Maschine funktionieren: die Ankömmlinge aus ganz Europa; die Selektionen auf der Rampe und anschließend die Selektion der bei Ankunft Arbeitsfähigen; die Zuweisung zu Kategorien (alle Alten, Kinder und Mütter mit Kindern wurden sofort vergast); die Menschenexperimente; das System der »Funktionshäftlinge«, der Kapos und der Häftlingskommandos, die die Vernichtungseinrichtungen bedienten und privilegierte Positionen einnahmen. Alles schien vorausgesehen und deshalb vorhersagbar – Tag für Tag, Monat für Monat, Jahr für Jahr. Was allerdings bei den bürokratischen Berechnungen herauskam, war das genaue Gegenteil von Vorhersagbarkeit. Es war die totale Willkür. Dr. Wolken, ein ehemaliger Häftling, heute Arzt in Wien, der erste und einer der besten Zeugen, brachte diesen Sachverhalt folgendermaßen zum Ausdruck: »[...] *die Atmosphäre* im Lager [...] *änderte sich beinahe von Tag zu Tag*. Sie war abhängig vom Lagerführer, vom Rapportführer, vom Blockführer und deren Launen« – vor allem, so zeigte es sich, von deren Launen. »Es gab Dinge, die waren heute möglich und zwei Tage danach waren sie wieder unmöglich [...] Ein Arbeitskommando, und zwar ein und dasselbe, war einmal ein Todeskommando [...] oder eine ganz gemütliche Angelegenheit.« So war der Sanitätsoffizier an einem Tag gut aufgelegt und hatte die Idee, einen Schonungsblock für Rekonvaleszenten einzurichten; zwei Monate später wurden alle Rekonvaleszenten zusammengetrieben und ins Gas geschickt. Was die Schreibtischtäter übersehen haben, war, horribile dictu, der menschliche Faktor. Und was dies so schrecklich macht, ist eben die Tatsache, dass diese Monster keineswegs Sadisten im klinischen Sinn waren, was zur Genüge durch ihr Verhalten unter normalen Umständen bewiesen wird, und dass sie für ihren monströsen Dienst keinesfalls auf solcher Basis ausgewählt worden waren. Nach Auschwitz oder in ähnliche Lagern kamen sie einfach deshalb, weil sie aus irgendeinem Grund nicht militärtauglich waren.

Bei einer ersten und sorglosen Lektüre dieses Buches kommt man leicht in Versuchung, sich pauschal über die böse Natur des Menschengeschlechts, über die Erbsünde, über die angeborene »Aggressivität« des Menschen und so weiter im Allgemeinen – oder über den deutschen »Nationalcharakter« im Besonderen – auszulassen. Man läuft leicht Gefahr, die allerdings nicht sehr zahlreichen Beispiele zu übersehen, in denen Zeugen dem Gericht schilderten, dass »gelegentlich ›ein Mensch‹ ins Lager gekommen« sei und es nach einem ersten Eindruck schleunigst wieder verlassen habe: »Nein, das ist kein Geschäft für meiner Mutter Kind.« Im Gegensatz zu der Ansicht, die im Allgemeinen in der Zeit vor diesen Prozessen vertreten wurde, war es für SS-Angehörige ziemlich einfach, sich unter irgendeinem Vorwand wieder davonzumachen, vorausgesetzt, man hatte nicht das Pech, in die Finger einer Person wie Dr. Emil Finnberg zu geraten, der es selbst noch heute für vollkommen in Ordnung hält, für das »Verbrechen«, physisch unfähig zu sein, Frauen und Kinder zu erschießen, Strafen verlangt zu haben, die »zwischen Gefängnis und Todesstrafe« liegen. Es war weit weniger gefährlich, sich auf »schwache Nerven« zu berufen, als im Lager zu bleiben, den Häftlingen zu helfen und das Risiko des ungleich schwereren Vorwurfs der »Häftlingsbegünstigung« einzugehen. Von daher repräsentierten jene, die jahrelang dort blieben und nicht zu den wenigen Auserwählten zählten, die zu Helden wurden, eine Art Selbstauswahl der schlimmsten Elemente der Bevölkerung. Was diese Dinge angeht, so kennen wir den Prozentsatz nicht und werden ihn wahrscheinlich nie erfahren, doch wenn wir im Auge behalten, dass diese unverhohlenen sadistischen Taten von vollkommen normalen Menschen begangen wurden, die in ihrem Alltag mit dem Gesetz wegen derartiger Vergehen nie in Konflikt geraten sind, dann fangen wir an, uns Gedanken über die Traumwelt einer ganzen Menge durchschnittlicher Bürger zu machen, denen wahrscheinlich nicht viel mehr als eine passende Gelegenheit fehlt.

Jedenfalls eines steht fest, und dieses hatte man schon gar nicht mehr zu glauben gewagt, nämlich »dass jeder durchaus für sich selbst entscheiden konnte, ob er in Auschwitz gut oder böse war«. (Ist es nicht grotesk, dass deutsche Gerichte heute nicht in der Lage sein sollten, den Guten wie den Bösen Gerechtigkeit widerfahren zu lassen?) Und diese Entscheidung hing überhaupt nicht davon ab, ob man ein Jude, ein Pole oder ein Deutscher war; sie hing nicht einmal von der Zugehörigkeit zur SS ab. Denn inmitten dieses Schreckens gab es einen Oberscharführer Flacke, der eine »Insel des Friedens« errichtet hatte und einem Häftling nicht glauben wollte, der zu ihm sagte, dass man am Ende »uns doch alle umbringen [wird]. Man lässt doch keine Zeugen überleben.« »Ich hoffe«, antwortete er, »es werden genügend unter uns sein, die das verhindern werden.«

Trotz der nachweisbaren Normalität der Angeklagten war in Auschwitz Sadismus die treibende menschliche Kraft, und Sadismus ist im Wesentlichen sexuell bestimmt. Dass die Angeklagten erinnerungsselig lächeln; dass sie mit Wohlgefallen der Wiedergabe ihrer Taten lauschen, die gelegentlich nicht nur die Zeugen, sondern auch die Geschworenen zum Weinen bringen und ihnen den Atem verschlagen; dass sie sich auf unglaubliche Art vor den Zeugen verbeugen, die gegen sie aussagen und, einst ihre hilflosen Opfer, sie wiedererkennen; dass sie sich offen darüber freuen, erkannt (wenn auch beschuldigt) und also erinnert zu werden; und dass sie eigentlich durchweg guter Laune sind – dies alles, so argwöhnt man, spiegelt die süße Erinnerung an große sexuelle Vergnügen wider und ist gleichzeitig Ausdruck ihrer unverhohlenen Schamlosigkeit. Hatte sich Boger nicht mit der Zeile aus dem mittelalterlichen Liebesgedicht »Du bist mein« (»*Du bist mein / Ich bin dein / des solt du gewiss sein*«[11]) an ein Opfer herangemacht – eine gewissermaßen kultivierte Geste, zu welcher so ganz ungebildete Kerle wie Kaduk, Schlage, Baretzki und Bednarek kaum fähig gewesen wären? Doch im Gerichtssaal hier verhalten sie sich alle gleich. Aus den Beschreibungen der Zeugen geht hervor, dass dort eine Atmosphäre schwarzer Magie und grässlicher Orgien geherrscht haben musste, wenn das Ritual des »verschärften Verhörs« vollzogen wurde oder wenn sie die »weißen Handschuhe« überstreiften, um in den Bunker zu gehen, oder wenn sie dümmlich damit prahlten, sie seien der Leibhaftige, was eine Spezialität Bogers und des rumänischen Apothekers Capesius war. Letzterer – er wurde von einem rumänischen Gericht in Abwesenheit zum Tode und nun zu neun Jahren in Frankfurt verurteilt – ist der makaberste von allen. Mit der Beute aus Auschwitz ließ er sich in Deutschland nieder, machte ein Geschäft auf und hat nun einen »Freund« der eigennützigen Zeugenbeeinflussung beschuldigt. Sein Missgeschick in Frankfurt hat seinem Geschäft nicht geschadet; sein Laden in Göppingen »floriert besser denn je«, wie Sybille Bedford[12] im *Observer* berichtete.

Was den menschlichen Faktor in Auschwitz betrifft, so muss die reine Launenhaftigkeit an zweiter Stelle rangiert haben. Was ändert sich öfter und rascher als Stimmungen, und was bleibt von der Menschlichkeit eines Mannes übrig, der sich völlig von ihnen treiben lässt? Die SS-Leute waren von einem nie versiegenden Strom von Menschen umgeben, die in jedem Fall zum Tod verdammt waren, und konnten deshalb tun und lassen, was sie wollten. Sie waren, um noch einmal darauf hinzuweisen, keineswegs »Hauptkriegsverbrecher«, wie man die Angeklagten im Nürnberger Prozess nannte. Sie waren die Parasiten der »großen« Verbrecher, und wenn man sie betrachtet, dann fragt man sich, ob sie nicht doch schlimmer waren als jene, denen sie ihr heutiges Missgeschick anlasten. Die Nazis haben zwar durch ihre Lügen den Abschaum der Erde zur Elite des Volkes erhoben, doch diejenigen, die nach dem Naziideal der »Zähigkeit« lebten und immer noch stolz darauf sind (wirklich »scharfe Hunde«), sind tatsächlich butterweich. Es ist, als ob ihre sprunghaften Launen damals ihre ganze Substanz verschlungen hätten – das feste Gerüst persönlicher Identität, entweder gut oder böse, sanft oder brutal, ein »idealistischer« Schwachkopf oder ein zynischer, sexuell perverser Mensch zu sein. Derselbe Mann, der zu Recht eine der härtesten Strafen, nämlich lebenslänglich plus acht Jahre, erhielt, verteilte gelegentlich Würstchen an Kinder; Bednarek ging, wenn er seine Spezialität, Häftlinge zu Tode zu trampeln, beendet hatte, in sein Zimmer zurück und betete, denn dafür war er nun in der richtigen Stimmung; derselbe Sanitätsoffizier, der Tausende dem Tod überantwortete, konnte auch eine Frau retten, die an seiner alten Alma Mater studiert hatte und ihn deshalb an seine Jugend erinnerte; Blumen und Schokolade wurden einer Wöchnerin gesandt, obgleich sie am nächsten Morgen vergast werden sollte. Der Angeklagte Hans Stark, damals ein ganz junger Mann, griff sich einmal zwei Juden heraus, befahl dem Kapo, sie zu töten, und ging dann dazu über, ihm zu zeigen, wie man so etwas macht, und als er dies demonstrierte, tötete er zwei weitere Juden. Doch bei einer anderen Gelegenheit zeigte er auf ein Dorf und meinte gedankenvoll zu einem Häftling: »Sehen Sie, wie schön das Dorf gebaut wurde. So viele Ziegelsteine sind darin. Wenn der Krieg vorbei ist, werden *die Ziegelsteine die Namen derer tragen, die getötet wurden. Vielleicht werden nicht genug Ziegelsteine vorhanden sein.«*

Es stimmt sicherlich, dass »es kaum einen SS-Mann [gab], der nicht sagen könnte, er habe nicht einem das Leben gerettet«, wenn er in der richtigen Stimmung dafür war; und die meisten Überlebenden – ungefähr ein Prozent der selektierten Arbeitskräfte – verdanken ihr Leben diesen »Rettern«. Der Tod war der oberste Herrscher in Auschwitz, aber direkt an seiner Seite regierte der Zufall, der das Schicksal der Häftlinge bestimmte – eine unerhörte und in die wechselnden Launen der Todesdiener eingebettete absolute Willkür.

V.

Wäre der Richter so weise wie Salomon gewesen und hätte das Gericht über den »definitiven Maßstab« verfügt, welcher das beispiellose Verbrechen unseres Jahrhunderts in Kategorien einteilen und unter Paragrafen subsumieren und damit helfen könnte, das Wenige herbeizuführen, dessen menschliche Gerechtigkeit fähig ist, dann wäre es immer noch mehr als zweifelhaft, ob »die Wahrheit, die ganze Wahrheit«, die Bernd Naumann gefordert hat, ans Licht gekommen wäre. Keine Verallgemeinerung – und was denn ist Wahrheit, wenn nicht allgemein? – ist bisher in der Lage, die chaotische Flut sinnloser Gräuel einzudämmen, in die man hinabtauchen muss, um zu verstehen, was passiert, wenn Menschen sagen, dass »alles möglich ist«, und nicht bloß, dass alles erlaubt sei.

Anstelle *der* Wahrheit wird der Leser jedoch *Momente von Wahrheit* finden, und einzig vermittels dieser Momente kann man dieses Chaos aus Grauen und Bosheit artikulieren. Diese Momente tauchen unerwartet auf, wie Oasen aus der Wüste. Es handelt sich dabei um Anekdoten, und diese erzählen in äußerster Kürze, was eigentlich Sache war.

Da gibt es den Jungen, der weiß, dass er sterben wird, und der deshalb mit seinem Blut auf die Barackenwände schreibt: »Andreas Rapaport – lebte sechzehn Jahre.«

Da gibt es den Neunjährigen, der weiß, dass er »eine Menge« weiß, doch »nichts mehr lernen wird«.

Da gibt es den Angeklagten Boger, der ein Kind trifft, das einen Apfel isst, es an den Füßen packt, seinen Kopf an der Wand zerschmettert und dann ruhig den Apfel aufhebt, um ihn eine Stunde später zu verzehren.

Da gibt es den Sohn eines diensthabenden SS-Mannes, der ins Lager kommt, um seinen Vater zu besuchen. Doch ein Kind ist ein Kind, und an diesem besonderen Ort gilt die Regel, dass alle Kinder sterben müssen. Deshalb muss der Sohn ein Schild um seinen Hals tragen, »damit sie ihn nicht schnappen und weg in die Gaskammer damit!«

Da gibt es den Gefangenen, der die Selektierten bewacht, die vom »Sanitätsdienstgrad« Klehr mit Phenoleinspritzungen getötet werden sollen. Die Tür öffnet sich, und herein kommt der Vater des Häftlings. Als alles vorbei ist: »Dann weinte ich und musste meinen Vater selbst hinaustragen.« Am darauffolgenden Tag fragt ihn Klehr, warum er geweint habe, und als Klehr den Grund erfährt, sagt er: »Ich hätte ihn leben lassen.« Warum der Häftling denn nichts gesagt habe? Ob er etwa Angst vor ihm, Klehr, gehabt habe? Was für ein Fehler. Klehr war in so guter Stimmung.

Schließlich gibt es da die Zeugin, die aus Miami nach Frankfurt gekommen war, weil sie in der Zeitung den Namen von Dr. Lucas gelesen hatte: »Mich interessierte […] der Mann, der meine Mutter und Geschwister umgebracht hat!« Sie schildert, wie es geschah. Im Mai 1944 war sie von Ungarn angekommen. »Ich hatte ein Baby auf dem Arm. Es hieß, Mütter können bei ihren Kindern bleiben, deshalb gab mir meine Mutter damals das Baby und zog mich an, dass ich etwas älter aussah. [Ihre Mutter hielt ein drittes Kind an der Hand.] Als mich Dr. Lucas sah, merkte er wohl, dass es mir nicht gehört. Er nahm mir das Baby weg und warf es meiner Mutter zu.« Das Gericht weiß sofort die Wahrheit. »Ob Sie vielleicht den Mut hatten, die Zeugin zu retten?« Es entsteht eine Pause. Lucas streitet alles ab. Die Frau, die anscheinend die Regeln von Auschwitz immer noch nicht kennt – wo alle Mütter mit Kindern unmittelbar nach der Ankunft vergast wurden, verlässt den Gerichtssaal, ohne zu begreifen, dass sie, die auf der Suche nach dem Mörder ihrer Familie war, dem Retter ihres eigenen Lebens gegenübergestanden hatte. So etwas geschieht, wenn Menschen beschließen, die Welt auf den Kopf zu stellen.

Palenville, NY
August 1966

[Deutsche Übersetzung von Hannah Arendt, »Introduction« zu Bernd Naumann, *Auschwitz. A Report on the Proceedings Against Robert Karl Ludwig Mulka and Others Before the Court of Frankfurt*, translated by Jean Steinberg, with an Introduction by Hannah Arendt, New York: Praeger, 1966, S. XI–XXX. Die deutsche Übersetzung von Eike Geisel erschien erstmals unter dem Titel »Der Auschwitz-Prozess« in: Hannah Arendt, *Nach Auschwitz. Essays & Kommentare* 1, hrsg. von Eike Geisel und Klaus Bittermann, Berlin: Tiamat (Critica Diabolis 21), 1989, S. 99–136. Für den Wiederabdruck im vorliegenden Band wurde die Übersetzung überarbeitet. Die in ihr enthaltenen Aussagen der Angeklagten, Zeugen, Anwälte usw. zitierte Geisel nach der deutschen Originalausgabe des Buches von Naumann. – Alle kursiven Hervorhebungen im Text stammen von Hannah Arendt, wenn sie nicht wie etwa Titelangaben editionstechnisch bedingt sind.]

Epilog

21
Persönliche Verantwortung unter diktatorischer Herrschaft

Persönliche Verantwortung muss man von politischer Verantwortung unterscheiden. Jede Regierung übernimmt die politische Verantwortung für die Taten und die Untaten ihrer Vorgängerin, und jede Nation übernimmt die Verantwortung für die Taten und Untaten der Vergangenheit. Jeder, der politische Verantwortung übernimmt, kommt irgendwann an den Punkt, an dem er sagt:

> *»Die Zeit ist aus den Fugen: Schmach und Gram*
> *dass ich zur Welt, sie einzurichten kam!«*[1]

Aber nicht mit dieser Form von Verantwortung möchte ich mich hier auseinandersetzen. Genau betrachtet ist es nicht persönlich, sondern metaphorisch gemeint, wenn wir sagen, dass wir uns wegen der Sünden unserer Väter, unseres Volkes oder der Menschheit, kurz, wegen Taten, die wir nicht begangen haben, schuldig *fühlen*. Moralisch gesehen ist es ebenso falsch, sich schuldig zu fühlen, ohne etwas Bestimmtes getan zu haben, wie sich unschuldig zu fühlen, wenn man tatsächlich etwas begangen hat. Ich habe es immer für den Inbegriff moralischer Verwirrung gehalten, dass sich im Deutschland der Nachkriegszeit diejenigen, die persönlich völlig frei von Schuld waren, sich gegenseitig und aller Welt versicherten, wie schuldig sie sich fühlten, wohingegen nur wenige der wirklichen Verbrecher bereit waren, auch nur die geringste Spur von Reue an den Tag zu legen. So etwas wie kollektive Schuld oder kollektive Unschuld gibt es nicht; der Schuldbegriff hat nur dann einen Sinn, wenn er auf Individuen angewendet wird.

Diese vergleichsweise einfachen Dinge sind etwas komplizierter geworden durch das, was ich die Theorie vom Rädchen im Getriebe nenne. Wer ein politisches System beschreibt, also aufzeigt, wie es funktioniert, welche Beziehungen zwischen den verschiedenen Staatsorganen bestehen, wie die riesigen bürokratischen Apparate arbeiten und welche Befehlskanäle es gibt, der muss notwendigerweise von all jenen Personen sprechen, die das System als Funktionäre benutzt hat, also von Rädchen und Schräubchen, ohne welche keine Verwaltung auskommt und in Gang gehalten werden kann. Jedes dieser Rädchen, also jede Person, muss ersetzbar sein, ohne dass man das System deswegen ändern muss; dies ist eine Voraussetzung, die allen bürokratischen Systemen, jedem öffentlichen Dienst und genau genommen bei allen Funktionen zugrunde liegt. Dabei ist die Frage nach der persönlichen Verantwortung derer, die alles in Betrieb halten, von ganz untergeordneter Bedeutung. Hier stimmt in der Tat, was die Angeklagten in den Nachkriegsprozessen zur Entschuldigung vorbrachten: »Wenn ich es nicht getan hätte, dann hätte es eben jemand anderes getan.«

Als ich nach Jerusalem zum Eichmannprozess fuhr, dachte ich, dass der große Vorteil eines Gerichtsverfahrens darin besteht, dass in diesem Rahmen das ganze Gerede vom Rädchen im Getriebe unsinnig ist und man gezwungen wird, alle diese Fragen von einem anderen Blickwinkel aus zu betrachten. Es war natürlich vorauszusehen, dass die Verteidigung argumentieren würde, Eichmann sei bloß ein Rädchen gewesen, und dass der Angeklagte so dachte, war wahrscheinlich, und in gewissem Maße tat er das dann ja auch, während der Versuch der Anklage, aus ihm das größte Rad aller Zeiten – schlimmer und wichtiger noch als Hitler – zu machen, kurios anmuten; das hatte man nicht erwartet. Die Richter taten, was richtig und angemessen war: Sie verwarfen diese Auffassung ohne Wenn und Aber – und ich nebenbei gesagt auch. Denn in einem Gerichtssaal, so bemühten sich die Richter klarzustellen, wird keinem System, nicht der Geschichte, keiner historischen Tendenz, keinem »Ismus«, wie zum Beispiel dem Antisemitismus, sondern einer Person der Prozess gemacht. Und wenn der Angeklagte zufälligerweise ein Funktionär ist, dann wird er genau deshalb angeklagt, weil ein Funktionär immer noch ein menschliches Wesen ist und allein in dieser Eigenschaft vor Gericht steht. Folglich lautet die Frage des Gerichts an den Angeklagten: »Haben Sie, Herr oder Frau So und So, ein Individuum mit Namen, Geburtsdatum und Geburtsort – haben Sie als identifizierbare und nicht austauschbare Person das Verbrechen, dessen Sie angeklagt sind, begangen, und wenn ja, warum?« Wenn der Angeklagte antwortet: »Das war nicht ich als Person, die das getan hat, ich hatte weder den Willen noch die Macht, irgendetwas aus eigener Initiative heraus zu tun, ich war bloß ein Rädchen im Getriebe und austauschbar, jeder andere hätte an meiner Stelle das Gleiche gemacht; dass ich es bin, der hier vor Gericht steht, ist ein Zufall«, dann wird das Gericht diese Auskunft als unwesentlich abtun. Denn auf die Antwort hin: »Nicht ich, sondern das System, in dem ich ein Rädchen war, hat es getan«, wird das Gericht sofort die nächste Frage stellen: »Und warum wurden Sie ein solches Rädchen oder blieben es unter derartigen Umständen?« Wenn man dem Angeklagten erlaubte, sich als Vertreter eines Systems schuldig oder nicht schuldig zu bekennen, würde aus ihm in der Tat ein »Sündenbock«.

Was die Gerichte in all diesen Nachkriegsprozessen verlangen, ist, dass sich die Angeklagten nicht an den von ihren Regierungen als legal ausgegebenen Verbrechen hätten beteiligen dürfen; und macht man diese Nichtteilnahme zum juristischen Maßstab für Recht und Unrecht, dann wirft dies beträchtliche Probleme gerade im Hinblick auf die Frage der Verantwortung auf. Denn in Wahrheit war es so, dass nur diejenigen, die sich völlig vom öffentlichen Leben zurückzogen und jede Art von politischer Verantwortung ablehnten, es vermeiden konnten, in politische Verbrechen verwickelt zu werden – das heißt, sie konnten juristischer und moralischer Verantwortung aus dem Weg gehen. Seit der Niederlage Nazideutschlands wird eine hitzige Diskussion über moralische Fragen geführt. Und bei der Enthüllung der beispiellosen Mittäterschaft aller Schichten der offiziellen Gesellschaft an den Verbrechen, das heißt bei der Enthüllung des vollständigen Zusammenbruchs der gängigen moralischen Maßstäbe, wurde das nachfolgende Argument in endlosen Variationen vorgebracht: »Wir, die wir heute schuldig erscheinen, sind in Wirklichkeit diejenigen, die ausgehalten haben, um Schlimmeres zu verhindern; nur diejenigen, die dabeigeblieben sind, hatten die Möglichkeit, mäßigend einzuwirken und zumindest einigen Menschen zu helfen; wir zollten dem Teufel Tribut, ohne ihm jedoch unsere Seele zu verkaufen, während jene, die nichts taten, sich vor jeder Verantwortung drückten und nur an sich und an die Rettung ihres Seelenheils dachten.« Dies Argument hätte politisch einleuchten können, wenn gleich am Anfang ein Sturz des Hitlerregimes stattgefunden hätte oder zumindest der Versuch dazu unternommen worden wäre. Aber die Leute, die solche Argumente im Mund führen, waren überhaupt keine Verschwörer, ob erfolgreich oder nicht. Bei ihnen handelt es sich in der Regel um jene Art von Beamten, ohne deren Fachkenntnisse weder das Hitlerregime noch die Adenauerregierung hätten fortbestehen können.

Im Unterschied zur rechtlichen Verantwortlichkeit stellt sich die Frage der persönlichen oder moralischen Verantwortung nur für jene, die keine überzeugten Anhänger des Regimes waren. Aber selbst dieser einfache Sachverhalt ist völlig durcheinandergeraten, denn als schließlich der Tag der Abrechnung kam, stellte sich heraus, dass es keine überzeugten Anhänger gegeben hatte. Und das Ärgerliche daran ist, dass es sich, auch wenn es gelogen war, doch nicht einfach um eine glatte Lüge handelte. Denn so wie es diesen politisch neutralen Menschen im Anfangsstadium gegangen war, ging es den Parteimitgliedern und selbst den Eliteformationen der SS in der Endphase. Es gab im Dritten Reich nur wenige Menschen, die die späteren Verbrechen des Regimes aus vollem Herzen bejahten, dafür aber eine große Zahl, die absolut bereit waren, sie dennoch auszuführen. Und heute erklärt jeder Einzelne, egal welchen Posten er ausfüllte und was er getan hatte, dass diejenigen, die unter irgendeinem Vorwand sich ins Privatleben zurückgezogen hatten, sich damit auf billige Weise vor der Verantwortung gedrückt hätten.

Bei ihrer moralischen Rechtfertigung hat das Argument des kleineren Übels eine nicht unwesentliche Rolle gespielt. Wenn man mit zwei Übeln konfrontiert werde, so lautet das Argument, dann sei man verpflichtet, das kleinere von beiden zu wählen, wohingegen es unverantwortlich sei, rundweg jede Wahl abzulehnen. Die Schwäche dieses Arguments bestand schon immer darin, dass diejenigen, die das kleinere Übel wählen, rasch vergessen, dass sie sich für ein Übel entscheiden. Da das Übel des Dritten Reiches schließlich so ungeheuerlich wurde, dass man es beim besten Willen nicht mehr als ein »kleineres Übel« bezeichnen konnte, hätte man annehmen können, dass diese Argumentation nun ein für allemal zusammengebrochen wäre, was erstaunlicherweise nicht der Fall ist. Darüber hinaus stellt man bei der Betrachtung totalitärer Herrschaftsmethoden fest, dass das Argument des kleineren Übels bei Weitem nicht nur von jenen ins Feld geführt wird, die nicht zur herrschenden Elite gehören, sondern dass es offensichtlich als integraler Bestandteil zur Terror- und Verbrechensmaschinerie gehört. Die Hinnahme des kleineren Übels wird bewusst dazu benutzt, die Beamten wie auch die Bevölkerung im Allgemeinen daran zu gewöhnen, das Übel an sich zu akzeptieren. Um nur eines von vielen Beispielen zu geben: Der Vernichtung der Juden ging schrittweise eine Folge antijüdischer Maßnahmen voraus, welche jeweils einzeln gebilligt wurden, weil die Weigerung, daran mitzuwirken, alles verschlimmert hätte – bis eine Stufe erreicht war, auf der Schlimmeres überhaupt nicht mehr passieren konnte. Wir sehen daran, wie sich der menschliche Verstand dagegen sperrt, den Tatsachen, die seinem Bezugssystem auf die eine oder andere Art völlig widersprechen, ins Auge zu blicken. Leider scheint es viel einfacher zu sein, menschliches Verhalten zu konditionieren und Menschen dazu zu bringen, sich auf eine völlig unvorhergesehene und entsetzliche Weise zu verhalten, als irgendjemanden davon zu überzeugen, aus der Erfahrung zu lernen, das heißt mit Denken und Urteilen zu beginnen, anstatt Kategorien und Formeln anzuwenden, die zwar tief in unserem Denken verankert sind, deren Erfahrungsgrundlage aber längst vergessen ist und deren Plausibilität eher auf ihrer logischen Stimmigkeit beruht als darauf, dass sie tatsächlichen Ereignissen angemessen sind.

Um diese Schwierigkeiten der Urteilsbildung zu erläutern, die auftauchen, wenn man nicht mehr auf allgemein anerkannte Regeln zurückgreifen kann, will ich von den moralischen zu den rechtlichen Maßstäben übergehen, weil diese im Allgemeinen klarer definiert sind. In den Kriegsverbrecherprozessen und in der Diskussion über persönliche Verantwortung griffen die Angeklagten und deren Anwälte entweder auf das Argument zurück, dass diese Verbrechen »Hoheitsakte« gewesen oder »auf höheren Befehl« begangen worden seien. Diese beiden Kategorien darf man nicht durcheinanderbringen. Im Rahmen der Rechtsprechung sind höhere Befehle rechtens, während Hoheitsakte außerhalb des rechtlichen Rahmens stattfinden; sie sind, so nimmt man an, souveräne Handlungen, über die kein Gericht Recht sprechen kann. Die Theorie, die hinter dem Begriff der Hoheitsakte steht, besagt, dass souveräne Regierungen unter außergewöhnlichen Umständen gezwungen sein könnten, zu verbrecherischen Mitteln zu greifen, weil ihre Existenz oder die Aufrechterhaltung ihrer Macht auf dem Spiel stehen. Der Hoheitsakt wird in dieser Theorie stillschweigend mit dem »Verbrechen« verglichen, zu dem ein Individuum aus Gründen der Selbstverteidigung gezwungen wird, das heißt mit einer Tat, die aufgrund außergewöhnlicher Umstände, in denen die bloße Existenz bedroht ist, straffrei bleibt. Dieses Argument ist nicht nur deshalb auf die von totalitären Regierungen und ihren Handlangern begangenen Verbrechen nicht anwendbar, weil diese in keiner Weise durch irgendeine Zwangslage hervorgerufen wurden, denn es spricht im Gegenteil sehr viel zum Beispiel dafür, dass die Naziregierung in der Lage gewesen wäre, zu überleben und vielleicht sogar den Krieg zu gewinnen, wenn sie ihre Verbrechen nicht begangen hätte. Weder die politische Theorie der Staatsraison noch die juristische Auffassung der Hoheitsakte sah die völlige Verkehrung der gesetzlichen Ordnung voraus; im Fall des Hitlerregimes gab es kaum eine Handlung des Staates, die, mit normalen Maßstäben gemessen, nicht verbrecherisch war. Folglich waren die verbrecherischen Handlungen, die der Machterhaltung dienen sollten, nicht mehr die Ausnahme von der Regel, sondern umgekehrt waren gelegentliche nicht verbrecherische Handlungen, wie beispielsweise der Himmlerbefehl[2], das Vernichtungsprogramm zu stoppen, Ausnahmen vom geltenden »Recht«, nämlich Zugeständnisse an die bittere Notwendigkeit.

Ähnlich unangemessen ist der Begriff des »Handelns auf höheren Befehl« oder das Gegenargument der Richter, dass die Berufung darauf nicht von Verantwortung befreie. Vorausgesetzt wird in beiden Fällen, dass Befehle normalerweise nicht verbrecherisch sind und dass aus ebendiesem Grund von den Untergebenen erwartet werden kann, den verbrecherischen Charakter eines bestimmten Befehls zu erkennen, wie etwa im Fall eines plötzlich verrückt gewordenen Offiziers, der die Erschießung anderer Offiziere anordnet, oder wenn beispielsweise Kriegsgefangene misshandelt oder getötet werden sollen. Juristisch gesehen muss der Befehl, den man verweigert, »offenkundig unrechtmäßig« sein; die Rechtswidrigkeit »muß wie eine schwarze Fahne über dem erteilten Befehl wehen, wie ein Warnzeichen, welches besagt ›Verboten!‹«. Mit anderen Worten: Für die betreffende Person, die zu entscheiden hat, ob sie gehorcht oder nicht, muss der Befehl eindeutig als Ausnahme ersichtlich sein, und das Problem besteht darin, dass in totalitären Regimes und insbesondere in den letzten Jahren des Hitlerregimes gerade *nicht* verbrecherische Befehle die Ausnahme waren.

Die von mir zitierte Formulierung [der schwarzen Fahne] stammt aus dem Urteilstext eines israelischen Militärgerichts, das sich mehr als die meisten anderen Gerichtshöfe der Welt der Schwierigkeiten bewusst war, die vor dem Hintergrund der absolut rechtsgemäß verbrecherischen Ordnung Hitlerdeutschlands dem Wort »Rechtmäßigkeit« innewohnen. Das Gericht ging bei der Urteilsbegründung deshalb über die übliche Phrase vom »tief in jedem Menschen verwurzelten Rechtsgefühl« hinaus, »das jeder in sich verspürt, auch wenn er mit den Gesetzbüchern nicht vertraut ist«, und sprach von einer »ins Auge springenden und das Herz empörenden Unrechtmäßigkeit, vorausgesetzt, das Auge ist nicht blind und das Herz nicht versteinert und verdorben« – was alles ganz schön ist, aber, so fürchte ich, nichts taugt, wenn es wirklich darauf ankommt. Denn in diesen Fällen waren die Männer, die Unrecht begingen, mit Geist und Buchstaben der Gesetze des Landes, in dem sie lebten, vertraut, und wenn man sie heute zur Verantwortung zieht, dann verlangt man von ihnen, dass ein in ihrem

Innersten verankertes »Rechtsgefühl« dieser ihnen doch so vertrauten Rechtsordnung *widerspricht.*

Unter solchen Umständen ist wirklich mehr erforderlich als ein Auge, das nicht blind, und ein Herz, das nicht versteinert und verdorben ist, wenn man die »Unrechtmäßigkeit« von Handlungen genau erkennen soll. Die Angeklagten in den Kriegsverbrecherprozessen handelten unter Verhältnissen, in denen jede moralische Tat ungesetzlich und jede rechtmäßige Handlung ein Verbrechen war. So gesehen setzt die reichlich optimistische Auffassung von der menschlichen Natur, die man so deutlich aus dem Urteilsspruch in Jerusalem und in anderen Nachkriegsprozessen heraushört, ein unabhängiges menschliches Vermögen voraus, das weder vom Gesetz noch von der öffentlichen Meinung genährt wird – eine Urteilsfähigkeit, die, wann immer etwas getan oder beabsichtigt wird, sich stets von Neuem in ungetrübter Spontaneität äußert. Vielleicht besitzen wir wirklich eine solche Fähigkeit und sind Gesetzesgeber, jeder Einzelne von uns, indem wir etwas tun. Aber dies meinten die Richter nicht. Alles rhetorische Beiwerk beiseitegelassen, meinten sie eigentlich nur, dass uns ein *Gefühl* für derartige Dinge im Verlauf so vieler Jahrhunderte in Fleisch und Blut übergegangen sei und nun nicht plötzlich verloren gegangen sein könne. Das ist, glaube ich, zweifelhaft angesichts des vorliegenden Beweismaterials und auch angesichts der Tatsache, dass jahraus, jahrein ein »unrechtmäßiger« Befehl auf den anderen folgte. Keiner dieser Befehle war planlos ergangen, um unzusammenhängende Verbrechen zu verüben, sondern sie dienten, mit äußerster Konsequenz und Sorgfalt, dem Aufbau der sogenannten »neuen Ordnung«. Und diese neue Ordnung war genau das, was das Wort besagt – sie war nicht nur auf grauenhafte Weise neu, sondern vor allem auch eine *Ordnung.*

Die weitverbreitete Ansicht, wir hätten es hier nur mit einer Verbrecherbande zu tun gehabt, die sich eben zu allen möglichen Verbrechen verabredet, ist grob irreführend. Es stimmt, dass in den Eliteorganisationen der Bewegung die Zahl der Kriminellen schwankte und tatsächlich eine deutlich größere Anzahl von Männern diese Gräueltaten begingen. Doch diese Gräueltaten waren nicht typisch; viel wichtiger ist, dass, obwohl vieles zugelassen wurde, sie eigentlich nicht erlaubt waren. Genauso war Stehlen verboten oder die Annahme von Bestechungsgeldern untersagt. Ebenso irreführend ist die allgemeine Ansicht, wir hätten es hier mit einem Ausbruch des modernen Nihilismus zu tun, wenn wir das nihilistische Credo des 19. Jahrhunderts im Sinne des »Alles ist erlaubt« verstehen. Die Leichtigkeit, mit der das Gewissen betäubt werden konnte, war zum Teil die direkte Folge des Umstands, dass keineswegs »alles erlaubt« war.

Die moralische Dimension dieser Angelegenheit wird indessen niemals dadurch erfasst, dass man sie mit der Bezeichnung »Völkermord« belegt oder die Millionen Opfer zählt – die Ausrottung ganzer Völker hat es schon im Altertum und auch im modernen Kolonialismus gegeben, sondern erst dann begreift man den Kern der Sache, wenn man erkennt, dass all dies im Rahmen einer gesetzmäßigen Ordnung geschah, dass der Eckpfeiler dieses »neuen Rechts« aus dem Gebot »Du sollst töten« bestand – und zwar nicht deinen Feind, sondern unschuldige Menschen, die nicht einmal potenziell eine Gefahr darstellten; und nicht etwa, weil es die Not gebietet, sondern gerade entgegen aller militärischer Überlegungen und entgegen aller Nützlichkeitserwägungen. Das Tötungsprogramm sollte weder mit dem letzten Juden auf Erden beendet sein, noch hatte es etwas mit Krieg zu tun, außer dass Hitler glaubte, mit einem Krieg ließen sich die nicht militärischen Tötungsmaßnahmen tarnen; in einem noch größenwahnsinnigeren Umfang sollten diese Maßnahmen in Friedenszeiten fortgesetzt werden. Und diese Taten wurden nicht von Banditen, Monstern und rasenden Sadisten begangen, sondern von den angesehensten Mitgliedern der guten Gesellschaft, die in der Regel nicht einmal die »Führerworte« glaubten, die doch Gesetzeskraft besaßen.

»Eine medizinische Angelegenheit«

Wenn es überhaupt noch eines Beweises dafür bedurft hätte, in welchem Ausmaß ein ganzes Volk, unabhängig von Parteizugehörigkeit und direkter Beteiligung, einfach deshalb an die neue Ordnung der Dinge glaubte, weil sie sich eben vollzog, dann wurde dieser Beweis mit der unglaublichen Bemerkung erbracht, die Eichmanns Verteidiger, der selbst nie NSDAP-Mitglied gewesen war, zweimal während des Prozesses in Jerusalem machte: Bei dem, was in Auschwitz und in den anderen Vernichtungslagern geschehen sei, habe es sich um eine »medizinische Angelegenheit« gehandelt.[3] Es war, als ob die Moral sich just im Augenblick ihres Zusammenbruchs innerhalb einer alten, hochzivilisierten Nation unverhüllt in ihrer ursprünglichen Bedeutung offenbarte, nämlich als Kodex ethischer Normen, Sitten und Gebräuche, dessen vollständiger Austausch genausowenig Probleme bereiten sollte wie der Wandel in den Tischsitten eines ganzen Volkes.

Ich möchte nun zwei Fragen aufwerfen. Erstens, in welcher Hinsicht unterschieden sich die wenigen, die in ihren jeweiligen Lebensbereichen nicht kollaborierten und es ablehnten, am öffentlichen Leben teilzunehmen, auch wenn sie nicht dagegen aufstehen konnten und nicht rebellierten? Zweitens, wenn wir darin übereinstimmen, dass diejenigen, die dem System auf allen möglichen Ebenen und in allen möglichen Funktionen gedient haben, nicht einfach Monster waren, was hat sie dann dazu gebracht, so zu handeln, und mit welcher moralischen – nicht juristischen – Begründung rechtfertigten sie ihr Tun nach dem Zusammenbruch der »neuen Ordnung« und deren neuer Werteskala? Die Antwort auf die erste Frage ist ziemlich einfach. Diejenigen, die nicht teilnahmen und deshalb von der Mehrheit als unverantwortlich bezeichnet wurden, waren die Einzigen, die es wagten, aus eigener Kraft zu urteilen, und dazu waren sie nicht etwa deshalb in der Lage, weil sie über ein besseres Wertesystem verfügten oder weil die alten Maßstäbe für Recht und Unrecht immer noch fest in ihrem Denken und ihrem Bewusstsein verwurzelt waren, sondern, so würde ich sagen, weil ihr Gewissen nicht in dieser sozusagen automatischen Weise funktionierte, als ob man nur über eine Reihe von erlernten Regeln verfügt, die man dann im jeweiligen Falle anwendet, sodass jede neue Erfahrung oder jede neue Situation bereits im Vorhinein beurteilt ist und man nur das einmal Gelernte anwenden müsse. Ich glaube, dass diejenigen, die nicht teilnahmen, ein anderes Kriterium hatten: Sie stellten sich die Frage, inwiefern sie mit sich selbst in Frieden zusammenleben könnten, wenn sie bestimmte Taten begingen; und sie zogen es vor, nichts zu tun; nicht weil dadurch die Welt sich zum Besseren veränderte, sondern weil sie nur unter dieser Bedingung mit sich selbst weiterleben konnten. Folglich wählten sie auch den Tod, wenn sie zum Mitmachen gezwungen wurden. Um es deutlich zu sagen: Nicht weil sie das Gebot »Du sollst nicht töten« streng befolgt hätten, lehnten sie es ab zu morden, sondern eher deshalb, weil sie nicht willens waren, mit sich selbst als einem Mörder zusammenzuleben.

Die Voraussetzung für diese Art der Urteilsbildung ist keine hoch entwickelte Intelligenz oder ein äußerst differenziertes Moralverständnis, sondern schlicht die Gewohnheit, ausdrücklich mit sich selbst zusammenzuleben, das heißt, sich auf jenes stille Zwiegespräch zwischen mir und mir selbst einzulassen, welches wir seit Sokrates und Platon gewöhnlich als Denken bezeichnen. Obwohl sie allem Philosophieren zugrunde liegt, ist diese Art des Denkens nicht technisch und handelt nicht von theoretischen Fragen. Die Trennungslinie zwischen denen, die urteilen, und denen, die nicht urteilen, verläuft quer zu allen sozialen Unterschieden, quer zu allen Unterschieden in Kultur und Bildung. In dieser Hinsicht kann uns der totale moralische Zusammenbruch der guten Gesellschaft während des Hitlerregimes lehren, dass es sich bei denen, auf die unter diesen Umständen Verlass ist, nicht um jene handelt, denen Werte lieb und teuer sind und die an moralischen Normen und Maßstäben festhalten; man weiß jetzt, dass sich all dies über Nacht ändern kann, und was dann davon noch übrig bleibt, ist die Gewohnheit, an irgendetwas festzuhalten. Viel verlässlicher werden die Zweifler und Skeptiker sein, nicht etwa weil Skeptizismus gut und Zweifeln heilsam ist, sondern weil diese Menschen es gewohnt sind, Dinge zu überprüfen und sich selbst ein Urteil zu bilden. Am allerbesten werden jene sein, die wenigstens eines genau wissen: dass wir, solange wir leben, dazu verdammt sind, mit uns selbst zusammenzuleben, was immer auch geschehen mag.

Machtlosigkeit eine stichhaltige Entschuldigung

Aber was ist mit dem Vorwurf der Verantwortungslosigkeit, der gegen diese wenigen erhoben wurde, die mit dem, was um sie herum passierte, nichts zu tun haben wollten? Ich glaube, wir sollten zugestehen, dass es extreme Situationen gibt, in denen man Verantwortung für die Welt, die ja primär eine politische Verantwortung ist, nicht übernehmen kann, weil politische Verantwortung immer zumindest ein Minimum an politischer Macht voraussetzt. Ohnmacht, absolute Machtlosigkeit ist, so glaube ich, eine stichhaltige Entschuldigung. Dies wird vielleicht etwas klarer werden, wenn wir nun unsere Aufmerksamkeit meiner zweiten Frage zuwenden, nämlich der Frage nach denen, die mitmachten, und nach den moralischen Begründungen, mit denen sie sich rechtfertigen. Das Argument ist immer dasselbe: Jede Organisation verlangt Gehorsam gegenüber Vorgesetzten wie auch gegenüber den Gesetzen des Landes. Gehorsam ist eine Tugend; ohne sie kann kein politisches Gemeinwesen und auch keine andere Organisation überleben. Dies alles klingt derart plausibel, dass es schon einiger Anstrengung bedarf, um den darin enthaltenen Fehlschluss aufzudecken. Was hier nicht stimmt, ist das Wort »Gehorsam«. Nur ein Kind gehorcht; wenn ein Erwachsener »gehorcht«, dann unterstützt er in Wirklichkeit die Organisation oder die Autorität oder das Gesetz, die »Gehorsam« verlangen. Wenn wir das Wort »Gehorsam« für all diese Situationen gebrauchen, dann geht dieser Gebrauch auf die uralte politikwissenschaftliche Vorstellung zurück, die uns – seit Platon und Aristoteles – sagt, dass jedes politische Gemeinwesen aus Herrschern und Beherrschten besteht und dass Erstere befehlen und Letztere gehorchen.

Ich kann mich hier nicht mit den Gründen befassen, warum diese Vorstellungen Eingang in unsere Tradition des politischen Denkens gefunden haben, aber ich möchte doch betonen, dass sie frühere und ich glaube auch genauere Auffassungen von den Beziehungen zwischen den Menschen in der Sphäre gemeinsamen Handelns ersetzten. Diesen früheren Auffassungen zufolge kann jede Handlung, die von einer Mehrzahl von Menschen ausgeführt wird, in zwei Phasen eingeteilt werden: den Anfang, den ein »Führer« macht, und die Ausführung, an der sich viele beteiligen, um etwas, was dann ein gemeinsames Unternehmen wird, mit Erfolg abzuschließen. Worauf es in unserem Zusammenhang ankommt, ist die Einsicht, dass kein Mensch, und sei er noch so stark, ohne die Hilfe anderer irgendetwas, ob gut oder schlecht, ausführen kann. Was wir hier vor uns haben, ist die Vorstellung einer Egalität, bei der auch der »Führer« niemals mehr als nur der Erste unter Gleichen ist. Diejenigen, die ihm zu gehorchen scheinen, unterstützen in Wirklichkeit ihn und sein Unternehmen. Ohne derartigen »Gehorsam« wäre er nachgerade ohnmächtig, wohingegen im Kindergarten oder in der Sklaverei – also in den beiden Sphären, wo die Vorstellung von Gehorsam einen Sinn hatte und von wo sie dann auf politische Angelegenheiten übertragen wurde – das Kind oder der Sklave hilflos werden, wenn sie die »Kooperation« verweigern. Selbst in einer strikt bürokratischen Organisation mit ihrer festgefügten hierarchischen Ordnung wäre es viel sinnvoller, das Funktionieren der »Rädchen« und der Räder als eine umfassende Unterstützung eines gemeinsamen Unternehmens anzusehen, anstatt, wie meist üblich, von Gehorsam gegenüber Vorgesetzten zu sprechen. Wenn ich den Gesetzen des Landes gehorche, dann unterstütze ich in Wirklichkeit dessen Verfassung. All jene Rebellen und Revolutionäre, die nicht mehr gehorchen, weil sie ihr stillschweigendes Einverständnis aufgekündigt haben, machen diesen Sachverhalt ganz offenkundig.

So gesehen sind jene, die unter diktatorischer Herrschaft nicht am öffentlichen Leben mitwirken auch diejenigen, die sich geweigert haben, sie zu unterstützen, indem sie jene Orte der »Verantwortung« mieden, an denen eine derartige Unterstützung unter Berufung auf Gehorsam gefordert wird. Und wir brauchen uns nur einen Augenblick lang vorzustellen, was mit dieser Art von Regierungen passieren würde, wenn genügend Leute »unverantwortlich« handelten und die Unterstützung verweigerten, sogar ohne aktiven Widerstand oder Aufruhr, um zu sehen, was für eine wirkungsvolle Waffe ein solches Verhalten sein könnte. Welch eine Kraft steckt etwa in den in diesem Jahrhundert wiederentdeckten gewaltlosen Widerstandsformen! Der Grund, weshalb wir jene neuen Verbrecher, die niemals aus eigener Initiative ein Verbrechen begingen, dennoch für das, was sie taten, verantwortlich machen, liegt darin, dass es in politischen und moralischen Angelegenheiten so etwas wie Gehorsam nicht gibt.

»Warum hast du Unterstützung geleistet?«

Folglich sollten diejenigen, die mitmachten und Befehlen gehorchten, nie gefragt werden: »Warum hast du gehorcht?«, sondern: »Warum hast du Unterstützung geleistet?« Dieser Austausch von Wörtern ist für jene keine belanglose semantische Spielerei, die den merkwürdigen und mächtigen Einfluss bloßer »Worte« auf das Denken der Menschen, welche doch in erster Linie sprechende Wesen sind, kennen. Es wäre viel gewonnen, wenn wir das verhängnisvolle Wort »Gehorsam« aus dem Vokabular unseres moralischen und politischen Denkens streichen könnten. Wenn wir diese Fragen durchdenken, könnten wir ein gewisses Maß an Selbstvertrauen und sogar an Stolz zurückgewinnen – also dasjenige zurückgewinnen, was in früheren Zeiten als Würde oder Ehre des Menschen bezeichnet wurde, wobei Mensch vielleicht nicht im Sinne von Menschheit, wohl aber im Sinne von »Mensch-Sein« zu verstehen wäre.

[Deutsche Übersetzung von Hannah Arendt, »Personal Responsibility Under Dictatorship«, in: *The Listener*, London 72, Nr. 1845, 6. August 1964, S. 185–187 und 205; die Übersetzung von Eike Geisel erschien erstmals unter dem Titel »Was heißt persönliche Verantwortung unter einer Diktatur?« in: Hannah Arendt, *Nach Auschwitz. Essays & Kommentare 1*, hrsg. von Eike Geisel und Klaus Bittermann, Berlin: Edition Tiamat (Critica Diabolis 21), 1989, S. 81–97. Die Übersetzung wurde für den vorliegenden Wiederabdruck überarbeitet.]

Anhang

1 Zu dieser Ausgabe

Bei der Geburt der politischen Denkerin Hannah Arendt hat die Judenfrage Pate gestanden. Diese zweite Geburt ereignete sich in Heidelberg im September des Jahres 1926, wo die damals fast zwanzigjährige Studentin der Philosophie mit ihrem Studienfreund Hans Jonas eine Veranstaltung des Zionistischen Studentenverbandes besuchte, auf der Kurt Blumenfeld, seinerzeit Präsident der Zionistischen Vereinigung für Deutschland, einen Vortrag hielt. Jonas berichtet in seinen *Erinnerungen* von dieser Begegnung.[1] Arendt schreibt rückblickend an Blumenfeld: »Du hast mir damals in Heidelberg einfach eine Art Welt aufgeschlossen.«[2] Und 1954 in ihrem Brief zu seinem siebzigsten Geburtstag wird sie dankbar gestehen: Ich bin »in der Judenfrage und mehr als das, in der Politik, Deine Schülerin«.[3]

Die im vorliegenden Band versammelten Texte berichten sozu-

---

1 Hans Jonas, *Erinnerungen. Nach Gesprächen mit Rachel Salamander*, Vorwort Rachel Salamander, Geleitwort Lore Jonas, hrsg. und mit einem Nachwort versehen von Christian Wiese, Frankfurt am Main-Leipzig: Insel, 2003, S. 289.

2 Hannah Arendt an Kurt Blumenfeld, 1. April 1951, in: Hannah Arendt; Kurt Blumenfeld, *»... in keinem Besitz verwurzelt«. Die Korrespondenz*, hrsg. von Ingeborg Nordmann und Iris Pilling, Hamburg: Rotbuch Verlag, 1995, S. 52.

3 Hannah Arendt an Kurt Blumenfeld, 24. Mai 1954, a. a. O., S. 97. In den Dank eingeschlossen ist Heinrich Blücher, siehe Hannah Arendt an Karl Jaspers, 29. Januar 1946, in: Hannah Arendt; Karl Jaspers, *Briefwechsel 1926–1969*, hrsg. von Lotte Köhler und Hans Saner, München-Zürich: Piper, 1985, S. 67: »Meine nichtbürgerliche oder literarische Existenz beruht darauf, dass ich dank meines Mannes politisch denken und historisch sehen gelernt habe und dass ich andererseits nicht davon abgelassen habe, mich historisch wie politisch von der Judenfrage her zu orientieren.«

sagen vom Erwachsenwerden der politischen Denkerin. Parallel zu den bereits im Piper Verlag erschienenen Sammelbänden *Zwischen Vergangenheit und Zukunft* und *In der Gegenwart* enthält *Wir Juden* alle Essays größeren Umfangs, die Hannah Arendt zu Lebzeiten – in diesem Fall zur jüdischen Frage – geschrieben hat.[4] Sie stammen überwiegend aus den 1940er-Jahren. Mit der Judenfrage, so Arendt im September 1964 im Fernsehinterview mit Günter Gaus, habe sie sich in ihrem Buch über Rahel Varnhagen, das in großen Teilen fertig gewesen sei, als sie 1933 Deutschland verließ, zu beschäftigen begonnen.[5] Im vorliegenden Band zeugt hiervon der als »Prolog« aufgenommene Essay »Aufklärung und Judenfrage« aus dem Jahr 1932. Auch von ihm hätte Arendt – wie gegenüber Gaus von ihrer Lebensgeschichte der deutschen Jüdin Rahel Varnhagen – sagen können: »Es waren nicht meine persönlichen Judenprobleme, die ich da erörterte.« Aber die alltägliche Wirklichkeit im Deutschland gegen Ende der Weimarer Republik hatte bereits dazu geführt, dass Antisemitismus und Assimilation Arendts Aufmerksamkeit beanspruchten; dass die Judenfrage sie keineswegs mehr langweilte, wie sie selbstkritisch an Karl Jaspers 1952 schreiben wird. »Ich war von Hause aus einfach naiv; die sogenannte Judenfrage fand ich langweilig.« Sie habe sich »die jüdische Erfahrung [...] mit Mühe und Not anerzogen«.[6] Aber die Zugehörigkeit zum jüdischen Volk stand für sie immer außer Frage: Ich nehme an, so sagte sie Günter Gaus, meine Mutter »würde mich rechts und links geohrfeigt haben, wäre sie je dahintergekommen, dass ich etwa verleugnet hätte, Jüdin zu sein«.[7] Und zuvor in einem Brief an Gershom Scholem:

---

[4] Die Beiträge, auch die umfangreicheren, für die deutsch-jüdische Emigrantenzeitung »Aufbau« blieben jedoch unberücksichtigt, weil sie separat gesammelt erschienen sind: Hannah Arendt, *Vor Antisemitismus ist man nur noch auf dem Monde sicher,* genaue Angabe siehe unten FN 14.

[5] Siehe Hannah Arendt, »Fernsehgespräch mit Günter Gaus (Oktober 1964)«, in: dies., *Ich will verstehen. Selbstauskünfte zu Leben und Werk*, mit einer vollständigen Bibliografie hrsg. von Ursula Ludz, München-Zürich: Piper, [7]2016, S. 46–115, S. 59.

[6] Hannah Arendt an Karl Jaspers, 7. September 1952, in: Arendt-Jaspers, *Briefwechsel*, a. a. O., S. 234.

[7] Arendt, »Fernsehgesspräch mit Günter Gaus«, a. a. O., S. 54.

»Jude sein gehört zu den unbezweifelbaren Gegebenheiten meines Lebens« wie die Tatsache, eine Frau und nicht ein Mann zu sein.[8]

Im Jahr 1933 dann, nach der »Welle der Gleichschaltung« in der deutschen Gesellschaft, war der »hoffnungslos« Assimilierten[9] das Jüdinsein zum Problem, zum »eigenen« Problem geworden. »Und mein eigenes Problem war politisch. Rein politisch.« Ihre erste Reaktion sei gewesen: »Ich wollte in die praktische Arbeit und – ich wollte ausschließlich und nur in die jüdische Arbeit. Und in diesem Sinne habe ich mich dann in Frankreich orientiert.«[10] Doch auch wenn die praktische Arbeit im Rahmen der französischen Sektion der Jugend-Alijah, deren Geschäftsführerin Arendt wurde, vor allem ihre Zeit beanspruchte, die theoretische Weiterbildung, die Suche »im Sinne von ›Ich will verstehen‹« hat sie nicht aufgegeben. Was heißt es für sie und andere ihrer Generation, die im preußischen Deutschland als assimilierte Juden aufgewachsen waren, »die Juden seien ein Volk oder ein sich verwirklichendes Volk, wie andere Völker«? – darüber wird sie sich 1936 mit ihrem nichtjüdischen geliebten »Wunder-Rabbi«, alias Heinrich Blücher, später zweiter Ehemann, brieflich austauschen und als Antwort schreiben: »Im Osten sind sie bereits heute ein Volk – ohne Territorium. Und im Westen weiß der Kuckuck, was sie da sind. (Mich eingeschlossen!)«[11] Diese elementare Frage wird sie in den im ersten Teil dieses Bandes abgedruckten Beiträgen immer wieder stellen und problematisieren. In der »Zueignung an Karl Jaspers«, die ihrer ersten Buchveröffentlichung in deutscher Sprache nach 1945, den *Sechs Essays*, vorangestellt ist, drückt sie es so aus: Die Ereignisse im Nazideutschland

---

[8] Hannah Arendt an Gershom Scholem, 20. Juli 1963, in: Hannah Arendt; Gershom Scholem, *Der Briefwechsel*, hrsg. von Marie Luise Knott unter Mitarbeit von Daniel Heredia, Berlin: Jüdischer Verlag im Suhrkamp Verlag, 2010, S. 438 f.

[9] Hannah Arendt an Erwin Loewenson, 17. November 1927: »Ich bin hoffnungslos assimiliert.« *Deutsches Literaturarchiv (DLA) Marbach, Signatur: A: Arendt, Hannah.*

[10] Arendt, »Fernsehgespräch mit Günter Gaus«, a. a. O., S. 60.

[11] Hannah Arendt an Heinrich Blücher, 24. August 1936, in: Hannah Arendt; Heinrich Blücher, *Briefe 1936–1968*, hrsg. und mit einer Einführung von Lotte Köhler, München-Zürich: Piper, 1996, S. 58.

hätten sie als Jüdin »in unsere eigene Geschichte« zurückverwiesen.[12] Die Geschichte, wie sie sie sieht, ist weitgehend auch Kultur- und Literaturgeschichte, und so entstehen die Essays über die »verborgene Tradition«, über die Paria Heine, Lazare, Kafka und »Die Welt von gestern«, für die ihr Stefan Zweig zum Protagonisten wurde. Es ist eine Phase der den Zeitumständen geschuldeten Selbstvergewisserung, die Phase in Arendts aufkeimendem politischen Denken, die Jerome Kohn in seiner Einleitung zu dem von ihm herausgegebenen Band Hannah Arendt, *The Jewish Writings*, mit Recht als diejenige charakterisiert, in der Arendt gerne Formulierungen wie »my people« oder »our people«, auch mit Lazare »our brethren« verwandte[13] und in der sie unter anderem auch mit ihrem tagespolitischen Artikeln in der deutsch-jüdischen Emigrantenzeitung *Aufbau*[14] eine Aufforderung zum politischen Handeln in die amerikanische und internationale Öffentlichkeit schickt.

Diese Phase des Nachdenkens und engagierten Schreibens gleitet über in eine zweite, in der sich Hannah Arendt mit Problemen eines jüdischen Heimatrechts in der Politik auseinandersetzt. Die entsprechenden Veröffentlichungen werden hier im zweiten Teil abgedruckt. Als sie 1941 auf ihrer Flucht vor den Nationalsozialisten aus Europa von Frankreich aus über Spanien und Portugal in die Vereinigten Staaten von Amerika gelangt war, hatte sie die praktische Arbeit hinter sich gelassen und stellte sich der neuen Erfahrung einer in Amerika lebenden Diaspora-Jüdin. Gleichzeitig konnte sie feststellen, dass die Intellektuellen in der amerikanischen »Jewish commmunity« sehr an dem interessiert waren, was

---

[12] Siehe in dieser Ausgabe Text 9. Besonders aufschlussreich ist in diesem Zusammenhang der hier erstmals in deutscher Sprache veröffentlichte Essay »Privilegierte Juden« (Text 6).

[13] Jerome Kohn, »Preface. A Jewish Life: 1906–1975«, in: Hannah Arendt, *The Jewish Writings*, hrsg. von Jerome Kohn und Ron H. Feldman, New York, Schocken Books, 2007, S. ix–xxxi, S. xxiii.

[14] Für den *Aufbau* hat Hannah Arendt in den Jahren 1941–1945 insgesamt 52 kürzere oder längere Artikel in deutscher Sprache geschrieben. Sie sind in einer postumen Sammlung verfügbar: Hannah Arendt, *Vor Antisemitismus ist man nur noch auf dem Monde sicher*, hrsg. von Marie Luise Knott, München: Piper, 2000; erweiterte und aktualisierte Taschenbuchausgabe, München: Piper, 2019.

sie als assimilierte Jüdin und Staatenlose aus Europa an Erfahrungen und Einsichten mitbrachte. Sie fand Aufnahme in den Kreisen um die Zeitschriften *Jewish Social Studies*, *The Menorah Journal* und *Commentary*, um nur die wichtigsten zu nennen. Erste Veröffentlichungen, bei denen sie wegen noch rudimentärer Englischkenntnisse auf die Mithilfe der jeweiligen Redaktionen angewiesen war, erschienen bereits 1942, unter ihnen ein Artikel über die Dreyfus-Affaire[15]. Doch nicht nur ihre Erfahrungen als deutsche Jüdin und ihre in Frankreich vorangetriebenen Antisemitismusstudien stießen auf Interesse, sondern sie faszinierte in Amerika mit ihrem Wissen, ihren Kenntnissen und ihrer mit ihrem Mann Heinrich Blücher geteilten Begeisterung für die Ideenwelt des klassischen griechischen Altertums, also als eine in der europäischen Tradition Gebildete.[16] Das Europa, das mit Arendt über den Atlantik gereist war, beeindruckte auch die aufstrebende amerikanische Schriftstellerin Mary McCarthy, die Arendt 1944 in den New Yorker Intellektuellenkreisen kennenlernte und mit der sich eine lebenslange Freundschaft entwickeln wird.[17]

Zunehmend vertieft sich Hannah Arendt in die jüdische Politik seit dem Ende des 19. Jahrhunderts und erarbeitet sich einen eigenen Standpunkt im Rahmen der Debatten um eine jüdische Heimstatt in Palästina. 1946 wird das Jahr, in dem sie mit einem Beitrag zum fünfzigjährigen Jubiläum der Veröffentlichung von Theodor Herzls *Der Judenstaat* in einem viel beachteten Artikel ihre Thesen vorträgt.[18] Aber bereits 1945 hatte sie mit »Zionism Reconsidered«

---

[15] Hannah Arendt, »From the Dreyfus Affair to France Today«, in: *Jewish Social Studies* 4, 1942, Nr. 3, S. 195–240. Da dieser Text großenteils in überarbeiteter Form in Arendts Buch *The Origins of Totalitarianism* [1951] einging, wurde er nicht in die vorliegende Sammlung aufgenommen.

[16] Der amerikanische Freund Alfred Kazin berichtet hierüber anschaulich in seiner Autobiografie: *New York Jew*, New York: Alfred A. Knopf, 1978, besonders S. 195 ff.

[17] Dokument dieser Freundschaft ist der 1995 erschienene Briefband *Between Friends*, dt. Hannah Arendt; Mary McCarthy, *Im Vertrauen. Briefwechsel 1949–1975*, hrsg. und mit einer Einführung von Carol Brightman, aus dem Amerikanischen von Ursula Ludz und Hans Moll, München-Zürich: Piper, 1995.

[18] In der vorliegenden Ausgabe als Text 12 abgedruckt.

(hier: »Der Zionismus aus heutiger Sicht«) Bilanz gezogen, nachdem die Zionisten auf ihrer Jahrestagung in Atlantic City im Oktober 1944 die Weichen gestellt hatten für »a free and democratic Jewish commonwealth« which »shall embrace the whole of Palestine, undivided and undiminished«, also für den Aufbau eines jüdischen Nationalstaates in Palästina. Dieser Artikel hatte ihr massive Kritik auch von den engen Freunden Kurt Blumenfeld und Gershom Scholem eingetragen, gegen die sie sich verteidigte. Der Artikel sei »nicht leichtfertig geschrieben ..., sondern aus einer tiefen Angst heraus. [...] Ich habe wirklich Angst um Palästina«;[19] er sei »nicht aus einem ›anti-Palästina-Komplex‹ heraus geschrieben [...], sondern aus einer nahezu panischen Angst um Palästina«[20]. Arendt hatte Kritik an ihm vorausgesehen. In einem Brief an Henry Hurwitz, den Herausgeber des *Menorah Journal*, schrieb sie, sie habe Sorge, dass sie ihre zionistischen Freunde damit verärgern könnte, was eigentlich nicht ihre Absicht sei, aber sie könne nicht anders: »It is the old story of amicus Plato, amicus Socrates sed magis estimanda veritas« – und dann ein in die Schreibmaschine gehauener Temperamentsausbruch: »Brrr period.«[21] Mit Blumenfeld und Scholem hat sie sich viel Mühe gegeben und war wohl auch erfolgreich, die Verbindungen sind nicht abgerissen. Das passierte erst später nach der Veröffentlichung von *Eichmann in Jerusalem.*

Seit den Artikeln über den Zionismus und Herzls *Judenstaat* rückte die internationale von den Großmächten (Großbritannien, USA, aber auch Sowjetrussland) bestimmte Palästinapolitik in den Vordergrund ihres Interesses. Hannah Arendt hat sich seinerzeit, gegen Mitte/Ende der 1940er-Jahre, in ihren politischen Anschauungen zunehmend dem amerikanischen, in Palästina lebenden Rabbiner Judah Magnes verbunden gefühlt (»who from the close of

---

[19] Hannah Arendt an Kurt Blumenfeld, 14. Januar 1946, in: Arendt-Blumenfeld, *Die Korrespondenz*, a. a. O., S. 39.

[20] Hannah Arendt an Gershom Scholem, 21. April 1946, in: Arendt-Scholem, *Der Briefwechsel*, a. a. O., S. 108.

[21] Hannah Arendt an Henry Hurwitz, 25. November 1945, siehe im vorliegenden Band im Anmerkungsteil die Vorbemerkungen zu Text 11 (»Der Zionismus aus heutiger Sicht«).

World War I to the day of his death in October, 1948, has been the outstanding Jewish spokesman for Arab-Jewish understanding in Palestine«[22]) und, mit ihm zusammenarbeitend, ihre Thesen zur jüdischen Politik entwickelt. Kurz vor der Gründung des Staates Israel im Mai 1948 veröffentlichte sie ihren Essay »Zur Rettung der jüdischen Heimstätte ist es noch nicht zu spät« und macht darin einmal mehr deutlich, dass sie einen jüdischen Nationalstaat nicht für die angemessene Lösung hält. Ihre Forderung nach einem Heimatrecht für das jüdische Volk war vielmehr an ein ganz bestimmtes, der Lage in Nahost, wie sie sie sah, eher angemessenes, neues politisches Organisationsmodell gebunden: »Örtliche Selbstverwaltung und gemischte jüdisch-arabische Gemeinderäte in Stadt und Land, in kleinem Rahmen, aber doch so zahlreich wie möglich, sind die einzigen realistischen politischen Maßnahmen, die schließlich zur politischen Emanzipation Palästinas führen können.«[23] Es ist ein Konzept, das auf ihre späteren rätedemokratischen Vorstellungen verweist.

Nach Gründung des Staates Israel (14. Mai 1948) entstand in der Zusammenarbeit mit Judah Magnes und der von ihm angeführten Gruppe in den USA ein Manuskript, das unter dem Titel »Peace or Armistice in the Near East?« (hier als Text 15: »Frieden oder Waffenstillstand im Nahen Osten?«) allerdings erst später zur Veröffentlichung kam. Geplant war es als Broschüre, mit der für das Programm der palästinensischen Magnes-Gruppe Ihud (Einheit) geworben werden sollte, als »ein einführendes Pamphlet über jüdisch-arabische Zusammenarbeit«[24]. Der 1950 in der *Review of Poli-*

---

[22] Siehe Hannah Arendts Sternchen-Fußnote zu Text 15 in der vorliegenden Ausgabe; ferner Hannah Arendt, »Magnes, the Conscience of the Jewish People«, in: *Jewish Newsletter* 8, Nr. 24, 24. November 1952, S. 3.

[23] Siehe im vorliegenden Band am Ende von Text 14 (»Zur Rettung der jüdischen Heimstätte ist es noch nicht zu spät«).

[24] Hannah Arendt an Karl Jaspers, 22. Dezember 1948, in: Arendt–Jaspers, *Briefwechsel*, a. a. O., S. 161. Im Brief an Jaspers hatte Arendt noch geschrieben, sie werde ihm das Pamphlet schicken, »sobald es gedruckt ist«. Doch dazu ist es nicht gekommen. Weiteres hierzu in der vorliegenden Ausgabe in den Anmerkungen der Herausgeberinnen zu Text 15.

tics veröffentlichte Artikel enthält eine detaillierte und schonungslose Analyse der damaligen Situation in Palästina (»So wie die Dinge heute liegen, ist der israelische Staat [...] eine jüdische Insel im arabischen Meer und ein vom Westen geprägter industrialisierter Vorposten in der Wüste einer stagnierenden Wirtschaft«[25]). Er wurde Arendt in den letzten sechzig Jahren sowohl als Verrat an der jüdischen Sache ausgelegt, wie auch als Dokument der Hellsichtigkeit interpretiert, ja gefeiert. In ihrer schriftstellerischen Biografie ist er ihre letzte veröffentlichte Stellungnahme zum Palästinakonflikt. Mit ihm endete ihr öffentliches politisches Engagement in der Judenfrage. Dazu hat auch eine konkrete Erfahrung beigetragen, die sie im November 1948 anlässlich eines Vortrags in Worcester im amerikanischen Bundesstaat Massachusetts machte. In einem Brief an Elliot Cohen, den Herausgeber des *Commentary*, der wie sie mit Magnes zusammengearbeitet hatte, schildert sie ausführlich, was sie erlebt hatte:

> »The people to whom I talked were supposedly non-sectarian: a people's Forum. [...]
>
> I was very objective and moderate in presenting the whole business. Did not denounce the government of Israel but the terrorists. [...]
>
> The discussion was led by people of whom it would be difficult to say if they were fellow travellers or simply ordinary revisionists, but I am pretty sure that they rather were revisionists. The questions were all provocative, but again nothing out of the ordinary. Interesting only: even though I had given very little time to the terrorist business, the questions were all concerned with the defense of terrorism.
>
> Then happened the following: An old lady started to talk in a great state of excitement and at the top of her voice. When she began I thought that she was the one crackpot who you always have in your audiences. She said that she had just returned from Palestine and that she knew all the answers: [...]

[25] Siehe in der vorliegenden Ausgabe Text 15.

When the old lady had finished her tale which was even more fantastic than I am able to relate in writing, the whole audience broke into spontaneous enthusiastic applause.«[26]

Und sie resümiert:

»Dear Elliot […] I feel very strongly that I am not the person to carry this job [editor of a newsletter of the Ihud group]. It would definitely spoil my work as a writer because it would need 150 % of my time and energy. Moreover, I am not qualified for any direct political work; I do not enjoy to be confronted with the mob, am much too easily disgusted, have not enough patience for maneuvering and not enough intelligence to retain a certain aloofness.«[27]

---

[26] Hannah Arendt an Elliot Cohen, 24. November 1948, *LOC Arendt Papers, Correspondence, Publishers: »Commentary«*. Übersetzung (U. L.): Die Zuhörer meines Vortrags gehörten vermutlich nicht zu den Sektierern, es war so etwas wie ein ›people's forum‹. Ich war bei meiner Darstellung des Ganzen sehr objektiv und zurückhaltend. Habe nicht die Regierung in Israel verurteilt, sondern die Terroristen. […] Hauptredner in der Diskussion waren Leute, von denen man schwer sagen konnte, ob es sich um ›fellow travellers‹ oder einfach Revisionisten handelte. Doch ich bin ziemlich sicher, dass sie zu den Revisionisten gehörten. Alle Fragen waren provokant, aber auch das eigentlich nichts Außergewöhnliches. Bemerkenswert nur: Obwohl ich auf das Thema Terroristen wenig Zeit verwandt hatte, ging es den Fragenden immer um die Verteidigung des Terrorismus. Dann geschah Folgendes: Eine ältere Dame begann zu reden, sehr erregt und äußerst lautstark. Anfangs dachte ich, sie sei die eine Spinnerin, welche man gewöhnlich unter seinen Zuhörern hat. Sie sagte, sie sei gerade aus Palästina zurückgekommen und wisse über alles genau Bescheid. […] Nachdem die Dame ihre Geschichte geendet hatte – eine Geschichte, die so fantastisch gewesen ist, dass ich sie schriftlich nicht wiedergeben kann, brach bei den Zuhörern spontaner, enthusiastischer Beifall aus.

[27] Ebda. Übersetzung (U. L.): Lieber Elliot […], ich bin zutiefst der Meinung, dass nicht ich es bin, die für diese Aufgabe [Herausgeberin eines Newsletter der Ihud-Gruppe] geeignet ist. Eindeutig würde sie meine Arbeit als Schriftstellerin beeinträchtigen, denn sie erforderte 150 Prozent meiner Zeit und Energie. Und mehr noch: Ich tauge überhaupt nicht für die direkte politische Arbeit; ich habe keine Freude an Konfrontationen mit dem Mob, bin viel zu leicht angewidert, bin nicht geduldig genug für taktische Spielchen und nicht klug genug, um eine gewisse Distanz zu halten.

In den Jahren ab 1948 wird sich Hannah Arendt daraufhin neben ihrer hauptamtlichen Tätigkeit im Schocken Verlag und anschließend bei der Jewish Cultural Reconstruction vor allem dem Schreiben widmen. Es entsteht das monumentale Werk *The Origins of Totalitarianism*, das im Februar 1951 erscheint. Mit ihm hat sie eindeutig die Judenfrage aus dem Fokus ihrer Veröffentlichungen herausgenommen und nun den Weg eingeschlagen, der sie in die Richtung einer Repräsentantin der amerikanischen »political science« und einer »New York public intellectual« führen wird. Wie dezidiert die entsprechende Entscheidung gewesen ist, lässt sich an einem Brief ablesen, den sie im November 1953 an William Zukerman, den Herausgeber des *Jewish Newsletter,* schreibt. Zukerman hatte Arendt, deren »Peace or Armistice in the Near East?« er mit Bewunderung gelesen hatte (»I want to tell you how deeply I admire the profundity of your analysis«), um eine Art Folge-Analyse gebeten und erhielt von ihr zur Antwort: »Es tut mir leid, aber ich sehe mich nicht in der Lage, für Sie eine Stellungnahme zu schreiben. Die kürzestmögliche wäre: Du sollst nicht töten, nicht einmal arabische Frauen und Kinder! Aber das ist natürlich ein wenig zu kurz. Die ganze Angelegenheit ist vollkommen unerträglich. Ich habe entschieden, nichts mehr mit jüdischer Politik zu tun haben zu wollen – nicht einmal in der Form des Protestierens. Nichts mit all dem, was mir den Willen und die Bereitschaft abzuverlangen scheint, es in der Öffentlichkeit auszufechten.«[28]

---

[28] Hannah Arendt an William Zukerman, 1. November 1953, *LOC Hannah Arendt Papers, Correspondence, Publishers: »Jewish Newsletter«*; Übersetzung U. L. Vgl. auch den Brief, den Arendt am 24. Dezember 1956 nach Israel schickt. Ein in Israel lebendes Mitglied der russisch-argentinischen Industriellenfamilie Mirelman, José Mirelman, hatte sie um einen Artikel über die aktuelle Lage in Palästina gebeten, weil das, was er bisher von ihr gelesen hätte, so besonders bedeutend für ihn gewesen wäre. Sie antwortet ihm ausführlich und schreibt u. a.: »Your are right: I have shifted away from all discussion of Israel or the Jewish question. And I do not intend to write about these themes. The question is no longer open, the state is there and while I cannot say that I changed my opinion or feel any more optimistic about its chances for survival, I also hope it is there to stay. [...] You see, I have not much to offer. Also, my capacities to be ›thrilled‹ by the spectacle of history seem to be exhausted. I personally would be grateful ▸

1961 stellt die Schriftstellerin im »Preface« zu *Between Past and Future* ein eigenes Konzept politischen Theoretisierens vor, mit ihren »exercises in political thought« (»Übungen im politischen Denken«) in der Form des Essays.[29] Die im vorliegenden Band *Wir Juden* enthaltenen Essays können ihnen als »Vor«-Übungen zur Seite gestellt werden. Arendt selbst allerdings ließ sie bei ihrem Konzept der »exercises« unberücksichtigt. Als sie das Vorwort zu *Between Past and Future* schrieb, hatte sie sich offenbar schon von den eigenen Anfängen des politischen Denkens entfernt, die Blumenfeld verdankten frühen Bemühungen hatten sich überlagert. In der Erinnerung dann blieb diese Phase ihrer Biografie und intellektuellen Entwicklung als bereits 1943 abgeschlossen gespeichert. So konnte sie 1972 bei der Diskussion über ihr Werk mit Freunden in Toronto – ihr Engagement in der jüdischen Politik auf den Zionismus reduzierend und zeitlich verkürzend – sagen: »Ich gehöre keiner Gruppe an. Die einzige Gruppe, zu der ich gehörte, waren, wie Sie wissen, die Zionisten. Das war aber natürlich nur wegen Hitler. Und es dauerte von 1933 bis 1943. Danach habe ich mit ihnen gebrochen.«[30] Was aber geblieben war – auch über die Jahre hinaus, die im vorliegenden Band dokumentiert sind –, war die »tiefe Angst« aus

---

▸ if no Israeli catastrophe were to occur in my lifetime.« *LOC Arendt Papers, Correspondence, General: »›McQ-Mit‹ miscellaneous«.*

[29] Hannah Arendt, »Preface: The Gap Between Past and Future«, in dies., *Between Past and Future: Six Exercises in Political Thought,* New York: Viking, 1961, S. 3–15, hier S. 14 f.; dt. dies., »Vorwort: Die Lücke zwischen Vergangenheit und Zukunft«, in dies., *Zwischen Vergangenheit und Zukunft: Übungen im politischen Denken I,* hrsg. von Ursula Ludz, zuerst München-Zürich: Piper (Serie Piper 1421), 1994, S. 7–19, hier S. 18 f. – *Between Past and Future* erschien 1968 in zweiter Auflage mit acht Essays. Die deutsche posthume Ausgabe der »Übungen« in Essay-Form wurde, dem Konzept folgend (siehe das »Nachwort« der Herausgeberin zu Arendt, *Zwischen Vergangenheit und Zukunft,* a. a. O., S. 371–375), als solche erweitert, und ihr wurde ein zweiter Band beigegeben: Hannah Arendt, *In der Gegenwart: Übungen im politischen Denken II,* hrsg. von Ursula Ludz, zuerst München-Zürich: Piper (Serie Piper 2920), 2000.

[30] Hannah Arendt, »Diskussion mit Freunden und Kollegen in Toronto«, in: dies., *Ich will verstehen,* a. a. O., S. 73–115, hier S. 109.

den frühen Jahren um Palästina, später Israel: Ich weiß, »dass jede wirkliche Katastrophe in Israel mich tiefer berühren würde als fast alles andere,« schreibt sie noch 1969 der Freundin Mary.[31] Geblieben waren Enttäuschung, Sorge und Traurigkeit. Und was das eigene Schreiben anging, so war Arendt klar, dass es sich verändert hatte. Anlässlich der Neuauflage der *Sechs Essays* lässt sie Gottfried Honnefelder im Suhrkamp Verlag wissen: »Ich würde in diesem ja doch sehr persönlichen Ton, der Erregung der Zeit entsprechend, heute kaum noch schreiben oder auch nur schreiben können.«[32]

Eher der politischen Theoretikerin als der politisch engagierten Jüdin sind die hier im dritten Teil zusammengefassten Schriften zuzuordnen. Sie sind Zeugnisse aus der Frühphase einer wissenschaftlichen Disziplin, die zu Arendts Lebzeiten nicht existierte, heute aber unter dem Kürzel »Holocaust-Forschung« etabliert ist. Im Einzelnen handelt es sich um: eine Bewertung der *Protokolle der Weisen von Zion* (»Die Saat einer faschistischen Internationale«, 1945); eine Besprechung des vom Jüdischen Weltkongress herausgegebenen *Black Book* (»Das Bild der Hölle«, 1946); einen Vorschlag für Forschungsprojekte (»Sozialwissenschaftliche Methoden zur Erforschung der Konzentrationslager«, 1950); einen Beitrag zu einem schriftlichen Round Table der hebräischen, in Jerusalem erscheinenden Zeitung *Maariv*, dann auf Englisch in *The Jewish World* veröffentlicht (»Die Vernichtung von sechs Millionen. Warum hat die Welt geschwiegen?«, 1964); schließlich Arendts Einleitung zu dem Buch von Bernd Naumann über den Auschwitzprozess in Frankfurt am Main (1966).

Das Ereignis, das Arendt dazu veranlasste, sich der jüdischen Katastrophe und Politik im 20. Jahrhundert erneut auszusetzen, ihre durch die Teilnahme am Eichmann-Prozess (1961) selbst gewählte Konfrontation mit einem NS-Täter im Jerusalemer Gerichtssaal, ist in diesem Band nicht dokumentiert und deshalb auch nicht die Kon-

[31] Hannah Arendt an Mary McCarthy, 17. Oktober 1969, in: Arendt-McCarthy, *Im Vertrauen*, a. a. O., S. 366.

[32] Hannah Arendt an Gottfried Honnefelder, 22. Juni 1975. *LOC Arendt Papers, Correspondence, Publishers: »Suhrkamp Verlag«.*

troverse um ihren Prozessbericht *Eichmann in Jerusalem* (1963), in dem die Gräben, die sich in den 1940er-Jahren mit »Zionism Reconsidered« aufgetan hatten und mühsam zugeschüttet worden waren, wieder aufbrachen. Denn beides, Report und Kontroverse, hat keinen direkten Niederschlag in Arendts Essaywerk gefunden. Doch ein hier abgedruckter Text, der über den ersten Frankfurter Auschwitzprozess, lässt noch einmal die Reporterin sichtbar werden, nun in ihren Mitteilungen über ein NS-Prozessgeschehen erkennbar umsichtiger, ausgewogener (aus der »Kontroverse« hatte sie offensichtlich Lehren gezogen). Ansonsten sei auf die Essays »Wahrheit und Politik« (1969) und »Über den Zusammenhang von Denken und Moral« (1971) verwiesen, die Arendts Nach- und Weiterdenken im Anschluss an die Eichmann-Erfahrung dokumentieren.[33] Für den vorliegenden Band schien es angebracht, einen Text, der unter anderem in der unmittelbaren Reflexion auf das in Jerusalem und danach Erlebte entstand, als »Epilog« zu berücksichtigen: die schriftliche Fassung des von der BBC gesendeten Vortrags mit dem (übersetzten) Titel »Persönliche Verantwortung unter diktatorischer Herrschaft« (1964). Indem er sich ethischen Fragen widmet und in seine Argumentation die menschlichen Fähigkeiten des Denkens und Urteilens einbezieht, resümiert er nicht nur Arendts damaligen Standpunkt, sondern öffnet auch den Blick für ihr später in den 1960er- und dann den 1970er-Jahren entstehendes Werk bis hin zum postumen, von Mary McCarthy herausgegebenen *The Life of the Mind* (1978).

Die vorliegende Essaysammlung beansprucht, wie die der vorangehenden Bände *Zwischen Vergangenheit und Zukunft* und *In der Gegenwart*, Vollständigkeit. Sie berücksichtigt alle jüdischen Schriften größeren Umfangs aus Arendts veröffentlichtem Werk. Nicht aufgenommen wurden Zeitungsartikel, Kurzbesprechungen, Leserbriefe, veröffentlichte Notizen der verschiedensten Art sowie Texte, auch postum publizierte Texte, aus dem Nachlass. Außerdem sind Veröffentlichungen unberücksichtigt geblieben, die als Vorabdrucke von Teilen der späteren Buchveröffentlichungen

---

[33] In Arendt, *Zwischen Vergangenheit und Zukunft*, a. a. O., S. 128–155, S. 327–370.

The Origins of Totalitarianism und *Elemente und Ursprünge totaler Herrschaft* anzusehen sind.[34]

Wir Juden ist der Schlussstein zu dem im Piper Verlag mit den Titeln: *Menschen in finsteren Zeiten, Zwischen Vergangenheit und Zukunft* und *In der Gegenwart*, veröffentlichten Essaywerk von Hannah Arendt.

Ursula Ludz

---

[34] Ausgenommen »Privilegierte Juden«; zur Begründung der Aufnahme in den Band siehe unten im Anmerkungsteil die Vorbemerkungen zu Text 6.

2
Postskriptum

»Was ich bei Ihnen gelernt habe«, schreibt Hannah Arendt in ihrer »Zueignung« an Karl Jaspers im Jahr 1947, »und was mir in den folgenden Jahren half, mich in der Wirklichkeit zurechtzufinden, ohne mich ihr zu verschreiben, wie man sich früher dem Teufel verschrieb, ist, dass es nur auf die Wahrheit ankommt und nicht auf Weltanschauungen, dass man im Freien leben und denken muss und nicht in einem noch so schön eingerichteten ›Gehäuse‹, und dass die Notwendigkeit in jeder Gestalt nur der Spuk ist, der uns locken möchte, eine Rolle zu spielen, anstatt zu versuchen, irgendwie ein Mensch zu sein.«[1]

Zum Abschluss der Edition gilt es noch einmal zurückzuschauen: Warum eigentlich haben wir jene Schriften, die sich auf die »Jüdische Frage« konzentrieren, hier gesondert zusammengefügt? Warum diese thematische Engführung? Warum, wenn es gerade nach der Katastrophe der Todesfabriken darauf ankommt, »irgendwie ein Mensch zu sein«?

Tatsächlich wären ja andere editorische Ansätze denkbar gewesen: etwa die Möglichkeit, alle Beiträge Hannah Arendts zu aktuellen politischen Fragen nach dem zeitlichen Entstehungskontext oder nach allgemeinen thematischen Verbindungslinien zu bündeln; Arendts Nachdenken über die »Organisierte Schuld« der Deutschen von 1946 steht in enger gedanklicher Verbindung zu dem hier abgedruckten Beitrag über »Persönliche Verantwortung

[1] Siehe die »Zueignung an Karl Jaspers« in der vorliegenden Ausgabe.

unter diktatorischer Herrschaft« aus dem Jahr 1964; und der verzweifelt-ironische Essay »Wir Flüchtlinge« von 1943 korrespondiert gedanklich mit ihrer Analyse »Unsere fremdsprachlichen Volksgruppen« von 1944.[2] Und der vorliegende Band enthält den Aufsatz »Aufklärung und Judenfrage« aus dem Jahr 1932, jedoch nicht ihre Lessingpreis-Rede aus dem Jahr 1959, den sie zum Auftakt ihres Essaybandes *Menschen in finsteren Zeiten* auswählte. Darin heißt es:

> *»Ich darf in diesem Zusammenhang nicht verschweigen, dass ich lange Jahre hindurch auf die Frage: Wer bist du? Die Antwort: Ein Jude, für die einzig adäquate gehalten habe, nämlich für die einzige, die der Realität des Verfolgtseins Rechnung trug. Ich hätte sicher eine Haltung, die im Sinne – nicht im Wortlaut – des Nathan auf die Aufforderung: ›Tritt näher, Jude!‹ mit einem: ›Ich bin ein Mensch‹ antwortet, für ein groteskes und gefährliches Ausweichen vor der Wirklichkeit gehalten.«*[3]

Jede Textsammlung ist eine Entscheidung, ausgewählte Werke werden ans Licht und miteinander ins Gespräch gebracht, andere werden außen vor belassen. Solche editorischen Setzungen geschehen nicht aus Verlegenheit. Sie bieten die Möglichkeit, eine spezielle Frage, einen spezifischen Charakterzug eines Werkes zu exponieren, und sie wagen die These, durch diese Konzentration komme Neues ans Licht. Doch was?

»Tritt näher, Jude«, realisiere deine Freiheit, deine »Kapazität, die Welt und ihren natürlichen Ablauf zu ändern«[4] – so oder ähn-

---

[2] Die Aufsätze »Organisierte Schuld« und »Unsere fremdsprachlichen Volksgruppen« erschienen in dem Band Hannah Arendt, *In der Gegenwart. Übungen im politischen Denken II,* hrsg. von Ursula Ludz, zuerst München-Zürich: Piper Verlag, 2000.

[3] »Gedanken zu Lessing: Von der Menschlichkeit in finsteren Zeiten«, siehe Hannah Arendt, *Menschen in finsteren Zeiten*, hrsg. von Ursula Ludz, München-Zürich: Piper, 2000, S. 27.

[4] Siehe den Kafka-Essay in der vorliegenden Ausgabe.

lich ruft es den Lesern an vielen Stellen in diesem Buch entgegen. Denn natürlich wirft Arendt auch in den hier abgedruckten, der jüdischen Zugehörigkeit verpflichteten Essays universelle Fragen auf, nach Freiheit und Notwendigkeit, nach Wahrheit, politischer Verantwortung und Pluralität – nach Menschenrecht und Menschenwürde. Doch Ende der 1940er-Jahre fühlte Arendt sich in erster Linie für jüdische Politik verantwortlich (»zwei miese Voelker sind zu viel für einen einzelnen Menschen« schrieb sie noch 1948 an Dolf Sternberger[5]). Und im Mittelpunkt stand damals die drängende Frage: Wird es gelingen, dem Judentum in diesem von außen oktroyierten Ghetto wieder einen neuen geistigen Gehalt zu geben? Ein neues »jüdisches Band« zu knüpfen?

Arendt engagierte sich damals sehr konkret für eine Erneuerung, ja eine Neu-Einwurzelung des Judentums. Juden sollten sich dissimilieren, sich von den Zuschreibungen der Herrschenden emanzipieren, über ihr eigenes Schicksal selbst entscheiden und sich der Wirklichkeit, auch und gerade ihrer politischen Wirklichkeit aussetzen; jeder Jude sollte sich ermächtigen und selbstbewusst, also seiner selbst bewusst, sein »eigenstes Wort in die Geschichte der Welt« (Buber) sprechen. »Jüdische Historiker des letzten Jahrhunderts«, so schreibt Arendt 1943 in ihrem Essay zu Gershom Scholems Mystikforschungen, »pflegten – ob bewusst oder unbewusst sei dahingestellt – alle diejenigen Fakten der jüdischen Geschichte zu ignorieren, die nicht zu ihrer grundlegenden These von der Diaspora-Geschichte passten, der zufolge die Juden [...] unablässig Opfer einer feindlichen und mitunter gewalttätigen Umgebung gewesen seien«. Man müsse sich die eigene Geschichte noch einmal neu erobern, »verschüttete Überlieferungen« und »verborgene Traditionen« bedenken, und das nicht nur im Konzept des bewussten Paria, der, vom Rande der Gesellschaft herkommend, dieser ei-

[5] Brief von Hannah Arendt an Dolf Sternberger, 12. Juli 1948, siehe: »›Was Sentimentalität auch in gutem Sinne anlangt, habe ich die Seele eines besseren Schlaechterhundes‹. Hannah Arendt erläutert Dolf Sternberger ihre Position.« Kommentiert von Marie-Luise Knott, abgedruckt in: *Münchner Beiträge zur jüdischen Geschichte und Kultur*, hrsg. vom Lehrstuhl für Jüdische Geschichte und Kultur an der Ludwig Maximilian Universität München, 6, 2013, Heft 1, S. 69–79.

nen kraftvollen Beitrag bereithält,[6] sondern auch durch das Studium der jüdischen Mystik. Arendt betonte, durch Scholems Forschungen habe sich zum ersten Mal die Rolle erhellt, welche die Juden in der Herausbildung des modernen Menschen gespielt hätten; insofern seien seine Entdeckungen zur jüdischen Mystik »besser geeignet, die jüdische Geschichte mit der Geschichte Europas auszusöhnen, als es all die apologetischen Versuche waren, die das Unmögliche, das heißt die Identität zwischen den Juden und anderen Nationen, zu beweisen, oder etwas im wesentlichen Inhumanes, nämlich die Passivität und daher Verantwortungslosigkeit des jüdischen Volkes als Ganzes, aufzuzeigen suchten«[7].

Mehrere Aspekte verquicken sich in dem hier vorliegenden Band. Da ist zum einen Arendts Engagement für eine Säkularisierung des Judentums, die das geistige Erbe dem Monopol der Rabbiner entreißen und das Wissen der Juden der Geschichte Europas beifügen will. Verbunden ist dies mit einer Aufforderung zur Politisierung, zum Mittun in der Welt, nicht gegen, sondern jenseits von Religion und Nation, nicht gegen, sondern jenseits von Verfolgung und Vorurteil. Ihr Versuch, ins Eigensinnen zu gelangen, hinterfragte auch angesichts der Realität in Palästina das (europäische) Konzept des Nationalstaats als politischer Organisationsstruktur der Völker, das eine grundlegende Identität von Volk, Territorium und Staat annimmt, welche durch die Anwesenheit einer anderen Nationalität gestört wird, sofern diese sich ihre Identität erhalten will. Um all die »schön eingerichteten ›Gehäuse‹«, von denen im Eingangszitat die Rede war, zu verlassen, mussten die Juden, so erfährt man es in den Texten dieses Bandes, sich den eige-

---

[6] Bernard Lazares Begriff des »bewussten Paria« war radikal. Der Paria müsse die Bühne der Politik betreten und zum Rebell werden, denn jeder Paria, der nicht zum Rebell werde, mache sich, so Lazare, mitverantwortlich für seine eigene Unterdrückung und damit mitverantwortlich für die Schändung der Menschheit in ihm.

[7] Hannah Arendt, »Jüdische Geschichte von Neuem betrachtet«, in: Hannah Arendt/Gershom Scholem. *Der Briefwechsel 1939–1964*, hrsg. von Marie Luise Knott unter Mitarbeit von David Heredia, Berlin: Jüdischer Verlag im Suhrkamp Verlag, 2010, S. 469–483, hier S. 470.

nen Kopf, das eigene Denken also, entsiedeln – »entkolonisieren«, das heißt die inneren wie die äußeren über Jahrhunderte gewachsenen Vorstellungen, Gewohnheiten, Schablonen und Fixierungen abstreifen und danach trachten, keine »Rolle« zu spielen, sondern »im Freien« zu leben und zu denken.

Die geistige Willkommenskultur, die Hannah Arendt bald nach ihrer Ankunft unter amerikanischen Juden antraf, war keine barmherzige Solidarität, sondern entsprang dem Erkennen einer gemeinsamen, ja geteilten geistigen Not der Zeit.[8] Es muss damals in den dortigen intellektuellen jüdischen Kreisen eine Ahnung davon gegeben haben, dass diese Hannah Arendt – diese Fremde, mit ihren fremden denkerischen Disziplinen, ihren fremden Erfahrungen und mit ihrem Eigensinn – den eigenen kulturellen und politischen Hoffnungen nach einer Neubegründung des Judentum in den Vereinigten Staaten eine Stimme gab. Und nicht nur das. Sie suchte nach einer Vertiefung des Verständnisses für das jüdische Problem in der US-amerikanischen Gesellschaft – »jüdisch wie nichtjüdisch«. Die »rein jüdischen Probleme«, etwa Antisemitismus, die Palästinafrage, Migrationen, Heimatlosigkeit, könnten nicht isoliert von den generellen politischen Entwicklungen betrachtet werden – davon war Arendt überzeugt. Die Entscheidung, in *Wir Juden* die Texte zur spezifischen Verantwortung der jüdischen Zugehörigkeit, ja: Identität, dennoch separat zu edieren, zeigt neben Arendts denkerischer Radikalität noch etwas ganz anderes: Ihr Ringen um eine Rückeroberung der Welt steht in der Nachfolge »der großen jüdischen Rebellen des 19. Jahrhunderts«, die sich in die Geschäfte der Welt einmischten, gerade »weil sie Juden waren«[9] und weil ihre Erfahrungen gerade als solche, als jüdi-

[8] »I believe you have a great deal to teach us here in America; and with a little such expert collaboration [...] you'll make more than one home run (as our saying is)«, schrieb Henry Hurwitz an Hannah Arendt am 15. Februar 1944; frei übersetzt: Sie haben uns hier eine Menge beizubringen, und mit ein wenig unserer Expertenhilfe [gemeint sind die sprachlichen Verbesserungen von Arendts Englisch] werden Sie hier schnell durchstarten., Quelle: American Jewish Archives, AJA Ms. Col, 2 Hurwitz, Box 1, Folder 1/16, HA Corresp. 42–59.

[9] So in ihrem Beitrag »Privilegierte Juden« in der vorliegenden Ausgabe.

sche Erfahrungen, in der Neuen Welt – und keineswegs nur dort – gebraucht wurden. Auch nach der Eichmann-Kontroverse muss sich irgendwann die denkerische Verbundenheit zwischen Hannah Arendt und Salo W. Baron neu geknüpft haben; Arendt verblieb im Vorstand der Jewish Social Studies. Beide Seiten, die große Philosophin *(Vom Leben des Geistes)* und die Herausgeber der Zeitschrift für jüdische Fragen, müssen den Dialog miteinander gesucht haben.[10]

Die in dem vorliegenden Band zusammengestellten Schriften sind in diesem Sinne paradigmatisch: Sie zeigen Wege auf zu beidem: zu einer Entkolonisierung des Denkens einerseits und zur Einwurzelung fremder Erfahrungen andererseits; diese gilt es für heutige gesellschaftliche Debatten fruchtbar zu machen.

Marie Luise Knott

---

[10] In seinem Nachruf schrieb Salo W. Baron, der gemeinsam mit seiner Frau Jeannette am Abend ihres Todes bei Hannah Arendt zu Besuch gewesen war: »However, following a period of temporary alienation, […] she resumed her interest in Jewish affairs and again actively participated in the work of the Conference on Jewish Social Studies and its quarterly. For some three decades she had served with distinction as a member of its Board of Directors. Always ready to be helpful in its work, she often took time off her very busy schedule and, as late as last summer, read three papers submitted to our journal, giving us the benefit of her opinion and making suggestions of improvement wherever needed.« Siehe Salo W. Baron, Hannah Arendt (1906–1975), in: *Jewish Social Studies* 38, 1976, Nr. 2, S. 188.

3
Anmerkungen

1 Aufklärung und Judenfrage (1932)

Zu diesem Text

Dieser Text war nach ihrer Dissertation *Der Liebesbegriff bei Augustin* (1929) die erste und einzige umfangreiche wissenschaftliche Abhandlung, die Hannah Arendt vor ihrer Flucht noch in Deutschland veröffentlichen konnte, allerdings, wie sie Karl Jaspers im Brief vom 1. Januar 1933 mitteilt, »um Wesentliches gekürzt«. Etwa ein Jahrzehnt später dann wurde er für sie zu einer Art »Entréebillet« in den Kreisen der amerikanischen jüdischen Intellektuellen. Vermittelt durch Ismar Elbogen, den Herausgeber der *Zeitschrift für die Geschichte der Juden in Deutschland*, erhielt sie unter ausdrücklichem Hinweis auf den Artikel von 1932 Kontakt zu dem jüdischen Gelehrten Salo W. Baron, seit 1930 Inhaber des ersten in den USA eingerichteten Lehrstuhls für jüdische Geschichte, Literatur und Institutionen an der Columbia University in New York. Sie lernte Baron persönlich kennen und veröffentlichte schon bald nach ihrem Eintreffen in den USA in der von ihm herausgegebenen Zeitschrift *Jewish Social Studies* (1942 ff.). In vielerlei Hinsicht hat er sie weiterhin gefördert.

Im Jahr 1974 hat Arendt den Vorschlag gemacht, diesen Text in die vom Suhrkamp Verlag auf Empfehlung von Uwe Johnson zustande gekommene Wiederauflage der *Sechs Essays* (1948) neu aufzunehmen. Er wurde so gut wie unverändert in dem Band *Die verborgene Tradition* abgedruckt, der dann erst 1976 nach Arendts Tod erschien.

Der Text ist von Arendt mit Anmerkungen versehen worden,

die hier entsprechend dem Original von 1932 als Fußnoten (und nicht als Endnoten wie in *Die verborgene Tradition*) nachgedruckt werden. Die längeren Zitate wurden überprüft und, falls fehlerhaft, stillschweigend verbessert. An einigen Stellen wurden Fußnoten ergänzt, um Arendts minimalistische Zitierweise leserfreundlicher zu gestalten.

2 Martin Buber – ein »leader« der Jugend (1935)

[1] Ausnahmegesetze – hier: antisemitische Gesetze und Erlasse des Deutschen Reiches im Jahr 1933.

[2] Martin Buber, *Drei Reden über das Judentum*, zuerst Frankfurt am Main: Rütten & Loening, 1911.

[3] *Die Schrift.* Zu verdeutschen unternommen von Martin Buber gemeinsam mit Franz Rosenzweig, Berlin: Lambert Schneider, 1925–1929; sowie *Die Schrift.* Zu verdeutschen unternommen von Martin Buber, Berlin: Schocken, 1931–1937.

[4] *Die fünf Bücher Mose*, zum Gebrauch der jüdischdeutschen Nation nach der Übersetzung des Herrn Moses Mendelssohn, Erstes Buch, Berlin und Stettin: Nicolai, 1780.

[5] Martin Buber, *Königtum Gottes*, Berlin: Schocken, 1932.

[6] Dieser Gedanke liegt mehreren Texten Martin Bubers zugrunde; siehe vor allem Martin Buber, »Die Brennpunkte der jüdischen Seele«, in: ders., *Der Jude und sein Judentum. Gesammelte Aufsätze und Reden*, mit einer Einleitung von Robert Weltsch, Köln: Melzer, 1963, S. 201–211; außerdem beispielsweise Martin Buber, »Die Erneuerung des Judentums«, in: ders., *Reden über das Judentum,* Berlin: Schocken, 2. Auflage 1932, S. 37–65.

[7] Martin Buber, »Das Judentum und die Juden«, in: ders, *Drei Reden über das Judentum*, a. a. O., S. 9–31, hier S. 29.

3 Wir Flüchtlinge (1943)

Zu diesem Text

Mit Henri Hurwitz, dem Herausgeber von *The Menorah Journal*, stand Hannah Arendt damals in regem Austausch. Als der Essay »We Refugees« dort erschien, verfasste Manfred George, der Herausgeber der deutsch-jüdischen Wochenzeitschrift *Aufbau*, in der Arendt gleichfalls als Autorin tätig war, einen gebührenden Hinweis auf das Erscheinen des Essays und betonte die Besonderheit und Eigenart der darin enthaltenen Sichtweise. Er schloss: »Der fast leise geäußerte Satz am Schluß des Arendt'schen Artikels, der den heimlich schillernden Spott ihres Situationsaufrisses mit politischer Erkenntnis krönt, tippt wie ein Zauberstab an die Tür des Kommenden.« (*Aufbau*, 30. Juli 1943). Offensichtlich sehnte man sich damals in Emigrantenkreisen politisch nach beidem: danach, die Identität zu bewahren, und danach, nicht länger geduldetes »schwächstes Glied« zu sein.

Im Kontext von »We Refugees« findet sich im Nachlass von Hannah Arendt ein unveröffentlichter Essayentwurf mit dem Titel *German Emigrés*, der unter *LOC Arendt Papers, Speeches and Writings File, Essays and Lectures: »German emigrés – n. d.«* nachgelesen werden kann.

Aufgrund seiner Freiheit im Denken und der nicht nachlassenden Aktualität des Themas wurde der Essay gerade in jüngerer Zeit vielfach nachgedruckt und ist auch im Internet zu finden.

[1] »Das Leben ist der Güter höchstes nicht, Der Übel größtes aber ist die Schuld«, in Friedrich Schiller, *Die Braut von Messina oder Die feindlichen Brüder. Ein Trauerspiel mit Chören*, zuerst Tübingen: Cotta, 1803, Vierter Aufzug, 10. Auftritt.

[2] Nachdem am 10. Mai 1940 der »Westfeldzug« der Deutschen Wehrmacht begann, wurde die drei Jahre zuvor aus Deutschland ausgebürgerte Hannah Arendt am 15. Mai in Paris als »feindliche Ausländerin« verhaftet und im Camp de Gurs in den Pyrenäen – einem Lager, das ursprünglich für Flüchtlinge und Soldaten der Spanischen Republik errichtet worden war – interniert. Mitte Juni 1940 aus dem »Frauenlager« Gurs geflohen, entging sie der Übergabe des Lagers an die Deutschen und der späteren Deportation. Zusammen mit anderen Frauen war es Arendt, wie sie später einmal berichtet hat, im Machtvakuum des deutsch-französischen Waffenstillstands gelungen, Entlassungspapiere zu ergattern und sich mit nichts als einer Zahnbürste auf und davon zu machen. Ca. 200 von 7000 Frauen hätten auf diese Weise aus dem Lager entkommen können; es sei ihnen jedoch nicht gelungen, berichtete Arendt in dem gleichen Text weiter, die Mitinsassinnen zu überzeugen, sich anzuschließen; schließlich habe niemand mit Sicherheit sagen können, was sie erwartete. Die Rückkehr zur Normalität und damit die Unmöglichkeit einer Flucht kam schnell. Vgl. Hannah Arendt anlässlich von Bruno Bettelheims »Freedom from Ghetto Thinking«: »To the Editor«, in *Midstream*, 8, 1962, Nr. 3, S. 85–87. Die Deportationen aus Gurs in die Konzentrations- und Vernichtungslager im Osten begannen mit der Besetzung der freien Zone im November 1942.

[3] Frz. für: »um zu verrecken«.

[4] Hiob 1, 21, zitiert hier im Deutschen nach der Übersetzung von Martin Luther (revidierte Fassung von 1912).

[5] Im englischen Original auf Deutsch.

[6] Im englischen Original auf Jiddisch (»Pechvogel«).

[7] Anspielung auf den Schlagertext »Märchen vom Bernhardiner« von Robert Gilbert.

[8] Frz. für: »Deutsche«.

[9] Frz. für: »freiwillige Gefangene«.

[10] Jeckes – jiddische Bezeichnung für deutsche Juden in Palästina, später Israel.

[11] Frz. für: »man kommt nicht zweimal empor«, in: Honoré de Balzac, *Les secrets de la princesse de Cadignan*, in: ders.: »Scènes de la vie parisienne«, in *Œuvres complètes*, Band III, Paris: Houssiaux, 1877, S. 81–132, hier S. 85. (»Ceux-là seuls qui ont la conscience de n'être rien par eux-mêmes, manifestent des regrets en tombant, ou murmurent et reviennent sur un passé qui ne reviendra jamais, en devinant bien qu'on ne parvient pas deux fois.«)

4 Juden in der Welt von gestern. *Anlässlich Stefan Zweig, The World of Yesterday, an Autobiography (1943/48)*

Zu diesem Text

Auf Wunsch des Herausgebers von *The Menorah Journal*, Henry Hurwitz, hatte sich Hannah Arendt bereit erklärt, die englische Ausgabe von Stefan Zweigs Autobiografie (in der Übersetzung von Benjamin Huebsch und Helmut Ripperger) zu besprechen. Das deutsche Original: Stefan Zweig, *Die Welt von gestern. Erinnerungen eines Europäers*, 1942 im Verlag Bermann-Fischer in Stockholm erschienen, war während des Kriegs in den USA nicht verfügbar.

Die Besprechung wurde erstmals unter dem Titel »Portrait of a Period«, in *The Menorah Journal* 31, Nr. 3, Fall 1943, S. 307–314, veröffentlicht. Arendt hatte das Manuskript auf Deutsch verfasst, es war von der Redaktion ins Englische übersetzt und in Teilen gekürzt worden. Für den Druck in *Sechs Essays* stellte Arendt die ursprüngliche deutsche Fassung zur Verfügung, ohne, was zu dieser Zeit möglich gewesen wäre, die aus dem Englischen übersetzten Zweig-Zitate durch die deutschen Originale zu ersetzen. Der vorliegende Nachdruck folgt Arendt in dieser Hinsicht, verzichtet also auf die Wiedergabe der originalen deutschen Zweig-Zitate. Es sei aber auf den gerade erschienenen 3. Band von Hannah Arendt, *Kritische Gesamtausgabe,* hingewiesen, in dem (S. 398–404) für alle von Arendt übersetzten Zitate die Originale mitgeteilt werden (Hannah Arendt, *Sechs Essays. Die verborgene Tradition*, hrsg. von Barbara Hahn unter Mitarbeit von Barbara Breysach und Christian Pischel [= Hannah Arendt, *Kritische Gesamtausgabe. Druck und Digital*, hrsg. von Barbara Hahn, Hermann Kappelhoff, Patchen Markell, Ingeborg Nordmann und Thomas Wild, Bd. 3], Göttingen: Wallstein Verlag, 2019).

Arendts Besprechung wurde nachgedruckt in Hannah Arendt, *Die verborgene Tradition. Acht Essays*, Frankfurt am Main: Suhrkamp (suhrkamp taschenbuch 303), 1976, S. 74–87 – mit kleinen Veränderungen, auf die die Herausgeber des 3. Bandes der *Kritischen Gesamtausgabe* (S. 398) verweisen.

[1] Vgl. die wörtliche Wiedergabe dieses Traums aus Rahels Tagebuch in Hannah Arendt, *Rahel Varnhagen. Lebensgeschichte einer deutschen Jüdin aus der Romantik*, München: R. Piper, 1959, S. 135 f.

[2] Nach Heinrich Heines Ausspruch: »Der Taufzettel ist das Entréebillet zur europäischen Kultur«. Heinrich Heine, *Letzte Gedichte und Gedanken*, aus dem Nachlaß des Dichters zum ersten Mal veröffentlicht (von Adolf Strodtmann), New York 1871, S. 72.

[3] Dt.: »neun Zehntel von dem, was die Welt als Wiener Kultur des neunzehnten Jahrhunderts feierte, war eine vom Wiener Judentum geförderte, genährte, oder sogar schon selbst geschaffene Kultur.« Stefan Zweig, *Die Welt von gestern. Erinnerungen eines Europäers*, Stockholm 1944, S. 39; zitiert nach Hannah Arendt, *Kritische Gesamtausgabe,* a. a. O., Bd. 3, S. 401.

[4] Dt.: »Hofmannsthal, Arthur Schnitzler, Beer-Hofmann, Peter Altenberg gaben der Wiener Literatur einen europäischen Rang, wie sie ihn nicht einmal unter Grillparzer und Stifter besessen hatte.« Zweig, a. a. O., S. 40; zitiert nach Arendt, *Kritische Gesamtausgabe*, a. a. O., Bd. 3, S. 401.

[5] Stefan Zweig, »Das große Schweigen« erschien erstmals in *Das Neue Tage-Buch* (Paris), 4. Mai 1940. Eine auszugsweise englische Übersetzung von William G. Phelps »The Great Silence« in*The Shreveport Times*, 30. Juni 1940, S. 5. Hannah Arendt bezieht sich vermutlich auf einen Abdruck im *News Bulletin* der O[verseas] N[ews] A[gency], er konnte jedoch nicht lokalisiert werden. Die *Washington Post* druckte »The Great Silence« am 12. März 1942, S. 15.

5 Franz Kafka (1944/48)

Zu diesem Text

In der von Dolf Sternberger unter Mitwirkung von Karl Jaspers, Alfred Weber und Werner Krauss herausgegebenen Monatsschrift *Die Wandlung* waren bereits Hannah Arendts Essays »Organisierte Schuld« (*Die Wandlung*, Heidelberg, 1, 1945/1946, Heft 4, S. 333–344) sowie »Über den Imperialismus« (*Die Wandlung*, Heidelberg, 1, 1945/1946, Heft 8, S. 650–666) veröffentlicht worden. Eine deutsche Übersetzung des englischen Kafka-Essays erschien in *Die Wandlung*, Heidelberg, 1, 1945/1946, Heft 12, S. 1050–1062; die Übersetzung besorgte Gräfin Alice Platen. In der redaktionellen Anmerkung hieß es hierzu: »Hannah Arendt hat diese Studie ausnahmsweise unmittelbar englisch geschrieben.« Für das Buch *Sechs Essays* übersandte Hannah Arendt eine eigene deutschsprachige Fassung ihres Kafka-Essays an Dolf Sternberger. In seinem Brief vom 18. März 1947 bestätigte Sternberger Hannah Arendt den Erhalt und schrieb: »Ihre unbehaglichen Empfindungen bei der Lektüre unserer Übersetzung des Kafka-Aufsatzes kann ich vollkommen nachfühlen, und man hat daran ein deutliches Beispiel dafür, wie fatal es ist, in einer eigentlich fremden Sprache schreiben zu müssen.« *(LOC Arendt Papers, Correspondence 1938–1976, General, Sternberger, Dolf, folder 1946–1953.)*

Tatsächlich dürfte das Zitat von Walter Benjamin, das Hannah Arendt im Jahr 1946 in diesem Text über Franz Kafka wiedergibt, im deutschsprachigen Raum der erste öffentliche Hinweis auf die Existenz des Manuskripts »Über den Begriff der Geschichte« gewesen sein. Vier Jahre später druckte Dolf Sternberger das Manuskript, das er von Theodor W. Adorno erhalten hatte, vollständig ab in: *Die Neue Rundschau*, Frankfurt am Main, 61, 1950, Nr. 4, S. 560–570.

[1] Franz Kafka, *Der Prozeß*, zuerst Berlin: Die Schmiede, 1925.

[2] Franz Kafka, *Das Schloß*, zuerst München: Kurt Wolff, 1926.

[3] Franz Kafka, *In der Strafkolonie*, zuerst Leipzig: Kurt Wolff, 1919.

[4] Franz Kafka, *Amerika*, zuerst München: Kurt Wolff, 1927.

[5] Immanuel Kant, *Kritik der Urteilskraft*, §49, »Von den Vermögen des Gemüts, welche das Genie ausmachen«, zuerst Berlin und Libau: Lagarde und Friederich, 1790.

[6] Die Erzählung »Eine alltägliche Verwirrung« erschien zuerst postum in Franz Kafka, *Beim Bau der chinesischen Mauer: Ungedruckte Erzählungen und Prosa aus dem Nachlass*, hrsg. von Max Brod und Hans Joachim Schoeps, Berlin: Kiepenheuer, 1931, S. 60f. Im Originaltext bei Kafka heißt es nicht »Vorgang«, sondern »Vorfall«, und nicht »eiligst«, sondern »eilig«.

[7] Immanuel Kant, *Kritik der Urteilskraft*, §46, »Schöne Kunst ist Kunst des Genies«.

[8] »19. Februar. Die besondere Art meiner Inspiration, in der ich Glücklichster und Unglücklichster jetzt um zwei Uhr nachts schlafen gehe [...], ist die, dass ich alles kann, nicht nur auf eine bestimmte Arbeit hin. Wenn ich wahllos einen Satz hinschreibe, zum Beispiel ›Er schaute aus dem Fenster‹, so ist er schon vollkommen.« Franz Kafka, *Tagebücher 1910–1923*, hrsg. von Max Brod, Eintrag vom 19. 2. 1911, Frankfurt am Main: Fischer 1967, S. 30.

6 Privilegierte Juden (1946)

Zu diesem Text

Auf diesen Essay hat Arendt im Chapter 3 (»The Jews and Society«) ihres Buches *The Origins of Totalitarianism* (erstmals 1951) an verschiedenen Stellen zurückgegriffen, ebenso in *Elemente und Ursprünge totaler Herrschaft* (erstmals 1955) im 3. Kapitel (»Die Juden und die Gesellschaft«), hier umfassender als in der englischen Publikation. In beiden Fällen jedoch ist der Essay von 1946 in seinen Zusammenhängen nicht mehr erkennbar, weshalb er in den vorliegenden Band aufgenommen wurde. Die Übersetzung übernimmt stellenweise Arendts Originaltext im 3. Kapitel von *Elemente und Ursprünge ...*, worauf die Herausgeberinnen in einzelnen Anmerkungen hinweisen.

Die *Jewish Social Studies* haben Arendts Essay in ihrer Jubiläumsausgabe von 1974 nachgedruckt. Diese (unveränderte) Wiederveröffentlichung stellt Arendt in einer Sternchenfußnote wie folgt vor: »Dieser Essay wurde vor etwa 25 Jahren geschrieben und aus dem Deutschen zur Veröffentlichung in *Jewish Social Studies* übersetzt. (Als ich ihn schrieb, waren die Tatsachen über die Endlösung noch nicht bekannt.) Einiges daraus wurde später von mir im ersten Teil (Antisemitismus) der *Origins of Totalitarianism* (zuerst 1951) genutzt.« Die Vermutung liegt nahe, dass Arendt, als sie die *Origins* für die deutsche Ausgabe *Elemente und Ursprünge totaler Herrschaft* bearbeitete, den originalen deutschen Text aus den 1940er-Jahren benutzt hat. Sie lässt sich aber nicht bestätigen oder widerlegen; ein Typoskript der ursprünglichen deutschen Fassung ist nicht überliefert.

[1] Zitat im Original in deutscher Sprache; Quelle oben in Fußnote 5

[2] Dieser erste Abschnitt des Artikels »Privileged Jews« entspricht dem ersten Abschnitt im zweiten Kapitel von Hannah Arendt, *Elemente und Ursprünge totaler Herrschaft*, Ungekürzte Ausgabe, München-Zürich: Piper (Serie Piper, 645), 1986, S. 37; er wurde hier übernommen. In *The Origins of Totalitarianism* (Ausgaben von 1951 ff.) ist der Abschnitt nicht enthalten.

[3] Vgl. zu diesem Abschnitt Arendt, *Elemente und Ursprünge* ..., a. a. O., S. 111.

[4] Hier nach Arendt, *Elemente und Ursprünge* ..., S. 124; im Original (S. 12) »class arrogance«.

[5] In *Elemente und Ursprünge*, S. 118, erklärt Hannah Arendt: »Haskala ist der hebräische Name für die Aufklärung unter den osteuropäischen Juden, die zu der Wiederbelebung des Hebräischen führte.«

[6] Zu diesem Ausspruch von Heinrich Heine siehe Text 4 (»Juden in der Welt von gestern«), EN 2.

[7] Heinrich Heine im Brief an Moses Moser, Hamburg, 14. Dezember 1825: »Es wär mir sehr leid wenn mein eignes Getauftseyn Dir in einem günstigen Lichte erscheinen könnte. Ich versichere Dich, wenn die Gesetze das Stehlen silberner Löffel erlaubt hätten, so würde ich mich nicht getauft haben.« Heinrich Heine, *Säkularausgabe. Werke, Briefwechsel, Lebenszeugnisse*, hrsg. von den Nationalen Forschungs- und Gedenkstätten der klassischen deutschen Literatur in Weimar und dem Centre National de la Recherche Scientifique in Paris, Bd. 20, bearbeitet von Fritz Eisner (1970), S. 226–229, S. 227.

[8] Bismarck gesprächsweise am 10. Januar 1871: »Übrigens ist es wohl [...] besser – wenn man einen christlichen Hengst von deutscher Zucht mit einer jüdischen Stute zusammenbringt.« Nach Moritz Busch, *Tagebuchblätter*, Leipzig: Grunow, Band 2 (1899), S. 33.

[9] Dieser Absatz ist weitgehend identisch mit einem Absatz in Arendt, *Elemente und Ursprünge* ..., a. a. O., S. 127.

[10] Dieser und der Beginn des folgenden Absatzes entsprechen Arendt, *Elemente und Ursprünge* ..., S. 119 f., wobei im Buch (S. 120) eine längere hier nicht aufgenommene Passage hinzugefügt wurde.

[11] Dieser Abschnitt und der vorherige ab »Gesellschaftliche Assimilation im Sinne der vollen Anerkennung [...]« entspricht Arendt, *Elemente und Ursprünge* ..., S. 120 f.

[12] »Juden überhaupt« wird von HA mit »Jews in general« ins Englische übersetzt und als Zitat in den folgenden Text aufgenommen. Die wörtliche Übersetzung »Juden im Allgemeinen« wurde hier nicht übernommen.

[13] Dieser Absatz entspricht grosso modo Arendt, *Elemente und Ursprünge …*, a. a. O., S. 128 f., dort aber wurde er erweitert.

[14] Dieser Absatz wurde aus Arendt, *Elemente und Ursprünge …*, S. 129 f., übernommen.

[15] Dieser Absatz ist teilweise identisch mit Arendt, *Elemente und Ursprünge …*, S. 130, dort aber erweitert.

7 Die verborgene Tradition (1944/48)

Zu diesem Text

An Salomon Adler-Rudel nach London schreibt Hannah Arendt aus New York am 2. November 1943: »Another piece, an essay about the ›hidden tradition‹ in Western Jewry (from Heine to Kafka) in which I simply decided to write about all things Jewish of which I am genuinely fond, may be printed by the Jewish Social Studies, but they could not yet make up their minds to publish an article without any footnotes.« Siehe: http://www.hannaharendt.net/index.php/han/article/view/72/108.

[1] Jidd. für »Auf, mein Freund, der Braut entgegen«; Lied, das traditionell in der Synagoge am Schabbat gesungen wird; Heinrich Heine überträgt es als: »Komm', Geliebter, deiner harret / Schon die Braut, die dir entschleiert / Ihr verschämtes Angesicht!« Heinrich Heine: »Prinzessin Sabbath«, in: ders., *Romanzero*, Hamburg: Hoffmann und Campe, 1851, S. 205–212, hier S. 208.

[2] Im Wortlaut: »Dieser nun, Schlemihl I. / Ist der Ahnherr des Geschlechtes / Derer von Schlemihl. Wir stammen / Von Schlemihl ben Zuri Schadday.« Heinrich Heine: »Jehuda ben Halevy IV.«, in: ders., *Romanzero*, a. a. O., S. 246–260, hier S. 256.

[3] Rahel Levin Varnhagen schrieb an Pauline Wiesel am 8. Juni 1826: »Grünes, Kinder, Liebe, Musik, Wetter, alle wahren Realitäten lieben wir«; dies., *Briefwechsel mit Pauline Wiesel*, hrsg. von Barbara Hahn unter Mitarbeit von Birgit Bosold, München: Beck, 1997, S. 364.

[4] Schalet – Bezeichnung für das Eintopfgericht, das am Freitag vor Schabbat-Beginn zubereitet wird und bis zum Mittagsmahl des Schabbat am Samstag langsam vor sich hin köchelt. Das Gericht ist unter aschkenasischen Juden auch als »Tscholent«, unter sephardischen als »Chamin« bekannt.

[5] Diesen Ausspruch wollte Arendt als zweites Motto der deutschen Ausgabe von

Eichmann in Jerusalem voranstellen, wie sie in einem Brief vom 6. April 1964 an Klaus Piper vorschlug (DLA Marbach, Archiv des Reinhard Piper Verlags, Zugangsnr. HS. 1998.0005).

[6] Frz. für »den Juden zu empfehlen, alle individuellen und sittlichen Eigenarten aufzugeben und als einziges Unterscheidungsmerkmal eines physischer Natur gelten zu lassen, das so beschaffen sein sollte, dass die anderen Kulturen ihren Hass darauf begründen mögen«. Dieses und die folgenden Zitate ursprünglich aus dem Vortrag von Bernard Lazare, »Le nationalisme et l'émancipation juive«, abgedruckt in Folge in drei Heften in *L'Écho sioniste*, Organe d'informations sionistes, Paris: Imprimerie Adolphe Reiff II, Nr. 9–10, 20. März-5. April 1901, S. 133–136; Nr. 11, 20. April 1901, S. 149–152; Nr. 12/13, 5.–20. Mai 1901, S. 166–169. Im Jahr 1948 erschienen im New Yorker Verlag Schocken Books, wo Arendt als Verlagslektorin arbeitete, eine kleine Sammlung von Schriften Bernard Lazares in englischer Übersetzung: *Job's Dungheap. Essays on Jewish Nationalism and Social Revolution, With a Portrait of Bernard Lazare by Charles Péguy*, Diese von Hannah Arendt herausgegebene englische Ausgabe enthält auch die Übersetzung des genannten Aufsatzes zur Judenemanzipation (S. 80–107); die von Arendt hier verwandten Zitate finden sich dort auf S. 82–88. Siehe auch den Aufsatz »Hiobs Misthaufen« in der vorliegenden Ausgabe.

[7] Frz. für »Wir sollten sie ablehnen, wie eine Fäulnis, die uns vergiftet.«

[8] Frz. für »Ich will nicht länger neben meinen eigenen Reichen, die mich ausbeuten und verkaufen, auch noch die Reichen und Armen der anderen Völker gegen mich haben, die mich im Namen meiner Reichen gleichfalls verfolgen und traktieren.«

[9] Zu Isaak Markus Jost, siehe den Aufsatz »Privilegierte Juden« im vorliegenden Band, Text 6, FN 10.

[10] Frz. für »Sehet ihr Christen und ihr Prinzen der Juden, was ihr aus dem Volke gemacht habt.«

[11] Frz. für »Revolutionär in der eigenen Gesellschaft und nicht in der der anderen«.

[12] Lat. für »Körbchen«, »Geschenk«.

[13] Frz. für »Sie sind im Wahren.«

8 Eine kulturelle Atmosphäre schaffen (1947)

Zu diesem Text

Im Februar 1943 hatte Hannah Arendt an den Freund und Zionisten Salomon Adler-Rudel im fernen London geschrieben: »Es gibt hier, und das ist das erste, was einem so wohltuend auffällt, unbestritten ein jüdisches Volk von Amerika. [...] Aber dieser Volkscharakter wird es schwerlich je zu mehr als zur Folklore bringen, die jeden ernsten politischen Willen im Ansatz erstickt.« (Brief vom 23. Februar 1943, siehe: http://www.hannaharendt.net/index.php/han/article/view/72/108.)

In der 1945 vom American Jewish Commitee gegründeten Monatszeitschrift *Commentary* gab es von Ende 1946 bis Ende 1947 eine lose Debatte über die Perspektiven einer jüdischen Kultur in Amerika. Im November 1946 hatte Israel Knox die Frage »Is America Exile or Home?« aufgeworfen und am Ende des Beitrags erklärt, es sei höchste Zeit für die amerikanischen Juden, die Abhängigkeit von Europa zu überwinden und eine eigene, einheimische Kultur zu entwickeln – »that must grow out of one's ›native soil‹« (ders., »Is America Exile or Home? We Must Begin to Build for Permanence«, in: *Commentary,* New York, 2, Nr. 5, November 1946, S. 401–408, hier S. 408). Im Mai 1947 plädierte Elliot Cohen in einem programmatischen Beitrag für die Entwicklung einer spezifisch jüdischen Kultur in Amerika, welche die traditionellen Grenzen der Religion ebenso wie die neuen säkularen Grenzen des Nationalismus überwinden solle und für alle, für Juden ebenso wie den Rest der Welt, die gleiche Relevanz erlangen müsse, wie es die höchste westliche Kultur generell habe. Es gehe darum, die jüdischen Erfahrungen in diesem Lande bedeutend zu machen (ders., »Jewish Culture in America. Some Speculations by an Editor«, in: *Commentary* 3, Nr. 5, Mai 1947, S. 412–420). Als Reaktion auf diesen Beitrag erschienen im November desselben Jahres unter dem Titel »Jewish Culture: A Symposium« vier Beiträge, darunter der hier abgedruckte Text von Hannah Arendt. Die anderen Beiträge waren: David Baumgardt (»A Palace for Everybody«), Jacob B. Agus (»Judaism vs. Jewishness«), Benjamin Ginzburg (»A Betrayal of Universalism«) und Erwin R. Goodenough (»The Old Conditioning«).

Seit Mitte 1946 arbeitete Hannah Arendt als Lektorin bei Schocken Books. Im Almanach des Verlages bettete sie die Werke jüdischer Autoren zu jüdischen Themen in den Kontext der zeitgenössischen Debatten des amerikanischen Geisteslebens. Vor diesem Hintergrund verbinden sich ihre Äußerungen zu Säkularisierung und Transzendenz in »Creating a Cultural Athmosphere« mit ihrer verlegerischen Praxis jener Zeit (siehe Barbara Hahn und Marie Luise Knott, *Hannah Arendt – von den Dichtern erwarten wir Wahrheit*, Berlin: Matthes & Seitz, 2007, S. 29 f.).

[1] Anspielung auf das Märchen »Peter Schlemihls wundersame Geschichte« von Adelbert von Chamisso.

[2] »Wissenschaft des Judentums« im englischen Original auf Deutsch.

[3] Elliot E. Cohen hatte in seinem programmatischen Vortrag geschrieben: »The truth is, that American Jews hunger for some kind of Jewish culture« und angeführt, dass die jüdische Kultur in Amerika weder nur von Juden gemacht werden müsse noch in Abgrenzung zur amerikanischen Kultur zu verstehen sei. Das Gütekriterium sei das des »human use«. Letztlich ausschlaggebend seien die individuellen Bedürfnisse und Befriedigungen. »Accordingly it might be a sounder and healthier approach to the whole problem if we thought of *culture for Jews* (stressing the individual need) rather than of *Jewish culture* (stressing the label).« (*Commentary* 3, Nr. 5, Mai 1947, S. 416 f.)

[4] Einen solchen Ansatz zu Neuentdeckung und Neuinterpretation religiöser Traditionen erkennt Arendt in Gershom Scholems *Major Trends in Jewish Mysticism*, Tel Aviv: Schocken Books, 1943; Arendts Rezension des Bandes: Hannah Arendt, »Jüdische Geschichte von Neuem betrachtet«, in: Hannah Arendt/Gershom Scholem. *Der Briefwechsel 1939–1964*, hrsg. von Marie Luise Knott unter Mitarbeit von David Heredia, Berlin: Jüdischer Verlag im Suhrkamp Verlag, 2010, S. 469–483.

9 Zueignung an Karl Jaspers (1948)

Zu diesem Text

Die in Briefform gehaltene und mit »Hannah Arendt« unterzeichnete »Zueignung an Karl Jaspers« ist dem Band *Sechs Essays*, der ersten Buchveröffentlichung Arendts in deutscher Sprache nach 1945, vorangestellt. Der Sammelband kam schließlich mit der Lizenz Nummer US-W-1007 auf Anregung von Lambert Schneider zustande, in dessen Verlag die Zeitschrift *Die Wandlung* seit 1945 erschien. Er enthält die folgenden Essays: (1) »Über den Imperialismus«, (2) »Organisierte Schuld«, (3) »Was ist Existenz-Philosophie?«, (4) »Die verborgene Tradition«, (5) »Juden in der Welt von gestern«, (6) »Franz Kafka«. Davon sind die Essays 1, 2, 6 zuvor in *Die Wandlung* erschienen.

In der vorliegenden Ausgabe kommen, außer der »Zueignung«, die Essays 4, 5, 6 zum Abdruck.

Die Entstehungsgeschichte der »Zueignung« lässt sich im Arendt-Jaspers-Briefwechsel (siehe weiter unten) verfolgen. Wer sich die Zeit und Mühe sparen will, die vielen einzelnen Stellen selbst herauszusuchen, der nehme den dritten Band von Hannah Arendt, *Kritische Gesamtausgabe* (genaue Angabe siehe S. 426) zur Hand, dort haben die Herausgeber sie in ihrem Kommentar referiert (S. 331 f.).

Hannah Arendt hatte in den Jahren 1926 bis 1928 an der Philosophischen Fakultät der Universität Heidelberg studiert, wo sie mit ihrer Arbeit *Der Liebesbegriff bei Augustin*, die Jaspers als Erstgutachter betreut hatte, 1928 promoviert wurde. Nach der Promotion blieb der Kontakt zwischen Lehrer und Schülerin bestehen, Jaspers besorgte ihr auch ein Stipendium der Notgemeinschaft der Deutschen Wissenschaft für ihre Studie über Rahel Varnhagen. Beide haben sich gesehen und geschrieben, auch noch in den frühen 1930er-Jahren. Während des Zweiten Weltkriegs riss die Verbindung ab, aber schon im Herbst 1945 schreibt Jaspers aus Heidelberg einen Brief an die »Liebe und verehrte Hannah Arendt« in New York, auf den sie mit »Lieber, lieber Karl Jaspers« antwortet. Es sind die anfänglichen Briefe einer Korrespondenz von über 400 Einzelstücken, die erstmals 1985 veröffentlicht wurden: Hannah Arendt und Karl Jaspers, *Briefwechsel 1926–1969*, hrsg. von Lotte Köhler und Hans Saner (München-Zürich: Piper). Ab Juli 1946 beginnen Arendts Briefe mit der stereotypen Anrede »Lieber Verehrtester«.

Am Ende der »Zueignung« nimmt Arendt Bezug auf den Vortrag »Vom europäischen Geist«, den Jaspers bei den ersten »Rencontres internationales de Genève« im September 1946 gehalten hatte. Im Brief vom 18. September 1946 berichtet er Arendt über die Veranstaltung: »Es war wie ein Traum, wieder leibhaftige Fühlung mit der geistigen Welt zu haben« (Arendt-Jaspers, *Briefwechsel*, S. 93). Sein Vortrag erschien 1946 in französischer Sprache, übersetzt von Jeanne Hersch, im Konferenzband, ferner 1947 auf Deutsch als Separatum im Piper Verlag sowie, auf Arendts Veranlassung, gekürzt in englischer Übersetzung von E. B. Ashton, in der Zeitschrift *Commentary*: »Is Europe's Culture Finished?«, in: *Commentary* 4, Nr. 6, Dezember 1947, S. 518–526.

10 Ein Mittel zur Versöhnung der Völker (1942)

Zu diesem Text

Porvenir (span. für »Zukunft«) war das deutschsprachige Gemeindeblatt der »Nueva Comunidad Israelita« (span. für »Neue Israelitische Gemeinschaft«), ein Zusammenschluss junger Berliner Juden, die nach Buenos Aires emigriert waren. Die Zeitschrift, von Günter Friedländer und Hardi Swarsensky herausgegeben, erschien von 1942–1945 in insgesamt 18 Ausgaben bei Editorial Estrellas. Die Beiträge des dritten Bandes waren explizit der Diskussion über das Für und Wider einer jüdischen Armee im Kampf gegen Hitlerdeutschland gewidmet.

[1] Am 22. Juni 1940, fünf Wochen nach Beginn des »Westfeldzugs« der Deutschen Wehrmacht, unterzeichneten Deutschland und Frankreich im Wald von Compiègne einen Waffenstillstand – und zwar an dem Ort, an dem 1918 der Erste Weltkrieg beendet worden war. Der Waffenstillstandsvertrag legte in Artikel 19 fest, dass die Vichy-Regierung »alle in Frankreich sowie in den französischen Besitzungen, Kolonien, Protektoratsgebieten und Mandaten befindlichen Deutschen, die von der Deutschen Reichsregierung namhaft gemacht werden, auf Verlangen auszuliefern« habe. »Deutsch-Französischer Waffenstillstandsvertrag vom 22. Juni 1940«, in: *Akten zur deutschen auswärtigen Politik 1918–1945. Aus dem Archiv des deutschen Auswärtigen Amts*, Serie D: 1937–1945, Band IX, Die Kriegsjahre, Zweiter Band, 18. März bis 22. Juni 1940, Frankfurt am Main: P. Keppler Verlag KG, 1962, S. 554–558, hier S. 557 f.

[2] Gemeint sind die ca. 100 in Frankreich eingerichteten Internierungslager, in denen nach dem Ende des Spanischen Bürgerkriegs im Frühjahr 1939 die nach Frankreich geflohenen Soldaten der spanischen Republikanischen Armee und der Internationalen Brigaden, die als Freiwillige gegen Franco gekämpft hatten, interniert worden waren. Man spricht von insgesamt 500–600 000 Internierten. Mit über 60 000 Internierten stellte das nördlich der Pyrenäen gelegene Camp de Gurs das größte dieser Lager dar.

[3] In seiner Rede vor der Free World Association am 8. Mai 1942 in New York rief der damalige Vizepräsident der Vereinigten Staaten gegen die Idee vom »American Century« das »Century of the Common Man« aus. Henry A. Wallace, *The Price of Free World Victory*, zuerst New York: U. S. Office of Facts and Figures, 1942 (Link zum Dokument https://catalog.hathitrust.org/Record/100843856).

[4] Wendung in Anlehnung an einen Vers des Matthäusevangeliums: »Da rief das ganze Volk: Sein Blut komme über uns und unsere Kinder!« Mt 27, 25. Der Name des deutschen Protestanten konnte nicht ermittelt werden.

[5] Gemeint sind hier die 26 Länder, die am 1. Januar 1942 die Deklaration der United Nations unterzeichneten und sich damit zu einer Koalition der kriegführenden Nationen gegen die Achsenmächte Deutschland, Italien und Japan vereinigten.

[6] Nicolas Malebranche, *Traité de morale*, par l'auteur de la Recherche de la vérité, Kapitel XX, Nr. XXIII, zuerst Rotterdam: Reinier Leers, 1684, Band 2, S. 102.

11 Der Zionismus aus heutiger Sicht (1945)

Zu diesem Text

Arendt hatte den Text auf Englisch bereits im Jahr 1944 verfasst und an Henry Hurwitz, den Herausgeber von *Menorah Journal*, gesandt, doch die Publikation hatte sich verzögert. Nach dem Erscheinen des Beitrags äußerte sie in einem Brief vom 25. November 1945, sie fürchte um ihre Freundschaft mit den Zionisten, gerade weil sie genau diese Freunde nie habe verletzen wollen: »I am afraid of my Zionist friends that is the truth, and not a brave one. But they are the kind of people I never wanted to hurt. It is the old story of amicus Plato, amicus Socrates sed magis estimanda veritas. Brrrr period!« (American Jewish Archives, Henry Hurwitz Papers, Manuscript Collection No. 2, Box 1, Folder 16/Hannah Arendt Corr. 1942–1959.) Aus »einer nahezu panischen Angst um Palästina« habe sie den Artikel verfasst, wie sie am 21. April 1946 in einem Brief an Gershom Scholem schreibt (Hannah Arendt; Gershom Scholem, *Der Briefwechsel*, hrsg. von Marie Luise Knott unter Mitarbeit von David Heredia, Berlin: Jüdischer Verlag im Suhrkamp Verlag, 2010, S. 108). Tatsächlich löste der Beitrag bei seinem Erscheinen heftige Kontroversen aus.

1974, als Hannah Arendt vorschlägt, den Beitrag in einen vom Suhrkamp Verlag geplanten Band mit ihren Essays aufzunehmen – der Titel stand damals noch nicht fest; ein Vorschlag von ihr lautete: »Aus der Welt von Gestern« –, erläutert sie in einem Brief an Uwe Johnson: »Wenn ich daran denke, was Scholem sagen wird, wenn er diesen Aufsatz wiedersieht – schon bei seinem ersten Erscheinen hat er mir beinahe seine Freundschaft gekostet und ein fürchterliches Geschrei auf den Straßen New Yorks hervorgerufen – dann wird mir ganz anders. Da ich aber mit Scholem ohnehin verkracht bin, ist es mir auch wieder egal. Aber ich hätte gerne Ihre Meinung. Und lege also den Aufsatz bei. Natürlich ist er dated – was eben bei dem ganzen Bändchen der Fall ist.« (Arendt an Johnson, 12. Februar 1974, Hannah Arendt; Uwe Johnson, *Der Briefwechsel 1967–1975*, hrsg. von Eberhard Fahlke und Thomas Wild, Frankfurt a. Main: Suhrkamp Verlag, 2004, S. 114 f.) Und Johnson antwortet am 3. März 1974: »Das Datierte erscheint mir eher reizvoll, als Andeutung des Klimas« (ebda. S. 119).

Bei Erscheinen des Essays im Jahr 1945 hatte *The Menorah Journal* Arendts Manuskript folgend, den Abdruck nach »Kapiteln« gegliedert, doch die Ziffern begannen erst mit dem 2. Kapitel – so auch im vorliegenden Band.

Im Nachlass von Hannah Arendt hat sich die Übersetzung von Friedrich Griese als Typoskript erhalten, welche der Verlag ihr »vor einiger Zeit« (Brief vom 5. Dezember 1975) »zur Prüfung« übersandt hatte. Augenscheinlich hat Hannah Arendt diese Übersetzung vor ihrem Tod nicht überprüft oder überarbeitet; so erklärt es sich, dass einige sachliche Irrtümer und fehlerhafte Zitate 1976 in der Textfassung des Bandes *Die verborgene Tradition* (ebda., S. 127–168) mitgedruckt wurden. Für die vorliegende Ausgabe haben die Herausgeberinnen die damalige Übersetzung überarbeitet, die deutschen Zitate recherchiert und nachgewiesen. Unglücklicherweise wurde im 3. Band der *Kritischen Gesamtausgabe* die Fassung von 1976 abgedruckt, als sei diese von Hannah Arendt autorisiert worden. Kritische Hinweise darauf, an welchen Stellen die Übersetzung von 1976 sachlich vom Original abweicht, unterblieben; mehrere Nachweise von Zitaten fehlen dort ebenfalls.

Die politischen Gedanken in »Zionism Reconsidered« fußen wesentlich auf Arendts Erfahrungen und Positionen, die sie zwischen 1941 und 1945 in der Zeitschrift *Aufbau* veröffentlicht hatte und die sich gesammelt finden in dem Buch Hannah Arendt, *Vor Antisemitimus ist man nur noch auf dem Monde sicher,* hrsg. von Marie Luise Knott, München: Piper, 2000.

[1] Biltmore Programm – Programm, verabschiedet auf der außerordentlichen Versammlung des Zionistischen Weltverbandes, die vom 6. bis 11. Mai 1942 im gleichnamigen New Yorker Hotel Biltmore stattfand. Siehe auch Hannah Arendt in ihrer Kolumne »This Means You«: »Die ›sogenannte Jüdische Armee‹«, in: *Aufbau* 8, New York, 1942, Nr. 21, S. 20; wieder abgedruckt in: dies., *Vor Antisemitismus ist man nur noch auf dem Monde sicher*, a. a. O., S. 56–62.

[2] Gemeint ist die »nationale Heimstätte«, wie sie in einem Brief des britischen Außenministers Arthur James Balfour vom 2. November 1917 an Lord Lionel Walter Rothschild angesprochen worden war. Die »Regierung Seiner Majestät«, so erklärte Balfour, betrachte »die Etablierung einer nationalen Heimstätte für das jüdische Volk in Palästina mit Wohlwollen« und werde »ihre besten Bemühungen einsetzen, um das Erreichen des Ziels zu fördern«. Allerdings, so wurde hinzugefügt, solle nichts geschehen, was die bürgerlichen und religiösen Rechte »der bestehenden nichtjüdischen Gemeinschaften in Palästina« oder »die Rechte und den politischen Status der Juden in anderen Ländern beeinträchtigen könnte«.

[3] Vaad Leumi – jüdischer Nationalrat, gegründet 1920 als politisches Vertretungsorgan der Juden im britischen Mandatsgebiet Palästina; 1928 von den Briten als Vertretung anerkannt.

[4] Ber Borochov, geb. 1881 in Solotonoscha (ehemals Russisches Kaiserreich), gest. 1917 in Kiew, war ein jüdischer Sozialist, der versuchte, Zionismus und Marxismus zu verschmelzen; gründete 1901 die Sionistskii Sotsialisticheskii Rabochii Soyuz (russ. für »Zionistische Sozialistische Arbeiterunion«); trat für die jüdische Besiedlung Palästinas als Mittel einer »Normalisierung« der jüdischen Klassenstruktur ein.

[5] Aharon David Gordon, geb. 1856 in Trojanow bei Schytomyr (ehemals Russisches Kaiserreich), gest. 1922 im Kibbuz Degania (Palästina); russisch-jüdischer Sozialist nichtmarxistischer Richtung; propagierte »Erlösung durch (körperliche) Arbeit«; 1905 Mitbegründer von Hapoel Hazair (dt.: »Der junge Arbeiter«).

[6] Chaluz: hebr. für Pionier, Kibbutz: Kollektivsiedlung in Palästina bzw. Israel.

[7] Gemeint ist das Ha'avara-Abkommen (dt.: »Transferabkommen«) – 1933 getroffene Vereinbarung des Reichsministeriums für Wirtschaft mit der Jewish Agency und der Zionistischen Vereinigung für Deutschland; auf dessen Grundlage konnten deutsche Juden nach Palästina auswandern, wenn sie mindestens den Gegenwert von 1000 palästinensischen Pfunden auf ein Konto in Deutschland einzahlten, die dazu verwandt wurden, deutsche Waren nach Palästina zu exportieren. Das Geld konnten sie sich in Palästina ausbezahlen lassen.

[8] Hashomer Hazair (dt.: »junge Wächter«) – linkszionistische Jugendorganisation, die 1913 in Galizien gegründet wurde. Die 1946 von den in Palästina aktiven Jugendgruppen gegründete Partei »Hashomer Hazair« ging 1948 in der israelischen Partei »Mapam« auf.

[9] Charter: Gemeint ist das von Theodor Herzl angestrebte »Übereinkommen über die Privilegien, Rechte, Schuldigkeiten und Pflichten der Jüdisch-Otto-

manischen Land-Compagnie (J. O. L. C.) zur Besiedlung von Palästina und Syrien«; es kam nicht zustande.

[10] Im englischen Original auf Deutsch. Theodor Herzl, »Eröffnungsrede zum Ersten Kongress« (29. August 1897 in Basel), in: ders., *Zionistische Schriften*, hrsg. von Leon Kellner, Berlin: Jüdischer Verlag, 2. Auflage 1920, S. 139–144, hier S. 139.

[11] Im englischen Original auf Deutsch. Theodor Herzl, »Dritter Brief an Baron Hirsch, Paris« 3. Juni 1895, in: ders., *Zionistische Schriften*, a. a. O., S. 17–21, hier S. 20. »Und bei dieser Unternehmung wird schon in den ersten Stadien die nachstrebende Menge unserer jungen Leute Beschäftigung finden: alle Ingenieure, Architekten, Technologen, Chemiker, Advokaten, die in den letzten dreißig Jahren aus dem Ghetto herausgekommen sind und glaubten, daß sie ihr Brot und ein bißchen Ehre außerhalb des jüdischen Schachers finden würden, die jetzt verzweifeln müssen und ein furchtbares Bildungsproletariat zu bilden beginnen.«

[12] Deutsch im englischen Original.

[13] Bernhard Lazare war auf dem 2. Weltkongress 1898 in das Aktionskomitee der Zionistischen Organisation gewählt worden. Aber schon 1899 erklärte er seinen Rücktritt und argumentierte, das Aktionskomitee sei autokratisch und behandele die jüdischen Massen, als seien sie ein »enfant ignorant« (dt. »unwissendes Kind«); zitiert nach Baruch Hagani, *Bernard Lazare, 1865–1903*, Paris: Librairie d'Action d'art de la ghilde »Les Forgerons«, 1919, S. 39. Zu Bernard Lazare siehe auch den Artikel »Hiobs Misthaufen« in der vorliegenden Ausgabe.

[14] Kurt Blumenfeld, »Antisemitismus«, in: ders., *Zionistische Betrachtungen. Fünf Aufsätze,* Anlässlich des zehnjährigen Bestehens der V. J. St Maccabaea, Berlin, hrsg. von ihrem Alt-Herren-Bund (Broschüren-Bibliothek des K. J. V. Nr. 5), Dezember 1916, S. 24. Ebda: »Die Nationen verstehen und würdigen sich in der Fülle ihrer Leistungen. Sie hassen sich an der Peripherie ihrer Territorien.«

[15] Theodor Herzl, »Dr. Güdemanns ›National-Judentum‹«, in: ders., *Zionistische Schriften*, a. a. O., S. 110–117, hier S. 114.

[16] Theodor Herzl, *Tagebücher 1895–1904,* Band 1, Berlin: Jüdischer Verlag, 1922, S. 93.

[17] Eine »Jewish Agency« war bereits im Mandatstext für Palästina aus dem Jahr 1922 als öffentliche Körperschaft vorgesehen, welche mit der britischen Regierung zusammenarbeiten und sie in allen mit dem zionistischen Aufbau zusammenhängenden Fragen beraten sollte. Vorläufig wurde die Zionistische Organisation mit der Tätigkeit der Jewish Agency betraut. Beim XVI. Zionistischen Kongress, der vom 28. Juli bis 14. August 1929 in Zürich stattfand, wurde eine erweiterte Jewish Agency gegründet, die auch an Palästina interessierte nichtzionistische Juden einschloss. Sie wurde 1930 von der britischen Regierung anerkannt.

[18] Gemeint sind hier die Verhandlungen mit dem türkischen Sultan Abd-al-Hamid II. in Istanbul.

[19] Frz. für »Geben Sie gut Acht, Sie Herren Zionisten, eine Regierung mag vergehen, aber ein Volk bleibt.« Dieser Ausspruch wird Nasif Bey al Khalidi zugesprochen, der ihn während der Verhandlungen 1915 zu Dr. Thon geäußert haben soll. Hannah Arendt zitiert ihn hier, wie angegeben, nach Moshe Perlmann, *Jewish Social Studies* 6, 1944, Nr. 2, S. 123–154, hier S. 127.

[20] Als »shtadlonus« (stadlaniim: jidd. für »Fürsprecher«; eigentlich: »eine Anstrengung machen«) bezeichnete man jene Personen bzw. Ämter oder Institutionen, die sich bei den nichtjüdischen Machthabern für die Juden verwandten.

[21] Moshe Perlmann, a. a. O., S. 142.

[22] Ebda., S. 151 f.

12 *Der Judenstaat* – Fünfzig Jahre danach (1946)

Zu diesem Text

Dem englischsprachigen Originaltext im *Commentary* hatten die Herausgeber eine »Editorial Note« beigefügt, die eingangs auf den Bericht des Anglo-American Committee of Inquiry Regarding the Problems of European Jewry and Palestine vom April 1946 verweist und feststellt, dass mit ihm »die Frage eines ›jüdischen Staates‹ mehr als jemals zuvor im Vordergrund der Debatte um die Zukunft Palästinas« stehe. Weiter heißt es: »Der Artikel von Hannah Arendt ist der erste in einer Reihe weiterer, verfasst von maßgeblichen, verschiedene Sichtweisen vertretenden politischen Denkern, die *Commentary* zu veröffentlichen plant, um dieses Thema zu beleuchten. Das geschieht auch anlässlich des 50. Jahrestages von Herzls Buch *Der Judenstaat*, das den politischen Zionismus ins Leben gerufen hat.«

[1] Die Erstausgabe von Herzls Schrift *Der Judenstaat. Versuch einer modernen Lösung der Judenfrage* war 1896 in M. Brettensteins Verlagsbuchhandlung, Leipzig-Wien, erschienen. Die hier in die Übersetzung eingefügten Zitate entsprechen der Erstausgabe, online unter www.deutschestextarchiv.de (Hrsg.).

[2] In Herzls Original in englischer Sprache (Hrsg.).

[3] Im Original in deutscher Sprache (Übers.).

[4] Im Original in deutscher Sprache und mit Anführungszeichen (Übers./Hrsg.).

[5] Die Broschüre *»Autoemancipation!«* von Lev S. [Leo, Leon] Pinsker mit dem Untertitel »Mahnruf an seine Stammesgenossen von einem russischen Juden« war ohne Namensnennung des Verfassers erstmals 1882 in Berlin erschienen. Die folgenden Zitate in dieser Broschüre auf den Seiten 11 und 1 (Hrsg.).

[6] *Die Welle der Zukunft* (»The wave of the future«) – Titel eines 1940 erschienenen Buches von Anne Morrow Lindbergh, in dem sie die pronazistischen Sympathien ihres Mannes, des Ozeanfliegers Charles Lindbergh, unterstützt (Übers.).

[7] Titel eines Romans von Herzl, in dem er kurz vor seinem Tod das ihm vorschwebende Bild des jüdischen Zukunftsstaates in Palästina zeichnete (Übers.).

[8] Gemeint sind die von den Alliierten nach Beendigung des Zweiten Weltkriegs eingerichteten Lager für Displaced Persons, die DP-Lager (Hrsg.).

13 Hiobs Misthaufen – Eine Einführung zu Bernard Lazare (1948)

Zu diesem Text

Tatsächlich dürfte Hannah Arendt den Band mit Texten von Bernard Lazare als Lektorin bei Schocken Books eigenhändig komponiert haben. Neben ihrem Vorwort und einem Porträtabriss des französisch-jüdischen Intellektuellen Bernard Lazare, verfasst von Charles Péguy, enthält der Band vier Schriften Lazares: »Job's Dungheap«, »Jewish Nationalism«, »Nationalism and Jewish Emancipation« und »Judaism's Social Concept and the Jewish People«.

Zu dem Text »Job's Dungheap« notiert Arendt, es handele sich um eine Auswahl aus jenen Fragmenten, Aphorismen und Notizen, die nach Lazares frühem Tod in Frankreich unter dem Titel *Le Fumier de Job,* hrsg. von Edmond Fleg, Paris: Les Editions Rieder, 1928, erschienen seien (S. 41); der Vortrag »Jewish Nationalism«, so liest man, sei für die von ihr zusammengestellte Ausgabe nahezu vollständig übersetzt worden und erstmals in der Flugschrift *Publications du Kadimah,* Nr. 1, Paris: Stock, 1898 erschienen (S. 54); der Vortrag »Nationalism and Jewish Emancipation« sei im März und April 1901 in der Zeitschrift *L'Écho sioniste* veröffentlicht worden (S. 80); zu dem Vortrag »Le Nationalisme et l'émancipation juive« siehe die Endnote 6 in dem Essay »Die verborgene Tradition«, in der vorliegenden Ausgabe); während »Judaism's Social Concept and the Jewish People« erstmals in *La Grande Revue,* 1. September 1899 erschienen sei (S. 108).

Ihre Auswahl der Aphorismen aus *Le fumier de Job* beginnt Arendt mit folgender Notiz von Lazare, hier ins Deutsche übersetzt: »Seht Hiob auf seinem Misthaufen, wie er seine Geschwüre kratzt, in seinen Wunden pult. Seht dieses Volk, und wie ihr es zugerichtet habt, ihr Christen und ihr Judenfürsten.« (S. 41)

[1] Bernard Lazare, *L'Antisémitisme, son histoire et ses causes*, Paris 1894, S. 2 f.: »une nation qui survit à sa nationalité«. Diese Passage notiert Arendt in ihren »Excerpts and Notes« zu Lazare, die in ihrem Nachlass in der Library of Congress bei Materialien zu Marcel Proust aufbewahrt werden (*LOC Arendt Papers, Speeches and Writings File, Excerpts and notes: »Proust, Marcel«*).

[2] Aus dem offenen Brief an Herzl, 24. März 1899: »Le Comité d'Action prétend diriger la masse juive comme un enfant ignorant … C'est là une conception radicalement opposée à toutes mes opinions politiques et sociales, je ne saurais donc en assumer la responsabilité.« Zitiert nach Baruch Hagani, *Bernard Lazare, 1865–1903*, Paris: Librairie d'Action d'art de la ghilde »Les Forgerons«, 1919, S. 39. Auch die folgenden Zitate sind diesem Brief an Herzl entnommen.

14 Zur Rettung der jüdischen Heimstätte ist es noch nicht zu spät (1948)

Zu diesem Text

Auch wenn Hannah Arendt Henry Hurwitz von *Menorah Journal* eine Fortsetzung ihres »Zionism Reconsidered«-Artikels vorschlug (*Kritische Gesamtausgabe,* Band 3 [genaue Angabe S. 426], S. 435), übersandte sie den Essay »To Save the Jewish Homeland There Is Still Time«) an Elliot E. Cohen, Gründer und Herausgeber des *Commentary*. Dem Abdruck des Textes war folgende redaktionelle Notiz (S. 398) beigefügt: »Weniger als sechs Monate nach der Empfehlung der UN-Vollversammlung im Hinblick auf die Ausrufung eines jüdischen Staates in Palästina am 15. Mai befindet sich die jüdische Heimstätte am Rande eines großen Krieges und die Führung des Jischuw auf die Perspektive eines bewaffneten Kampfes eingeschworen, koste es, wenn erforderlich, jeden einzelnen Mann und jedes einzelne Kibbuz. Gibt es keine Alternative? In diesem Artikel, dem jüngsten in einer Serie von Beiträgen zu den Problemen und Perspektiven des jüdischen Staates, überprüft die langjährige Zionistin Hannah Arendt die einzelnen Schritte, welche die jüdische Heimstätte in die derzeitige Misere geführt haben, und sucht nach einem Weg, der ihrer Meinung nach die großen menschheitlichen Gewinne und Erfolge des Jischuw sichern könnte. Ihre Schriften zu Politik und Geschichte haben Dr. Arendt in der Vergangenheit eine wachsende amerikanische Zuhörerschaft beschert. Die Leser des *Commentary* erinnern sich vielleicht besonders an den Artikel ›The Jewish State: Fifty Years After‹ (Mai 1946) [in deutscher Übersetzung unter dem Titel ›*Der Judenstaat* – Fünfzig Jahre danach‹ in der vorliegenden Ausgabe] – eine gründliche und prophetische Analyse der Ideen von Theodor Herzl. Dr. Arendt hat in Heidelberg unter Karl Jaspers Philosophie studiert und schrieb für deutsche Zeitschriften, bevor sie 1933 nach Frankreich emigrierte und 1941 in die USA gelangte. 1935 begleitete sie als Geschäftsführerin der Jugend-Alijah eine Gruppe Kinder aus Frankreich zur Ansiedlung nach Palästina und besitzt seither eine genaue Kenntnis des Landes. Derzeit beendet sie ein Werk über den Imperialismus, das nächstes Jahr bei Houghton, Mifflin erscheinen wird.« (*Commentary*, New York, 5, 1948, Nr. 5, S. 398.)

Zu Arendts Artikel erschien in der Juni-Ausgabe der Zeitschrift unter der Überschrift »Palestine Legalities« eine Leserzuschrift von Jacob Robinson (The Jewish Agency for Palestine, New York City), der ihre These kritisierte, dass beide Standpunkte mit gutem Grund auf »moralisch legitimierten Rechten« beharrten. Was die Juden betreffe, so Robinson, habe Arendt unrecht, weil es keiner moralischen Legitimation bedürfe, denn der Teilungsbeschluss habe das Palästinaproblem ein für alle Mal gelöst. Doch auch was die Araber angehe, habe sie unrecht, denn es gebe kein moralisch legitimiertes Recht auf Selbstbestimmung (*Commentary* 5, Nr. 6, Juni 1948, S. 570). In ihrer Antwort besteht Arendt auf ihrer Aussage (ebda., S. 570 f.).

In einem Leserbrief in der Juli-Ausgabe des *Commentary* äußerte Hans Kohn (Institute for Advanced Study, Princeton) seine Zustimmung zu Arendts Intervention gegen die »neue sabbatianische Vergiftung«, die offensichtlich, so Kohn, die Juden erfasst habe und wohl tragischere Folgen haben werde als die erste sabbatianische Bewegung. Arendts Artikel, so Kohn weiter, gehöre zusammen mit den Beiträgen von Robert Weltsch aus der April-Ausgabe und von Hal Lehrman aus der März-Ausgabe zu dem Besten, was man über die Lage in Palästina in den USA zu lesen bekomme (Hans Kohn, »A New Sabbatianism«, in: *Commentary* 6, Nr. 1, Juli 1948, S. 87.)

[1] Arab Higher Committee (engl. für »Arabisches Hohes Komitee«) – zentrales politisches Organ der Araber im britischen Mandatsgebiet Palästina, das 1936 durch Vertreter sechs verschiedener Parteien als erstes repräsentatives Gremium gegründet wurde.

[2] Tatsächlich gab David Ben Gurion am 14. Mai 1948, einen Tag bevor das britische Palästinamandat enden sollte, die Gründung des Staates Israel bekannt. – Arendts Artikel entstand und erschien offensichtlich vor diesem Datum.

[3] Bevor im November 1947 der Teilungsbeschluss der UN erfolgte, wurden Abba Hillel Silver sowie Moshe Shertok und David Ben Gurion im Sommer desselben Jahres vor der UN-Vollversammlung als Vertreter der jüdischen Interessen angehört.

[4] Zu Hashomer Hazair (hebr. für »junge Wächter«) – siehe Endnote 8 in Text 11 (»Der Zionismus aus heutiger Sicht«).

[5] Gemeint ist die Gründung der Vereinigten Arbeiterpartei »Mapam«.

[6] Aliyah Chadashah (hebr. für »neue Einwanderung«) – Mitte 1942 von mitteleuropäischen Juden in Palästina gegründete Partei, die für eine jüdisch-arabische Zusammenarbeit eintrat.

[7] Biltmore-Programm – siehe Endnote 1 in Text 11 (»Der Zionismus aus heutiger Sicht«).

[8] Im englischen Original auf Deutsch.

[9] Das britische »Weißbuch« von 1939 beschränkte die jüdische Zuwanderung für die kommenden fünf Jahre auf 10000 Juden pro Jahr sowie 25000 zusätzliche Flüchtlinge und außerdem den jüdischen Landerwerb in Palästina. Auch machte es künftige Zuzüge und Landkäufe von der Zustimmung der Araber abhängig. Erklärtes Ziel der Briten war ein gemeinsamer Staat von Arabern und Juden auf dem Territorium des Mandatsgebietes.

[10] Im Original auf Deutsch.

[11] Balfour-Deklaration – siehe Endnote 2 in Text 11 (»Der Zionismus aus heutiger Sicht«).

[12] Ernst Simon, geb. 1899 in Berlin, gest. 1988 Jerusalem. Zu der Spartanerthese findet sich im Herbst 1952 in der hebräischen Tageszeitung *haArez* eine Folge von vier Aufsätzen unter dem Gesamttitel ›Sparta oder Athen? Grundprobleme der militärischen Erziehung‹, siehe die Fn 212 zum Brief von Ernst Simon an Markus Barth vom 25. Juli 1972, in: *Sechzig Jahre gegen den Strom. Ernst A. Simon. Briefe von 1917–1984*, hrsg. vom Leo Baeck Institut Jerusalem, Tübingen: Mohr Siebeck, 1998, S. 215–217, hier S. 216. In einem Brief vom 9. Juli 1948 an Judah L. Magnes hatte Arendt die »Sparta oder Athen?«-Frage bereits angedeu-

tet, als sie berichtete, Ernst Simon erachte den Bernadotte-Plan aus einem Missverständnis heraus als unakzeptabel »für ein militärisch nicht vernichtend geschlagenes Judentum« *(siehe LOC Arendt Papers, Correspondence, General, Judah Leo Magnes, 1948 May–August).*

[13] Deir Yassin war ein arabisches Dorf unweit Jerusalem, das am 9. April durch die Untergrundtruppen Irgun und Lechi eingenommen wurde. Die Häuser wurden gesprengt, Männer, Frauen und Kinder getötet.

[14] Vaad Leumi – Siehe Endnote 3 in Text 11 (»Der Zionismus aus heutiger Sicht«).

[15] Die Ihud (hebr. für »Einheit«)-Gruppe – 1942 nach der sog. Biltmore-Konferenz von Martin Buber, Judah Magnes, Ernst Simon und Henrietta Szold gegründet.

[16] Der Plan einer Jordan Valley Authority (JVA) sah ein großangelegtes Bewässerungs- und Energiegewinnungs-Projekt für das gesamte britische Mandatsgebiet vor.

[17] Judah L. Magnes, geb. 1877 in San Francisco, USA, gest. 1948 in New York City; 1902 Promotion an der Universität Heidelberg; 1904 Rabbiner einer Reformgemeinde in Brooklyn, New York City; Mitgründer und ab 1935 auch erster Präsident der Hebrew University of Jerusalem. Magnes engagierte sich mit der von ihm 1942 mitgegründeten Organisation Ihud (Einheit) gegen die offizielle zionistische Politik der Gründung eines jüdischen (National-)Staates und für eine binationale Lösung in Palästina, welche auf einer jüdisch-arabischen Verständigung aufbauen und eine selbstbestimmende Regierungsform etablieren sollte – vgl. hierzu auch die stenografische Mitschrift einer Rede, die er am 17. Juli 1946 in New York gehalten hat und in der er auf ein von Ihud ausgearbeitetes Drei-Stufen-Programm verweist: »We proposed three stages for this self-government; now, before the Mandate ends; tomorrow, when trusteeship takes over Palestine; and in the third stage when Palestine becomes an independent autonomous unit within a larger federation in that part of the world.« *Towards Union in Palestine. Essays on Zionism and Jewish-Arab Cooperation,* hrsg. von M. Buber, J. L. Magnes, und E. Simon, Jerusalem: IHUD (Union) Association, 1947, S. 18 f.

[18] Der sog. Morrison-Grady-Plan vom Juli 1946 sah die Umwandlung des Mandatsgebietes Palästina in eine Föderation aus vier halbautonomen Regionen vor: eine jüdische Provinz, eine arabische Provinz, sowie die Provinzen Jerusalem und Negev, die beide unter britischer Kontrolle verbleiben sollten. Die Bereiche Verteidigung, Außenpolitik, Zoll und Zuzug sollten weiterhin für alle Provinzen dem britischen High Commissoner unterstehen. Für das erste Jahr war ein Zuzug von 100 000 Juden in die jüdische Provinz vorgesehen; der Plan fand keine Zustimmung und wurde daher nicht realisiert.

[19] Moshe Shertok, auch bekannt als Moshe Sharett (geb. 1894 in Kherson, gest. 1965 in Jerusalem, ab 1933 Leiter der politischen Abteilung der Jewish Agency), sprach als Vertreter der jüdischen Interessen am 16. Juli 1947 vor der UN-Vollversammlung.

15 Frieden oder Waffenstillstand im Nahen Osten? (1950)

Zu diesem Text

Hannah Arendt hatte 1948 gegenüber Judah L. Magnes und den Mitgliedern der ihn und Ihud unterstützenden Gruppe angeregt, eine Broschüre zum Nahostkonflikt zu erarbeiten, und diese Aufgabe selbst übernommen. Sie erstellte ein Manuskript mit dem Titel »The Essentials of Jewish-Arab Understanding«, das im Nachlass von Hans Kohn, einem Mitglied der Gruppe, im Leo Baeck Institute erhalten ist. Ursprünglich sollte dieses Manuskript von der Gruppe als eine Art Werbebroschüre veröffentlicht werden, wozu es dann aber nach dem Tod von Magnes (27. Oktober 1948) nicht gekommen ist. Schließlich hat Arendt die Veröffentlichung selbst in die Hand genommen und den ursprünglichen Text für den Abdruck in der von ihrem Freund Waldemar Gurian, Politikwissenschaftler an der University of Notre Dame, gegründeten Zeitschrift *The Review of Politics* gründlich überarbeitet. Die Phase von Arendts schreibendem Engagement in jüdischer Politik ging damit zu Ende.

Da sich dieser Artikel in Stil und Gestalt stark von anderen Veröffentlichungen Arendts unterscheidet, liegt die Vermutung (die aufgrund erhaltener Dokumente weder bestätigt noch verworfen werden kann) nahe, dass das Endprodukt nicht allein aus ihrer Feder stammt. Vorstellbar ist, dass sie einen ursprünglichen Entwurf in der Magnes-Gruppe hat gegenlesen lassen und die Einwände Dritter berücksichtigte. Oder auch dass es einen Redakteur gab, der bei der Endfassung tätig wurde.

[1] Der schwedische Diplomat Folke Graf Bernadotte (1895–1948) war als Vermittler des UN-Sicherheitsrates im arabisch-israelischen Konflikt 1947–1948 tätig. Er wurde am 17. September 1948 in Jerusalem von der Lehi-(auch Stern-) Gruppe ermordet. Anlässlich seiner Ermordung hat Hannah Arendt einen Artikel »The Failure of Reason. The Mission of Bernadotte« geschrieben, den sie im Magazin *The New Leader* vom 23. Oktober 1948 veröffentlichte. Darin bespricht sie des Längeren die beiden im Folgenden erwähnten »reports« und resümiert: »Bernadotte has been denounced as a British agent by the Jews and as a Zionist agent by the Arabs. He was of course the agent of nobody, [...] Bernadotte, the agent of nobody, died the death of a hero of peace when he was murdered by the agents of war.«

[2] Im Original: Jewish National Home. Die deutsche Übersetzung »jüdisches Nationalheim« hier und im Folgenden nach Hannah Arendt in ihrer Kolumne in der Zeitung *Aufbau*, siehe etwa »Balfour-Deklaration und Palästina-Mandat«, in: dies., *Vor Antisemitismus ist man nur noch auf dem Monde sicher*, hrsg. von Marie Luise Knott, München: Piper, 2000, S. 138.

[3] Zum Arab Higher Committee siehe EN 1 im Text 14 (»Zur Rettung der jüdischen Heimstätte ist es noch nicht zu spät«).

[4] Zum Weißbuch (White Paper) siehe ebda., EN 9.

[5] Zu J. L. Magnes siehe ebda., EN 17.

[6] Im Original in deutscher Sprache.

16 Die Saat einer faschistischen Internationale (1945)

Zu diesem Text

Diesen Text hatte Hannah Arendt, zusammen mit »Über den Imperialismus«, an Dolf Sternberger zur Veröffentlichung in *Die Wandlung* geschickt. Daraus kann geschlossen werden, dass sie ihn ursprünglich auf Deutsch verfasst hatte, die deutsche Fassung aber ist nicht erhalten.

Karl Jaspers schreibt Arendt am 26. Juni 1946: Der Aufsatz »macht uns Kopfzerbrechen« und begründet dies unter anderem mit dem Argument: »Sie ›übertreiben‹ – und schon finde ich dies Wort falsch, denn Sie übertreiben *nicht* im Ganzen, aber z. B. in bezug auf die Protokolle der Weisen als Quelle für Nazipolitik – so scheint mir. Gewiss sind die Fälscher dieser Protokolle desselben Geistes wie die Faschisten. So wie es da steht, wird der nicht gutwillige Leser sagen: Umkehrung von Nazi-Propaganda. Er wird sich selbst schnell beruhigen – mit falschen Argumenten, die Sie ihm erleichtern, – und wir erreichen unser Ziel nicht: Überzeugung aus wirklicher Einsicht.« Arendt antwortet am 17. August 1946: »[…] es war natürlich eine Dummheit, dass ich Ihnen das überhaupt geschickt habe. Sie haben vollkommen recht: so wie es da steht, können und dürfen Sie es nicht drucken. […] Hier konnte ich es, weil es erstens in einer jüdischen Zeitschrift erschien und weil ich es 2. unmittelbar nach dem Siege gleichsam als Warnung schrieb. […] Den Artikel umschreiben hat in diesem Fall keinen Sinn, er müsste für die ›Wandlung‹ neu und länger und besser geschrieben werden.

Das werde ich tun, sobald ich wieder ein wenig Zeit habe.« Die Zeit aber hat Arendt offenbar gefehlt. Zitate aus: Hannah Arendt; Karl Jaspers, *Briefwechsel 1926–1969*, hrsg. von Lotte Köhler und Hans Saner, München-Zürich: Piper, 1985, S. 80 f., S. 91 f.

[1] Das antisemitische Pamphlet *Die Protokolle der Weisen von Zion* erschien 1903 zuerst in russischer Sprache, 1920 erstmals auf Deutsch, hrsg. von Ludwig Müller von Hausen, dem Gründer und Vorsitzenden des Verbandes gegen die Überhebung des Judentums, unter dem Pseudonym Gottfried zur Beek. Zur Bedeutung der *Protokolle* für die Nazi-Propaganda und -Ideologie vgl. auch Hannah Arendt, *Elemente und Ursprünge totaler Herrschaft* (1955), ungekürzte Ausgabe, München-Zürich: Piper, 1986, S. 568 ff.

[2] Vgl. Arendt in dem Kapitel »Die Karriere Benjamin Disraelis« in ihrem Buch *Elemente und Ursprünge totaler Herrschaft* (1955), ungekürzte Ausgabe, München-Zürich: Piper (Serie Piper 645) 1986, besonders S. 141 ff.

[3] Im Original »Auslands-Deutschen« im Kursivdruck.

[4] »Götterdämmerung« im Original in deutscher Sprache.

[5] Èamon de Valera, 1937 bis 1948 Premierminister von Irland, das im Zweiten Weltkrieg neutral blieb.

[6] Antonio Oliveira Salazar, 1932 bis 1968 Vorsitzender des Ministerrates von Portugal, der 1939 einen »iberischen Neutralitätspakt« initiierte.

[7] Deutsch im Original. *Das Schwarze Korps* ist, wie es im Untertitel heißt, die *Zeitung der Schutzstaffeln der NSDAP – Organ der Reichsführung SS*.

[8] François Darlan (1881–1942) hatte im Juni 1940 mit deutschen Militärs den Waffenstillstand von Compiègne ausgehandelt, wurde anschließend ein hoher politischer und militärischer Repräsentant des Vichy-Regimes, der 1942 in Algerien zu den Alliierten überlief und kurz darauf einem Attentat zum Opfer fiel.

[9] Arendt bezieht sich hier auf die polnische Besatzungsarmee im Emsland, einem 1945 geschaffenen Sondergebiet innerhalb der Britischen Besatzungszone, das 1948 aufgelöst wurde. Siehe Jan Rydel, *Die polnische Besatzung im Emsland 1945–1948*, Osnabrück: Fibre Verlag, 2003.

17 Das Bild der Hölle (1946)

[1] Im Original in deutscher Sprache.

[2] Shlomo Mendelsohn, »The Battle of the Warsaw Ghetto«, in: *The Menorah Journal* 32, Nr. 1, Frühjahr 1944, S. 5–25.

[3] Frank war seit 1935 Direktor des »Reichsinstituts für die Geschichte des Neuen Deutschlands« in München, in dem seit 1936 eine »Forschungsabteilung Judenfrage« bestand. Ein »Institut zur Erforschung der Judenfrage« wurde 1939 in Frankfurt am Main errichtet, es gehörte zum Amt Rosenberg.

[4] Walter Frank, *Hofprediger Adolf Stoecker und die christsoziale Bewegung*, Berlin: Reimar Hobbing, 1928; ders., *Nationalismus und Demokratie im Frankreich der dritten Republik (1871 bis 1918)*, Hamburg: Hanseatische Verlagsanstalt, 1933.

[5] Genauer Titel: Gerhard Ritter, »The German Professor in the Third Reich«, translated by M. A. Fitzsimons, in *The Review of Politics* 8, Nr. 2, April 1946, S. 242–254. Es handelt sich um die Übersetzung von Ritters »Der deutsche Professor im ›Dritten Reich‹« in: *Die Gegenwart* I, Nr. 1, 24. Dezember 1945, S. 23–26. Die folgenden Zitate nach der deutschen Fassung.

[6] Im Original: »modern mob-men«. Siehe dazu das Kapitel »Das Volk und der Mob«, in: Hannah Arendt, *Elemente und Ursprünge totaler Herrschaft* [1955], ungekürzte Ausgabe, München: R. Piper (Serie Piper 645), 1986, S. 187–202.

18 Sozialwissenschaftliche Methoden und die Erforschung der Konzentrationslager (1950)

Zu diesem Text

Erste Veröffentlichungen von Hannah Arendt zum Thema Konzentrations- und Vernichtungslager stammen aus dem Jahr 1948: »Concentration Camps« in: *Partisan Review* 15, 1948, Nr. 7, S. 743–763, und »Konzentrationsläger« in: *Die Wandlung* 3, 1948, Nr. 4, S. 309–330. In überarbeiteter Form wurden diese Artikel als Kapitel in ihre Bücher *The Origins of Totalitarianism* (1951) beziehungsweise *Elemente und Ursprünge totaler Herrschaft* (1955) aufgenommen.

Im deutschen Totalitarismusbuch hält Hannah Arendt fest: Die Lager sind »die eigentliche zentrale Institution des totalen Macht- und Organisationsapparats« (*Elemente und Ursprünge totaler Herrschaft*, ungekürzte Ausg., München-Zürich: Piper [Serie Piper 645], 1986, S. 677). Wenn man »das nicht versteht«, so hatte sie an Jaspers am 28. Mai 1948 geschrieben, hat man »alles andere einfach nicht verstanden«.

Der Absicht, solches Verstehen zu fördern und hierzu ein »größeres Projekt der Erforschung der sozialen, politischen und psychologischen Bedingungen der Konzentrationsläger in totalitären Regimen« auf den Weg zu bringen (an Jaspers, 31. Oktober 1948), ist auch der hier abgedruckte Artikel von 1950 zuzuordnen. Allerdings konnten die darin enthaltenen Vorschläge für wissenschaftliche Untersuchungen, die Überprüfung der vorgetragenen Thesen wie auch das Jaspers gegenüber erwähnte »größere Projekt« nie verwirklicht werden, siehe dazu im Einzelnen Elisabeth Young-Bruehl, *Hannah Arendt. Leben, Werk und Zeit*, aus dem Amerikanischen von Hans Günter Holl, Frankfurt am Main: S. Fischer Verlag, 1982, S. 290–293.

In Arendts Nachlass haben sich drei Research Memos erhalten, die in diesen Zusammenhang gehören: (1) »Memo [Research Project on] Concentration Camps« (3 Seiten maschinenschriftlich); (2) »Memo: Research Project on Concentration Camps« (7 Seiten); (3) »Memo of Research« to Elliot Cohen (5 Seiten). In Letzterem regt Arendt die Gründung eines Forschungsinstituts beziehungsweise eines Department of Research von *Commentary* an, das a) das Thema Antisemitismus, b) die Institution der Konzentrationslager, c) die wirtschaftliche, soziale und politische Lage im Nahen Osten, d) die jüdische Meinung in den USA untersuchen und hierzu Veröffentlichungen initiieren soll. Die Memos können online eingesehen werden in Folders 1 und 2 in *LOC Arendt Papers, Speeches and Writings File, Miscellany: »Outlines and Research Memoranda – 1946, n. d.«*

Dem hier veröffentlichen Text liegt wahrscheinlich ein nicht erhaltenes Paper zugrunde, das Arendt auf der Konferenz der *Jewish Social Studies* »Problems of Research in the Study of the Jewish Catastrophe 1939–1945« vortrug, siehe den Brief von Koppel S. Pinson an Arendt, 5. April 1949, *LOC Arendt Papers, Correspondence, Organizations: »Conference on Jewish Social Studies, 1946–75«*. Die Konferenz hatte am 3. April 1949 an der New School for Social Research in New York unter Vorsitz von Salo Baron und Max Weinreich stattgefunden.

19 Die Vernichtung von sechs Millionen. Warum hat die Welt geschwiegen? (1964)

Zu diesem Text

Zur Vorgeschichte dieses Beitrags, der in der Zeitschrift *The Jewish World* erschien: Am 9. Juni 1964 fragte Geula Cohen, »Editor Round Table« der Zeitschrift *Maariv* (dt. *»Abend«*), ob Hannah Arendt sich an einem der monatlichen Round Table beteiligen wolle, einem Format, bei dem verschiedene Persönlichkeiten eingeladen würden, schriftlich ihre Meinungen zu Fragen der israelischen, jüdischen oder internationalen Politik zu äußern. Der nächste geplante Round Table sei »devoted to the cause of the Jewish catastrophe under Hitler«. Als Termin zur Veröffentlichung war Tisha b'Av vorgesehen, der 19. Juli 1964, das Datum, an dem in der Überlieferung die beiden Tempel zerstört wurden. Außer Hannah Arendt habe die Zeitschrift Pierre Mendès-France, Jean-Paul Sartre, André Maurois, André Schwarz-Bard und Salvaton Quasimodo sowie die Israelis Moshe Sharet, Shmuel Tamir, Nahum Goldmann und Professor Talmon eingeladen, informierte Geula Cohen. Im gleichen Brief teilte sie Arendt die beiden eingangs aufgeführten Fragen mit, bat um eine Umfangsbeschränkung ihrer Antwort auf maximal 700 Wörter und begründete ihr Interesse an einem Beitrag Hannah Arendts damit, dass ihr Buch *Eichmann in Jerusalem* immer noch weltweit die Gemüter errege. Vielleicht wisse sie es nicht, aber *Maariv* sei die israelische Zeitung mit der größten Verbreitung und ihr »Round Table« erfreue sich besonderer Beliebtheit, fügte sie hinzu.

Am 2. Juli schickte Hannah Arendt Geula Cohen den Text, der mehr als 1000 Wörter zählte, und ließ Miss Cohen freie Hand zu kürzen. In der September-Ausgabe (»High Holy Days Issue«) erschien der Beitrag ungekürzt. Alle Beiträge hatten als gemeinsamen Obertitel »Jewish World Symposium«.

[1] »Einsatzgruppen« im englischen Original in deutscher Sprache.

[2] Im englischen Original in deutscher Sprache.

[3] David Rousset, *L'Univers concentrationnaire*, zuerst Paris: éditions du Pavois, 1946.

[4] Tadeusz Borowski, *Bei uns in Auschwitz*, dt. von Vera Czerny, zuerst München: Piper, 1963, S. 160f.

20 Der Auschwitzprozess in Frankfurt am Main (1963–1965) – Einleitung zu Bernd Naumanns Buch (1966)

Zu diesem Text

Die öffentlichen Verhandlungen des vom hessischen Generalstaatsanwalt Fritz Bauer eingeleiteten ersten Frankfurter Auschwitzprozesses, des Verfahrens 4 Ks 2/63, Strafsache gegen Mulka und andere, fanden vom 20. Dezember 1963 bis 20. August 1965 in Frankfurt am Main statt. Bernd Naumann, seinerzeit Leiter des Ressorts »Deutschland und die Welt« in der Redaktion der *Frankfurter Allgemeinen Zeitung*, berichtete in viel beachteten Artikeln von den 182 Verhandlungstagen und fasste danach seine »(gekürzte) Berichterstattung« in Buchform zusammen: *Auschwitz. Bericht über die Strafsache gegen Mulka und andere vor dem Schwurgericht Frankfurt*, zuerst Frankfurt am Main-Bonn: Athenäum, 1965.

Hannah Arendt war 1964 auf Einladung des Piper Verlags nach Deutschland gekommen, um die deutsche Ausgabe ihres Prozessberichts *Eichmann in Jerusalem* unter anderem auf der Frankfurter Buchmesse vorzustellen. In Frankfurt hatte sie auch Joachim Fest getroffen, seinerzeit Herausgeber der *FAZ*, und mit ihm zusammen den Auschwitzprozess am 17. September (90. Verhandlungstag) besucht. Siehe Hannah Arendt; Joachim Fest, *Eichmann war von empörender Dummheit. Gespräche und Briefe*, hrsg. von Ursula Ludz und Thomas Wild, München-Zürich, 2011, S. 28 und Anm. 69.

1966 schrieb Arendt die »Introduction« zur amerikanischen Ausgabe von Naumanns Buch. Aber erst im Jahr 2004 wurde sie (in der Übersetzung von Eike Geisel) einer deutschen Ausgabe des Prozessberichts beigefügt: Bernd Naumann, *Auschwitz: Bericht über die Strafsache Mulka und andere vor dem Schwurgericht Frankfurt*, mit einem Nachwort von Marcel Atze und einem Text von Hannah Arendt, Berlin-Wien: Philo, 2004, dort: S. 309–331.

[1] Gemeint ist die Zentrale Stelle der Landesjustizverwaltungen zur Verfolgung nationalsozialistischer Gewaltverbrechen in Ludwigsburg.

[2] Diese Aussage widerspricht der, die Naumann in seinem Bericht über den Lebenslauf des Angeklagten Broad mitteilt: »Staatsanwalt Vogel hält Broad vor, dass er bei seinen polizeilichen Vernehmungen nicht abgestritten habe, sich an den Exekutionen beteiligt zu haben. Er habe damals wörtlich gesagt: ›Ich kann dies nicht mit Sicherheit abstreiten, selbst mitgeschossen zu haben. Aber ich weiß mit Sicherheit, dass es sich nicht um Frauen gehandelt hatte.‹« Bernd Naumann, *Auschwitz. Bericht über die Strafsache gegen Mulka und andere vor dem Schwurgericht Frankfurt*, Frankfurt am Main-Bonn: Athenäum Verlag, 1965, S. 52.

[3] Schwarz war im KZ Auschwitz der unmittelbare Vorgänger des Schutzhaftführers Hofmann; er hatte den Posten von Aumeier übernommen.

[4] Im Original in deutscher Sprache.

[5] Naumann, *Auschwitz*, a. a. O., S. 463.

[6] Arendt bezieht sich auf einen Bericht des Bonner Korrespondenten von *The Economist*, der über Dr. Willi [fälschlicherweise Georgi] Geiger berichtet: »Dr. Geiger earns his living as a judge of the federal constitutional court at Karlsruhe.«

[7] Im Original in deutscher Sprache.

[8] Im Urteil des Jerusalemer Prozesses hieß es: »Das Verantwortlichkeitsausmaß wächst […] im allgemeinen, je mehr man sich von demjenigen entfernt, der die Mordwaffe mit seinen Händen in Bewegung setzt.« Der ganze Satz mit kursiver Hervorhebung zitiert in: Hannah Arendt, *Eichmann in Jerusalem. Ein Bericht von der Banalität des Bösen* (1964), hier erweiterte Taschenbuchausgabe, Juni 2011, S. 364.

[9] Naumann, *Auschwitz*, a. a. O., S. 7.

[10] Der Broad-Bericht wurde während des Prozesses verlesen. Naumann druckt ihn in seinem Buch auf den Seiten 200–225 ab, das Zitat auf S. 223.

[11] Im Original in deutscher Sprache.

[12] Siehe oben im Text den Hinweis auf Bedfords Bericht in *The Observer*. – Hannah Arendt kannte Sybille Bedford persönlich und hatte sie, mit Brief vom 4. Juli 1966, darum gebeten, ihr die Berichte, die sie aufgrund ihrer vierwöchigen Teilnahme am Auschwitzprozess für *The Observer* geschrieben hatte, zur Verfügung zu stellen. Bedford ist dem Wunsch nachgekommen, hat aber um Rückgabe gebeten, weil es ihre einzigen Kopien seien, und Arendt hat ihr das Konvolut zurückgesandt. Briefwechsel in *LOC Arendt Papers, Correspondence, General: »›Be‹ miscellaneous«*. Bedford hat später, 1990, in ihr Buch *As It Was. Pleasures, Landscapes and Justice* (London: Sinclair-Stevenson) ein Kapitel (S. 218–260) eingefügt unter dem Titel: »The Worst That Ever Happened. The Trial of Twenty-Two Former Staff of Auschwitz Concentration Camp, Frankfurt, West Germany«. Die von Arendt referierte Stelle ist darin nicht enthalten, jedoch (S. 238): »The rest of us, the press, the public and – far worse – the wit-

nesses, have to rub shoulders with men on bail, in elevators, or in the cloakroom, or lining up for a beer. They stamp about with their heads held high. Their photographs and crimes had been splashed over many a front page, yet they were not protected by police when they entered or left court or went to eat and drink in public places. The men of Auschwitz were not protected because they did not need to be protected. The spectators, the public, never threatened them.«

21 Persönliche Verantwortung unter diktatorischer Herrschaft (1964)

Zu diesem Text

Nach der Veröffentlichung ihres Buches *Eichmann in Jerusalem* (1963, dt. 1964) entspann sich eine heftige Kontroverse; auch Gershom Scholem attackierte Hannah Arendt in einem langen Brief – unter anderem wegen ihrer Kritik am Verhalten der von den Nazis eingesetzten »Judenräte« nach 1941. In ihrem Antwortbrief erläuterte sie:

»[...], bis 1939 oder 1941, wie man es nun ansetzen will, ist alles noch verständlich und entschuldbar. Das Problem beginnt danach. Über diese Sache wurde während des Prozesses gesprochen, ich konnte sie also nicht vermeiden. In ihr liegt das Stück ›unbewältigte Vergangenheit‹, das uns angeht. Und wenn Sie vielleicht recht haben, dass es ein ›abgewogenes Urteil‹ noch nicht geben kann, obwohl ich es bezweifle, so glaube ich, dass wir mit dieser Vergangenheit nur fertig werden können, wenn wir anfangen zu urteilen, und zwar kräftig. Mein Urteil in der Angelegenheit habe ich klar ausgesprochen, aber Sie haben es offenbar nicht verstanden. Es gab keine Möglichkeit des Widerstandes, aber es gab die Möglichkeit, *nichts zu tun*. Und um nichts zu tun, brauchte man kein Heiliger zu sein, sondern man brauchte nur zu sagen: ich bin ein poscheter Jude und ich will mehr nicht sein. Ob diese Leute in allen Fällen verdient haben, gehängt zu werden, ist eine ganz andere Frage. Was hier zur Debatte steht, sind die Argumente, mit denen sie sich vor sich selbst und vor andern gerechtfertigt haben. Über diese Argumente steht uns ein Urteil zu. Diese Leute standen auch nicht unter dem unmittelbaren Druck des Terrors, sondern nur unter dem mittelbaren. Über die Gradunterschiede in diesen Dingen weiß ich Bescheid. Es gab da immer noch einen Raum des freien Entschlusses und des freien Handelns. Genau so, wie es bei den SS-Mördern, wie wir heute wissen, einen begrenzten Raum der Freiheit gab: sie konnten sagen, ich mache dies nicht mit, und es passierte ihnen gar nichts. Da wir es in der Politik mit Menschen und nicht mit Helden oder Heiligen zu tun haben, ist diese Möglichkeit der *non-participation* offenbar für die Beurteilung des einzelnen, nicht des Systems, entscheidend.« Siehe Hannah Arendt; Gershom Scholem, *Der Briefwechsel*, hrsg. von Marie Luise Knott unter Mitarbeit von David Heredia, Berlin: Suhrkamp, 2011, S. 441 f. Die Frage nach dem Raum des Handelns in totalitären Zeiten prägte in der Zeit nach dem Eichmann-Report viele der Vorträge und Vortragsskizzen, die in ihrem Nachlass erhalten sind. Unter dem Titel »Personal Responsability under Dictatorship« sprach sie in New York einen Vortrag auf Band, der am 14. Juni 1964 vom Dritten Programm der BBC ausgestrahlt wurde und in einer gekürzten Fassung in der Zeitschrift *The Listener,* London, veröffentlicht wurde. In Arendts Nachlass *(LOC Arendt Papers, Speeches and Writings File, 1923–1975 n. d., Essays and Lectures: »Personal Responsibility under Dictatorship – lecture 1964«, folder 1 und 2*) haben sich mehrere Typoskripte gleichen Titels erhalten: darunter eine 13-seitige Textfassung, die im Wesentlichen der *Listener*-Fassung entspricht, sowie ein 40-seitiges Vortragsskript, beide mit handschriftlichen sowie maschinenschriftlichen Streichungen und Ergänzungen. Letzteres erschien als Einzelpublikation: Hannah Arendt, *Was heißt persönliche Verantwortung in einer Diktatur?*, übers. von Eike Geisel, überarbeitet, hrsg. und mit einem Essay von Marie Luise Knott, München: Piper, 2018.

[1] Shakespeare, *Hamlet,* I/5.

[2] Gemeint ist hier der Himmlerbefehl vom Spätsommer 1944, siehe auch Hannah Arendt, *Eichmann in Jerusalem. Ein Bericht von der Banalität des Bösen*, Reinbeck bei Hamburg: Rowohlt, 1978, S. 19.

[3] Siehe Hannah Arendt, *Eichmann in Jerusalem*, a. a. O., S. 100 f.

4
Editorische Notiz

Der Band enthält fünf Texte (1, 4, 5, 7, 9), die Hannah Arendt auf Deutsch geschrieben hat. Einem Text (2) liegt ein französisches Original zugrunde. Alle übrigen fünfzehn Beiträge hat Arendt in englischer Sprache veröffentlicht; von diesen wurden zu ihren Lebzeiten keine deutschen Übersetzungen publiziert. Alle Texte erscheinen hier in deutscher Sprache. Die Nachdrucke der deutschen Originale folgen den Erstdrucken; deutschsprachige Übersetzungen wurden, soweit vorhanden, übernommen und im Vergleich mit Arendts englischen Originaltexten überarbeitet. Bei fünf Texten (2, 6, 8, 13, 19) handelt es sich um deutsche Erstveröffentlichungen. Bei den Texten, die Arendt sowohl auf Englisch wie auf Deutsch veröffentlichte, sind im Inhaltsverzeichnis die Erstveröffentlichungsjahre beider Publikationen angegeben. Die nachgedruckten Übersetzungen stammen im Wesentlichen von dem 1997 verstorbenen Journalisten und Essayisten Eike Geisel – lediglich die Übersetzung von »Zionismus aus heutiger Sicht« besorgte Friedrich Griese. Eike Geisel und sein Verleger, Klaus Bittermann, haben sich engagiert für die Verbreitung von Hannah Arendts Schriften zur jüdischen Selbstbestimmung und zur Auseinandersetzung mit Auschwitz eingesetzt. Mit den 1989 veröffentlichten Essay-Sammlungen *Die Krise des Zionismus* und *Nach Auschwitz* haben sie in den damaligen bundesrepublikanischen Diskussionen Arendts Stimme zu den Themen Nahost und Israel nachdrücklich Gehör verschafft.

Die Texte in dieser Ausgabe haben editorische Vereinheitlichungen erfahren: Sie folgen der neuen Rechtschreibung; Buch- und Zeitschriftentitel sind kursiviert, die Titel von unselbstständigen

Schriften sind in Anführungszeichen gesetzt; Hervorhebungen (Sperrungen und Kursiva) in den Originalen und Übersetzungen werden hier als Kursiva übernommen. Orthografie und Zeichensetzung wurden, wenn unabsichtlich fehlerhaft, stillschweigend korrigiert.

Alle Texte sind der ursprünglichen Textgestalt verpflichtet. Der Quellennachweis steht jeweils am Ende des Textes. Wo Arendts Beiträge Fußnoten [FN] enthalten, wurden diese unverändert mit Sternchen oder arabischen Ziffern auf der jeweiligen Buchseite wiedergegeben. Auf Anmerkungen der Herausgeberinnen wird in den Texten mit hochgestellten arabischen Ziffern in eckigen Klammern hingewiesen; sie finden sich als Endnoten [EN] ebenso wie textspezifische, gedankliche und editorische Informationen zu den einzelnen Texten im Anhang 3 (»Anmerkungen«, S. 422–456).

Die Zitation aus den in der Library of Congress aufbewahrten und weitgehend im Internet einsehbaren Hannah Arendt Papers (http://memory/loc.gov/ammem/arendthtml/arendthome.html) erfolgt unter dem Sigel »LOC Arendt Papers«, zusätzlich unter (1) der dort angegebenen Series-Untergruppe(n): Correspondence, General; Correspondence, Organizations etc. und gegebenenfalls weiteren Untergruppen sowie (2) nach einem Doppelpunkt in Anführungszeichen dem Namen des »folder«, in dem das zitierte Dokument zu finden ist. Beispiel: *LOC Arendt Papers, Correspondence, Organizations: »Conference on Jewish Social Studies, 1946–75«.*

5 Danksagung

Bei unseren Arbeiten an dieser Edition haben wir vielfältige Hilfen erhalten. Besonders danken möchten wir Christiane Böhler-Auras, Alexander Flores, Carolin Jessen, Doris Maja Krüger, Nadine Meyer, Iris Pilling, Yfaat Weiss.

Marie Luise Knott, Ursula Ludz

6 Namensregister